Guttentag'sche Sammlung
Nr. 11. Preußischer Gesetze. Nr. 11.
Text-Ausgaben mit Anmerkungen.

Gewerbesteuergesetz.

Vom 24. Juni 1891.

Text-Ausgabe mit Anmerkungen und Sachregister

bearbeitet von

A. Fernow,
Geheimer Oberfinanzrat und vortragender Rat
im Finanzministerium.

Fünfte, vermehrte und verbesserte Auflage.

Berlin 1910.
J. Guttentag, Verlagsbuchhandlung,
G. m. b. H.

Inhaltsverzeichnis.

Abkürzungen.

A. = Ausführungsanweisung vom 4. November 1895 zum Gewerbesteuergesetz.
A.f.B. = Anweisung vom 5. März 1894 zur Veranlagung der Betriebssteuer.
AbgH. = Abgeordnetenhaus.
ALR. = Allgemeines Landrecht.
Anm. = Anmerkung.
Art. = Artikel.
BGBl. = Bundes-Gesetzblatt.
FME. = Finanz-Ministerial-Erlaß.
GS. = Gesetz-Sammlung.
HGB. = Handelsgesetzbuch.
KomBer. = Bericht der Kommission des Abgeordnetenhauses.
KrO. = Kreisordnung.
MittH. = Mitteilungen aus der Verwaltung der direkten Steuern Heft.
OVG. = Entscheidungen des Oberverwaltungsgerichts in Steuersachen.
RegVorl. = Regierungsvorlage.
RGBl. = Reichs-Gesetzblatt.
RGO. = Reichs-Gewerbeordnung.
RStGB. = Reichs-Strafgesetzbuch.
StenBer. = Stenographische Berichte.
Verf. = Verfügung.
Verh. = Verhandlungen.
ZPO. = Zivilprozeßordnung.

Einleitung.

Die erste allgemeine Gewerbesteuer wurde in den damals zum preußischen Staate gehörigen Landesteilen durch das Edikt vom 28. Oktober 1810 (GS. S. 79) eingeführt. Veranlaßt, wie die Einleitungsworte besagen, durch die Notwendigkeit, „auf eine Vermehrung der Staatseinnahmen zu denken", wurde für alle, welche in Städten oder auf dem platten Lande ein Gewerbe betreiben, und welche das Gesetz nicht ausdrücklich als steuerfrei bezeichnete (wie Staats- u. Kommunalbeamte hinsichtlich ihres Amtes, Eigner, Pächter, Nutznießer ländlicher Grundstücke, gemeine Tagelöhner, Gesinde, Aufseher, Arbeiter, Gehilfen in Fabriken usw.), die Verpflichtung zur Lösung eines Gewerbescheines eingeführt, dessen Betrag nach einem Tarif in sechs Klassen je nach Art, bzw. Umfang und Einträglichkeit des Gewerbebetriebes bestimmt wurde.

Die Bestimmungen des Edikts von 1810 wurden durch das Gesetz vom 30. Mai 1820 wegen Entrichtung der Gewerbesteuer (GS. S. 147) wieder beseitigt.

Dieses Gesetz beabsichtigte, vorzugsweise den „lohnenderen Gewerbebetrieb, welcher sich in den großen und in den nahrhaften mittleren Städten vereinigt" und daneben diejenigen Gewerbebetriebe zu treffen, „zu denen ein besonders starker und der gemeinen Wohlfahrt nachteiliger Andrang stattzufinden pflegte" (Kleinhandel, Schankwirtschaft, Hausierhandel). Demgemäß geht dasselbe, abweichend von dem Prinzipe des Edikts von 1810, davon aus, daß nur die ausdrücklich vom Gesetz bezeichneten Gewerbebetriebe steuerpflichtig, alle andern steuerfrei sein sollten. Als steuerpflichtig führt § 2 des Gesetzes folgende Kategorien auf:

1. den Handel,
2. die Gastwirtschaft,
3. das Verfertigen von Waren auf den Kauf,
4. den Betrieb von Handwerken mit mehreren Gehilfen,
5. den Betrieb von Mühlenwerken,
6. das Gewerbe der Schiffer, der Fracht- und Lohnfuhrleute, der Pferdeverleiher und diejenigen Gewerbe, die von umherziehenden Personen betrieben werden.

Aus diesen steuerpflichtigen Arten des Gewerbebetriebes bildete das Gesetz 11 Klassen, indem der Handel in Handel mit kaufmännischen Rechten und ohne solche geschieden, das Verfertigen von Waren auf den Kauf in die Klassen der Bäcker, Fleischer, Brauer und Branntweinbrenner zerlegt und für das Handwerk, die Gast- und Schankwirtschaft, das Müller-, das Fuhrmanns- und Schiffergewerbe, endlich für das Hausiergewerbe je eine besondere Klasse eingerichtet wurde.

An dem Bestande dieser Klassen fanden in der Folgezeit mehrfache Veränderungen statt. Zunächst nahm das Hausiergewerbe, für welches die Entrichtung der Steuer in der Form der Einlösung eines Gewerbescheines beibehalten blieb, seine vollständig gesonderte Entwicklung. (Regulativ über den Gewerbebetrieb im Umherziehen und insbesondere das Hausieren vom 28. April 1824 GS. S. 125, Allerh. Kabinetsorder vom 4. Dezember 1836 GS. von 1837 S. 13, Gesetz vom 3. Juli 1876 GS. S. 247). Sodann wurden die Branntweinbrennereien durch die Kabinetsorder vom 10. Dezember 1824 von der Gewerbesteuer, mit Rücksicht auf die Einführung der Maischraumsteuer an Stelle des früheren Blasenzinses, gänzlich befreit. Durch Kabinetsorder vom 9. Januar 1823 (GS. S. 16) wurde der Bergbau gewerbesteuerfrei gestellt. Nach dem Gesetz vom 3. November 1838 (GS. S. 505) blieben die Eisenbahngesellschaften von der Entrichtung einer Gewerbesteuer befreit. Weiter wurde durch das Gesetz vom 19. Juli 1861 (GS. S. 697) der Handel unter Hinzurechnung des fabrikmäßigen Verfertigens von Waren auf den Kauf in drei Klassen formiert, indem der Klasse A I die Betriebe von bedeutendem, der Klasse A II diejenigen von mittlerem Umfange, der Klasse B die Geschäfte der geringsten Art zugewiesen wurden. Die besondere Klasse der Müller beseitigte sodann das Gesetz vom 20. März 1872 (GS. S. 285), indem es die Mühlenbetriebe von bedeutenderem Umfange den Handelsklassen A I und A II überwies und diejenigen von geringfügiger Bedeutung in die Handwerkerklasse einrangierte. Endlich hob dann noch das Gesetz vom 5. Juni 1874 (GS. S. 219) die besonderen Klassen der Bäcker, Fleischer und Brauer auf und teilte auch diese Gewerbebetriebe den Handelsklassen zu.

Sonach waren schließlich folgende Klassen übriggeblieben:

1. Klasse A I, Großhandel,
2. " A II, Handel in mittlerem Umfange,
3. " B, Handel in geringem Umfange,
4. " C, Gast- und Schankwirtschaft, einschließlich der Speisewirtschaft und des Zimmervermietens,
5. " H, Handwerk,
6. " K, Transportgewerbe.

Von diesen Klassen stand hinsichtlich der Steuerveranlagung die Klasse K ganz für sich allein, indem in ihr von jedem Pferde, bzw. nach der Zahl der Schiffslasten feste Sätze erhoben wurden. Die übrigen Klassen wurden gleichmäßig nach Mittelsätzen besteuert. Nach ihrer Größe und industriellen Bedeutsamkeit waren sämtliche Orte des Staates in vier Gewerbesteuerabteilungen, bzw. für die Klasse A I in zwei Gewerbesteuerabteilungen einrangiert. Nach Maßgabe dieser Abteilungen setzte das Gesetz sich abstufende Mittelsätze fest, nach welchen sich durch Multiplikation mit der Zahl der im einzelnen Rollenbezirk vorhandenen Gewerbetreibenden der betreffenden Klasse das von der Klasse aufzubringende Jahressteuersoll berechnete. Dieses Jahressteuersoll verteilten in den Klassen A I, A II und C von der Gesamtheit der Steuerpflichtigen der betreffenden Klasse des Rollenbezirks (Steuergesellschaft) aus ihrer Mitte gewählte Abgeordnete, in den Klassen B und H die Veranlagungsbehörde unter Zuziehung von sachverständigen Gewerbetreibenden auf die einzelnen Mitglieder der Klasse je nach der Einträglichkeit und dem Umfang ihrer Betriebe unter Innehaltung gewisser vorgeschriebener Abstufungen der Steuersätze und bestimmter Minimalsätze.

Diese soeben geschilderte Art der Besteuerung, in ihrer auf dem Gesetz von 1820 beruhenden Basis, aber auch in der Entwicklung, die sie durch die späteren Gesetze, namentlich durch das Gesetz vom 19. Juli 1861 genommen hat, war auf einen von der Gegenwart weit übertroffenen Zustand des Handels und der Industrie des Staates zugeschnitten. Der enormen Bedeutung, welche seitdem der Großhandel und die Fabrikation erlangt hatten, trug insbesondere die Besteuerung der Großbetriebe nach Mittelsätzen in der Klasse A. I nicht gebührend Rechnung; aber auch sonst war die Gewerbesteuergesetzgebung längst nicht mehr zeitgemäß. Mit Recht konnte der Finanzminister Miquel in der Sitzung des Abgeordnetenhauses vom 26. November 1890 sich dahin äußern: „Ich glaube bezüglich keiner Steuer ist die Reformbedürftigkeit in der gesamten Bevölkerung allgemeiner anerkannt, als bezüglich der Gewerbesteuer."

Die Staatsregierung faßte deshalb gleichzeitig mit der Neugestaltung der Einkommensteuer auch eine solche der Gewerbesteuer ins Auge. Der von ihr auf Grund Allerhöchster Ermächtigung vom 17. November 1890 dem Abgeordnetenhause unterbreitete Gesetzentwurf ist unter dem 24. Juni 1891 als Gesetz publiziert worden.

Die Staatsregierung mußte bei der Gestaltung der Gewerbesteuer nach diesem Gesetze davon ausgehen, daß die Finanzlage des Staates eine erhebliche Herabminderung des Gesamtertrages der Gewerbesteuer nicht gestattete. Es mußte deshalb dafür Sorge getragen werden, daß die durch die in erster Linie gebotene Entlastung der minder Leistungsfähigen entstehenden Ausfälle durch stärkere Belastung der steuerkräftigeren Betriebe ausgeglichen würden. Eine Erzielung von Mehreinnahmen aus der Gewerbesteuer wurde dagegen nicht bezweckt.

Das Gesetz vom 24. Juni 1891 hat die bis dahin übliche Einteilung der Betriebsorte in Gewerbesteuerabteilungen und der Gewerbsarten in Steuerklassen aufgegeben. Die Gewerbesteuer wird nach demselben nach Maßgabe des Betriebsertrages und subsidiär nach Maßgabe der Höhe des Anlage- und

Betriebskapitals erhoben. Nach diesen Gesichtspunkten werden die Gewerbebetriebe in vier Klassen eingereiht, von welchen

die 1. diejenigen Gewerbebetriebe umfaßt, deren jährlicher Ertrag 50000 Mark oder mehr, oder bei denen der Wert des Anlage- und Betriebskapitals 1000000 Mark oder mehr beträgt.

Klasse II umfaßt die Betriebe mit einem jährlichen Ertrage von 20000 Mark bis ausschließlich 50000 Mark, oder mit einem Anlage- und Betriebskapital im Werte von 150000 Mark bis ausschließlich 1000000 Mark.

Zur Klasse III gehören die Betriebe mit einem jährlichen Ertrage von 4000 Mark bis ausschließlich 20000 Mark oder mit einem Anlage- und Betriebskapitale im Werte von 30000 Mark bis einschließlich 150000 Mark.

Klasse IV endlich umfaßt die Betriebe mit einem jährlichen Ertrage von 1500 Mark bis ausschließlich 4000 Mark, oder mit einem Anlage- und Betriebskapitale im Werte von 3000 Mark bis ausschließlich 30000 Mark.

Im Gegensatz zu den Vorschriften des Gewerbesteuergesetzes vom 30. Mai 1820 nimmt das Gesetz prinzipiell alle Gewerbebetriebe als pflichtig in Anspruch, welche nicht ausdrücklich in den die „Befreiungen“ behandelnden §§ 3, 4 und 5 als steuerfrei bezeichnet werden. Von diesen Paragraphen enthält § 3 die auf persönlichen, § 4 die auf sachlichen

Gründen beruhenden Befreiungen, während § 5 sich speziell mit dem Gewerbebetriebe von Vereinen, Genossenschaften usw. beschäftigt.

Aus der Aufgabe der Klasseneinteilung folgt, wie § 17 ausdrücklich erwähnt, daß sämtliche Gewerbebetriebe derselben Person als ein steuerpflichtiges Gewerbe zur Steuer herangezogen werden. Die Bestimmungen über die sich hieraus ergebenden und die sonst zur Anwendung kommenden Veranlagungsgrundsätze und über den Ort der Veranlagung sind in den §§ 17 bis 24 enthalten. Besonderer Erwähnung bedürfen die §§ 22 und 23, welche die wichtigen Vorschriften über die Ermittelung des Ertrages, wie auch des Anlage- und Betriebskapitals enthalten. Im § 22 wird auch der unmittelbar aus dem Charakter der Gewerbesteuer als einer Ertragssteuer folgende Grundsatz aufgestellt, daß die Zinsen für das Anlage- und Betriebskapital, dasselbe mag dem Gewerbtreibenden selbst oder Dritten gehören, und für Schulden, welche behufs Anlage oder Erweiterung des Geschäfts, Verstärkung des Betriebskapitals oder zu sonstigen Verbesserungen aufgenommen werden, bei der Berechnung des für die Gewerbesteuer maßgebenden Geschäftsertrages nicht abzugsfähig sind.

Die Besteuerung findet in der I. Klasse abweichend von den übrigen Klassen statt. Die dieser Klasse angehörigen Gewerbebetriebe steuern 1 % des Ertrages mit der Maßgabe, daß die Steuer bei einem Ertrage von 50000 bis 54800 Mark 524 Mark beträgt und von da die Stufen um je 4800 Mark, die Sätze um je 48 Mark steigen. Es sind jedoch auch geringere Sätze bis 300 Mark herunter für diejenigen Betriebe zugelassen, welche nur vermöge des Wertes des Anlage- und Betriebskapitals der Klasse I zugeteilt worden sind.

Für die Klassen II, III und IV ist das System der Besteuerung nach Mittelsätzen aus Zweckmäßigkeitsgründen beibehalten worden.

Die für die einzelnen Klassen zur Anwendung kommenden Mittelsätze sind im § 14 verzeichnet. Unter Zugrundelegung dieser Sätze berechnet sich das Soll jeder Steuergesellschaft, d. h. der sämtlichen Gewerbetreibenden der Klasse innerhalb des Veranlagungsbezirks, wie deren Zahl durch die namentliche Nachweisung (§ 29) festgestellt worden ist. Es wird nämlich mit der also ermittelten Zahl der Gewerbetreibenden der Mittelsatz multipliziert und zu dieser Summe der durch die Entscheidungen über Rechtsmittel gegen die Veranlagung des Vorjahres entstandene Abgang zugeschlagen, dagegen der in derselben Weise verursachte Zugang von dem Ergebnis gekürzt. Nachdem die so ermittelte Summe auf den durch die zulässigen Steuersätze darstellbaren Betrag abgerundet worden, ergibt sich das Jahressoll der Steuergesellschaft. Dieses Jahressoll verteilen von der Steuergesellschaft aus ihrer Mitte gewählte Abgeordnete (Steuerausschuß) auf die einzelnen Mitglieder unter Innehaltung gesetzlich vorgeschriebener Abstufungen (§ 14 Schlußsatz) nach ihrer Kenntnis oder Schätzung des Ertragsverhältnisses der einzelnen Betriebe.

Die Behörden, denen in Klasse I die Veranlagung, in den anderen Klassen die Feststellung der namentlichen Nachweisungen und die Verteilung der Steuersumme auf die einzelnen Gewerbebetriebe zusteht, werden Steuerausschüsse genannt.

Sie bestehen aus einem Vorsitzenden, den in Klasse I der Finanzminister, in den anderen Klassen die Regierung ernennt, und aus Abgeordneten, die in den Klassen II bis IV von den Mitgliedern der Steuergesellschaft aus ihrer Mitte gewählt, in Klasse I zu zwei Dritteln vom Provinzialausschuß, bzw. in Berlin vom Magistrat und der Stadtverordnetenversammlung in gemeinschaftlicher Sitzung, gewählt, zu einem Drittel vom Finanzminister ernannt werden.

Veranlagungsbezirke bilden in der Regel für Klasse I die Provinzen, für Klasse II die Regierungsbezirke, für Klasse III und IV die Kreise.

Die den Steuerpflichtigen gegen die ihnen bekannt gemachte Einschätzung zustehenden Rechtsmittel sind in den §§ 35 bis 37 behandelt. Die Reihenfolge derselben ist: Einspruch an den Steuerausschuß, der die Veranlagung bewirkt hat, Berufung an die Regierung und falls die Gründe des § 37 Ziffer 1 und 2 vorliegen, Beschwerde an das Oberverwaltungsgericht.

Neben der allgemeinen Gewerbesteuer führt das Gesetz noch eine besondere Abgabe der Gastwirtschaft, der Schankwirtschaft und des Kleinhandels mit Branntwein unter dem Namen der „Betriebssteuer" ein, über welche die näheren Bestimmungen in den §§ 59 bis 69 getroffen werden.

Die Betriebssteuer schließt sich eng an die allgemeine Gewerbesteuer an und beträgt nach § 60 für den Gewerbetreibenden:

a) wenn er zur allgemeinen Gewerbesteuer in Klasse I veranlagt ist: 100 Mark;
b) wenn er in Klasse II steuert: 50 Mark;
c) wenn er in Klasse III steuert: 25 Mark;
d) wenn er in Klasse IV steuert: 15 Mark;
e) für die von der allgemeinen Gewerbesteuer wegen eines hinter der Grenze der Steuerpflicht zurückbleibenden Ertrages und Anlage- und Betriebskapitals befreiten Gewerbetreibenden: 10 Mark.

Für vorübergehenden, bei außergewöhnlichen Gelegenheiten stattfindenden Gewerbebetrieb kann die Betriebssteuer bis auf 5 Mark herabgesetzt werden.

Die auf Grund der Rechtsmittel gegen die allgemeine Gewerbesteuer ergehenden Entscheidungen haben ohne weiteres auch entsprechende Regulierung der Betriebssteuer zur Folge. Deshalb sind hinsichtlich der Betriebssteuer an sich dem Pflichtigen die Rechtsmittel aus den §§ 35 ff. nicht gewährt, nur Beschwerde an die Bezirksregierung und in weiterer

Instanz an den Finanzminister ist wegen der Verpflichtung zur Entrichtung und bezüglich Höhe der Betriebssteuer zugelassen.

Durch das Gesetz wegen Aufhebung direkter Staatssteuern vom 14. Juli 1893 ist nunmehr die Gewerbesteuer und die Betriebssteuer vom 1. April 1895 ab zugunsten der Gemeinden bzw. Kreise gegenüber der Staatskasse außer Hebung gesetzt worden. Nach den Bestimmungen des Kommunalabgabengesetzes von demselben Tage ist den Gemeinden zwar die Einführung besonderer Gewerbesteuern gestattet. Sind solche besondere Gewerbesteuern aber nicht eingeführt, so erfolgt die Besteuerung in Prozenten der vom Staate veranlagten Gewerbesteuer. Die Veranlagung und Verwaltung der Gewerbesteuer wird deshalb unter Aufrechterhaltung der dieserhalb bestehenden gesetzlichen Einrichtungen vom Staate für die Zwecke der kommunalen Besteuerung weitergeführt. Im einzelnen ergeben sich aber durch die Überweisung der Gewerbe- und Betriebssteuer an die Gemeinden bzw. Kreise mehrfache wichtige Modifikationen des Gewerbesteuergesetzes vom 24. Juni 1891, auf welche in nachstehender Bearbeitung in den Anmerkungen zu den betreffenden Paragraphen hingewiesen ist.

Gewerbesteuergesetz.

Vom 24. Juni 1891.

(Gesetz-Samml. Nr. 20 S. 205—226. Ausgegeben zu Berlin, den 10. Juli 1891.)

Wir **Wilhelm**, von Gottes Gnaden König von Preußen ꝛc. verordnen, mit Zustimmung beider Häuser des Landtags Unserer Monarchie, für den Umfang derselben, mit Ausschluß der Hohenzollernschen Lande und der Insel Helgoland, was folgt:

Gegenstand der Besteuerung.

§ 1.

Der Besteuerung nach diesem Gesetze[1]) unterliegen die[2]) in Preußen[3]) betriebenen[4]) stehenden[5]) Gewerbe.[6]) [7]) [8]) [9]) [10]) [11]) [12])

Hinsichtlich der Besteuerung des Gewerbebetriebes im Umherziehen und des Wanderlagerbetriebes bewendet es bei den bestehenden Vorschriften mit der Maßgabe, daß im Sinne der §§ 4 und 5 des Gesetzes vom 27. Februar 1880 (Gesetz-Samml. S. 174) Städte mit mehr als 50000 Einwohnern als Orte der ersten Gewerbesteuerabteilung, Städte mit mehr als 10000 bis 50000 Einwohnern als Orte der zweiten Gewerbesteuerabteilung, Städte mit mehr als 2000 bis 10000 Einwohnern als Orte der dritten und alle übrigen Orte als solche der vierten Gewerbesteuerabteilung gelten.[18])

Vorstehende Einteilung findet auch Anwendung, wo in anderen Gesetzen auf die bisherigen Gewerbesteuerabteilungen Bezug genommen ist.

Die Einwohnerzahl bestimmt sich nach dem Ergebnis der zuletzt vorangegangenen Volkszählung.

1a. Die nach dem Gewerbesteuergesetz v. 24. Juni 1891 steuerpflichtigen Gewerbe müssen als solche auch nach Erlaß des Gesetzes wegen Aufhebung direkter Staatssteuern v. 14. Juli 1893 und des Kommunalabgabengesetzes von demselben Tage von den nach dem Gewerbesteuergesetz zuständigen Organen veranlagt werden, ohne Rücksicht darauf, ob etwa besondere Gewerbesteuern in einer Gemeinde eingeführt sind, oder ob tatsächlich Prozente der staatlich veranlagten Gewerbesteuer zur Deckung der kommunalen Bedürfnisse erhoben werden. Dabei finden nur diejenigen Befreiungsgründe, welche im Gewerbesteuergesetz angeordnet sind, soweit ihre Aufhebung durch das Kommunalabgabengesetz nicht erfolgt ist, Berücksichtigung. OVG. VI, 379ff. Vgl. Anm. 2 zu diesem Paragraphen.

1b. Das mit dem 1. April 1895 in Kraft getretene Gesetz wegen Aufhebung direkter Staatssteuern v. 14. Juli 1893 (GS. S. 119) bestimmt hinsichtlich der Gewerbe- und Betriebssteuer folgendes:

§ 1. Behufs Erleichterung und anderweitiger Regelung der öffentlichen Lasten der Gemeinden (Gutsbezirke) werden die folgenden direkten Staatssteuern gegenüber der Staatskasse außer Hebung gesetzt:

1. . . . . .
2. die nach dem Gesetze v. 24. Juni 1891 (GS. S. 205) veranlagte Gewerbe- und Betriebssteuer.

§ 3. Die Vorschriften der in den §§ 1 und 2 bezeichneten Gesetze bleiben, soweit nicht in dem gegenwärtigen Gesetze und in dem Kommunalabgabengesetze Abweichendes [vgl. hierüber die Anmerkungen der vorliegenden Bearbeitung zu den einzelnen Paragraphen des Gesetzes] bestimmt ist, in Kraft.

Die Veranlagung und Verwaltung der .... Gewerbesteuer wird, soweit nicht in dem gegenwärtigen Gesetze Abweichendes bestimmt ist, unter Aufrechterhaltung der dieserhalb bestehenden gesetzlichen Einrichtungen vom Staate für die Zwecke der kommunalen Besteuerung ausgeführt.

1c. Nach dem Kommunalabgabengesetz v. 14. Juli 1893 (GS. S. 152) ist den Gemeinden die Einführung besonderer Gewerbesteuern gestattet, welche namentlich bemessen werden können nach dem Ertrage des letzten Jahres oder einer Reihe von Jahren, nach dem Werte des Anlagekapitals oder des Anlage- und Betriebskapitals, nach sonstigen Merkmalen für den Umfang des Betriebes oder nach einer Verbindung mehrerer dieser Maßstäbe. § 29. Bei der Verteilung des Steuerbedarfs der Gemeinde (§§ 54, 55, 56) ist das Aufkommen besonderer Gemeindesteuern (§ 23 Abs. 2, §§ 25, 29, 37) je nach ihrer Einrichtung und Beschaffenheit auf denjenigen Teil des Steuerbedarfs zu verrechnen, welcher durch Prozente der entsprechenden vom Staate veranlagten Steuer aufzubringen ist. Das heißt, wenn z. B. nach § 54 des Kommunalabgabengesetzes von der Einkommensteuer und den Realsteuern gleichmäßig 120 % zu erheben sind und danach auf die staatlich veranlagte Gewerbesteuer 20000 Mark entfallen würden, so darf die besondere Gewerbesteuer auch nur in der Weise erhoben werden, daß aus ihr nicht mehr als 20000 Mark aufkommen. Mietssteuern von gewerblich benutzten Räumen sind dabei auf die Gewerbesteuer zu verrechnen (§ 57).

Sind besondere Gewerbesteuern nicht eingeführt, so erfolgt die Besteuerung in Prozenten der vom Staate veranlagten Gewerbesteuer. Die auf Grund der Einlegung von Rechtsmitteln erfolgte Erhöhung oder Ermäßigung der veranlagten Gewerbesteuer zieht alsdann die entsprechende Abänderung der Veranlagung zur Gemeindesteuer nach sich (§ 30).

2. Der Besteuerung sind (nicht wie früher nur bestimmte Gattungen von Gewerben, sondern) die Gewerbe aller Gattungen unterworfen, jedoch erleidet die Steuerpflicht bedeutende Einschränkungen. A. Art. 1 Ziffer 5.

Etwaige auf besonderen Vorschriften oder Rechtstiteln beruhende Befreiungen von kommunalen Gewerbesteuern (§ 22 des Kommunalabgabengesetzes) sind bei der staatlichen Gewerbesteuerveranlagung nicht zu berücksichtigen. Den Berechtigten bleibt es vielmehr überlassen, die ihnen zustehende Steuerfreiheit den betreffenden Gemeinden gegenüber selbst geltend zu machen. Art. 11 d. A.; OVG. VI, 382.

3a. Es kommt nicht darauf an, ob die Inhaber des Gewerbebetriebes Preußische Staatsangehörige sind, oder in Preußen ihren Wohnsitz haben, sondern Voraussetzung der Besteuerung ist allein der Betrieb eines stehenden Gewerbes in Preußen. Die Veranlagungsbehörden haben deshalb in Zweifelsfällen vor der Veranlagung zur Gewerbesteuer zu prüfen, ob überhaupt ein Gewerbebetrieb in Preußen stattfindet. Handelt es sich um die Besteuerung des stehenden Schiffergewerbes, so ist demnach zunächst festzustellen, welchem deutschen Bundesstaate das Schiff angehört. Nur wenn das Fahrzeug ein preußisches ist, kann eine Veranlagung zur Gewerbesteuer erfolgen. OVG. IV, 331; I, 397.

3b. Nicht steuerpflichtig sind nach den Einleitungsworten des Gesetzes die in den Hohenzollernschen Landen und auf der Insel Helgoland betriebenen Gewerbe. A. Art. 1 Ziffer 1.

3c. Der § 3 des Doppelsteuergesetzes v. 22. März 1909 bestimmt folgendes:

„Der Grund- und Gebäudebesitz und der Betrieb eines stehenden Gewerbes sowie das aus diesen Quellen herrührende Einkommen dürfen nur in demjenigen Bundesstaate besteuert werden, in dessen Gebiete der Grund- und Gebäudebesitz liegt oder die Betriebsstätte zur Ausübung des stehenden Gewerbes unterhalten wird.

Betriebsstätte im Sinne dieses Gesetzes ist jede feste örtliche Anlage oder Einrichtung, die der Ausübung des Betriebs eines stehenden Gewerbes dient. Außer dem Hauptsitz eines Betriebs gelten hiernach als Betriebsstätten: Zweigniederlassungen, Fabrikationsstätten, Ein- und Verkaufsstellen, Niederlagen, Kontore und sonstige zur Ausübung des Gewerbes durch den Unternehmer selbst, dessen Geschäftsteilhaber, Prokuristen oder andere ständige Vertreter unterhaltene Geschäftseinrichtungen. Befinden sich Betriebsstätten desselben gewerblichen Unternehmens in mehreren Bundesstaaten, so darf die Heranziehung zu den direkten Staatssteuern in jedem Bundesstaate nur anteilig erfolgen."

3d. Der Staatsvertrag mit Österreich v. 21. Juni 1899 wegen Beseitigung von Doppelbesteuerungen bestimmt im Art. 2 folgendes:

„Der Grund- und Gebäudebesitz und der Betrieb eines stehenden Gewerbes, sowie das aus diesen Quellen herrührende Einkommen sollen nur in demjenigen Staate zu den direkten Staatssteuern herangezogen werden, in welchem der Grund- oder Gebäudebesitz liegt, oder eine Betriebsstätte zur Ausübung des Gewerbes unterhalten wird. Als Betriebsstätten gelten Zweigniederlassungen, Fabrikationsstätten, Niederlagen, Kontore, Ein- oder Verkaufsstellen und sonstige Geschäftseinrichtungen zur Ausübung des stehenden Gewerbes durch den Unternehmer selbst, Geschäftsteilhaber, Prokuristen oder andere ständige Vertreter.

Befinden sich Betriebsstätten desselben gewerblichen Unternehmens in beiden Gebieten, so soll die Heranziehung zu den direkten Staatssteuern in jedem Gebiete nur nach Maßgabe des von den inländischen Betriebsstätten aus stattfindenden Betriebes erfolgen."

Zur Ausführung des Art. 2 ist bezüglich der Besteuerung der Holzhändler zwischen Preußen und Österreich unter dem 12. Febr. 1909 folgendes Abkommen getroffen worden:

Bei Holzhändlern, welche in Preußen und in Österreich Betriebsstätten haben, wird derjenige Teil des Betriebes, welcher in dem Exporte des unter Verwendung der in dem einen Staate gelegenen Betriebsstätte angekauften Holzes in den andern Staat besteht, den beiderseitigen Betriebsstätten nur je zur Hälfte angerechnet.

Dem Holzexporte nach Preußen wird hierbei gleichgestellt jeder Holzexport, der in einen anderen deutschen Staat erfolgt, mit welchem österreichischerseits ein gleiches Übereinkommen getroffen worden ist.

Sohin ist bei Ermittelung des zu besteuernden Gewinnes der inländischen Betriebsstätte in jedem der beiden Staaten der Gewinn, beziehungsweise Reinertrag aus diesem Umsatze festzustellen, jedoch nur zur Hälfte, als aus der inländischen Betriebsstätte herrührend, der Besteuerung zu unterziehen; in dem gleichen Sinne sind die für die Ertragsfähigkeit eines solchen Geschäftsverkehres maßgebenden Merkmale auch nur zur Hälfte in Ansatz zu bringen.

Der erübrigende Teil des Umsatzes jeder Betriebsstätte wird derselben ganz zugerechnet.

Sofern in einem der beiden Staatsgebiete eine weitere Bearbeitung des Holzes stattfindet, sind die Betriebsmerkmale dieses Produktionsbetriebes und der aus dieser Bearbeitung sich ergebende Gewinn bei der Besteuerung des Holzhandels im andern Staatsgebiete außer Betracht zu lassen.

3e. Nach § 2 d. Ges. betr. die Vermeidung von Doppelbesteuerungen v. 18. April 1900 (GS. S. 259) ist der Finanzminister ermächtigt, mit Bezug auf Personen und Steuerquellen, welche der Steuerhoheit mehrerer Staaten unterliegen, Vereinbarungen zu treffen und Anordnungen zu erlassen, durch die ihre Heranziehung zu den direkten Staatssteuern unter Wahrung des Grundsatzes der Gegenseitigkeit auch abweichend von den in Preußen geltenden gesetzlichen Vorschriften geregelt wird.

4a. Die unerläßliche Voraussetzung für die Heranziehung zur Gewerbesteuer ist der tatsächliche Beginn eines an sich steuerpflichtigen Gewerbes und das Vorliegen dieser Voraussetzung muß im Falle der Bestreitung seitens des Veranlagten von der Veranlagungsbehörde unter Angabe der diese Annahme begründenden tatsächlichen Umstände festgestellt werden. OVG. VI, 388.

Die Ausübung eines Gewerbebetriebes kann damit, daß sie „notorisch" sei, nicht begründet werden, weil das Vorhandensein eines Gewerbebetriebes erst auf Grund der in jedem Einzelfall obwaltenden tatsächlichen Vorgänge festgestellt werden kann und muß, mithin die Ermittelung solcher Vorgänge voraussetzt. OVG. I, 393; III, 266.

4b. Der Gewerbebetrieb als solcher bildet das Objekt der Besteuerung, während das gewerbetreibende Subjekt für die Besteuerung nur in untergeordneter Weise in Betracht kommt. Demgemäß werden nach § 18 die von mehreren Personen gemeinschaftlich betriebenen Gewerbe ebenso, als wenn sie nur von einer Person betrieben würden und nach § 19 die Gewerbebetriebe der juristischen Personen und Vereine wie diejenigen physischer Personen besteuert. OVG. v. 23. Nov. 1899 VI G 174; OVG. III, 236; IV, 359.

5a. Zum stehenden Gewerbe gehört in steuerlicher Hinsicht jeder Gewerbebetrieb, welcher nicht nach den bestehenden Bestimmungen als Gewerbebetrieb im Umherziehen in bezug auf die Besteuerung zu behandeln ist. Art. 1 Ziffer 3 d. A.

Hinsichtlich der Besteuerung des Gewerbebetriebes im Umherziehen und des sog. Wanderlagerbetriebes zu vgl. die Gesetze v. 3. Juli 1876 (GS. S. 247) und v. 27. Febr. 1880 (GS. S. 174), sowie die Ministerialanweisungen v. 27. Aug. 1896 und 4. März 1880.

Über die Voraussetzungen für die Feststellung eines stehenden Gewerbes neben einem Gewerbebetriebe im Umherziehen zu vgl. OVG. VIII, 441.

5 b. Der Handel mit Milch von Kühen, die einen Teil des dem Gewerbebetrieb im Umherziehen dienenden Anlage- und Betriebskapitals bilden, ist ein Zweig des Wandergewerbebetriebs und unterliegt deshalb nicht der Gewerbesteuer. OVG. XII, 400.

6 a. Eine nähere Begriffsbestimmung darüber, was als „Gewerbe“ anzusehen sei, ist in dem Gewerbesteuergesetze v. 24. Juni 1891 so wenig wie in dem früheren oder in der Gewerbeordnung enthalten. Es bewendet in dieser Beziehung bei dem durch bisherige Entscheidungen Festgestellten. Bei einem auf die Erzielung von Einnahmen (Erwerb) gerichteten Geschäftsunternehmen macht es regelmäßig keinen Unterschied, ob dabei zugleich oder ausschließlich wohltätige oder gemeinnützige Zwecke verfolgt werden. Vgl. jedoch Art. 5 u. 7 d. A. -- Art. 1 Ziffer 4 d. A.

6 b. Der Gewerbebegriff im Sinne der Gewerbeordnung deckt sich nicht mit demjenigen im Sinne des Gewerbesteuergesetzes. Die Gewerbeordnung bezweckt nur die gewerbepolizeiliche Regelung, schließt aber nicht aus, daß das Gewerbesteuergesetz den Begriff des Gewerbes ausdehnt und auch solche Tätigkeiten der gewerblichen Besteuerung unterwirft, welche die Gewerbeordnung nicht für Gewerbe erachtet oder überhaupt nicht berührt. Daher ist z. B. die Ausübung des Fährbetriebs gegen Entgelt auf Grund der einer Privatperson zustehenden Berechtigung

steuerpflichtiger Gewerbebetrieb, obschon die Vorschriften der Gewerbeordnung auf die Befugnis zum Halten öffentlicher Fähren keine Anwendung finden. Ebenso ist es z. B. für die Frage der Besteuerung ohne Belang, ob beim gewerbsmäßigen Darbieten von Musikaufführungen usw. ein höheres Interesse der Kunst usw. obwaltet. Ebenso ist eine Bahnhofswirtschaft steuerpflichtig, wenn auch die Bestimmungen der Gewerbeordnung auf sie keine Anwendung finden, weil sie innerhalb der Bahnhofssperre liegt. OVG. IV, 456; VI, 385; VII, 421; XIII, 362.

6 c. Eine offene Handelsgesellschaft setzt zwar begrifflich den Betrieb eines Handelsgewerbes voraus und es mögen für sie noch in gewissem Umfange die handelsrechtlichen Vorschriften Platz greifen, wenn sie auch tatsächlich aufhört, Handelsgeschäfte zu betreiben, aber der Form nach fortbesteht und andere Geschäfte erledigt. Indessen ist dies in gewerbesteuerlicher Beziehung unerheblich. Ebensowenig wie eine nicht gewerbliche Aktiengesellschaft oder Kommanditgesellschaft auf Aktien, wenn sie auch handelsrechtlich als Handelsgesellschaft gilt, der Gewerbesteuerpflicht unterliegt, ist auch eine offene Handelsgesellschaft, wenn sie tatsächlich nicht mehr eine objektiv als Gewerbebetrieb sich darstellende Tätigkeit ausübt, gewerbesteuerpflichtig. OVG. VIII, 422.

Eine Aktiengesellschaft ist nicht als solche, sondern nur dann der Gewerbesteuer unterworfen, wenn sie ein Gewerbe betreibt. OVG. III, 236.

6 d. Nach der Rechtsprechung des OVG. ist als Gewerbebetrieb anzusehen: „jede mit der Absicht auf Gewinnerzielung unternommene selbständige, berufsmäßige und erlaubte Tätigkeit, welche sich als Beteiligung am allgemeinen wirtschaftlichen Verkehr darstellt.“ OVG. VII, 421.

Gewerbetreibender ist derjenige, welcher Vermögen und Arbeit — diese im weitesten Sinne, also auch Arbeit durch andere für ihn tätige Personen — behufs Hervorbringung von Gütern (Waren oder Leistungen) mit dem Ziele der

Gewinnerzielung zusammenwirken läßt und das Risiko dieses Unternehmens allein trägt. OVG. XIII, 415.

7. Nach den in Anm. 6d wiedergegebenen Definitionen des OVG. gehört zum Begriff des Gewerbebetriebes zunächst eine Tätigkeit, die „Arbeit im weitesten Sinne".

Das Ausleihen eigener oder auch nur geliehener Gelder gegen Zinsen ist nicht schon für sich allein als Betrieb des Gewerbes aufzufassen, und zwar selbst dann nicht, wenn sich der Darleiher regelmäßig, statt sich mit einem gewöhnlichen Schuldschein zu begnügen, von dem Darlehnsempfänger einen Wechsel geben läßt.

Das Ausleihen von Baugeldern ist an sich ebensowenig Gewerbebetrieb, wie überhaupt die Gewährung von Darlehen oder eine sonstige nutzbare Anlegung von Kapitalien.

Um den Gewerbecharakter zu begründen, müssen weitere Momente hinzutreten, welche die Ausdehnung des Ausleihens von Geldern auf einen bankmäßigen oder ähnlichen Betrieb klarstellen.

OVG. III, 265 ff.

Der Betrieb von Spekulationsgeschäften in Wertpapieren durch Bankier-Vermittelung stellt für sich einen steuerpflichtigen Gewerbebetrieb nicht dar. OVG. VII, 407.

Der sogenannte Protokollhandel — d. i. die Erwerbung von Versteigerungsprotokollen bzw. den sich daraus ergebenden Kaufgelderforderungen — wie der fortgesetzte Ankauf und die Realisierung zweifelhafter Forderungen in der Absicht der Gewinnerzielung sind dagegen steuerpflichtige Gewerbebetriebe. OVG. IX, 385, 387. Betreibt ein Darlehnskassenverein E. G. m. u. H. solche Geschäfte, so ist die Frage, ob ein solcher Betrieb nach dem Reichsgesetz über die Erwerbs- und Wirtschaftsgenossenschaften für Genossenschaften dieser Art statthaft ist oder nicht, für die Beurteilung der Gewerblichkeit jener Geschäfte nicht entscheidend. OVG. v. 6. Juli 1905 VI G 86.

Fortgesetzter Ankauf und Realisierung von zweifelhaften Forderungen in der Absicht der Gewinnerzielung enthält alle Merkmale des stehenden Gewerbes. OVG. IX, 387.

Eine Aktiengesellschaft, deren Zweck die Förderung der Erdölindustrie und des Erdölhandels im In- und Ausland ist, und die ihre Kapitalien nach Vorschrift des Statuts lediglich bei Unternehmungen anlegt, welche sich mit der Petroleumindustrie befassen, nutzt nicht nur ihr Kapital, sondern betreibt ein steuerpflichtiges Gewerbe. OVG. XIII, 373.

Der Ankauf bzw. die Erbauung von Häusern zum Zwecke der Nutzung durch Vermietung ist kein der Gewerbesteuer unterworfenes Gewerbe, sondern eine Nutzung des Grundbesitzes, welche der genannten Steuer nicht unterliegt. OVG. III, 285; FME. v. 3. Sept. 1892, MittH. 26, S. 34.

Die Vermietung des eigenen Hauses erscheint in der Regel als eine Form der Nutzung des Grundbesitzes, welche im Ertragssteuersystem mit einer besonderen Steuer, der Gebäudesteuer, getroffen wird, und schon deshalb nach der Absicht der Gesetzgebung ohne Hinzutreten besonderer Umstände nicht gewerblicher Art sein kann. Es wird wohl niemandem in den Sinn kommen, eine physische Person, welche im eigenen Hause Räumlichkeiten in unmöbliertem Zustande vermietet, schon deshalb für einen Gewerbetreibenden zu halten. Wenn aber der gleiche Erwerbszweig von einer Aktiengesellschaft verfolgt wird, so liegen die steuerlichen Verhältnisse nicht wesentlich anders.

Es ist jedoch nicht ausgeschlossen, daß unter besonderen Umständen der Erwerbszweig des Vermietens von Räumlichkeiten in eigenen Häusern den Charakter des Gewerbebetriebs annimmt. OVG. III, 238, 287; XI, 383.

Die längere Fortsetzung oder regelmäßige Wiederholung der Vermietung möblierter Zimmer oder Wohnungen ist ein steuerpflichtiger Gewerbebetrieb, und es ist hierfür unerheblich, ob dieser Erwerbszweig die Mittel zum

Lebensunterhalte oder nur Nebeneinnahmen gewähren soll. OVG. III, 242.

Die sich jährlich wiederholende Vermietung ganzer möblierter Häuser in Badeorten ist als Gewerbebetrieb anzusehen. OVG. IX, 388.

Werden von einer Aktiengesellschaft zur Erreichung des statutenmäßigen Zwecks Pflege- und Krankenanstalten, Armen- und Siechenhäuser erbaut, angekauft, mit dem nötigen Inventar für den Betrieb ausgestattet und zum Betriebe an Dritte vermietet oder verpachtet, so liegt die Sache hinsichtlich der Merkmale des Gewerbebetriebes noch nicht anders, wie bei einer physischen Person, die ein Hotel erbaut, mit Inventar ausstattet und zum Betriebe an einen Dritten verpachtet. Hier findet nur eine Nutzung des Grundeigentums und des damit verbundenen sonstigen Vermögens statt und es müßten besondere Umstände hinzutreten, um einen Gewerbebetrieb annehmen zu dürfen. OVG. IX, 377.

Die Verpachtung einer Ziegelei und von Grundstücken zur Ausziegelung bildet keinen steuerpflichtigen Gewerbebetrieb, sondern stellt sich als Nutzung des Grundvermögens dar. OVG. V, 409; IV, 62.

In dem Eigentumserwerb einer Dampfstraßenbahn nebst Ausrüstung kann ebensowenig ein Gewerbebetrieb gefunden werden, wie in dem bloßen Erwerbe eines Grundstücks, eines Hotels, eines Bades usw., es müßte denn mit dem Erwerbe die Absicht verbunden sein, die erworbenen Gegenstände als Waren zu behandeln und hiermit einen Handel zu betreiben.

Auch der Bau von Eisenbahnen ist, insoweit er für den Erbauer selbst erfolgt, ebensowenig Gewerbebetrieb wie die Erbauung von Häusern zum Zwecke der Vermietung für eigene Rechnung.

OVG. VI, 392.

In der Verpachtung einer Straßenbahn nebst Ausrüstung zum Betriebe an einen Dritten liegt ebenso wenig ein Gewerbebetrieb wie in der Verpachtung eines Gasthauses, einer Fabrik oder dgl. OVG. VI, 392; IX, 463.

Die Pachtung eines Grundstücks und seine Unterverpachtung in Parzellen (Stätteplätzen) können steuerpflichtigen Gewerbebetrieb bilden. OVG. XI, 383.

Die Gewinnung von Eis aus eigenen Gewässern und dessen Verkauf kann sich ebensowohl als eine gewerbesteuerfreie Nutzung des Grundeigentums wie als der Betrieb eines Gewerbes darstellen. Letzteres ist der Fall, wenn der Unternehmer das Eis nach der Gewinnung nicht alsbald veräußert, sondern besondere Einrichtungen für die Aufbewahrung bis zum Eintritt der wärmeren Jahreszeit getroffen hat und erst dann der Verkauf stattfindet. OVG. VI, 398.

Ein zum Zwecke des Verkaufs der gewonnenen Steine unternommener Steinbruchsbetrieb ist regelmäßig ein steuerpflichtiges Gewerbe. OVG. X, 390.

Die Ausführung von Erdarbeiten, die Ausbeutung von Sand- und Kiesgruben und dgl. bei Eisenbahnbauten für Rechnung Dritter, insbesondere des Staates, bildet für den ausführenden Bauunternehmer einen Teil seines steuerpflichtigen Gewerbebetriebes. OVG. V, 429.

Wer Häuser zum Verkauf erbaut, betreibt steuerpflichtigen Handel mit Immobilien. Bauunternehmer im Sinne des Gewerbesteuergesetzes ist dagegen nur derjenige, der gegen Entgelt Bauten für fremde Rechnung unternimmt, niemals der für eigene Rechnung arbeitende Bauherr. OVG. III, 286.

Daß der Handel mit Grundstücken einen Gewerbebetrieb bildet, ist in feststehender Rechtsprechung anerkannt. OVG. XII, 407; X, 389.

Eine nur einmalige oder gelegentliche, ohne die Absicht der Wiederholung, wenn auch behufs Gewinnerzielung erfolgte Veräußerung von Grundstücken bildet noch keinen gewerblichen Grundstückshandel. Die auf die Veräußerung von Grundstücken gerichtete Tätigkeit muß sich vielmehr als Beruf darstellen, ohne daß sie den ausschließlichen oder den Hauptberuf bilden müßte. Auch wird nicht erfordert, daß die fortgesetzte Tätigkeit eine ununterbrochene sei, vielmehr wird die Natur des Geschäfts vielfach kürzere oder längere Unterbrechungen mit sich bringen.

Ist in zweifelloser Weise festgestellt, daß vor Beginn des Steuerjahres ein gewerblicher Grundstückshandel bebegonnen worden ist, so wird die Fortdauer dieses Betriebes angenommen werden dürfen, solange der Steuerpflichtige noch Grundstücke besitzt, die nach seiner sonstigen Geschäftsgebarung den Charakter von Waren an sich tragen.

Die Feststellung des gewerblichen Grundstückshandels unterliegt regelmäßig dann keinem Zweifel, wenn schon der Kauf der Grundstücke in der Absicht der Weiterveräußerung in gleichem oder verändertem Zustande erfolgt ist; in letzterer Beziehung kommen insbesondere Bebauung mit Häusern, Zerlegung eines größeren, in passender Weise vorbereiteten Komplexes in fertige Baustellen und dgl. in Betracht. Der Grundstückshandel kann sich aber auch als ein Ausverkauf der vorhandenen Waren, oder als eine Art von Liquidation darstellen, derart, daß die Beschaffung der Waren als eine abgeschlossene Tätigkeit vorausgegangen ist, und die Veräußerung ohne jeden weiteren Zukauf erst nach längerer Zeit erfolgt. Es kann sogar ein Gutsbesitzer, dem bei Erwerbung des Gutes die Absicht einer gewerblichen Tätigkeit ferngelegen hat, dazu übergehen, sein Gut in Baustellen umzuwandeln und mit diesem als Ware einen Handel zu beginnen. Auch Erben können mit dem ererbten Grundbesitze einen solchen Handel beginnen. OVG. V, 431, 435; VIII, 11; X, 388; XIII, 367.

Die Annahme aber, daß der Alleinerbe eines Grundstückshändlers dessen Gewerbe fortsetze, kann nicht allein dadurch gerechtfertigt werden, daß er die zum Anlage-

und Betriebskapitale des Erblassers gehörig gewesenen Grundstücke zum Verkauf bringt. OVG. XII, 400.

Als Beginn der Tätigkeit (im Sinne des Gewerbebegriffes) eines Grundstückshändlers ist der Erwerb des Grundstückskomplexes anzusehen, wenn auch die eigentliche Arbeitstätigkeit erst in dem Zeitpunkt einsetzt, wenn er zum Einzelverkauf übergeht. Als Arbeitstätigkeit gelten die Kaufverhandlungen und -abschlüsse, weil sie Aufwand von Zeit und Überlegung, geistige Arbeit erfordern. Diese Tätigkeit liegt auch auf wirtschaftlichem Gebiete, ist eine erlaubte und selbständige. Um eine fortgesetzte Tätigkeit handelt es sich, weil der Unternehmer von vornherein beabsichtigt, den Grundbesitz im einzelnen nach und nach zu veräußern, sämtliche Baustellen auf einmal auf den Markt zu bringen ist eine wirtschaftliche Unmöglichkeit. Der Unternehmer muß von Anfang an seinen Plan dahin anlegen, daß jedes Jahr nur eine geringe Anzahl von Parzellen verkauft und bebaut wird und daß er so auf Jahre hinaus eine ständige, wenn auch schwankende Einnahme haben wird. Hiermit ist auch bereits ausgesprochen, daß die Tätigkeit auf Gewinnerzielung gerichtet ist. Als berufsmäßig muß die Tätigkeit gelten, weil sie nach Dauer und Umfang einen nicht unerheblichen Teil der Arbeitskraft des Unternehmers beansprucht. Das Vorhandensein einer festen Stätte, von der aus der Verkauf der Grundstücksparzellen betrieben wird, gehört nicht zu den Kriterien des Gewerbes im Sinne des Gewerbesteuergesetzes. Urteil des Landgerichts zu E. v. 15. Jan. 1906, mitgeteilt in Heft 52 der Mitt. S. 69.

Bei der Frage, ob eine zum Zwecke der Verwertung von eingebrachten oder erworbenen Grundstücken begründete Gesellschaft m. b. H. gewerblichen Grundstückshandel betreibt, kommt es, da sie ein selbständiges Rechtssubjekt mit eigenen Zwecken bildet, nicht auf die Zwecke an, zu denen die früheren Besitzer die Grundstücke erworben haben. Der Annahme, daß gewerbsmäßiger Grundstückshandel bei der

Gesellschaft besteht, widerspricht es nicht, daß die Grundstücke als Einlagen auf das Stammkapital in das Eigentum der Gesellschaft gekommen sind. OVG. XII, 407.

Grundbesitzer, welche bei der Parzellierung und Veräußerung ihrer Grundstücke den Käufern gegen Verpfändung der veräußerten Parzellen behufs ihrer Bebauung aus eignen oder fremden Mitteln Darlehen gewähren und zur besseren Verwertung des eigenen Grundbesitzes fremde Grundstücke zum Zwecke der Wiederveräußerung ankaufen, betreiben das steuerpflichtige Gewerbe des Immobilienhandels. OVG. IV, 418.

Ersteht eine gewerbliche Aktiengesellschaft, insbesondere eine Hypothekenaktienbank Grundstücke in der Subhastation, um ihre darauf eingetragenen Forderungen zu retten und veräußert sie demnächst diese Grundstücke weiter, so kann hierin nicht der selbständige Betrieb eines Immobilienhandels neben dem sonstigen Gewerbebetriebe der Gesellschaft gefunden werden. OVG. VII, 454.

Die nur gelegentlich, durch besondere Umstände veranlaßte Tätigkeit eines Baukünstlers als Unternehmer von Bauausführungen ist kein steuerpflichtiger Gewerbebetrieb. Das gleiche gilt von dem An- und Verkauf von Grundstücken, die ein Baukünstler erwirbt, um sich Gelegenheit zur Ausübung der Baukunst zu verschaffen. OVG. IX, 397 ff.

8. Die nach den in Anm. 6 d wiedergegebenen Definitionen des Gewerbebegriffs die Voraussetzung für Annahme eines Gewerbebetriebes bildende Arbeitsbetätigung muß mit der Absicht auf Gewinnerzielung unternommen sein, sonst liegt kein Gewerbebetrieb vor. Daher stellt sich eine unentgeltliche Betätigung von vornherein nicht als Gewerbebetrieb dar. Gibt ein städtisches Elektrizitätswerk z. B. Licht und Kraft an die Konsumenten zum Selbstkostenpreise ab, so liegt kein Gewerbebetrieb vor. Abgabe zum Selbstkostenpreise aber ist anzunehmen, wenn durch den Betrieb nur die Deckung der Betriebskosten und Schuldenzinsen sowie die Amortisation der Anlagen erzielt

werden soll. OVG. v. 25. Juni 1903; VI G 202. Auch eine mit der bloßen Möglichkeit der Gewinnerzielung ohne eine hierauf gerichtete Absicht unternommene Tätigkeit ist kein Gewerbebetrieb. OVG. VI, 372. Das bloße objektive Ergebnis von Überschüssen für sich allein kommt überhaupt nicht entscheidend in Betracht. OVG. VII, 422.

Für die Annahme eines Gewerbebetriebes bezüglich einer bestimmten Tätigkeit genügt nicht schon ein irgendwie geartetes Interesse, das den Unternehmer zu dieser Tätigkeit veranlaßt, sondern es ist erforderlich, daß die Tätigkeit selbst nach der Absicht des Unternehmers die Quelle von Einnahmen bildet. Dient die Tätigkeit anderweitigen Zwecken, insbesondere nur als Mittel für die Erzielung von Gewinn aus einer anderen Erwerbstätigkeit, so ist sie kein Gegenstand eines besonderen Gewerbebetriebes. OVG. im PVBl. Jahrg. IX S. 446ff., Entsch. des Reichsger. in Zivilsachen Bd. 38 S. 22; OVG. VII, 421.

Ein Gewerbebetrieb ist nur dann vorhanden, wenn die Gewinnerzielung den Hauptzweck der Tätigkeit bildet und nicht nur beiläufig und nebensächlich bezweckt wird. Hat z. B. die Herstellung und Unterhaltung eines Kanals den Hauptzweck der Förderung der Landwirtschaft, so bildet seine nebensächliche Verwendung zu Schiffahrtszwecken gegen Entgelt keinen steuerpflichtigen Gewerbebetrieb. OVG. III, 340.

Aktiengesellschaften und Vereine, welche lediglich die Beschaffung billiger Wohnungen für ihre Mitglieder bezwecken, betreiben kein steuerpflichtiges Gewerbe — OVG. IV, 362; XI, 396 — und zwar auch dann noch nicht ohne weiteres, wenn im Statut als Gegenstand des Unternehmens auch der An- und Verkauf von Immobilien, namentlich von Häusern, sowie Herstellung, An- und Verkauf von Baumaterialien angegeben ist. OVG. X, 385.

Ein Gewerbebetrieb liegt wegen Fehlens der Gewinnabsicht nicht vor, wenn nach dem Statut einer die Beschaffung billiger und gesunder Wohnungen für minderbemittelte Personen bezweckenden Aktiengesellschaft den Aktionären an Dividende nicht mehr als 4% und im Falle der Auflösung der Gesellschaft nicht mehr als der Nennbetrag der Aktien gezahlt werden darf. OVG. XII, 398.

Die unter amtlicher Leitung stehenden Spar- und Vorschußvereine der Angehörigen der Reichs-Post- und Telegraphenverwaltnng betreiben in der Regel nach ihren Statuten und nach ihrer Tätigkeit kein steuerpflichtiges Gewerbe, weil die Gewinnerzielung jedenfalls nicht Hauptzweck ist, sondern eine dem Hauptzwecke, der Beförderung des Sparsinns der Postbeamten und der Hilfeleistung an diese durch Gewährung von Vorschüssen, untergeordnete Bedeutung hat. OVG. IV, 372.

Bei allen sich der charitativen Krankenpflege widmenden geistlichen Genossenschaften, wie der barmherzigen Schwestern der katholischen und der Diakonissen der evangelischen Kirche, ist die Krankenpflege Selbstzweck, nicht aber Mittel zum Zwecke der Erzielung von Gewinn. Läßt sich bei ihnen überhaupt von der Absicht einer Gewinnerzielung reden, so ist diese Absicht jedenfalls etwas Nebensächliches, während die Absicht der Gewinnerzielung durch den Betrieb und als Zweck des Betriebes das notwendigste Merkmal des Gewerbebegriffs ist. OVG. VII, 424; v. 11. Febr. 1909 VI G, 206.

Die für den Gewerbebegriff erforderliche Absicht der Gewinnerzielung ist bei einem städtischen Elektrizitätswerke trotz der entgeltlichen Abgabe von Licht und Kraft an Privatabnehmer nicht vorhanden, wenn durch den Betrieb nur die Deckung der Betriebskosten und der Schuldenzinsen sowie eine der wirklichen Entwertung entsprechende Amortisation der Betriebsanlagen erzielt werden soll. OVG. XI, 394.

Wenn die an öffentlichen Lehranstalten wirkenden Lehrer Schüler ihrer Anstalt unter Gewährung von Wohnung und Beköstigung bei sich aufnehmen, so überwiegt regelmäßig die von ihnen ausgeübte erziehende Tätigkeit den vielleicht hiermit zugleich verfolgten Erwerbszweck. Es würde eine Verkennung des Lehrberufs in sich schließen, wollte man den Lehrer, welcher in Ausübung seiner erziehenden Tätigkeit einen Gewinn erzielt, für einen Gewerbetreibenden erachten und seine Tätigkeit als Betrieb eines Beköstigungs- oder Beherbergungsgewerbes besteuern. OVG. V, 392.

Der von einer Schlächter-Innung gemäß § 12 des Gesetzes v. $\frac{\text{18. März 1878}}{\text{9. März 1881}}$ auf Grund eines Vertrages mit einer Gemeinde übernommene Betrieb eines öffentlichen Schlachthauses ist nicht Gewerbebetrieb, wenn die Möglichkeit einer Gewinnerzielung davon abhängt, in welcher Weise die Gemeinde von gewissen ihr in dem Vertrage eingeräumten Rechten Gebrauch macht. OVG. IX, 392.

Wird ein Ausverkauf der vorhandenen Waren in der Absicht veranstaltet, Preise zu erzielen, welche die Einkaufs- oder Herstellungspreise soweit übersteigen, daß unter Berücksichtigung der Betriebskosten noch eine Gewinnerzielung möglich ist, so bildet der Verkauf der Waren, wenn auch den Abschluß, so doch einen integrierenden Teil und somit die steuerpflichtige Fortsetzung des ursprünglichen Geschäfts. OVG. VII, 101 ff. Stellt dagegen ein Gewerbetreibender seinen bisherigen Betrieb zu einem bestimmten Zeitpunkt endgültig ein und hat er nur noch die Absicht, die vorhandenen Warenbestände und Betriebsgegenstände zu versilbern, d. h. möglichst zu einem Preise, der ihrem augenblicklichen, den Selbstkostenpreis nicht erreichenden Werte entspricht, schlimmstenfalls aber auch darunter, in Geld umzusetzen, so fehlt das Hauptkriterium des Gewerbebegriffs im gewerbesteuerlichen Sinne, die werbende Tätigkeit. OVG. VIII, 377.

Eine wirkliche, lediglich auf Versilberung der vorhandenen Vermögensstücke abzielende Liquidation einer Aktiengesellschaft hat die Einstellung des Gewerbebetriebs zur Folge, da hiermit die Absicht der weiteren Gewinnerzielung — die nächste Voraussetzung des Gewerbebegriffs – aufhört. Wenn aber die Liquidatoren der Aktiengesellschaft sich nicht von der Absicht der bloßen Versilberung der Vermögensstücke leiten lassen, sondern hierüber hinaus weitere Gewinnzwecke verfolgen, so setzen sie den früheren Gewerbebetrieb tatsächlich fort. OVG. IV, 266; OVG. v. 18. Jan. 1900 VI G 244[1]. Hat eine Terraingesellschaft nach dem Eintritt in die Liquidation das im Immobiliarhandel bestehende Gewerbe betrieben, so ist im Zweifel ein Gewerbebetrieb so lange, als überhaupt noch ein Verkauf von Grundstücken stattfindet, vorhanden. Für die Annahme des Gewerbebetriebs einer in Liquidation befindlichen Terraingesellschaft genügt die Feststellung, daß Aufwendungen zur Erhöhung des Verkaufswertes der Grundstücke, z. B. für Regulierung und Pflasterung von Straßen, für Herstellung besserer Verbindungen, für Anlage von Straßenbahnen oder für Errichtung von Schulhäusern gemacht worden sind. OVG. IV, 414ff.

Die Gemeinnützigkeit eines Unternehmens und die Absicht der Gewinnerzielung sind nicht miteinander unvereinbare Gegensätze. OVG. XII, 414.

9. Zum Begriff des Gewerbes gehört ferner, daß die Arbeitsbetätigung sich als Beteiligung am allgemeinen wirtschaftlichen Verkehr darstellt. Vgl. die Anmerkungen zu § 4 Nr. 7 und zu § 5 des Gesetzes. Tritt eine Erwerbstätigkeit überhaupt nicht an die Öffentlichkeit, dann fehlt die Beteiligung am allgemeinen wirtschaftlichen Verkehr und deshalb enthält eine solche Tätigkeit keinen Gewerbebetrieb. OVG. XIII, 414. So z. B. erfüllt der lediglich durch bankiermäßige Vermittelung erfolgende Ankauf und Verkauf von Wertpapieren das Erfordernis des Hervortretens an die Öffentlichkeit nicht und ist deshalb nicht gewerbesteuerpflichtig. OVG. X, 382.

Das Merkmal der Beteiligung am allgemeinen wirtschaftlichen Verkehr erscheint nicht dadurch ausgeschlossen, daß die Wirtschaftsräume eines Bahnhofsrestaurants innerhalb der Bahnhofssperre liegen. Denn durch die Zugänglichkeit für das gesamte bahnreisende Publikum ist die Zugehörigkeit der Wirtschaft zum allgemeinen wirtschaftlichen Verkehr in ausreichendem Maße gegeben. OVG. XIII, 362.

Die Versicherungsgesellschaften auf Gegenseitigkeit sind wegen „Absonderung von dem allgemeinen wirtschaftlichen Verkehr" gewerbesteuerfrei. OVG. III, 361. Sie können aber zu Gewerbetreibenden werden, wenn sie in der Absicht auf Gewinnerzielung, sei es auch nur, um durch die Verwendung des Gewinnes zur Verringerung der Beiträge ihrer Mitglieder, ihre verfügbaren Fonds zu Geschäften verwenden, welche ihrem Wesen nach als Gewerbebetrieb erscheinen, sich namentlich als eine berufsmäßige Beteiligung am allgemeinen wirtschaftlichen Verkehr darstellen (z. B. zum Betriebe des Bankgeschäfts). Die bloße zinsbare Anlegung der verfügbaren Fonds hat diesen Charakter nicht. OVG. III, 358ff.

Einer geschlossenen Kasinogesellschaft, die statutenmäßig lediglich gesellige Unterhaltung bezweckt, fehlt das für den Gewerbebetrieb unerläßliche Merkmal der Beteiligung am allgemeinen wirtschaftlichen Verkehr. OVG. IX, 379. Vgl. Anm. 1d zu § 5 des Gesetzes.

Die Tätigkeit des selbständigen, d. h. für eigene Rechnung arbeitenden, Lotsen stellt sich als eine mit der Absicht der Gewinnerzielung unternommene berufsmäßige Beteiligung am allgemeinen wirtschaftlichen Verkehre dar und ist daher ein steuerpflichtiges Gewerbe. OVG. V, 389.

Ein Gewerbebetrieb ist wegen mangelnder Beteiligung am allgemeinen wirtschaftlichen Verkehr auch dann nicht vorhanden, wenn der Zweck des Unternehmens lediglich in der Beschaffung der eigenen wirtschaftlichen Bedürfnisse des Unternehmers besteht. Ist der Zweck des Unternehmens außerdem auf Erzielung von Gewinn gerichtet, so liegt, insoweit das letztere der Fall ist, ein steuerpflichtiger Gewerbebetrieb vor. OVG. IV, 306.

10. Die Tätigkeit, welche für den Gewerbebegriff Voraussetzung bildet, muß eine erlaubte sein. OVG. I, 282. Daher kann weder der Gewinn aus Kuppelei, noch aus gewerbsmäßiger Hehlerei usw. besteuert werden. Das Zimmervermieten nimmt, falls im übrigen die Merkmale eines Gewerbebetriebs vorliegen, nicht lediglich aus dem Grunde, weil die Vermietung an unter Sittenkontrolle stehende Mädchen erfolgt, den Charakter einer unsittlichen, den Begriff eines Gewerbebetriebs im steuerlichen Sinne ausschließenden Tätigkeit an. FME. v. 21. April 1904 II 2292.

11. Die Tätigkeit muß auch eine berufsmäßige sein. Die Merkmale der Berufsmäßigkeit und der Beteiligung am allgemeinen wirtschaftlichen Verkehre bedeuten, daß die Absicht nicht etwa eine auf einzelne Erwerbsgeschäfte, sondern einheitlich und im voraus auf die ganze Reihe der in bestimmter Willensrichtung verbundenen Geschäfte in ihrem Zusammenhange gerichtet sein und daß zugleich der Wille und die ihm entsprechende Tätigkeit als solche nach außen hin erkennbar hervortreten müssen. OVG. X, 382.

Der Betrieb eines Gewerbes liegt nicht vor, wenn die Tätigkeit nur aus zufälliger Veranlassung und nur zum Zweck der Vermeidung von Verlusten, nicht aber, wie dies der Begriff des Gewerbes erfordert, in der Absicht der Wiederholung und der Gewinnerzielung unternommen ist. OVG. VI, 434.

Der Verlag und Vertrieb einer einzelnen selbstverfaßten Druckschrift stellt keinen Gewerbebetrieb dar. OVG. IV, 327.

12. Die Tätigkeit muß endlich auch eine selbständige sein; nur selbständige Gewerbetreibende und nicht gewerbliche Hilfspersonen unterliegen der Steuerpflicht.

Gewerbetreibender ist derjenige, welcher Vermögen und Arbeit behufs Hervorbringung von Gütern mit dem Ziele der Gewinnerzielung zusammenwirken läßt und das Risiko dieses Unternehmens allein trägt. OVG. XIII, 415.

Nicht der *Schiffseigentümer* ist als solcher gewerbesteuerpflichtig, sondern derjenige, welcher das Schiffergewerbe *für eigene Rechnung* betreibt. FME. v. 28. März 1888. MittH. 21, S. 65. OVG. IX, 384.

Wer bei einem Gewerbebetriebe *nach außen handelnd* auftritt, ist gleichgültig, nur derjenige ist als Gewerbetreibender anzusehen, für dessen Rechnung der Betrieb erfolgt. OVG. XIII, 414; X, 207; XI, 29.

Für die Feststellung eines selbständigen Gewerbebetriebs gibt die Tatsache den Ausschlag, daß der Betreffende zur Ausführung der für andere Gewerbetreibende gegen Stücklohn zu leistenden Arbeit von ihm angenommene Hilfskräfte *auf eigene Rechnung* verwendet. OVG. VIII, 445; X, 133; v. 31. Jan. 1907; VI G 284. Vgl. auch FME. v. 12. Mai 1893. MittH. 29, S. 26.

Der am Verlage oder an der Herausgabe nicht beteiligte *Redakteur einer Zeitung* ist nur Angestellter des Verlegers oder Herausgebers und kann deshalb nicht als selbständiger Gewerbetreibender erachtet werden. OVG. III, 261.

Die von einem *gerichtlichen Bücherrevisor* in außergerichtlichen Angelegenheiten ausgeübte Tätigkeit als Bücherrevisor ist Gewerbebetrieb, wenn sie als berufsmäßige Tätigkeit mit der Absicht der Gewinnerzielung *auf eigene Rechnung* selbständig ausgeübt wird, dagegen kein solcher, wenn sie auf Grund vertragsmäßiger Vereinbarung dauernd und gegen feste Jahresvergütung die außerordentliche Revision des Buch- und Kassenwesens in unselbständiger Weise zum Gegenstande hat. OVG. III, 349.

Die *Geschäftsführer eines Vereins*, dessen Zweck ist, seine Mitglieder durch vertrauliche Mitteilungen vor Verlusten zu schützen und deren Handelsinteresse zu fördern, betreiben kein eigenes Gewerbe, auch wenn sie vertragsmäßig die nach Bestreitung der entstehenden Kosten verbleibenden Reineinnahmen des Vereins erhalten. *Es fehlt* dazu vor allem das notwendige *Merkmal der Selbständigkeit*. OVG. XIII, 360.

Ein sogenannter Bierführer, der nach dem von ihm mit einer Brauerei abgeschlossenen Vertrage für den Verkauf ihres Bieres in einem bestimmten Bezirk angestellt worden ist, die Bestellungen von der Brauerei empfängt und sie aus den ihm zugestellten Vorräten erledigt, der verpflichtet ist, bestimmte Preise an die Brauerei zu zahlen und beim Verkauf eine bestimmte Preishöhe nicht zu überschreiten, der zur Garantie für die ihm von der Brauerei gestellten Pferde, Wagen, Flaschen, Körbe und für den Preis des verkauften Bieres der Brauerei eine Kaution bestellt hat und bei Nichterfüllung seiner Pflichten sofort entlassen werden kann, ist, wenn er auch nur auf Provision nach Maßgabe des verkauften Bieres und auf die etwaige Differenz zwischen dem Verkaufs- und Abnahmepreis an Stelle des Gehalts angewiesen ist, doch lediglich Vertreter der Brauerei, die durch ihn ihr eigenes Gewerbe betreibt. OVG. VI, 430.

Die Eigenschaft eines selbständigen Betriebes verliert eine Bahnhofsrestauration nicht dadurch, daß der Unternehmer bei dem Betriebe vertragsmäßig einer gewissen Kontrolle und Einwirkung der Bahnverwaltung im Interesse der öffentlichen Ordnung, insbesondere auch des Bahnbetriebes unterworfen ist. OVG. XIII, 362.

Die geschäftsführenden Mitglieder eines Kreditreformvereins üben, da sie nur Angestellte sind, keinen Gewerbebetrieb aus; ob sie als Honorar die Reineinnahmen erhalten, ist dabei ohne Bedeutung. OVG. v. 11. Okt. 1906, DJZ. XII, 73.

Ein Schächter, der von mehreren Schlächtern dauernd gegen feste Vergütung angenommen ist, betreibt kein selbständiges Gewerbe. OVG. v. 6. Dez. 1894 VI G 539.

Steuerpflicht der Ziegelmeister liegt vor, wenn sie für den Unternehmer einer Ziegelei die Fertigstellung einer größeren Anzahl Ziegel gegen Vereinbarung eines festen Preises für das Tausend übernehmen und ihrerseits die erforderlichen Arbeiter für eigene Rechnung zu stellen haben. Unter diesen Voraussetzungen erscheinen die Ziegelmeister als selbständige gewerbliche Unternehmer. OVG. VIII, 445, FME. v. 12. Mai 1893, MittH. 29, S. 26.

Agenten gelten als selbständige Gewerbetreibende nach Maßgabe folgender vom OVG. namentlich in den Entscheidungen IV, 342ff.; V, 163ff; V, 404ff.; VI, 240ff. und Anm. S. 241; VI, 427 übereinstimmend für die Einkommensteuer und die Gewerbesteuer angenommenen Grundsätze:

1. Ein selbständiger Gewerbetreibender, dessen Tätigkeit sich lediglich als Ausübung des eigenen Vermittelungsgewerbes darstellt, betreibt damit nicht das Gewerbe der von ihm vermöge eines Auftrags- oder Vollmachtsverhältnisses vertretenen auswärtigen Firma, auch wenn er die Interessen derselben ständig wahrnimmt. (So nach OVG. XI, 390 die Handelsagenten, §§ 84ff. HGB.)

   Dies gilt insbesondere in der Regel von denjenigen Agenten, welche als Spezialagenten für eine Versicherungsgesellschaft oder Hypothekenbank tätig sind, das heißt: für die Gesellschaft im Publikum werben, ihr die zum Abschluß von Versicherungen oder Darlehnsverträgen bereiten Personen zuführen, oder die an sie aus dem Publikum ergehenden Anträge entgegennehmen, um den Abschluß der Geschäfte zu vermitteln.

2. Dagegen ist die Begründung einer Betriebsstätte des auswärtigen Unternehmers und somit seine Steuerpflicht in Preußen anzunehmen, wenn der hiesige ständige Vertreter in einem persönlichen Dienst- und Abhängigkeitsverhältnisse oder in beamtenähnlicher Stellung zu dem Unternehmer sich befindet, dessen Willen und beständiger Leitung unterworfen und eben dadurch dessen Organ und Gehilfe ist.

3. Der das eigene Vermittelungsgewerbe betreibende Agent (siehe Nr. 1) kann zwar durch dieselbe Tätig-

keit, die sich als Ausübung des Vermittelungsgewerbes darstellt, nicht zugleich als Vertreter eines anderen das Gewerbe betreiben und umgekehrt.

Wohl aber kann eine solche Doppelstellung durch verschiedene von derselben Person nebeneinander ausgeübte Tätigkeiten begründet werden. Beispielsweise ist es nicht ausgeschlossen, daß ein Generalagent mit beamtenähnlicher Stellung für eine Versicherungsgesellschaft oder Hypothekenbank tätig ist, und bezüglich desselben Unternehmens gleichzeitig sein eigenes Vermittelungsgewerbe ausübt. Für die Entscheidung der Frage, ob ein „beamtenähnliches“ Verhältnis im Sinne der Nr. 2 und 3 vorliegt oder nicht, kommt es weder auf die äußere Bezeichnung des Vertreters an, noch auf die rechtliche Form, in die das Verhältnis gekleidet ist. Vielmehr bedarf es in jedem Einzelfalle der Ermittelung, ob nach den konkreten Verhältnissen (Inhalt des Anstellungsvertrags und gesamte Geschäftsführung) der Vertreter als Beamter angesehen werden muß. Dies ist zu bejahen, wenn die Mittelsperson auf Grund des durch den eingegangenen Vertrag zu dem auswärtigen Unternehmer begründeten Abhängigkeitsverhältnisses, Handlungen, die ihm von demselben aufgetragen werden, vorzunehmen verpflichtet ist.

Bei dem Vertreter einer Hypothekenbank erscheint die Annahme, daß ein beamtenähnliches Verhältnis vorliegt, insbesondere dann gerechtfertigt, wenn die die Gewährung von Darlehnen nachsuchenden Antragsteller nach der Absicht der Bank sich schon durch die Stellung des Antrags bei dem Vertreter für einen bestimmten Zeitraum gebunden und, für den Fall der Genehmigung ihres Gesuchs seitens der Bank innerhalb dieses Zeitraums, zur Erfüllung, d. h. zur Entnahme des Darlehns nach Maßgabe des gestellten Antrags, für verpflichtet erklären, sowie wenn der Vertreter der Bank eine Vorprüfung der für die

Darlehnsgewährung in Betracht kommenden tatsächlichen Verhältnisse vorzunehmen hat und nach dem Ergebnis befugt ist, nicht bloß etwa seine Vermittlertätigkeit, sondern namens der Bank das Gesuch um die Gewährung des Darlehns zurückzuweisen. OVG. VII, 444.

Für die Frage, ob außerpreußische Unternehmer durch ihre in Preußen wohnenden Mittelspersonen hier einen stehenden Gewerbebetrieb unterhalten, ist entscheidend, ob die Mittelsperson in wirtschaftlicher Beziehung als Organ des auswärtigen Unternehmers einen Teil der geschäftlichen Tätigkeit des letzteren innerhalb Preußens ausübt. OVG. X, 391.

Die von einem Mitgliede einer offnen Handelsgesellschaft in deren Interesse ausgeübte Tätigkeit gilt, falls nicht erhellt, daß es dabei nicht als Gesellschaftsorgan gehandelt hat, als gewerbliche Tätigkeit der Gesellschaft. OVG. IX, 378.

Ein Verkaufssyndikat, G. m. b. H., das die von den einzelnen Gesellschaftern gelieferten Produkte zu bestimmten Preissätzen übernimmt und auf seine Rechnung an die Kunden verkauft, betreibt ein selbständiges Gewerbe. OVG. XI, 384 ff. Dagegen ist ein Verkaufssyndikat, das die Produkte der einzelnen Gewerbetreibenden nur als deren gemeinschaftlicher Bevollmächtigter im Namen und für Rechnung jedes einzelnen Auftraggebers vertreibt, kein selbständiger Gewerbetreibender. OVG. IX, 460.

Ein Verband von Fabrikanten, der zur Regelung des Absatzes und zur Erzielung angemessener Preise für die Fabrikate der Verbandsmitglieder gegründet ist, aus dessen Satzungen sich aber ergibt, daß bei den nach Maßgabe derselben ausgeführten Verkäufen nicht die einzelnen Verbandsfirmen als Verkäufer gelten und den Erlös beziehen sollen, sondern der Verband als solcher, betreibt ein eigenes steuerpflichtiges Gewerbe. OVG. XIII, 370.

13. Diese Bestimmung war notwendig, da das Gesetz die früher bestandenen Gewerbesteuerabteilungen gänzlich beseitigt. Als das Einfachste ist an Stelle der bisherigen Einteilung diejenige nach der Einwohnerzahl gesetzt worden, obschon die Gliederung der Abteilungen nach dem Gewerbesteuergesetze v. 30. Mai 1820 nicht allein auf der Einwohnerzahl, sondern auch auf der allgemeinen Gewerbsamkeit der Betriebsorte beruhte. Vgl. Begründung der RegVorl. S. 41.

§ 2.

Gewerbliche Unternehmen, welche außerhalb Preußens ihren Sitz haben, aber in Preußen[1]) durch Errichtung einer Zweigniederlassung,[2]) Fabrikations-, Ein- oder Verkaufsstätte[3]) oder in sonstiger Weise einen oder mehrere stehende Betriebe[4]) unterhalten, sind nach Maßgabe[5]) derselben der Gewerbesteuer in Preußen unterworfen. Dieselben sind verpflichtet,[6]) auf Erfordern[7]) bei der Steuerverwaltung einen in Preußen wohnhaften Vertreter zu bestellen, welcher für die Erfüllung aller dem Inhaber des Unternehmens obliegenden Verpflichtungen solidarisch haftet.

1. „In Preußen", d. h. exklusive der Hohenzollernschen Lande und der Insel Helgoland. Vgl. die Einleitungsworte des Gesetzes.

2. Der Begriff der Zweigniederlassung unterscheidet sich nicht vom handelsrechtlichen Begriffe derselben. Ist die handelsgerichtliche Anmeldung einer Niederlassung in Preußen zugestanden, so ist damit das Bestehen einer Zweigniederlassung im Sinne des § 2 des Gewerbesteuergesetzes anerkannt, vorausgesetzt allerdings, daß die tatsächliche Ausübung des Betriebes hinzutritt. OVG. III, 226; v. 31. März 1898 VIG 576; §§ 13, 29, 106, 161, 195, 201, 320 HGB.

3a. Verkaufsstätte ist der Ort, wo regelmäßig Verkäufe stattfinden, wo also zum Zwecke des Vertragsschlusses die Willenserklärung abgegeben wird, das Eigentum einer Sache gegen Erlegung eines bestimmten Preises dem Käufer abzutreten; mithin besteht eine Verkaufsstätte namentlich dort, wo der Unternehmer eines Handels- oder Gewerbebetriebes die Verträge über die Veräußerung der den Gegenstand seines Unternehmens bildenden Waren, und zwar in der erkennbaren Absicht der Wiederholung solcher Geschäfte auf derselben Stelle abschließt, mag hiermit die Übergabe oder die Eigentumsübertragung verbunden sein oder nicht, mag der Vertragsabschluß von dem Verkäufer in Person oder durch Beauftragte in seinem Namen erfolgen. OVG. V, 450. Ein Warenlager im Werte von 10000 Mark, das der Steuerpflichtige als „Musterlager" bezeichnet hatte, ist vom OVG. als Verkaufsstätte anerkannt worden, da es zur unmittelbaren Ausführung der vermittelten Kaufgeschäfte diente. OVG. v. 5. Febr. 1903 VI G 326.

3b. Ein außerhalb Berlins wohnhafter Gewerbetreibender, der einen bestimmten Stand in einer Berliner Markthalle monatsweise oder auf längere Zeit gemietet hat, täglich oder fast täglich mit seinen Waren diesen Stand einnimmt, oder durch einen Vertreter versehen läßt, daselbst seine Waren verkauft und sich dann nach seinem Wohnort zurückbegibt, hat in dem von ihm gemieteten Stande der Markthalle eine Verkaufsstätte errichtet. OVG. V, 451.

3c. Automatische Verkaufsapparate, welche als besondere Einrichtung für den Absatz von Waren an die Herantretenden gegen Erlegung des festen Preises aufgestellt sind, gelten als Verkaufsstätte. FME. v. 8. Aug. 1888, MittH. 23, S. 19.

4a. Die Steuerpflicht tritt nur ein, wenn die inländische Filiale die Kriterien des „stehenden Gewerbebetriebes" enthält. Ob diese Voraussetzung zutrifft, unterliegt der

Prüfung im einzelnen Falle. Die A. bestimmt hierüber im Art. 3 Ziffer 1 folgendes:

Als stehende Betriebe gelten nicht nur die dem Gewerbe dienenden sichtbaren Anstalten, wie Zweigniederlassungen, Fabrikations-, Ein- oder Verkaufsstätten, Speicher, Warenlager, Kontore, sondern auch alle sonstigen Geschäftseinrichtungen, welche sich als Ausübung eines stehenden Gewerbes in Preußen darstellen; insbesondere genügt die Ausübung des stehenden Gewerbes durch dauernd sich zu diesem Zwecke in Preußen aufhaltende Geschäftsteilnehmer, Prokuristen, Agenten oder andere ständige Vertreter, welche entweder in einem Dienstverhältnisse zu dem Inhaber des Gewerbes stehen, oder ohne solches Geschäfte in seinem Namen und für seine Rechnung auf Grund allgemeiner oder besonderer Ermächtigung abschließen.

Ein „Warenlager" setzt begrifflich eine zur Aufnahme der ein- und ausgehenden Waren dienende örtliche Einrichtung voraus, bei der sich auch eine entsprechende persönliche Tätigkeit des Unternehmers oder seines Beauftragten vollzieht. Bei unbeweglichen Sachen ist die Vorstellung eines Warenlagers überhaupt ausgeschlossen. OVG. v. 17. Nov. 1904 VI G 134.

4 b. Ein in einem außerpreußischen deutschen Bundesstaate domiziliertes Tiefbauunternehmen, das in Preußen einen Lagerplatz mit Reparaturwerkstätte für seine eigenen Betriebsgeräte unterhält, unterliegt in Preußen der Gewerbesteuer nach § 2 des Gewerbesteuergesetzes. Der Einwand, daß aus dem Lagerplatz und der Reparaturwerkstätte kein Ertrag erzielt werde, vielmehr dort nur Ausgaben erwüchsen, ist hinfällig. Denn es bedarf für die Anwendbarkeit des § 2 in betreff eines bestimmten Ortes nicht der unmittelbaren Erzielung von Einnahmen an diesem Orte selbst. Es genügt vielmehr, daß die örtlichen Einrichtungen und die daselbst ausgeübte Tätigkeit als Bestandteile eines Gesamtbetriebes, und zwar eines stehenden

Gewerbebetriebes im Sinne des § 1 des Gewerbesteuergesetzes sich darstellen. OVG. XII, 410.

4 c. Hält sich der alleinige Geschäftsinhaber eines in einem anderen Bundesstaate domizilierten Bankgeschäfts regelmäßig zu bestimmten Zeiten des Jahres in einem in Preußen belegenen Orte auf und übt er daselbst während dieser Zeiten einen wesentlichen Teil seines Gewerbebetriebes, wozu der Besuch der Börse, die Erteilung von Geschäftsaufträgen und der Abschluß von Geschäften zu rechnen sind, aus, so gilt der betreffende Ort als Betriebsort und ist damit die Gewerbesteuerpflichtigkeit in Preußen begründet. OVG. VIII, 358.

4 d. Die Unterhaltung eines reinen, lediglich zur Unterbringung der zum Transport bestimmten Waren dienenden Speditionslagers begründet für den Ort, an dem es sich befindet, an sich und ohne Hinzutreten weiterer, auf einen örtlichen Betrieb hindeutender Umstände noch nicht die Eigenschaft eines Betriebsorts. OVG. IV, 303.

4 e. Für die Frage, ob außerpreußische Unternehmer durch ihre in Preußen wohnenden Mittelspersonen hier einen stehenden Gewerbebetrieb unterhalten, ist entscheidend ob die Mittelsperson in wirtschaftlicher Beziehung als Organ des auswärtigen Unternehmens einen Teil der geschäftlichen Tätigkeit des letzteren innerhalb Preußens ausübt. OVG. X, 391.

4 f. Handlungsreisende, welche für die Firma, in deren Diensten sie stehen, Waren aufkaufen und Bestellungen aufsuchen, begründen nicht an einem bestimmten Orte, insbesondere auch nicht am Orte ihres Wohnsitzes einen Gewerbebetrieb der Firma. Es mangelt ihnen die dauernde, für einen bestimmten Ort lokalisierte Vertretung. Sollte aber selbst, wie bei den sogenannten Stadtreisenden, eine gewisse Lokalisierung bestehen, so würde doch der ihnen angewiesene Ort nicht zum Betriebsorte der Firma, weil die Tätigkeit der Reisenden sich lediglich als Ausfluß

des am Sitze der Firma sich vollziehenden Gewerbebetriebes darstellt. OVG. VI, 432.

4 g. Der Ausdruck „ein stehender Betrieb wird unterhalten", ist völlig synonym mit dem Begriff des „Betriebsortes" in § 38 des Ges. OVG. IV, 345. Daher hier zu vgl. die in den Anmerkungen zu § 38 des Ges. enthaltenen näheren Erläuterungen zu dem Begriffe „Betriebsort". Unter „Unterhaltung eines stehenden Betriebes" ist dasselbe zu verstehen, was in § 3 des Doppelsteuerges. (frühere Fassung) mit Betreibung des Gewerbes und in § 28 des Kommunalabgabengesetzes mit „Stattfinden des Betriebes" bezeichnet wird. Alle diese Ausdrücke sind synonym. OVG. v. 6. Okt. 1898 VI G 315.

5 a. Ist ein und derselbe stehende Betrieb teils in Preußen, teils in einem anderen Bundesstaate oder im Auslande belegen (indem z. B. einzelne Teile ein und derselben Fabrik [Spinnerei und Weberei] oder die Fabrik und das zugehörige Kontor sich zum Teil außerhalb Preußens befinden oder umgekehrt), so ist die Gewerbesteuer nach Maßgabe des in Preußen befindlichen Betriebes und des schätzungsweise auf denselben zu rechnenden Anteils des Ertrages, bzw. Anlage- und Betriebskapitals zu veranlagen. Art. 3 Ziffer 3 d. A.

5 b. Wegen der Ermittelung des auf den in Preußen stattfindenden Betrieb entfallenden Ertrages, bzw. Anlage- und Betriebskapitals siehe Anm. 5 zu § 21 des Ges.

6. „Der Auffassung, daß ein Zwangsmittel fehle, um Gewerbetreibende zur Erfüllung der ihnen gemäß § 2 des Gewerbesteuergesetzes gemachten Auflage anzuhalten, kann nicht beigetreten werden. Die Regierung ist vielmehr für befugt zu erachten, auf Antrag des Vorsitzenden des Steuerausschusses ihrerseits den Steuerpflichtigen zur Erfüllung der ihm nach § 2 a. a. O. obliegenden Verbindlichkeit aufzufordern und dieser ihrer Anordnung nötigenfalls durch Anwendung der ihr gemäß § 11 der Regierungsinstruktion v. 23. Oktober 1817 und § 48 der Ver-

ordnung vom 26. Dezember 1808 zu Gebote stehenden Zwangsmittel Nachdruck zu verleihen." FME. v. 29. Dez. 1902, MittH. 46, S. 17.

7. Von den gewerblichen Unternehmungen, welche außerhalb Preußens ihren Sitz haben, kann die Bestellung eines in Preußen wohnhaften Vertreters gefordert werden, welcher für die Erfüllung aller dem Inhaber des Unternehmens obliegenden Verpflichtungen solidarisch haftet.

Von dieser Befugnis hat der Vorsitzende des Steuerausschusses regelmäßig Gebrauch zu machen; nur wenn der Inhaber eines solchen Unternehmens oder — bei dem Vorhandensein mehrerer — einer derselben in Preußen einen Wohnsitz hat, kann von der Bestellung eines Vertreters abgesehen werden.

Die Übertragung und die Annahme der Vertretung hat entweder zu Protokoll vor dem Vorsitzenden des Steuerausschusses oder schriftlich zu erfolgen. In letzterem Falle sind die Unterschriften von einer Behörde oder einem zur Führung eines Siegels berechtigten Beamten (Amts- oder Gemeindevorsteher, Notar, Gesandten, Konsul usw.) zu beglaubigen. Art. 12 Ziffer 2 d. A.

Befreiungen.[1])

§ 3.

Von der Gewerbesteuer sind befreit:[2])

1. das Deutsche Reich[3]) [und der Preußische Staat;[4])]
2. [die Reichsbank;[5])]
3. die landschaftlichen Kreditverbände,[6]) sowie die öffentlichen Versicherungsanstalten;[7])
4. die Kommunalverbände[8]) wegen folgender von ihnen betriebenen gewerblichen Unternehmungen:
   a) der zu gemeinnützigen Zwecken dienenden Geld- und Kreditanstalten, als Sparkassen, Landes-

kreditkassen, Landeskultur-Rentenbanken, Bezirks- und Provinzial-Hilfs- und Darlehnskassen usw.;

b) der Kanalisations- und Wasserwerke,[9]) letzterer jedoch nur, soweit sich der Betrieb auf den Bezirk der unternehmenden Gemeinde beschränkt;

c) der Schlachthäuser und Viehhöfe;

d) der Markthallen;

e) der Volksbäder;[10])

f) der Anstalten zur Beleihung von Pfandstücken.

Der Finanzminister ist ermächtigt, auch für andere[11]) im öffentlichen Interesse unternommene gewerbliche Betriebe der Kommunalverbände Steuerfreiheit zu gewähren. So lange solche Betriebe ertraglos sind, muß[12]) auf Antrag vom Finanzminister die Steuerfreiheit gewährt werden.

Der Finanzminister ist ermächtigt,[13]) vorstehende Bestimmungen auch auf Unternehmungen anderer Korporationen, Vereine und Personen, welche nur wohltätige oder gemeinnützige Zwecke unter Ausschluß eines Gewinnes für die Unternehmer verfolgen (z. B. öffentliche Volksküchen, Kaffeeschänken, Volksbibliotheken und dergleichen), zu erstrecken, und finden dieselben zugleich in betreff der Betriebssteuer (§§ 59 ff.) Anwendung.

1. Etwaige sonstige, auf besonderen Vorschriften oder Rechtstiteln beruhende Befreiungen von kommunalen Gewerbesteuern (vgl. § 22 des Kommunalabgabengesetzes)

sind bei der Gewerbesteuerveranlagung nicht zu berücksichtigen. Den Berechtigten bleibt es vielmehr überlassen, die ihnen zustehende Steuerfreiheit den betreffenden Gemeinden gegenüber selbst geltend zu machen. A. Art. 11. OVG. VI, 382.

2. Der Paragraph enthält die in der Person des Gewerbetreibenden begründeten Steuerbefreiungen. Derselbe wird vom 1. April 1895 ab durch § 28 des Kommunalabgabengesetzes, bzw. durch § 4 des Gesetzes wegen Aufhebung direkter Staatssteuern v. 14. Juli 1893 modifiziert. Vgl. darüber die Anmerkungen zu den einzelnen Ziffern dieses Paragraphen.

3. Die Gewerbebetriebe des Deutschen Reiches bleiben auch nach den Vorschriften des Kommunalabgabengesetzes steuerfrei, da die Reichsgesetzgebung bisher kommunale Gewerbesteuern noch nicht für zulässig ansieht.

4a. Die Steuerfreiheit des Preußischen Staates ist vom 1. April 1895 ab den Gemeinden gegenüber fortgefallen. § 28 Ziffer 6 des Kommunalabgabengesetzes. Nur die Betriebe der Staatseisenbahnen bleiben gewerbesteuerfrei. Die Staatslotterie (OVG. XXXIII, 81) und das Königliche Leihamt sind keine Gewerbebetriebe, sondern erstere eine Form der Besteuerung durch Ausübung der Staatshoheit (Monopol), letzteres eine staatliche Einrichtung auf dem Gebiete des Armenwesens. Die preußische Zentral-Genossenschaftskasse ist gewerbesteuerpflichtig. OVG. XII, 411.

4b. Vgl. die Bekanntmachung des FM. über die Gewerbesteuerveranlagung der Gewerbebetriebe des Staates v. 22. Dez. 1894, MittH. 30, S. 52. Danach erfolgt die Besteuerung sämtlicher Gewerbebetriebe des Staates im Veranlagungsbezirke der Stadt Berlin.

5. Die Befreiung der Reichsbank und ihrer Zweiganstalten ist vom 1. April 1895 an den Gemeinden gegenüber fortgefallen. § 28 Ziffer 6

des Kommunalabgabengesetzes. Der § 21 des RBankges. v. 14. März 1875 hatte die Reichsbank nur von staatlichen Gewerbesteuern befreit. Die Veranlagung der Reichsbank erfolgt in Berlin gleichfalls nach den Bestimmungen der Bekanntmachung des FM. v. 22. Dez. 1894, MittH. 30, S. 52.

6. Nach Art. 4 Ziffer 3 d. A. erstreckt sich die Steuerbefreiung auf die land- oder ritterschaftlichen Kreditverbände, Institute und Anstalten nebst ihren Zweiganstalten.

7a. Nur die öffentlichen Versicherungsanstalten; dagegen unterliegen die Privatversicherungsgesellschaften, soweit nicht nach ihren besonderen Einrichtungen die Annahme eines Gewerbebetriebes überhaupt ausgeschlossen ist, der Steuerpflicht. Bei den auf Gegenseitigkeit beruhenden Privatversicherungsgesellschaften ist ein Gewerbebetrieb nicht vorhanden, wenn die Beiträge der Mitglieder (Prämien) lediglich zur Erfüllung der aus den Versicherungen entstandenen Verpflichtungen und zur Deckung der Geschäftsunkosten verwendet, die etwa überschießenden Beträge den Mitgliedern zurückerstattet oder angerechnet und daneben Erwerbszwecke (z. B. durch Bankiergeschäfte mit den verfügbaren Fonds) nicht verfolgt werden. A. Art. 4.

7b. Versicherungsgesellschaften auf Gegenseitigkeit betreiben in der Regel kein Gewerbe und sind deshalb an sich steuerfrei. Sie können aber zu Gewerbetreibenden werden, wenn sie in der Absicht der Gewinnerzielung, selbst nur zum Zwecke der Verringerung der Beiträge ihrer Mitglieder, ihre verfügbaren Gelder zu Geschäften verwenden, die ihrem Wesen nach einen Gewerbebetrieb darstellen, namentlich also als eine berufsmäßige Beteiligung am allgemeinen wirtschaftlichen Verkehr erscheinen. Die zinsbare Anlegung der Kapitalien allein ist kein Gewerbebetrieb. Die Voraussetzungen für die Annahme des Gewerbebetriebes einer Versicherungsgesellschaft auf Gegenseitigkeit sind in jedem Falle im einzelnen zu prüfen und festzustellen. OVG. III, 359ff.

8. Die Befreiung gilt nur für Preußische Kommunalverbände. A. Art. 5.

9a. Wasserwerke der Kommunalverbände sind nur insoweit befreit, als sich der Betrieb auf den Bezirk der unternehmenden Gemeinde beschränkt. Soweit eine Gemeinde in fremden Bezirken ein Wasserwerk gewerbsmäßig betreibt, ist sie in diesem Umfange der Steuerpflicht unterworfen. In Fällen dieser Art ist nach den obwaltenden Umständen zu prüfen, ob der Betrieb eines Wasserwerkes in den fremden Bezirken sich überhaupt als ein Gewerbebetrieb darstellt. Die Frage wird insbesondere dann zu verneinen sein, wenn bei der Anlegung des Wasserwerkes von einer durch die Wasserleitung berührten Gemeinde die Abgabe von Wasser an die Eingesessenen gegen eine die Selbstkosten nicht übersteigende Vergütung zur Bedingung gemacht ist, oder aus sonstigen Gründen die Abgabe des Wassers als eine Last der unternehmenden Gemeinde erscheint. A. Art. 5. Dagegen lehnt beispielsweise ein Erlaß des FM. v. 3. Okt. 1893, MittH. 29, S. 31 den Antrag einer Gemeinde auf Steuerbefreiung mit folgender Begründung ab:

„Der Magistrat gibt selbst zu, daß das Wasser gegenwärtig an die Außengemeinden und einzelne in denselben belegene gewerbliche Betriebe zu einem die Selbstkosten übersteigenden Preise abgegeben werde und daß letzterer in früheren Zeiten noch höher bemessen, aber mit Rücksicht auf inzwischen entstandene Konkurrenzunternehmungen bis auf den jetzigen Stand ermäßigt worden sei. Hieraus aber, sowie aus dem Ergebnis der angestellten Ermittelungen, habe ich nicht die Überzeugung gewinnen können, daß bei dem Abschluß der betreffenden Wasserlieferungsverträge für die Stellungnahme der Stadtgemeinde in erster Linie gemeinnützige

Zwecke — und nicht die Absicht der Gewinnerzielung — bestimmend gewesen sind. Der Betrieb des dortigen Wasserwerkes, soweit er sich auf die Außengemeinden erstreckt, trägt vielmehr einen vorwiegend gewerbsmäßigen Charakter, welcher die Anwendung des § 3 Abs. 2 des Gewerbesteuerges. ausschließt."

9 b. Städtische Gas- und andere Lichtanstalten unterliegen der Gewerbesteuer mit Rücksicht auf ihren vorwiegend privatwirtschaftlichen und gewerblichen Charakter. FME. v. 4. März 1893, MittH. 26, S. 35. Insoweit aber der Betrieb solcher städtischen Anstalten der Fabrikation des für den eigenen Bedarf (Straßenbeleuchtung) der Stadt erforderlichen Gases usw. dient, unterliegt er der Gewerbesteuer nicht. OVG. IV, 307. Ebenso nicht, wenn durch den Betrieb nur die Deckung der Betriebskosten und der Schuldenzinsen sowie eine der wirklichen Entwertung entsprechende Amortisation der Betriebsanlagen erzielt werden soll. OVG. XI, 394.

10. Als Volksbäder sind solche Badeanstalten zu erachten, welche dauernd und hauptsächlich dazu bestimmt und eingerichtet sind, den unbemittelten Volksklassen unentgeltlich oder gegen billige Vergütung Bäder zu gewähren. Einer diesen Voraussetzungen entsprechenden Badeanstalt wird die Eigenschaft eines Volksbades nicht genommen, wenn in derselben zugleich Einrichtungen getroffen sind, um einzelnen Personen gegen höhere Vergütung Bäder verabreichen zu können. A. Art. 5 Ziffer 6.

11 a. Die in § 3 Abs. 1 Nr. 4 a—f aufgeführten Betriebe von Preußischen Kommunalverbänden sind stets gewerbesteuerfrei. Werden sie zu Unrecht veranlagt, so sind sie auch nach Ablauf der Frist für Einlegung der Rechtsmittel alsbald nach Darlegung des darauf bezüglichen Anspruchs von der Steuer zu befreien und in Abgang zu stellen. Art. 42 Ziffer 2 Abs. 2 d. A.

Für andere als die dort bezeichneten Betriebe, welche von Preußischen Kommunalverbänden im öffentlichen Interesse unternommen werden, kann vom Finanzminister zeitweise oder dauernd Steuerfreiheit gewährt werden. Art. 6 Abs. 1 d. A.

11 b. Bei allen unter § 3 Abs. 2 fallenden Unternehmungen besteht die doppelte Absicht der Beförderung des öffentlichen Interesses und der Gewinnerzielung nebeneinander. Die bloße Unterordnung der Absicht der Gewinnerzielung unter den Hauptzweck der Beförderung des öffentlichen Interesses genügt nicht für die Verneinung der Gewerblichkeit. Diese ist vielmehr nur dann ausgeschlossen, wenn die Beförderung des öffentlichen Interesses den einzig wesentlichen Zweck, die Erzielung von Gewinn aber lediglich eine zufällige gelegentliche und ganz nebensächliche Folge bildet. OVG. XII, 415. Vgl. Anm. 8 Abs. 3 zu § 1.

12 a. Die Bewilligung der Steuerfreiheit muß auf Antrag des Kommunalverbandes erfolgen, falls die Ertraglosigkeit solcher Betriebe für den bei der Veranlagung maßgebenden Zeitraum (vgl. Art. 18 d. A.) nachgewiesen ist. A. Art. 6 Abs. 2. Im Wege der Rechtsmittel ist ein bezüglicher Anspruch eines Kommunalverbandes aber nicht verfolgbar. OVG. XII, 417.

12 b. Die Kommunalverbände haben die Anträge auf Bewilligung der Steuerfreiheit vor dem Beginne des jährlichen Veranlagungsgeschäfts, bei Zugängen im Laufe des Steuerjahres, jedoch spätestens mit dem Zeitpunkte der Betriebseröffnung, unmittelbar bei der Regierung schriftlich einzureichen und zu begründen. Die eingegangenen Anträge sind von den Regierungen, soweit dies erforderlich, weiter vorzubereiten und nebst den etwa entstandenen Verhandlungen in beschleunigter Weise dem Finanzminister mit gutachtlichem Berichte vorzulegen.

Von den Entscheidungen des Finanzministers haben die Regierungen den Antragstellern und den zuständigen Vorsitzenden der Steuerausschüsse Kenntnis zu geben. Art. 6 Abs. 3 d. A.

13 a. Von dieser Ermächtigung hat der Finanzminister im Art. 7 der A. Gebrauch gemacht. Die dort ausgesprochene Befreiung hat zur Voraussetzung, daß die betr. gewerblichen Unternehmungen von Korporationen, Vereinen oder Privatpersonen lediglich zu wohltätigen oder gemeinnützigen Zwecken unter gänzlichem Ausschluß eines Gewinns der Unternehmer betrieben werden; sie erstreckt sich namentlich auf öffentliche Volksküchen, Suppenanstalten, Kaffeeschänken und ähnliche Anstalten, welche dazu bestimmt und eingerichtet sind, den unbemittelten Volksklassen unentgeltlich oder gegen billige Vergütung zum sofortigen Genusse vorbereitete Speisen und Getränke — letztere jedoch unter gänzlichem Ausschluß geistiger Getränke — zu liefern, ferner auf öffentliche Volksbibliotheken, welche dazu bestimmt und eingerichtet sind, den weniger bemittelten Volksklassen, unentgeltlich oder gegen billige Vergütung, durch leihweise Überlassung von Büchern und Schriften einen guten und angemessenen Lesestoff zu bieten, auf Wohltätigkeitsbazare, -Vorstellungen und -Konzerte. Diese Gewerbebetriebe sind von Amts wegen von der Gewerbe- und Betriebssteuer freizulassen. Unter den angegebenen Voraussetzungen kann der Finanzminister auch für andere als die vorstehend gedachten Unternehmungen zeitweilig oder dauernd Befreiung von der Gewerbesteuer und von der Betriebssteuer gewähren. Inhaber solcher „anderer" Betriebe, welche die Befreiung auf Grund des § 3 letzter Absatz in Anspruch nehmen wollen, würden entsprechende Anträge zu stellen haben. Wegen dieser Anträge gelten die in Anm. 12 b angegebenen Bestimmungen.

13 b. Wenn bei einer Aktiengesellschaft statutengemäß die Möglichkeit der Verteilung eines Gewinnes unter die Aktionäre vorgesehen ist, liegen die Voraussetzungen des § 3 Abs. 3 nicht vor; die Gemeinnützigkeit der Bestrebungen der Gesellschaft an sich gibt noch keinen Grund für die Steuerfreistellung derselben. FME. v. 6. Jan. 1896, MittH. 33, S. 48.

§ 4.

Der Gewerbesteuer unterliegen nicht: [1])

1.[2]) die Land-[3]) und Forstwirtschaft,[4]) die Viehzucht,[5]) die Jagd, die Fischzucht,[6]) der Obst- und Weinbau,[7]) der Gartenbau — mit Ausnahme der Kunst- und Handelsgärtnerei[8]) — einschließlich des Absatzes[9]) der selbstgewonnenen[10]) Erzeugnisse in rohem Zustande oder nach einer Verarbeitung, welche in dem Bereich des betreffenden Erwerbszweiges liegt.[11])

Diese Bestimmung findet jedoch keine Anwendung auf diejenigen, welche gewerbsweise Vieh von erkauftem Futter unterhalten,[12]) um es zum Verkauf zu mästen oder mit der Milch zu handeln, sowie auf diejenigen, welche die Milch einer Herde, das Obst eines Gartens, den Fischfang in geschlossenen Gewässern[13]) und ähnliche Nutzungen abgesondert zum Gewerbebetriebe pachten;

2. [die landwirtschaftlichen Branntweinbrennereien[14]) § 41 Ia des Gesetzes, betreffend die Besteuerung des Branntweins, vom 24. Juni 1887, Reichs-Gesetzbl. S. 253);]

3. [der Bergbau;[15])]

4. [die Ausbeutung von Torfstichen, von Sand-, Kies-, Lehm-, Mergel-, Ton- und dergleichen

Gruben, von Stein-, Schiefer-, Kalk-, Kreide- und dergleichen Brüchen, einschließlich des Absatzes der selbstgewonnenen Erzeugnisse, sofern nicht eine weitere Bearbeitung behufs Darstellung einer Handelsware hinzutritt;[16])]

5. der Handel außerpreußischer[17]) Gewerbetreibender
   a) auf Messen und Jahrmärkten,
   b) mit Verzehrungsgegenständen des Wochenmarktverkehrs[18]) auf Wochenmärkten;

6. der Betrieb der Eisenbahnen, welche der Eisenbahnabgabe nach Maßgabe der Gesetze vom 30. Mai 1853 (Gesetz-Samml. S. 449) und vom 16. März 1867 (Gesetz-Samml. S. 465) unterliegen;[19])

7. die Ausübung eines amtlichen Berufes,[20]) der Kunst,[21]) einer wissenschaftlichen,[22]) schriftstellerischen, unterrichtenden oder erziehenden[23]) Tätigkeit, insbesondere auch des Berufes als Arzt,[24]) als Rechtsanwalt, als vereideter Land- und Feldmesser, sowie als Markscheider.[25])

1. Der Paragraph enthält sachlich, d. h. in der Art des Gewerbebetriebes, begründete Befreiungen. Er wird v. 1. April 1895 ab durch § 28 des Kommunalabgabengesetzes und durch § 4 des Gesetzes wegen Aufhebung direkter Staatssteuern v. 14. Juli 1893 modifiziert. Siehe die Anmerkungen zu den einzelnen Ziffern des Paragraphen.

2. Für die in Abs. 1 der Nr. 1 aufgeführten Betriebe macht es keinen Unterschied, ob sie einzeln für sich oder in Verbindung miteinander ausgeübt werden; ebensowenig, ob die Ausübung auf eigenem, oder infolge von

Nutzungsrechten (Pacht, Nießbrauch usw.) auf fremdem Grund und Boden geschieht. (Vgl. jedoch Abs. 2 der Nr. 1.) Art. 8 I. 1 d. A. Auch ist es unwesentlich, in welchem Umfange und mit welchen Mitteln das Unternehmen betrieben wird. OVG. XIII, 384.

3a. Der Lohnfuhrbetrieb eines Landwirtes erscheint nur dann als selbständiger Gewerbebetrieb, wenn derselbe und die dazu verwendeten Mittel von dem Betriebe der Landwirtschaft vollständig gesondert sind. OVG. V, 180.

3b. Bei der von einem Landwirte betriebenen Ausbeutung von Sand-, Kies-, Lehm-, Mergel-, Tongruben usw. ist die Gewerbesteuerpflichtigkeit von der Feststellung abhängig, daß sich die Ausbeutung außerhalb des Betriebes der Landwirtschaft selbständig und gewerbsmäßig vollzieht. OVG. VI, 397; X, 391 (Steinbruch).

3c. Der Eigentümer, welcher die Ausbeutung des Grund und Bodens zum Ausziegeln und damit verbunden den Betrieb einer Ziegelei verpachtet hat, betreibt kein Gewerbe, sondern nutzt sein Grundstück, und der Erlös aus der Pachtung bildet Einkommen aus Grundbesitz. OVG. V, 409.

3d. Hat die Herstellung und Unterhaltung eines Kanals den Hauptzweck der Förderung der Landwirtschaft, so bildet seine nebensächliche Verwendung zu Schiffahrtszwecken gegen Entgelt keinen gewerbesteuerpflichtigen Betrieb. OVG. III, 340.

3e. Der Anbau landwirtschaftlichen Saatgutes ist an sich steuerfrei. Als Betrieb der Kunst- und Handelsgärtnerei kann er nur dann angesehen werden, wenn der Betrieb infolge besonderer Einrichtungen sowohl die Grenzen der Landwirtschaft, wie diejenigen des Gartenbaues verläßt. OVG. III, 385.

3f. Die Bearbeitung selbstgewonnener Zichorie mittels der Darre und der Verkauf dieser Erzeugnisse stellen kein selbständiges Gewerbe dar, sondern sind Ausflüsse des landwirtschaftlichen Betriebes und daher nach § 4 Nr. 1 des Gewerbesteuergesetzes gewerbesteuerfrei. OVG. XII, 418.

3g. Stärkefabrikation aus selbstgewonnenen Kartoffeln ist ein mit der Landwirtschaft verbundenes steuerfreies Geschäft, wenn sie nur in geringem Umfang ohne Maschinen durch gewöhnliche Handarbeiter betrieben wird. FME. v. 21. Aug. 1885 u. v. 14. April 1848, MittH. 19, S. 20f. Dagegen ist sie bei fabrikmäßigem Betriebe ebenso steuerpflichtig wie die Zuckerfabrikation. OVG. v. 8. Juni 1905; OVG. VIII, 408.

3h. Hat eine Zuckerfabrik-Aktiengesellschaft einen landwirtschaftlichen Betrieb unternommen, um den Bezug des erforderlichen Materials an Zuckerrüben wenigstens zum Teil sicherzustellen, so bilden Zuckerfabrik und Landwirtschaftsbetrieb einen einheitlichen untrennbaren Gewerbebetrieb. Alsdann sind die Ergebnisse des gesamten Betriebes bei Feststellung des steuerpflichtigen Ertrages in Betracht zu ziehen. Der Umstand, daß nur ein Teil des gesamten Landbesitzes zum Rübenbau verwendet wird, allein spricht noch nicht gegen die Einheitlichkeit des Betriebes. Ist dagegen ein einheitlicher untrennbarer Gesamtbetrieb nicht vorhanden, so kommen die Ergebnisse des landwirtschaftlichen Betriebes bei Ermittelung des steuerpflichtigen Betrages nicht in Betracht. OVG. VII, 404.

3i. Wegen der Gewinnung von Eis aus eigenen Gewässern siehe Anm. 7 (S. 33) zu § 1 des Gesetzes.

4a. Weidenkultur ist Betrieb der Forstwirtschaft und deshalb einschließlich des Absatzes der Weiden gewerbesteuerfrei. OVG. IX, 395.

4b. Baumschulen können Teile oder Nebenbetriebe der Forstwirtschaft sein; sie sind es nicht, wenn der Betrieb selbständig ist, oder sich z. B. auf Obstbäume oder Rosen, also auf Gewächse erstreckt, die zum Betriebe der Forstwirtschaft überhaupt nicht gehören. OVG. III, 335. Die Maiblumenzucht bildet, auch wenn sie im offenen Lande betrieben wird, niemals einen landwirtschaftlichen Betrieb, sondern ist stets Gartenbau. Vgl. Anm. 8a zu diesem Paragraphen.

5a. Die im § 4 Nr. 1 für Viehzucht gewährte Gewerbesteuerfreiheit erstreckt sich nur auf die landwirtschaftliche Viehzucht. Der Ertrag aus einer Viehhaltung, für die das Futter hauptsächlich aus den Abfällen eines Branntweinbrennerei- und Hefefabrikationsbetriebs gewonnen wird, gehört zum Ertrage dieses Gewerbebetriebs. OVG. XIII, 392.

5b. An- und Verkauf von Vieh im Zusammenhange mit einem Landwirtschaftsbetriebe stellen nicht ohne weiteres Viehhandel dar; der Ankauf ist vielfach im Interesse der Zucht, der Bestandsergänzung, der Milchwirtschaft, der Düngerbeschaffung u. dgl. notwendig, während der Verkauf eigener Aufzucht stets in den Rahmen des Landwirtschaftsbetriebes hineingehört, daneben aber auch nicht selten der Verkauf abgängiger und minderwertiger Viehstücke erforderlich wird. Ein gewerblicher Viehhandel des Pflichtigen wird deshalb nur dann angenommen werden dürfen, wenn er im Steuerjahr ohne Rücksicht auf die Bedürfnisse seiner Landwirtschaft in öfterer Wiederholung, nicht etwa nur gelegentlich, Vieh angekauft und wieder veräußert hat. Kann ein gewerblicher Viehhandel nicht auf Grund schlüssiger Tatsachen festgestellt werden, so darf der Ertrag der Viehzucht nur bei der Quelle des Landwirtschaftsbetriebes berücksichtigt werden. OVG. VII, 45.

6a. Die A. führt im Art. 8, I. 1 auch den „Fischfang" als steuerfrei auf. Nach § 4 Ziffer 1 Abs. 2 des Gesetzes ist aber der Fischfang in geschlossenen Gewässern, soweit er pachtweise betrieben wird, steuerpflichtig. Siehe auch A. Art. 8 Ziffer I 5c.

6b. Die wilde Fischerei, der Fischfang in nicht geschlossenen Gewässern, in Meeren, Küstengewässern, Haffen und Strömen unterliegt der Gewerbesteuer nicht. In welchem Umfang und mit welchen Mitteln das Unternehmen betrieben wird, ist dabei unwesentlich. OVG. XIII, 384. Dagegen ist der infolge abgesonderter Pachtung betriebene Fischfang in geschlossenen Gewässern, d. h. in solchen, welche unter normalen Verhältnissen gegen den Wechsel der Fische geschlossen sind, steuerpflichtiger Gewerbebetrieb. OVG. IV, 448.

7. Vgl. auch § 67 des Gesetzes.

8a. Der Gartenbau (Blumenzucht, Gemüsebau, Betrieb von Baumschulen usw.) unterliegt stets der Besteuerung, insoweit ein gewerbsmäßiger Zukauf fremder Erzeugnisse des Gartenbaues zum Zwecke des weiteren Vertriebes in rohem Zustande oder nach einer Verarbeitung stattfindet. Die Steuerpflicht trifft aber auch den auf die selbstgewonnenen Erzeugnisse beschränkten Gartenbau, welcher sich als „Kunst- und Handelsgärtnerei" darstellt und regelmäßig unter entsprechender Firma bezeichnet. Art. 8 Ziffer I 7 d. A. Und zwar tritt die Steuerpflicht ein ohne Rücksicht darauf, ob die Kunst- und Handelsgärtnerei von Berufsgärtnern oder nur als Nebenerwerb betrieben wird. Alles, was objektiv als Kunst- und Handelsgärtnerei erscheint, ist der Gewerbesteuer unterworfen. Unter dem zusammenfassenden Ausdrucke „Kunst- und Handelsgärtnerei" ist ein einheitlicher Betrieb zu verstehen. Die bloße „Handelsgärterei" für sich allein ist nicht steuerpflichtig. (OVG. XI, 399.) Hiernach würde es nicht statthaft sein, einen Handelsgärtner, der nur eigene Erzeugnisse verkauft, aber nicht zugleich Kunstgärtner ist, zur Besteuerung heranzuziehen. Dagegen wird ein Kunstgärtner regelmäßig auch zugleich Handelsgärtner sein, also zur steuerpflichtigen Klasse der Kunst- und Handelsgärtnerei gehören. Indessen gelten auch Personen als „Kunstgärtner", welche eigenen Gartenbau gar nicht oder nicht zum Zwecke des Absatzes ihrer Erzeugnisse betreiben, z. B. die als Kunstgärtner ausgebildeten Personen, welche nur in fremden Gartenbaubetrieben oder für solche tätig sind, sich nur mit der Entwerfung von Plänen und Zeichnungen für Park- und Gartenanlagen befassen usw. Solche Personen gehören nicht zur Klasse der Kunst- und Handelsgärtnerei. Zur Kunst- und Handelsgärtnerei können nur diejenigen Betriebe gezählt werden, die nach dem gegenwärtigen Stande der Entwicklung als Kunst der Ausübung des Gartenbaues erscheinen. Eine sichere Entscheidung darüber, ob Kunst- und Handelsgärtnerei vorliegt, läßt sich meist nur treffen, wenn man unter Berücksichtigung der vorhandenen einzelnen Anzeichen die gesamten Verhältnisse, den Umfang und die Art des Betriebes betrachtet. In diesem Sinne können als Merkmale der Kunst- und Handelsgärtnerei bezeichnet werden: technische Vorbildung des Betriebsinhabers, seiner Angestellten oder Gehilfen, künstliche Anlagen von nicht untergeordneter Bedeutung, z. B. eine ungewöhnlich große Zahl von Frühbeeten, größere Gewächshäuser und Treibhausanlagen, größere maschinelle Vorrichtungen u. dgl., kaufmännische Betriebsformen usw. OVG. III, 324, 331, 332, 333, 335. Siehe auch FME. v. 14. Febr. 1894, MittH. 30, S. 46 und v. 8. März 1895, MittH. 33, S. 46. Über den Begriff der „kaufmännischen Betriebsformen", aus deren Vorhandensein auf den steuerpflichtigen Betrieb der Kunst- und Handelsgärtnerei geschlossen werden darf, vgl. OVG. VI, 445. Dahin gehören insbesondere: Behandlung der vertriebenen Gegenstände als Waren, Aufstellung und Übersendung von Preisverzeichnissen, Anzeige in den Zeitungen, Verkauf nach handelsrechtlichen Gewohnheiten. Eine Unterscheidung dahin, daß Gartenbaubetriebe, die sich nicht auf die Gewinnung von Erzeugnissen unmittelbar aus dem Boden heraus beschränken (also Treibhäuser usw. unterhalten) als steuerpflichtige Kunst- und Handelsgärtnerei anzusehen seien, andere steuerfreien Gartenbau darstellen, ist unzutreffend. OVG. III, 333.

Ein Baumschulenbetrieb, der mit allen Mitteln der Technik ausgerüstet ist, in dem mehrere Obergärtner und eine große Zahl von Gärtnergehilfen und Arbeitern gehalten werden und der sich in kaufmännischen Formen bewegt, zählt zur Kunst- und Handelsgärtnerei. OVG. III, 335. Die Zucht von Obstbäumen und Rosen bildet einen Zweig des Gartenbaus. Ein hierauf gerichteter gewerbsmäßiger Betrieb braucht nicht mit Notwendigkeit Kunst- und Handelsgärtnerei zu sein, ist es aber regelmäßig dann, wenn der Betrieb als Kunst erscheint, z. B. nicht bloß Hochstämme, sondern auch kunstvolle Formbäume kultiviert werden, Sorten- und Preisverzeichnisse herausgegeben werden usw. OVG. III, 335. Ein Baumschulenbetrieb, der sich zwar gemäß der Eintragung in das Handelsregister als Handelsgärtnerei darstellt, aber nicht einheitlich als Kunst- und Handelsgärtnerei erscheint, ist gewerbesteuerfrei, abgesehen von dem etwa betriebenen Handel mit fremden Produkten. OVG. XI, 399.

Maiblumenzucht ist, auch wenn sie nur im offenen Felde betrieben wird, wie jede andere Blumenzucht, stets Gartenbau und niemals landwirtschaftlicher Betrieb. Sie ist nicht mit Notwendigkeit Kunst- und Handelsgärtnerei, bildet aber einen Zweig der letzteren, wenn sie von einem Kunst- und Handelsgärtner neben anderen Zweigen kunstmäßig betrieben wird. OVG. III, 336.

Über den Anbau landwirtschaftlichen Saatgutes als Betrieb der Kunst- und Handelsgärtnerei vgl. Anm. 3e zu diesem Paragraphen.

8b. Unter der Voraussetzung der Beschränkung des Absatzes auf selbstgewonnene Erzeugnisse soll nach der Absicht des Gesetzes Steuerfreiheit des Gartenbaus die Regel, die Steuerpflicht die Ausnahme sein. Daraus folgt, daß, wenn der Veranlagte die Anwendung der Regel beansprucht oder die Voraussetzungen der Steuerpflicht bestreitet, diejenigen tatsächlichen Merkmale des Betriebes, welche die Steuerpflicht als Ausnahme von der Regel begründen, festgestellt und in der Einspruchs- und Berufungsentscheidung angegeben werden müssen. OVG. III, 324.

9a. Die Steuerfreiheit des Absatzes selbstgewonnener Erzeugnisse erstreckt sich nicht auf die gewerbsmäßige Verabreichung von Getränken und Nahrungsmitteln zum Genusse auf der Stelle. Vielmehr unterliegt diese Form des Absatzes (Schank- und Speisewirtschaft) stets der Steuerpflicht. Nur diejenigen Weinbauer, welche selbstgewonnenen Most oder Wein im Polizeibezirke ihres Weingutes oder Wohnortes nicht über drei Monate lang zum Genusse auf der Stelle verkaufen, bleiben steuerfrei. Die Überschreitung der Frist hat die Steuerpflicht von Beginn des Betriebes an zur Folge. A. Art. 8 I Ziffer 4, § 67 des Ges.; OVG. III, 245.

9b. Die Verpachtung der Milch seiner Kühe seitens eines Landwirts ist als Verwertung selbstgewonnener Erzeugnisse nicht steuerpflichtig. FME. v. 7. Juni 1889 MittH. 23, S. 23. Der Betrieb des Pächters ist steuerpflichtig.

10. Die Beschränkung des Absatzes auf selbstgewonnene Erzeugnisse (in rohem Zustande oder nach einer Verarbeitung, welche in dem Bereich des betreffenden Erwerbszweiges liegt) ist unbedingte Voraussetzung der Steuerfreiheit. Bei der gewerbsmäßigen Ausdehnung des Verkaufs auf fremde Erzeugnisse unterliegt der Betrieb nach Maßgabe des letzteren der Steuerpflicht. Dagegen kommt es, wenn im übrigen die Voraussetzungen der Steuerfreiheit vorliegen, auf den Ort und die Einrichtung des Vertriebes nicht an, insbesondere wird auch durch den Verkauf aus einem hierzu bestimmten, offenen Verkaufslokale außerhalb der Produktionsstätte die Steuerpflicht nicht begründet. A. Art. 8 Ziffer 3.

11a. Bei der Verarbeitung der selbstgewonnenen Erzeugnisse ist Bedingung der Steuerfreiheit, daß sich der Gesamtbetrieb, einschließlich der für die Verarbeitungszwecke hergestellten Einrichtungen, doch nur als Betrieb der Land- und Forstwirtschaft usw. darstellt. Insbesondere sind Fabriken und sonstige gewerbliche Anlagen, welche nicht dem land- und forstwirtschaftlichen usw. Betriebe entschieden untergeordnet sind und im Verhältnisse zu diesem nur eine nebensächliche Bedeutung haben, sondern regelmäßig auch als selbständige Unternehmungen von anderen als Land- und Forstwirten usw. des Fabrikationsgewinnes wegen behufs Verarbeitung angekaufter Stoffe betrieben werden, als solche zur Gewerbesteuer auch dann heranzuziehen, wenn die Verarbeitung sich auf selbstgewonnene Erzeugnisse beschränkt. Beispielsweise gilt dies von Zucker-, Stärke-, Konserven-, Krautfabriken, Brennereien, Holzschleifereien, Zellulose-, Papierfabriken, Fournier- und Parkettfußbodenfabriken usw. A. Art. 8 I Ziffer 2. Hierher gehören auch Hopfen-Schwefeldörren. OVG. V, 387.

11b. Das gewerbsmäßig betriebene Einschlachten von Vieh, das Pökeln und Räuchern des Fleisches für den Verkauf liegt nicht im Bereiche „der Landwirtschaft, bzw. Viehzucht". FME. v. 2. Mai 1895, MittH. 33, S. 46.

11c. Der Betrieb einer Rübenzuckerfabrik stellt auch dann einen steuerpflichtigen Gewerbebetrieb dar, wenn nur selbstgewonnene Erzeugnisse verarbeitet werden. OVG. VIII, 408.

11d. Die Zerlegung des in den eigenen Forsten bei regelmäßigem Abtriebe geschlagenen Holzes zu Lang- und Bauholz, Bohlen, Brettern und Latten in der eigenen Sägemühle des Forstbesitzers und der Verkauf der zerlegten Hölzer, sowie des Abfalls bildet keinen steuerpflichtigen Gewerbebetrieb, sondern ist ein gewerbesteuerfreier forstwirtschaftlicher Nebenbetrieb. OVG. V, 427.

11e. Der mit eigener Wasserkraft stattfindende Betrieb einer Brettschneidemühle, welche zur Verarbeitung der im eigenen Forstwirtschaftsbetriebe gewonnenen Hölzer bestimmt ist, ist als im Bereiche der Forstwirtschaft liegend und dieser untergeordnet, steuerfrei. OVG. III, 336.

11f. Das Zurichten von Weiden zum Verkauf durch Schneiden, Schälen und dgl. ist Betrieb der Forstwirtschaft und unterliegt einschließlich des Absatzes der Weiden nicht der Gewerbesteuer. OVG. IX, 395.

12a. Hinsichtlich der Steuerpflichtigkeit der Mästung von Vieh ist entscheidend, ob der Landwirt das Vieh hauptsächlich und überwiegend mit erkauftem oder auf gepachteten Ländereien gewonnenem Futter unterhält. In zweifelhaften Fällen muß daher besonders geprüft werden, ob es sich um steuerfreien Betrieb der Landwirtschaft und Viehzucht, oder um einen steuerpflichtigen Gewerbebetrieb außerhalb des Rahmens derselben handelt, und bei Annahme des letzteren eine Feststellung der maßgebenden tatsächlichen Umstände im einzelnen erfolgen. OVG. VI, 393.

12b. Als erkauftes Futter gilt auch das auf einer ausschließlich zu obigem Zweck in Pacht genommenen Wiese oder Weide gewonnene. Wer aber eine eigene selbständige Landwirtschaft betreibt, wird durch den Ankauf von Vieh zur Mästung nicht steuerpflichtig, wenn er auch zur Vermehrung des Futters noch Ländereien hinzupachtet. A. Art. 8 I Ziffer 5 und Ministerial-Anmerkung dazu.

13. Vgl. Anm. 6a u. 6b zu diesem Paragraphen.

14. Die Steuerbefreiung der landwirtschaftlichen Brennereien ist vom 1. April 1895 ab den Gemeinden gegenüber fortgefallen. Vgl. § 28 Ziffer 2 des Kommunalabgabengesetzes. Art. 8 II d. A.

15. Die Steuerbefreiung des Bergbaues und der dazu gehörigen Aufbereitungsanstalten und bergbaulichen Nebenbetriebe ist vom 1. April 1895 ab den Gemeinden gegenüber fortgefallen. Vgl. § 28 Ziffer 3 des Kommunalabgabengesetzes. Art. 8 Ziffer 2 d. A.

16. Die unter Ziffer 4 aufgeführten Betriebe unterliegen vom 1. April 1895 ab den Gemeinden gegenüber der Gewerbesteuerpflicht. Vgl. § 28 Ziffer 4 des Kommunalabgabengesetzes. Soweit diese Betriebe sich aber als innerhalb der Landwirtschaft verbleibende Nebenbetriebe darstellen, folgt ihre Steuerbefreiung aus § 4 Nr. 1 des Gewerbesteuergesetzes. OVG. VI, 397. Siehe auch Anm. 3b u. c zu diesem Paragraphen.

17. Der Handel preußischer Gewerbetreibender auf Messen und Märkten ist als „stehendes Gewerbe" steuerpflichtig. Vgl. § 2 Ziffer 2 und § 4 des Ges. v. 3. Juli 1876 (GS. S. 247). OVG. V, 451.

18. Vgl. § 66 RGO.

19. Von der Gewerbesteuer ist befreit der Betrieb derjenigen Eisenbahnen, welche

a) der Eisenbahnabgabe unterliegen, oder
b) sich im Besitze des Preußischen Staates befinden (§ 28 Abs. 3 des Kommunalabgabengesetzes) oder
c) auf Grund von Staatsverträgen Steuerfreiheit genießen.

Die Kleinbahnen sind dagegen gewerbesteuerpflichtig (§ 40 des Gesetzes v. 28. Juli 1892 GS. S. 225). A. Art. 9 Ziffer 2.

Für Kleinbahnen nach § 3 Abs. 2, 3 des Gesetzes Steuerfreiheit zu gewähren, hat d. FM. mehrfach mit der Begründung abgelehnt, daß der Zweck der Hebung des Verkehrs und Wohlstandes eines Landesteils als ein gemeinnütziger Zweck im Sinne des § 3 nicht anzusehen sei.

20a. Steuerfrei ist die Ausübung eines amtlichen Berufes, einschließlich des Militärberufes. A. Art. 9 Ziffer 3.

20b. Makler oder Sensale, die bei der Kaufmannschaft angestellt und vereidigt sind, sind trotz gewisser amtlicher Funktionen steuerpflichtige Gewerbetreibende. OVG. III, 293.

20c. Die Abhaltung gerichtlicher, d. h. im Auftrage der Gerichte vorgenommenen Auktionen unterliegt nach § 4 Nr. 7 des Gewerbesteuergesetzes der Gewerbesteuer nicht. A. Art. 9 Ziffer 3. OVG. IX, 389; XII, 429. Dagegen betreibt ein steuerpflichtiges Gewerbe, wer im Auftrage von Privatpersonen Auktionen abhält.

20d. Die Tätigkeit der auf Grund der Maß- und Gewichtsordnung für den Norddeutschen Bund v. 17. Aug. 1868 und des zu ihrer Ausführung ergangenen preußischen Gesetzes v. 26. Nov. 1869 angestellten Eichmeister unterliegt nicht der Gewerbesteuer. OVG. XIII, 384.

20e. Die Fleisch- und Trichinenschauer, welche auf Grund des Fleischbeschaugesetzes v. 3. Juni 1900 und der dazu ergangenen Ausführungsgesetze und sonstigen Bestimmungen angestellt sind, unterliegen nicht der Gewerbesteuerpflicht. OVG. XIII, 386.

20 f. Die in der Anfertigung von Taxen, Gutachten, Inventarienverzeichnissen usw., oder in der Abschätzung von Grundstücken zu Darlehnszwecken bestehende, im Auftrage von Privatpersonen gegen Entgelt ausgeübte Tätigkeit ist nicht Ausübung eines amtlichen Berufes, sondern steuerpflichtiger Gewerbebetrieb. OVG. IX, 390.

20 g. Die Verwaltung einer Sterbekasse durch ein Kassenmitglied ist kein Gewerbebetrieb. OVG. IX, 391.

20 h. Die Gerichtsvollzieher sind der Gewerbesteuer nicht unterworfen. A. Art. 9 Ziffer 3.

20 i. Der Betrieb der Posthalterei ist ein steuerpflichtiger Gewerbebetrieb. OVG. III, 318. FME. v. 21. März 1896, MittH. 33, S. 47.

20 k. Der Betrieb des Schornsteinfegergewerbes in einem amtlich eingerichteten Kehrbezirke ist ein steuerpflichtiger Gewerbebetrieb. OVG. III, 320.

20 l. Der Küster einer öffentlichen Krankenanstalt, der im Auftrage der Direktion Sargausstattungen einkauft und mit einem Preisaufschlage an die Angehörigen in der Anstalt verstorbener Personen verkauft, handelt als Beamter der Direktion und betreibt kein Gewerbe; er ist deshalb nicht gewerbesteuerpflichtig. OVG. XI, 390.

20 m. Die Tätigkeit des selbständigen, d. h. für eigene Rechnung arbeitenden Rhein-Lotsen ist ein steuerpflichtiges Gewerbe. OVG. V, 389. Ob die in dieser Entscheidung entwickelten Rechtsgrundsätze auch auf andere Lotsen anwendbar sind, hängt von deren Verfassung und der tatsächlichen Handhabung der letzteren ab. OVG. v. 4. Febr. 1904 VIG 230.

20 n. Die Lotterieeinnehmer als solche sind nicht Gewerbetreibende. FME. v. 8. Dez. 1896, MittH. 34, S. 33; OVG. IV, 432.

20 c. Vereidigte Zuckerprobezieher gelten als steuerpflichtige Gewerbetreibende. Daß ihre Entschädigung in Gestalt von Gebühren erfolgt, ist unerheblich. OVG. IX, 383.

21 a. Steuerfrei ist die Ausübung der Kunst, insbesondere der Malerei, Bildhauerei, Baukunst, Musik und dramatischen Kunst. A. Art. 9 Ziffer 3.

21 b. Nur die Ausübung der eigenen Kunst, bzw. Wissenschaft ist steuerfrei. Die gewerbsmäßige Verwertung fremder künstlerischer oder wissenschaftlicher Erzeugnisse und Leistungen, wie der Handel mit Kunstwerken, die Veranstaltung von Konzerten, Theater- und Zirkusvorstellungen, Kunstausstellungen und Schaustellungen jeglicher Art begründet für den Unternehmer die Steuerpflicht. Art. 9 Ziffer 3b d. A. OVG. III, 290, 380. Ob bei solchem Betriebe „ein höheres Interesse der Kunst obwaltet", ist gewerbesteuerlich ohne Belang. OVG. VI, 384.

21 c. Diejenigen Musiker, welche die Musik als Kunst ausüben — daher z. B. auch Militärmusikkorps in ihren Konzertaufführungen — sind gewerbesteuerfrei. Dagegen ist die Ausübung von Tanzmusik der Gewerbesteuer unterworfen. OVG. IX, 402.

21 d. Wenn durch Vervielfältigung der Erzeugnisse der bildenden Kunst eine Ware für den Kauf hergestellt und hiermit Handel getrieben wird, so tritt die Steuerpflicht ein. A. Art. 9 Ziffer 3a.

21 e. Die lediglich in Ausarbeitung von Plänen und Zeichnungen bestehende Ausübung der Baukunst in allen ihren der gegenwärtigen Entwicklung des Bauwesens entsprechenden Zweigen ist steuerfrei. OVG. III, 263.

21 f. Ist mit der Ausübung der Baukunst zugleich eine über die Grenze der Bauleitung hinausgehende Tätigkeit als Unternehmer der Ausführung verbunden, so wird die Steuerpflicht begründet. Art. 9 Ziffer 3a, Abs. 2 d. A. Vgl. jedoch unten Anm. 21 i.

21 g. Einzelne Betriebe, wie die Glasmalerei und die Tätigkeit eines Architekten, können sich sowohl als

steuerfreie Ausübung der Kunst, wie als steuerpflichtiges Gewerbe darstellen. Für die Besteuerung derartiger Betriebe ist das Überwiegen des gewerblichen Charakters besonders festzustellen. Die Verwendung untergeordneter Hilfskräfte in handwerksmäßiger Tätigkeit macht an sich die Ausübung der Kunst nicht zum Gewerbebetrieb. OVG. IV, 257. Die Unternehmer einer Anstalt für künstlerische Ausführung von Glasmalerei, an deren Betrieb sie mit ihrer eigenen künstlerischen Tätigkeit sich beteiligen, sind nach § 4 Nr. 7 des Gewerbesteuergesetzes gewerbesteuerfrei. OVG. XII, 419. Dadurch, daß sie auf Gewinnerzielung gerichtet ist, wird eine Tätigkeit, die sich als Ausübung der Kunst darstellt, nicht zu einem steuerpflichtigen Gewerbebetriebe. OVG. XIII, 391.

21 h. Auch ein nicht akademisch vorgebildeter Baukünstler kann wegen Ausübung der Baukunst nach § 4 Nr. 7 des Gewerbesteuergesetzes Steuerfreiheit beanspruchen. Es bedarf aber des Nachweises, daß seine Tätigkeit eine künstlerische ist. OVG. IX, 397.

21 i. Die nur gelegentlich, durch besondere Umstände veranlaßte Tätigkeit eines Baukünstlers als Unternehmer von Bauausführungen ist kein steuerpflichtiger Gewerbebetrieb. Das Gleiche gilt von dem An- und Verkauf von Grundstücken, die ein Baukünstler erwirbt, um sich Gelegenheit zur Ausübung der Baukunst zu verschaffen. OVG. IX, 397 ff.

22 a. Die Tätigkeit eines Rechtskonsulenten, Volksanwalts, Konzipienten usw. stellt sich nicht als unmittelbare wissenschaftliche Tätigkeit dar, sondern als steuerpflichtiger Gewerbebetrieb. OVG. IV, 430.

22 b. Die Unterhaltung eines Bureaus für praktische Geologie hat als steuerfreie Ausübung einer wissenschaftlichen Tätigkeit zu gelten. OVG. X, 395.

22 c. Die Revision kaufmännischer Bücher stellt die Ausübung einer unmittelbaren wissenschaftlichen Tätigkeit

im Sinne des § 4 Nr. 7 des Gewerbesteuergesetzes nicht dar. OVG. III, 351.

22d. Der Betrieb eines chemischen Laboratoriums ist gewerbesteuerfrei, auch wenn darin hauptsächlich Analysen von Waren oder Erzeugnissen, die in das Gebiet des Handels und der Industrie fallen, vorgenommen werden. OVG. XII, 422.

22e. Der Betrieb eines Instituts zur chemischen Untersuchung von Nahrungsmitteln im Auftrage des Publikums und von Behörden stellt die Ausübung einer wissenschaftlichen Tätigkeit dar und ist nicht steuerpflichtig. OVG. XI, 401.

22f. Der Betrieb eines Verlagsgeschäfts ist immer gewerblicher Natur im Sinne des Gewerbesteuergesetzes, wenn die Absicht auf eine fortgesetzte gewinnbringende Geschäftstätigkeit gerichtet ist. Handelt es sich bei den verlegten Schriftwerken um eigne Erzeugnisse des Verlegers, so wird dadurch beim Zutreffen jener Voraussetzung die gewerbliche Natur des Betriebes nicht geändert oder beseitigt. Daher ist ein Verleger einer Zeitung, der zugleich deren Redakteur ist, gewerbesteuerpflichtig und die Redaktionstätigkeit des Verlegers kann auch nicht als nicht gewerblicher Erwerbszweig vom Verlagsgewerbe getrennt werden. Ebenso ist gewerbesteuerpflichtig der Verleger eines von ihm selbst verfaßten, jährlich erscheinenden Adreßbuchs. Der Verlag und Vertrieb einer einzelnen selbst verfaßten Druckschrift stellt dagegen keinen Gewerbebetrieb dar. Hier fehlt die Voraussetzung der fortgesetzten Ausübung der Tätigkeit. OVG. in Mitt.H. 48, S. 25; OVG. III 261ff.; IV, 327ff.

23a. Jede Art der unterrichtenden und erziehenden Tätigkeit in Wissenschaften, Künsten und Fertigkeiten ist steuerfrei, auch wenn dieselbe nicht als Ausübung eines Amtes erscheint. Steuerfrei sind daher auch selbständige Sprach-, Musik-, Tanz-, Fecht-, Turn-, Schwimmlehrer usw. Art. 9 Ziffer 3c d. A.

23 b. Durch die mit Ausübung einer unterrichtenden oder erziehenden Tätigkeit der Lehrer verbundene Unterbringung oder Beköstigung von Schülern wird die Steuerfreiheit der Lehrer nicht aufgehoben, sofern Erziehung oder Beaufsichtigung den Hauptzweck bilden. A. Art. 9 Ziffer 3 c. OVG. V, 391; X, 397, 398.

Erziehungsanstalten und Pensionate, in denen die Lehr- und Erziehungstätigkeit mit der Unterbringung und Verpflegung der Schüler oder Schülerinnen verbunden ist, können für diesen letzteren Teil des Unternehmens einen gewerblichen Charakter annehmen, sofern nämlich die Voraussetzungen des Beherbergungs- und Verpflegungsgewerbes, welches allein mit seinem Ertrage der Steuerpflicht unterliegt, zutreffen. Bildet die Lehr- und Erziehungstätigkeit den Hauptzweck, während Unterbringung und Verpflegung nur als Mittel zur Erreichung dieses Hauptzweckes erscheinen, so unterliegt das gesamte Unternehmen der Besteuerung nicht. Bei einer mit einem Alumnate verbundenen Lehr- und Erziehungsanstalt spricht die Vermutung gegen das Vorhandensein eines Gewerbebetriebes. Diese Grundsätze treffen auch dann zu, wenn der Unternehmer der Anstalt eine unterrichtende oder erziehende Tätigkeit nicht selbst ausübt. OVG. VIII, 430.

23 c. Die Unterhaltung eines Zoologischen Gartens bildet für eine Aktiengesellschaft auch dann einen Gewerbebetrieb, wenn den Aktionären an Stelle von Dividenden aus dem erzielten Gewinne andere Vorteile, wie freier Eintritt, geboten werden. OVG. III, 313.

24 a. Die Ausübung der Heilkunde gegen Entgelt durch andere Personen als approbierte Ärzte ist steuerpflichtiger Gewerbebetrieb. Insbesondere unterliegen Naturärzte, Zahntechniker, Heilgehilfen usw. der Steuerpflicht. A. Art. 9 Ziffer 3 d; OVG. IV, 431. Die in § 4 Nr. 7 des Gewerbesteuergesetzes den Ärzten gewährte Gewerbesteuerfreiheit steht nur den in Deutschland approbierten Ärzten zu. OVG. XIII, 388.

24 b. Die Steuerfreiheit der approbierten Ärzte (Wundärzte, Augenärzte, Geburtshelfer, Zahnärzte, Tierärzte usw.) umfaßt auch die Verabreichung von Heilmitteln und Arzneien in dem ihnen gestatteten Umfange. Wenn aber solche Ärzte Heilmittel oder andere Gegenstände gewerbsmäßig verkaufen, z. B. wenn Zahnärzte Zähne, Zahntinkturen, Bürsten und dergleichen an andere als ihre Patienten vertreiben, so unterliegt dieser Erwerbszweig der Steuerpflicht. A. Art. 9 Ziffer 3d. Wenn ein Tierarzt zum öffentlichen Fleischbeschauer bestellt, oder für einen bestimmten Bezirk als Fleischbeschauer zugelassen worden ist, so bleibt seine in dieser Eigenschaft entwickelte Tätigkeit so gut Ausübung seines Berufs als Tierarzt, wie die Untersuchung von Tieren, insbesondere solcher, die zur menschlichen Nahrung bestimmt sind, auf ihren Gesundheitszustand, bzw. daraufhin, ob der Genuß des Fleisches für den Menschen gesundheitsschädlich ist. OVG. VIII, 357.

24 c. Inwieweit die Unterhaltung von Heilanstalten (Privat-Kranken- und Irrenanstalten, Sanatorien und dergleichen), auch wenn sie mit der Ausübung des ärztlichen Berufes verbunden ist, als steuerpflichtiger Gewerbebetrieb anzusehen, ist nach den tatsächlichen Umständen des einzelnen Falles zu beurteilen. A. Art. 9 Ziffer 3d.

24 d. Die Steuerpflichtigkeit des Betriebes einer Privat-Kranken-, Irren- oder Heilanstalt oder einer Kuranstalt für Nervenkranke seitens eines Nicht-Arztes ist nach dem allgemeinen Gewerbebegriff zu beurteilen. Ein solcher Betrieb erscheint regelmäßig als Gewerbebetrieb, denn es darf, solange nicht eine andere Absicht des Unternehmers erhellt, ohne weiteres angenommen werden, daß dieser mit dem Betriebe der Anstalt unter Erhebung von Pflegegeldern die Erzielung von Überschüssen, also die Erzielung von Gewinn bezweckt. Diese Absicht kann aber trotz der Erhebung von Pflegegeldern im einzelnen Falle auch fehlen, indem solche nur in einer zur Deckung der Unkosten des Anstaltsbetriebes ausreichenden Höhe erhoben werden.

Dies ist z. B. der Fall bei allen Privatkrankenanstalten, die den Zwecken der christlichen Nächstenliebe oder der Wohltätigkeit dienen. OVG. VII, 419, 422.

24 e. Ob sich der Betrieb einer privaten Heilanstalt seitens eines Arztes im einzelnen Falle als steuerpflichtiges Gewerbe darstellt oder nicht, kann nur unter Prüfung der konkreten Verhältnisse beurteilt werden. Eine Vermutung spricht weder für die eine noch für die andere Annahme, insbesondere liegt keineswegs den ärztlichen Unternehmern ein Gegenbeweis dahin ob, daß ihrem Anstaltsbetriebe der gewerbliche Charakter nicht beiwohne. Es gehört vielmehr zu der amtlichen Ermittelungspflicht der Veranlagungsbehörden, die tatsächlichen und rechtlichen Voraussetzungen der von dem Veranlagten bestrittenen Steuerpflicht festzustellen. OVG. VII, 419.

24 f. Der Betrieb einer Badeanstalt durch einen Arzt stellt nicht notwendig eine Ausübung des ärztlichen Berufs im Sinne des § 4 Nr. 7 des Gewerbesteuergesetzes dar und ist daher nicht ohne weiteres gewerbesteuerfrei. Das Gleiche gilt in betreff der Unterhaltung einer zur Aufnahme von Badegästen bestimmten Pension. Dagegen sind die Einnahmen des Unternehmers solcher Betriebe an besonders geforderten Honoraren für ärztliche Behandlung gewerbesteuerfrei, auch wenn die Patienten Besucher der fraglichen Anstalten sind. OVG. XII, 426.

24 g. Unterhält ein Arzt eine Klinik oder Heilanstalt lediglich zum Zweck der Ausübung des ärztlichen Berufes, ohne die Absicht, aus dem Betriebe einen besonderen Gewinn zu erzielen, oder lediglich zu Lehrzwecken, oder als Grundlage für die eigene Fortbildung, oder für wissenschaftliche Untersuchungen usw., so liegt kein Gewerbebetrieb vor. (So z. B. OVG. v. 16. Dez. 1897, VI G 249, Klinik eines Frauenarztes; OVG. VII, 426, Klinik eines akademischen Lehrers zu Lehrzwecken, daselbst 430 ff. Privatanstalten von Spezialärzten für Irre und Idioten.) **Anders dagegen**, wenn von einem Arzte eine Kranken- oder Heilanstalt

hauptsächlich zu dem Zwecke betrieben wird, um aus der Gewährung von Aufenthalt und Unterhalt gegen Entgelt Gewinn zu erzielen, der Betrieb der Anstalt bei ihm also Selbstzweck ist. In diesem letzteren Falle dient die ärztliche Tätigkeit lediglich dem Zwecke des gewerblichen Anstaltsbetriebes. Die gesamte Erwerbstätigkeit des ärztlichen Unternehmens erscheint daher als Gewerbebetrieb und demgemäß der ganze Gewinn aus dieser Tätigkeit als gewerbesteuerpflichtiger Ertrag. OVG. III, 250; VII, 419ff.; XI, 401 (Heilgymnastisches Institut).

24h. Hebammen unterliegen der Gewerbesteuer nicht. A. Art. 9 Ziffer 3.

24i. Apotheker — auch die im vormaligen Herzogtum Nassau noch vorhandenen Amtsapotheker — unterliegen bezüglich des Betriebes ihrer Apotheken der Gewerbesteuer. OVG. VIII, 360.

25a. Feldmesser und Markscheider üben weder einen amtlichen Beruf, noch eine wissenschaftliche, schriftstellerische, unterrichtende oder erziehende Tätigkeit aus, sondern sind Gewerbetreibende; ihre Befreiung von der Gewerbesteuer beruht auf einer Ausnahmebestimmung, welche nicht auf andere Gewerbetreibende, insbesondere nicht auf die sonst in § 36 der Gewerbeordnung bezeichneten, ausgedehnt werden darf.

Ein Landmesser, der an sich eine wissenschaftliche Tätigkeit entfaltet, aber mit einem Nichtfachmann in offener Handelsgesellschaft auch Grundstücksverkäufe usw. betreibt, hat selbst dann gewerbliches Einkommen, wenn ihm die nicht gewerbliche Tätigkeit zufällt. OVG. v. 1. Dez. 1905 DJZ. XI, 602. Desgleichen ein Landmesser, der selbst als Unternehmer für kulturtechnische Arbeiten auftritt. OVG. v. 6. Febr. 1902; OVG. III, 349; V, 389; IX, 383.

25b. Den von kaufmännischen Korporationen angestellten und vereidigten Holzmessern und Holzbrackern steht die Gewerbesteuerfreiheit nach § 4 Nr. 7 des Gewerbesteuergesetzes nicht zu. OVG. XIII, 389.

25c. Die Berufstätigkeit der Patentanwälte ist als Ausübung einer wissenschaftlichen Tätigkeit nicht gewerbesteuerpflichtig. OVG. XI, 403.

§ 5.[1])

Der Gewerbesteuer sind ferner nicht unterworfen: Vereine, eingetragene Genossenschaften und Korporationen, welche nur die eigenen Bedürfnisse ihrer Mitglieder an Geld, Lebensmitteln und anderen Gegenständen zu beschaffen bezwecken,[2]) wenn sie satzungsgemäß und[3]) tatsächlich ihren Verkehr auf ihre Mitglieder beschränken[4]) und keinen Gewinn unter die Mitglieder verteilen, auch eine Verteilung des aus dem Gewinne angesammelten Vermögens unter die Mitglieder für den Fall der Auflösung ausschließen.[5])

Konsumvereine mit offenem Laden[6]) unterliegen der Besteuerung; ebenso unter derselben Voraussetzung Konsumanstalten,[7]) welche von gewerblichen Unternehmern im Nebenbetriebe unterhalten werden.

Molkereigenossenschaften, Winzervereine und andere Vereinigungen[8]) zur Bearbeitung und Verwertung der selbstgewonnenen Erzeugnisse der Teilnehmer unterliegen der Gewerbesteuer nur unter denselben Voraussetzungen, unter welchen auch der gleiche Geschäftsbetrieb des einzelnen Mitgliedes hinsichtlich seiner selbstgewonnenen Erzeugnisse der Gewerbesteuer unterworfen ist.[9])

1a. Die Vorschrift in § 5 Abs. 1 des Gewerbesteuergesetzes findet auf Vereine, Genossenschaften usw., die überhaupt kein Gewerbe betreiben, keine Anwendung. Vereine, welche überhaupt kein Gewerbe betreiben, sind ebensowenig wie natürliche Personen, die kein Gewerbe betreiben, der Gewerbesteuerpflicht unterworfen. OVG. IX, 410. Vereine, welche ohne positive Absicht der Gewinnerzielung Erwerbszwecke nicht verfolgen, werden auch dann nicht steuerpflichtig, wenn infolge ihrer Tätigkeit Gewinn erzielt wird. So z. B. nicht ein Verein zur Hebung des Arbeiterstandes, Verbesserung der Viehzucht, der Dungstätten und des Düngers, zur Hebung des Sparsinns usw. OVG. VI, 368.

1b. Aktiengesellschaften und Vereine, welche lediglich die Beschaffung billiger Wohnungen für ihre Mitglieder bezwecken, gehören überhaupt nicht zu den in § 5 behandelten Vereinen, weil die Beschaffung von „Wohnungen" nicht die Beschaffung von „Geld, Lebensmitteln und anderen Gegenständen" betrifft. Vielmehr ist die Vorfrage, ob eine solche Gesellschaft ein Gewerbe betreibt, nach den allgemeinen Merkmalen des Gewerbegriffs zu beurteilen. OVG. IV, 363, 367; XI, 396.

1c. Ein Verein, der, ohne Gewinnzwecke für sich und seine Mitglieder, nur den Zweck verfolgt, seinen Mitgliedern beim Einkauf von Waren bei anderen einen Rabatt zu verschaffen und ihn zu sparen, betreibt kein Gewerbe, ist daher nicht steuerpflichtig. OVG. IX, 410, siehe auch OVG. XIII, 405.

1d. Einer geschlossenen Kasinogesellschaft, die statutenmäßig lediglich gesellige Unterhaltung bezweckt, fehlt das für den Gewerbebetrieb unerläßliche Merkmal der Beteiligung am allgemeinen wirtschaftlichen Verkehre; und wenn durch die Verabfolgung von Speisen und Getränken an die Mitglieder der Gesellschaft auch ein Gewinn erzielt wird, so geschieht dies doch nur innerhalb des geschlossenen Kreises, mag die Verabfolgung sich auf die gesellschaftlichen Räume beschränken oder darüber hinausgehen; es kann deshalb darin ein Gewerbebetrieb nicht gefunden werden. Nur wenn festgestellt werden kann, daß die Gesellschaft mit dem Verkauf von Wein und ähnlichem an ihre Mitglieder außerhalb des Gesellschaftshauses die Absicht verbindet, dadurch nicht nur sich die Mittel zur Bestreitung der mit der Verfolgung ihrer Gesellschaftszwecke verbundenen Unkosten zu beschaffen, sondern noch einen weiteren Gewinn zu erzielen, oder daß ein Verkauf an Fremde mit der Absicht der Gewinnerzielung stattfindet, so kann dies zur Annahme eines tatsächlichen Gewerbebetriebes führen, sofern auch die sonstigen begrifflichen Merkmale zutreffen. Zu diesen Merkmalen gehört insbesondere eine fortgesetzte, dauernde Ausübung werbender Tätigkeit, welche erkennen läßt, daß sie das Ergebnis des Entschlusses ist, dieselben Handlungen zur Gewinnerzielung in der Zukunft zu wiederholen. OVG. IX, 379ff.

1e. Erscheint ein Verein nach dem Inhalt seiner Statuten als Gewerbetreibender, so kann seine Gewerbesteuerpflicht nur durch den Nachweis, daß sich tatsächlich seine Geschäftsführung ausschließlich auf Gegenstände nicht gewerblicher Art erstreckt, ausgeschlossen werden. OVG. IX, 408.

2. Hierher gehören insbesondere die in der Form von Vereinen oder eingetragenen Genossenschaften bestehenden Konsum-, Vorschuß-, Kreditvereine, Darlehnskassen, Volksbanken usw. A. Art. 10 Ziffer 1. Nicht hierher gehören die Produktivgenossenschaften, Absatzgenossenschaften, Magazinvereine, weil sie nicht bezwecken, Geld, Lebensmittel oder andere Gegenstände zu beschaffen, sondern die Erzeugnisse ihrer Mitglieder abzusetzen. Ihre Steuerpflicht ist daher nicht nach § 5 des Gesetzes, sondern nach den allgemeinen Grundsätzen zu beurteilen. OVG. v. 25. Sept. 1902 VI G 227.

3a. Zur Erzielung der Steuerfreiheit muß die Beschränkung des Verkehrs auf die Mitglieder nicht nur in den Satzungen des Vereins angeordnet sein, sondern auch tatsächlich ausgeübt werden. A. Art. 10 I.

3b. Sobald auch nur eine der in § 5 Abs. 1 aufgeführten Voraussetzungen: a) Beschränkung des Verkehrs auf die Mitglieder, b) keine Verteilung von Gewinn unter die Mitglieder, c) Ausschluß auch der Verteilung des aus dem Gewinn angesammelten Vermögens unter die Mitglieder für den Fall der Auflösung — nicht erfüllt wird, tritt Steuerpflichtigkeit ein, die sich alsdann auf den gesamten Betrieb erstreckt. OVG. III, 382.

4a. Eine Ausdehnung des Verkehrs über den Kreis der Mitglieder hinaus ist nicht schon dann anzunehmen, wenn der Verein usw. mit Nichtmitgliedern überhaupt in Geschäftsverkehr tritt, sondern erst dann, wenn der Verein usw. Nichtmitglieder an denjenigen Zwecken teilnehmen läßt, zu deren Erreichung er gebildet worden ist. A. Art. 10 I.

4b. Besteht die Aufgabe einer Kreditgesellschaft (eingetragene Genossenschaft) in der Befriedigung des Kreditbedürfnisses ihrer Mitglieder, so stellt die zu diesem Zwecke erfolgte Annahme von fremden Geldern (Deposita, sogenannte Spareinlagen) gegen Verzinsung eine Erstreckung des Geschäftsverkehrs über den Kreis der Mitglieder hinaus nicht dar. In dem Kreditnehmen bei Dritten liegt hier keine Beteiligung Dritter an den Genossenschaftszwecken. OVG. I, 326; II, 28; VII, 66 (auch dann nicht, wenn andere Wege zur Beschaffung von Geldmitteln offengestanden hätten). Vgl. auch FME. v. 19. Jan. 1901, MittH. 42, S. 6/7.

4c. Wird bei der Annahme fremder Gelder die in der Absicht der Beschaffung der notwendigen Betriebsmittel liegende Schranke überschritten, so liegt steuerpflichtiges Hinausgehen über den Kreis der Mitglieder vor. OVG. I, 326; II, 370. Wo die Schranke liegt, muß im Einzelfall ermittelt werden. Es wird den Vereinen nicht gestattet sein, mit vagen und unbestimmten Möglichkeiten eines ins Ungewisse gesteigerten Kreditbedürfnisses zu rechnen und etwa daraufhin, um nicht Gelder anbietende Kunden zu verscheuchen, alles anzunehmen, was ihnen offeriert wird. Die Höhe des Bedarfs muß bei Berücksichtigung des innerhalb einer gewissen Reihe von Geschäftsjahren tatsächlich zutage getretenen Kreditbedürfnisses bemessen werden. OVG. II, 373. Der Geschäftsbetrieb geht auch über den Mitgliederkreis nicht hinaus, wenn bei gedecktem Geldbedarf doch noch den Mitgliedern zur Unterbringung von Spareinlagen Gelegenheit gegeben wird. Dagegen gewinnt die Geschäftsgebarung sofort einen anderen Charakter, wenn bei gedecktem Geldbedarf auch Nichtmitgliedern, indem noch fortdauernd von ihnen Spareinlagen entgegengenommen werden, die vorteilhafte Benutzung der Annahmestelle offen bleibt. OVG. VII, 69. Auch beim Scheckverkehr mit Nichtmitgliedern ist entscheidend, ob dieser ein Übermaß der Annahme fremder Gelder in vorstehendem Sinne bedeutet. Aber auch, wenn dies nicht vorliegt, der Verein aber im Scheckverkehr mit Nichtmitgliedern irgendwie Vergütung für seine Mühewaltung genießt, liegt der Tatbestand der Steuerpflicht vor. OVG. VIII, 149ff.

4d. In der Diskontierung von Wechseln, bei welchen weder der Aussteller noch der Bezogene, sondern nur der Verkäufer des Wechsels Mitglied des Vereins ist, kann ein Hinausgehen mit dem Geschäftsbetriebe über den Kreis der Mitglieder nicht gefunden werden. OVG. II, 375; IV, 49. Wenn ein Verein von Nichtmitgliedern Wechsel erwirbt, so kann der bezügliche Geschäftsbetrieb über den Kreis der Mitglieder hinausgehen, aber es ist nicht notwendig, daß er es tut. Denn der Verkauf von Wechseln seitens andrer Vereine und Banken geschieht durchaus nicht stets, um ein Kreditbedürfnis zu befriedigen und es waltet bei der Diskontierung von Wechseln keineswegs immer die Absicht, ein Darlehn zu nehmen, bei dem Empfänger des Geldes ob. Ferner liegt ein lediglich dem Interesse der Mitglieder dienender Betrieb vor, wenn der Verein zu dem Zweck, um müßige Gelder zinsbar anzulegen, Wechsel ankauft. OVG. I, 327. Giriert ein Verein gegen Provision Wechsel auch für Nichtmitglieder, so gewährt er Nichtmitgliedern dadurch, daß er sein Giro gegen Provision hergibt, den bezüglichen Kredit und geht damit dazu über, auch Nichtmitgliedern das Kreditbedürfnis zu befriedigen. OVG. I, 327.

4e. Die Vermittelung von An- und Verkäufen von Wertpapieren für Mitglieder des Vereins, sowie der Ankauf solcher Papiere für den Verein zur Anlage des Reservefonds oder zeitweiligen Unterbringung müßiger Kassenbestände bilden kein die Steuerpflicht begründendes Hinausgehen über den Kreis der Mitglieder. Wird der An- und Verkauf von Wertpapieren für Nichtmitglieder vermittelt, so wird damit die Grenze der Steuerpflichtigkeit überschritten. OVG. II, 372. FME. v. 19. Jan. 1901, Mitt.H. 42, S. 6.7.

4f. Ob es als Hinausgehen über den Kreis der Mitglieder angesehen werden kann, wenn ein Verein mit anderen Genossenschaften in Verkehr tritt, ist nach dem Inhalt und der Natur der Geschäftsverbindung zu beurteilen. Stellt die Einziehung von Vereinswechseln auswärtiger Genossenschaften nur die Gegenleistung dar für die von diesen wiederum zu bewirkende Einziehung der eigenen Außenstände des Vereins an auswärtigen Plätzen, so liegt auch in solchem Inkassogeschäft kein Hinausgehen über den Kreis der Mitglieder. OVG. II, 368.

4g. Eine Kreditbank, eingetragene Genossenschaft, welche Inkassogeschäfte für Nichtmitglieder gegen Vergütung besorgt, geht damit über den Kreis der Mitglieder hinaus. OVG. IV, 49. Vgl. jedoch Anm. 4f. zu diesem Paragraphen.

4h. Eine Genossenschaft, deren Geschäftsbetrieb im wesentlichen in dem Betriebe von Kranken- und Irrenanstalten, sowie in der Wartung und Pflege von Kranken außerhalb dieser Anstalten besteht, geht über den Kreis der Mitglieder hinaus, wenn sie an diesem Betriebe Personen teilnehmen läßt, welche Mitglieder der Genossenschaft nicht sind. OVG. VIII, 146.

4i. Eine Molkereigenossenschaft geht in ihrem Geschäftsbetriebe über den Kreis der Mitglieder hinaus, wenn sie regelmäßig oder gewerbsmäßig Milch von Nichtmitgliedern ankauft. Entscheidend ist dabei, daß sie solche Geschäfte, welche sie zufolge des Gegenstandes des Unternehmens mit ihren Mitgliedern abschließen soll, in regelmäßiger Übung auch mit Nichtmitgliedern abschließt. Dagegen nicht entscheidend — wie früher OVG. VI, 234 angenommen hatte — ob sie den Nichtmitgliedern dieselben Vorteile gewährt, welche sie durch den gemeinsamen Betrieb für ihre Mitglieder erreichen will. OVG. VII, 235.

5a. Die Gewinnverteilung muß nicht nur durch die Satzungen, sondern auch tatsächlich ausgeschlossen bleiben. Als Gewinnverteilung gilt sowohl die bare Auszahlung, als auch die Gutschreibung der Gewinne (§ 19 des Gesetzes betr. die Erwerbs- und Wirtschaftsgenossenschaften v. 1. Mai 1889 in der Fassung vom 20. Mai 1898 RGBl. S. 810). Vgl. Anm. 3b zu diesem Paragraphen. A. Art. 10 Ziffer 1, letzter Absatz.

5b. Die hier vorgesehene Steuerbefreiung wird durch jegliche Verteilung von Gewinn oder Vermögen unter die Mitglieder ohne Rücksicht auf ihren Umfang ausgeschlossen. OVG. IX, 404. Daß auch ein mehr oder weniger entfernter mittelbarer Vorteil der Mitglieder infolge Überweisung des Vermögens an Korporationen zu irgend welchen Zwecken ausgeschlossen sein müsse, wird nicht verlangt. OVG. VII, 449.

6a. Konsumvereine mit offenem Laden unterliegen der Steuerpflicht, gleichviel, ob es sich um eingetragene oder nicht eingetragene Genossenschaften oder um irgendwelche andere Rechtsform handelt. OVG. VIII, 372.

6b. Ungeachtet der Bestimmungen des § 30a des Genossenschaftsgesetzes vom 1. Mai 1889 nach der Fassung des Reichsgesetzes v. 12. Aug. 1896, welche in Wirklichkeit das Vorhandensein eines offenen Ladens auszuschließen geeignet sein mögen, hat sich der Begriff des offenen Ladens nicht verändert, sondern ist lediglich nach der äußeren Erscheinung zu beurteilen. Als offener Laden ist nicht nur ein mit Warenauslagen und sonstigen Einrichtungen zur Anziehung des Publikums (Schaufenster usw.) versehenes Geschäft, sondern überhaupt jedes Verkaufslokal anzusehen, in welchem vorhandene Warenvorräte im Kleinverkehr an die erscheinenden Käufer ohne vorherige Bestellung und ohne daß ein physisches Hindernis (Verschluß) für den Eintritt besteht, verabfolgt werden. Erklärungen des Konsumvereins in den Statuten, daß der Verkauf nur an Mitglieder stattfinde, Bekanntmachungen in öffentlichen Blättern, Tafeln und Plakate vor oder in dem Laden, durch welche Nichtmitgliedern der Eintritt untersagt wird, sind gänzlich ungeeignet, den Eintritt von Nichtmitgliedern unbedingt auszuschließen. Wenn dagegen am Ladeneingang ein Pförtner angestellt ist, welcher jedem, der eine Legitimationsmarke nicht vorzeigen kann, den Eintritt verwehrt, so ist der Laden für das Publikum geschlossen. Art. 10 Ziffer 2 d. A.; OVG. I, 300; VIII, 371; XI, 397.

7a. „Da der von dem Ziegelmeister des Beschwerdeführers in dessen Namen und auf dessen Rechnung geführte Ziegeleikantinenbetrieb für die Angestellten und Arbeiter dieses Betriebes eingerichtet und nur von diesen benutzt wird, so ist er als eine Konsumanstalt im Sinne des § 5 des Gewerbesteuergesetzes anzusehen.“ FME. v. 20. Febr. 1908, MittH. 52, S. 72.

7b. Eine nach § 5 Abs. 2 des Gewerbesteuergesetzes steuerpflichtige Konsumanstalt besteht nicht, wenn ein gewerblicher Unternehmer neben seinem Hauptbetriebe einen Spezereiwarenhandel in offenem Laden in der Weise betreibt, daß seine Angestellten und Arbeiter dabei vor anderen Abnehmern in keiner Weise bevorzugt werden. OVG. IX, 411.

8. Die Form der Vereinigung ist ohne Bedeutung für die Steuerbefreiung. OVG. V, 444 (Vereinigung einer Genossenschaft mit stillen Gesellschaften).

9a. Vgl. § 4 des Gesetzes. Bei gewerbsmäßiger Ausdehnung des Verkaufs auf fremde Erzeugnisse tritt Steuerpflicht nach Maßgabe des letzteren ein. Art. 8 Ziffer 6 d. A.

9b. Da der Betrieb einer Zuckerfabrik eines einzelnen Landwirts, auch wenn sich die Verarbeitung auf selbstgewonnene Rüben beschränkt, der Gewerbesteuer unterliegt (vgl. Anm. 11c zu § 4 des Gesetzes), so gilt das nach § 5 Abs. 3 des Gesetzes ebenso auch von einer Zuckerfabrik, die eine Vereinigung von Landwirten mit der entsprechenden Beschränkung betreibt. OVG. VIII, 411.

9c. Das gewerbsmäßig betriebene Einschlachten von Vieh, das Pökeln und Räuchern des Fleisches für den Verkauf liegt bei dem einzelnen Landwirt nicht im Bereiche der Landwirtschaft bzw. Viehzucht (vgl. Anm. 11b zu § 4 des Gesetzes). Daher sind auch Vereinigungen von Landwirten, die solches betreiben, nicht steuerfrei. FME. v. 9. Mai 1895. MittH. 33, S. 46.

Steuerklassen.

§ 6.

Die Besteuerung erfolgt in vier Gewerbesteuerklassen.[1][2])

In Klasse I sind diejenigen Betriebe[3]) zu besteuern, deren jährlicher Ertrag[4]) 50000 Mark oder mehr, oder bei denen der Wert des Anlage- und Betriebskapitals[5]) 1000000 Mark oder mehr beträgt.

Die Gewerbesteuerklasse II umfaßt die Betriebe mit einem jährlichen Ertrage von 20000 bis ausschließlich 50000 Mark, oder mit einem Anlage-

und Betriebskapitale im Werte von 150000 bis ausschließlich 1000000 Mark.

Zur Gewerbesteuerklasse III gehören die Betriebe mit einem jährlichen Ertrage von 4000 bis ausschließlich 20000 Mark, oder mit einem Anlage- und Betriebskapitale im Werte von 30000 bis ausschließlich 150000 Mark.

Zur Gewerbesteuerklasse IV gehören die Betriebe mit einem jährlichen Ertrage von 1500 bis ausschließlich 4000 Mark, oder mit einem Anlage- und Betriebskapitale von 3000 bis ausschließlich 30000 Mark.

1a. Für die Bildung der Gewerbesteuerklassen ist im Gegensatz zu der bisherigen Gesetzgebung der Umsatz und Betriebsumfang nicht mehr von entscheidender Bedeutung, aber es ist auch fernerhin insoweit auf diese Momente Rücksicht zu nehmen, als sie die Schätzung des Ertrages und eventuell des Anlage- und Betriebskapitals erleichtern. A. Art. 15 Ziffer 2; OVG. III, 217.

1b. Es ist für unzulässig zu erachten, einen bei der ordentlichen Veranlagung in einer Gewerbesteuerklasse veranlagten Steuerpflichtigen, weil er einer unrichtigen Klasse zugewiesen ist, nachträglich in einer anderen, nach Ansicht des Vorsitzenden des betreffenden Steuerausschusses oder der Regierung richtigen Klasse zu veranlagen. Art. 41 Abs. 3 d. A.; FME. v. 14. Sept. 1894, MittH. 30, S. 50.

2a. Für die Festsetzung des Steuersatzes innerhalb der Steuerklassen kommt in erster Linie der Ertrag in Betracht; daneben ist das Anlage- und Betriebskapital nur insofern von Einfluß, als dadurch die Zugehörigkeit zu der betreffenden Steuerklasse und die Anwendung eines in dieser Klasse zulässigen Steuersatzes bedingt wird. A. Art. 15 Ziffer 3.

2b. Ergibt sich die Unmöglichkeit, die Steuersumme einer Steuergesellschaft bei vorschriftsmäßiger Steuerverteilung aufzubringen, so darf die Abhilfe nur auf dem durch § 15 Nr. 3 des Gesetzes gewiesenen Wege gesucht werden, nicht aber dadurch, daß der Steuerausschuß Gewerbetreibende, welche nach der Höhe des Ertrags oder des Anlage- und Betriebskapitals in die betreffende Klasse gehören, gleichwohl der nächstniedrigeren überweist. FME. v. 24. Dez. 1895 MittH. 33, S. 51.

3. Mehrere Betriebe derselben Person und von mehreren Personen gemeinschaftlich betriebene Gewerbe werden als ein Ganzes zusammengefaßt; der Betrieb der Ehefrau wird demjenigen des Ehemannes zugerechnet. §§ 17, 18, 20 des Gesetzes.

4. Vgl. § 22 des Gesetzes.

5a. Vgl. § 23 des Gesetzes.

5b. Ist die Höhe des Anlage- und Betriebskapitals allein für die Steuerpflicht entscheidend und nicht unzweifelhaft, so genügt eine summarische, durch tatsächliche Unterlagen nicht gestützte, Schätzung nicht. Es müssen vielmehr die das Anlage- und Betriebskapital bildenden Bestandteile und Werte im einzelnen festgestellt werden. Dabei dürfen die Schätzungsergebnisse bei der Ergänzungssteuerveranlagung nicht ohne besondere Prüfung übernommen, sondern nur insoweit benutzt werden, als sie nicht an Mängeln leiden. OVG. IV, 443ff.

§ 7.

Betriebe, bei denen weder der jährliche Ertrag 1500 Mark, noch das Anlage- und Betriebskapital 3000 Mark erreicht, bleiben von der Gewerbesteuer befreit.[1])

Auf die Betriebssteuer (§§ 59ff. dieses Gesetzes) findet diese Bestimmung keine Anwendung.

1a. Vgl. § 24 Abs. 2—4 des Gesetzes. A. Art. 1 Ziffer 6.

1b. Die Übergehung des zur Begründung eines Einwandes im Bereiche des § 7 des Gewerbesteuergesetzes angebotenen Bücherbeweises, sowie die Angabe einer Summe als steuerpflichtigen Ertrages, ohne daß sich erkennen läßt, in welchen Beziehungen und aus welchen Gründen Abweichungen von den Angaben des Steuerpflichtigen erfolgt sind, sind wesentliche Mängel des Verfahrens. OVG. III, 219.

§ 8.

Betriebe, deren Zugehörigkeit zu einer der Steuerklassen I, II, III[1]) lediglich durch die Höhe des Anlage- und Betriebskapitals bedingt ist,[2]) sind auf Antrag des Steuerpflichtigen[3]) in die dem Ertrage entsprechende Steuerklasse[4]) zu versetzen, wenn der erzielte Ertrag nachweislich zwei Jahre[5]) lang die Höhe von 30000 Mark in Klasse I, 15000 Mark in Klasse II und von 3000 Mark in Klasse III nicht erreicht hat.

Auf Konsumvereine und Konsumanstalten, welche nach § 5 gewerbesteuerpflichtig sind, findet diese Bestimmung keine Anwendung.[6])

1. Der Steuerklasse IV ist diese Vergünstigung (also der Anspruch auf gänzliche Freistellung wegen eines Ertrages unter 1500 Mark) aus praktischen Gründen nicht zugestanden.

2. Hiernach wird vorausgesetzt, daß Betriebe lediglich wegen der Höhe des Anlage- und Betriebskapitals einer der Steuerklassen I, II, III angehören, wenngleich der steuerpflichtige Ertrag die im § 6 des Ges. bestimmte unterste Grenze der betreffenden Klasse nicht erreicht. OVG. VII, 440.

3. Ohne einen dahingehenden Antrag des Steuerpflichtigen ist der Steuerausschuß nicht befugt, die Ver-

setzung in eine niedrigere Klasse vorzunehmen. A. Art. 15 Ziffer 4, 5.

Dem Steuerpflichtigen liegt der Nachweis ob, daß der erzielte Ertrag 2 Jahre lang nicht die betreffende Höhe erreicht hat. Der Antrag ist an den Steuerausschuß (§ 15) derjenigen Klasse zu richten, welcher der Steuerpflichtige bisher angehört, und zwar so rechtzeitig, daß er bei der ordentlichen Steuerveranlagung berücksichtigt werden kann. Die Gewährung des Antrags kann der Steuerpflichtige ev. mit den gewöhnlichen Rechtsmitteln verfolgen. In der Nichtwürdigung der Inanspruchnahme des § 8 in der Rechtsmittelentscheidung liegt ein wesentlicher Mangel des Verfahrens schon, wenn es nach dem Inhalt der Rechtsmittelschrift nur zweifelhaft ist, ob der Steuerpflichtige ein Recht aus § 8 hat in Anspruch nehmen und einen entsprechenden Nachweis hat erbringen wollen. OVG. III, 224.

4 a. Bei Anwendung des § 8 des Gewerbesteuergesetzes sind die Steuerpflichtigen in diejenige niedrigere Steuerklasse — aber äußerstenfalls in die Klasse IV, vgl. StenBer. des Herrenhauses 1891 Bd. I S. 195 ff. — zu verweisen, die dem steuerpflichtigen Ertrage entspricht. Eine Andeutung, daß die Versetzung nur in die nächste niedrigere Klasse erfolgen dürfe, findet sich weder im Gewerbesteuergesetz, noch in der Ausführungsanweisung. OVG. III, 232.

4 b. Gewerbetreibende, deren Zugehörigkeit zu einer der Steuerklassen I, II, III lediglich durch die Höhe ihres Anlage- und Betriebskapitals bedingt ist, steht nicht das Recht zu, auf Grund des § 8 des Gewerbesteuerges. die völlige Freistellung von der Steuer zu verlangen, auch wenn in dem für die Veranlagung maßgebenden Jahre der Ertrag die Höhe von 1500 Mark nicht erreicht hat, oder ein Ertrag überhaupt nicht erzielt worden ist. Der niedrigste Satz der Klasse IV bedeutet die äußerste auf Grund dieser Vorschrift zu erzielende Ermäßigung des Steuersatzes. OVG. XIII, 421.

5 a. Die Anwendung des § 8 ist nur dann zulässig, wenn der Betrieb zwei volle Jahre der höheren Gewerbesteuerklasse angehört hat; ist dies nicht der Fall, ist er erst ein Jahr lang in der höheren Klasse besteuert, oder derselben erst überwiesen worden und zum erstenmal darin besteuert, weil das Anlage- und Betriebskapital sich auf den der höheren Klasse entsprechenden Betrag vermehrt hat, so ist die Anwendung des § 8 ausgeschlossen. OVG. VII, 439 ff.

5 b. Unter einem Jahre wird stets ein volles Jahr, d. h. ein Zeitraum von zwölf Monaten verstanden. Ein kürzerer Zeitraum kann auch dann nicht als Jahr im Sinne des § 8 gelten, wenn eine Gesellschaft etwa infolge besonderer Verhältnisse bestimmt, daß ihr erstes Geschäftsjahr nicht den vollen Zeitraum von zwölf Monaten umfassen solle, sondern einen geringeren Zeitraum. Die gesetzliche Vorschrift kann durch solche Bestimmungen nicht abgeändert werden. OVG. VII, 443.

5 c. Die Voraussetzungen des § 8 können nur bei einem Betriebe zutreffen, der schon mindestens zwei Jahre lang besteht, nicht bei einem neu eröffneten Betriebe. OVG. IV, 290; VII, 443 Anm.

5 d. Voraussetzung für den nach § 8 Abs. 1 allein zulässigen Antrag auf Versetzung in die dem Ertrag entsprechende Steuerklasse ist, daß der Ertrag in den Klassen I, II oder III die dort angegebene Höhe während der beiden letzten vollen Kalenderjahre vor der Veranlagung, oder bei Gewerbetreibenden mit einem vom Kalenderjahre abweichenden Geschäftsjahre während der beiden letzten vollen Geschäftsjahre vor der Veranlagung nicht erreicht hat und daß der Antragsteller während der beiden vorbezeichneten Jahre in der höheren Steuerklasse, aus der er in eine niedrigere versetzt zu werden verlangt, zur Gewerbesteuer veranlagt war. OVG. XIII, 419 in Abweichung von VII, 443.

5 e. Dem Antrage eines Steuerpflichtigen auf Versetzung in eine niedrigere Steuerklasse ist auch dann statt-

zugeben, wenn der Steuerpflichtige mit Rücksicht auf die Höhe des Ertrages schon in den beiden Vorjahren in dieser Klasse veranlagt war, obwohl er mit Rücksicht auf die Höhe des Anlage- und Betriebskapitals auch in den Vorjahren der höheren Klasse hätte zugewiesen werden müssen. OVG. XI, 407.

6. Zusatz der Kommission des AbgH.

Veranlagung in Klasse I.

§ 9.

Die Steuer ist in Klasse I von jedem Gewerbebetriebe[1]) mit Einem vom Hundert des jährlichen Ertrages mit der Maßgabe zu entrichten, daß bei einem Ertrage von 50000 bis 54800 Mark (ausschließlich) die Steuer = 524 Mark beträgt, und für die höheren, in Stufen von je 4800 Mark steigenden Erträge die Steuersätze in Stufen von je 48 Mark steigen. Für Erträge unter 50000 Mark[2]) können geringere Steuersätze als 524 Mark, jedoch nicht unter 300 Mark unter Beachtung der Vorschrift im letzten Absatze des § 14 angesetzt werden.[3])[4])

1 a. In Klasse I werden die Gewerbetreibenden zu einer Steuergesellschaft nicht vereinigt. Art. 15 Ziffer 4 d. A.

1 b. Vgl. Anm. 3 zu § 6 des Ges.

2. D. h. also für diejenigen Gewerbetreibenden, deren Zuweisung zur Klasse I nur durch die Höhe des Anlage- und Betriebskapitals bedingt ist.

3. Die zulässigen Sätze der Klasse I sind sonach folgende: 300, 336, 372, 408, 444, 480, 524, 572, 620 usf. um je 48 Mark steigend.

4. Zum Zwecke der Veranlagung sind die Mitglieder des Steuerausschusses gewöhnlich in der letzten Woche des

Februar zu gemeinschaftlicher Sitzung von dem Vorsitzenden zu berufen. A. Art. 32 Ziffer 1. Die Hinausschiebung des Termins bis spätestens zum 24. März genehmigt FME. v. 28. April 1898, MittH 35, S. 59.

§ 10.

Veranlagungsbezirke für die Klasse I sind die einzelnen Provinzen und die Stadt Berlin. Die Veranlagung erfolgt durch den für jeden Veranlagungsbezirk zu bildenden Steuerausschuß, dessen Mitgliederzahl vom Finanzminister zu bestimmen ist, jedoch wenigstens aus sechs Personen [1]) bestehen muß. Zwei Drittel derselben werden für drei Jahre von dem Provinzialausschuß, in Berlin vom Magistrat und der Stadtverordnetenversammlung in gemeinschaftlicher Sitzung aus den Gewerbetreibenden des Bezirks [2]) gewählt. Ein Drittel der Mitglieder und den Vorsitzenden des Steuerausschusses ernennt der Finanzminister.[3])

Der Vorsitzende und die ernannten Mitglieder können den Steuerausschüssen mehrerer Provinzen angehören.

1. Vgl. KommBer. des AbgH. S. 14.

2. Wählbar sind also nur Gewerbetreibende des Bezirks. Nach Art. 21 A Ziffer 2 d. A. (vgl. Anm. 3) besteht keine Beschränkung der Wählbarkeit auf die der Klasse I angehörigen Gewerbetreibenden. Vgl. aber § 47 des Gesetzes und Anm. 1 zu demselben.

3. Der Steuerausschuß der Klasse I besteht

1. aus einem Vorsitzenden, welchen der Finanzminister ernennt. In gleicher Weise werden ein oder nach

Bedürfnis mehrere Stellvertreter des Vorsitzenden ernannt;

2. aus Mitgliedern, deren Zahl vom Finanzminister zu bestimmen ist, jedoch wenigstens 6 betragen muß.

a) Zwei Drittel derselben und eine gleiche Anzahl von Stellvertretern für diese werden für drei Jahre von dem Provinzialausschusse (in Berlin von dem Magistrate und der Stadtverordnetenversammlung in gemeinschaftlicher Sitzung) gewählt. Wählbar sind nur Gewerbetreibende des Veranlagungsbezirks, aber ohne Beschränkung hinsichtlich der Steuerklasse, zu welcher sie gehören.

b) Ein Drittel der Mitglieder und eine gleiche Anzahl Stellvertreter ernennt der Finanzminister.

Derselbe ist ermächtigt, die ernannten Mitglieder sowie den Vorsitzenden des Steuerausschusses der Klasse I in mehreren Provinzen (Veranlagungsbezirken) zu verwenden. Es kann dies erforderlich werden, teils um die Mitwirkung besonders tüchtiger Kräfte tunlichst zu verwerten, teils um die notwendige Übereinstimmung in den Grundsätzen des Verfahrens zu sichern.

3. Wegen der Wahlen der Mitglieder und Stellvertreter (Nr. 2a) hat die zuständige Bezirksregierung rechtzeitig vor Beginn jeder neuen Wahlperiode nach Anhörung des Vorsitzenden des Ausschusses an den Oberpräsidenten der Provinz zu berichten. Nach Mitteilung des Wahlergebnisses sind in gleicher Weise die Vorschläge der zu ernennenden Mitglieder und Stellvertreter (Nr. 2b) dem Finanzminister zu unterbreiten. Diese können auch auf Nichtgewerbetreibende gerichtet werden (Staats-, Kommunalbeamte, ehemalige Gewerbetreibende), bei denen eine hervorragende Kenntnis der gewerblichen Verhältnisse des Bezirkes anzunehmen, und von denen eine erfolgreiche Mitwirkung an der

dem Steuerausschusse der Klasse I obliegenden besonders schwierigen Aufgabe zu erwarten ist.

4. Eine Wahl beziehungsweise Ernennung zum Ersatze solcher Mitglieder und stellvertretender Mitglieder des Steuerausschusses, welche infolge Geltendmachung gesetzlicher Ablehnungsgründe oder aus sonstigen Ursachen (Tod, Aufgabe des Gewerbebetriebes usw.) ausgeschieden sind, findet nur statt, wenn die Zahl der im Amte verbliebenen Mitglieder und Stellvertreter zusammengerechnet die festgesetzte Mitgliederzahl nicht mehr erreicht, oder wenn das gesetzliche Verhältnis zwischen der Zahl der gewählten und ernannten Mitglieder selbst unter Zuziehung der Stellvertreter nicht mehr hergestellt werden kann. Art. 21 A d. A.

Veranlagung in Klasse II bis IV.

§ 11.

Veranlagungsbezirke bilden

für Klasse II die Regierungsbezirke,

für Klassen III und IV die Kreise.[1])

Die Stadt Berlin bildet für jede Klasse einen Veranlagungsbezirk.

1. Stadt- bzw. Landkreise. Vgl. §§ 1, 4 der Kreisordnung v. 13. Dez. 1872.

§ 12.

Durch Bestimmung des Finanzministers können innerhalb der Provinz für Klasse I,[1]) des Regierungsbezirks für Klasse II[2]) und des Kreises für die Klassen III und IV,[3]) sowie innerhalb der Stadt Berlin für jede Klasse mehrere Veranlagungsbezirke gebildet werden. In gleicher Weise können für die Klassen III und IV mehrere Kreise zu einem Veranlagungsbezirk vereinigt werden.

1. Für die Gewerbesteuerklasse I bilden nach Bestimmung des Finanzministers je einen Veranlagungsbezirk:

a) die Provinzen Ostpreußen, Westpreußen, Brandenburg, Pommern, Posen, Schleswig-Holstein, Hannover und die Stadt Berlin, mit dem Sitze des Steuerausschusses in Königsberg, bzw. Danzig, Potsdam, Stettin, Posen, Schleswig, Hannover und Berlin,

b) die je zu einem Veranlagungsbezirk vereinigten Regierungsbezirke

α) Merseburg und Erfurt mit dem Sitz des Steuerausschusses in Merseburg,

β) Münster und Minden mit dem Sitz des Steuerausschusses in Münster,

γ) Koblenz und Trier mit dem Sitz des Steuerausschusses in Koblenz,

c) jeder der nachbenannten Regierungsbezirke für sich: Breslau, Liegnitz, Oppeln, Magdeburg, Arnsberg, Kassel, Wiesbaden, Düsseldorf, Aachen und Köln mit dem Sitz des Steuerausschusses am Sitz der Regierung.

Zu vgl. Verf. des FM. v. 11. Juli 1892 II. 8697 und vom 25. April 1894 II. 4601.

2. Für die Gewerbesteuerklasse II bilden jeder Regierungsbezirk und die Stadt Berlin für sich einen Veranlagungsbezirk mit dem Sitz des Steuerausschusses am Sitz der Regierung, bzw. in Berlin.

3. Für die Gewerbesteuerklasse III bilden die Stadt Berlin und in der Regel jeder Kreis für sich einen Veranlagungsbezirk. Für die Gewerbesteuerklasse IV bilden ausnahmslos jeder Kreis und die Stadt Berlin je einen Veranlagungsbezirk.

§ 13.

Steuergesellschaften.

Die Steuerpflichtigen des Veranlagungsbezirks werden in jeder der Klassen II bis IV zu einer Steuergesellschaft vereinigt, welche für das Veranlagungsjahr die Summe der für jeden Betrieb [1]) in Ansatz kommenden Mittelsätze [2]) — abzüglich beziehungsweise zusätzlich des durch Entscheidungen über eingelegte Rechtsmittel (§§ 35 ff.) verursachten Zu- beziehungsweise Abgangs gegen die Veranlagung des Vorjahres – aufzubringen hat. Die aufzubringende Steuersumme wird auf den durch die zulässigen Steuersätze darstellbaren Betrag abgerundet.

1. Vgl. Anm. 3 zu § 6 des Gesetzes.

2a. Das zu verteilende Jahressoll jeder der Klassen II bis IV ergibt sich demnach durch Multiplikation des Mittelsatzes der Klasse (§ 14) mit der Anzahl der in dieselbe eingereihten Steuerpflichtigen. Dem so gefundenen Betrage sind diejenigen Steuerabgänge zuzusetzen, welche durch die im Rechtsmittelverfahren (vgl. dagegen Anm. 2c zu diesem Paragraphen) gewährten Steuerermäßigungen innerhalb der Klasse (ohne Versetzung in eine andere Klasse) gegen das Steuersoll des laufenden Jahres entstanden sind. In betreff der im Rechtsmittelverfahren bewirkten Versetzungen in eine andere Steuerklasse ist zu unterscheiden zwischen der Klasse, aus welcher, und der Klasse, in welche der Steuerpflichtige versetzt ist. In der Klasse, aus welcher der Steuerpflichtige ausgeschieden ist, wird, wenn er zu einem höheren als dem Mittelsatze dieser Klasse veranlagt war, der den Mittelsatz übersteigende Betrag des Steuersatzes der Steuersumme für das nächste

Jahr zugesetzt; war er dagegen unter dem Mittelsatze veranlagt, so findet ebenso die Absetzung des Betrages statt, um welchen der Steuersatz niedriger war als der Mittelsatz. In der Klasse, in welche die Versetzung erfolgt ist, wird, wenn der dem Steuerpflichtigen auferlegte Steuersatz den Mittelsatz dieser Klasse übersteigt, die Differenz zwischen dem Mittelsatze und dem zu entrichtenden Steuersatze von der Steuersumme für das nächste Jahr abgezogen. Bleibt dagegen der Steuersatz hinter dem Mittelsatze dieser Klasse zurück, so muß die Differenz der Steuersumme für das nächste Jahr zugesetzt werden. A. Art. 37 Ziffer 2 bis 4. Vgl. auch dort Ziffer 5. Das so gefundene Jahressoll wird nötigenfalls auf den durch die zulässigen Steuersätze (§ 14 Schlußsatz) darstellbaren Betrag abgerundet, indem der überschießende Betrag außer Ansatz gelassen wird. A. Art. 15 Ziffer 8 Abs 2.

2 b. Der Berechnung der Gewerbesteuer-Gut- und Lastschreibungen ist ohne Rücksicht auf eine etwaige Ermäßigung der Steuersumme stets der gesetzliche Mittelsatz zugrunde zu legen. FME. v. 26. Okt. 1893, MittH. 29, S. 34. A. Art. 37 Ziffer 4 Abs. 4.

2 c. In denjenigen Fällen, in welchen ein bei der Gewerbesteuerveranlagung übergegangener Steuerpflichtiger nachträglich mit einem andern als dem dem Mittelsatze der betreffenden Gewerbesteuerklasse entsprechenden Steuerbetrage in Zugang gestellt wird, darf eine Gut- bzw. Lastschreibung für das nächste Steuerjahr nicht stattfinden. FME. v. 22. Jan. 1894, MittH. 30, S. 50.

§ 14.

Steuersätze.

Die Mittelsätze betragen:

in Klasse II	300 Mark,
in Klasse III	80 "
in Klasse IV	16 " .

Die bei der Steuerverteilung zulässigen geringsten und höchsten Steuersätze[1]) betragen:

in Klasse II . . . 156 bis 480 Mark,
in Klasse III . . . 32 bis 192 „
in Klasse IV . . . 4 bis 36 „ .

Die Steuersätze sollen bis zu 40 Mark um je 4 Mark, von da ab bis 96 Mark um je 8 Mark, weiter bis 192 Mark um je 12 Mark und weiter bis zu 480 Mark um je 36 Mark steigend abgestuft werden.[2])

1. Die Anordnung der höchsten und niedrigsten Steuersätze ist nicht etwa als eine zwingende in dem Sinne aufzufassen, daß diese Sätze bei jeder Steuerverteilung innerhalb eines Veranlagungsbezirks zur Anwendung kommen müssen, vielmehr bezeichnen dieselben nur die Grenzen, in denen sich die Abgeordneten bei der Steuerverteilung zu bewegen haben, indem sie einerseits oberhalb, andererseits unterhalb des Mittelsatzes der Klasse die durch das Verhältnis der Erträgnisse bedingten Steuersätze anwenden. A. Art. 15 Ziffer 10.

2. Hiernach sind die zulässigen Sätze: 4, 8, 12, 16, 20, 24, 28, 32, 36, 40, 48, 56, 64, 72, 80, 88, 96, 108, 120, 132, 144, 156, 168, 180, 192, 228, 264, 300, 336, 362, 408, 444, 480 Mark.

Steuerausschüsse.

§ 15.

1. Behufs Veranlagung der Gewerbesteuer der Klassen II, III und IV wird für jede Klasse und jeden Bezirk (§§ 6, 11 und 12) ein Steuerausschuß gebildet, welcher aus einem Kommissar der Bezirks-

regierung als Vorsitzenden[1]) und von den Steuerpflichtigen der betreffenden Klasse (Steuergesellschaft) aus ihrer Mitte[2]) für drei Jahre[3]) gewählten[4]) Abgeordneten[5]) besteht.

Letztere, deren Anzahl vom Finanzminister bestimmt wird, haben die Steuersumme nach ihrer Kenntnis oder Schätzung des Ertragsverhältnisses unter die einzelnen Mitglieder der Steuergesellschaft zu verteilen.[6])[7]) Dem Kommissar der Regierung steht die Befugnis zu, hierbei den Vorsitz zu übernehmen;[8]) er hat jedoch nur im Falle der Gleichheit der Stimmen der Abgeordneten ein Stimmrecht.

2. Mit Ausnahme derjenigen Betriebe, welche bei geringerem als dem für die betreffende Klasse maßgebenden Ertrage (§ 6) wegen der Höhe des Anlage- und Betriebskapitals der Steuergesellschaft zugehören, soll die Steuer der einzelnen Gewerbebetriebe den für Klasse I vorgeschriebenen Prozentsatz des Ertrages unter Berücksichtigung der zulässigen Steuersätze (§ 14) nicht übersteigen.[9])

Ermäßigung bis auf den diesem Prozentsatz entsprechenden Steuersatz[10]) kann von den Steuerpflichtigen im Wege des Einspruchs und der Berufung (§§ 35 ff.) beansprucht werden.

3. Sollte die Steuersumme einer Gesellschaft bei vorschriftsmäßiger Steuerverteilung nicht aufgebracht werden können, ohne die Gewerbebetriebe, deren Ertrag die für die betreffende Klasse maß-

gebende Höhe erreicht (§ 6), mit Steuersätzen zu belegen, welche das vorstehend (Nr. 2) bestimmte Maß übersteigen, so hat der Finanzminister die erforderliche Herabsetzung der Steuersumme zu verfügen.[11])

1. Für den Vorsitzenden hat die Regierung einen, nach Bedürfnis mehrere Stellvertreter zu bestellen. Soweit die Verhältnisse es irgend gestatten, ist eine und dieselbe Persönlichkeit mit dem Vorsitze in den Ausschüssen der Klasse III und IV zu betrauen. In der Regel wird hierzu der Vorsitzende der Einkommensteuer-Veranlagungskommission für denselben Bezirk zu bestimmen sein, weil sich hieraus eine bedeutende Erleichterung und Förderung der Geschäfte schon wegen der wesentlichen Identität des Materials für die Ermittelung des gewerblichen Einkommens und des gewerblichen Ertrages ergibt. Art. 21 B Ziffer 1 d. A.

2. Passiv wahlberechtigt sind sämtliche zur Zeit der Wahl zur Gewerbesteuer veranlagten Gewerbetreibenden des Veranlagungsbezirks in ihrer Klasse. Die Wiederwahl der Mitglieder des Steuerausschusses sowie der Stellvertreter ist gestattet. Wer jedoch drei Jahre lang eines dieser Ämter bekleidet hat, kann die Wiederwahl für die nächsten drei Jahre ablehnen. Art. 21 B Ziffer 2 d. A. Vgl. im übrigen § 47 des Gesetzes über die Voraussetzungen der Wählbarkeit. Sowohl der Wortlaut des § 15 Ziffer 1 und § 47 Abs. 1 des Gewerbesteuergesetzes, als auch die den gewählten Mitgliedern der Steuerausschüsse der Klassen II bis IV von dem Gesetze beigelegte Stellung als Abgeordnete, d. h. Vertreter der Steuergesellschaft, läßt erkennen, daß das Mandat durch Ausscheiden des Abgeordneten aus der betreffenden Steuergesellschaft erlischt. Allerdings ist das Erlöschen des Mandats aus diesem Grunde erst dann anzunehmen, wenn das Ausscheiden aus der Steuergesellschaft endgültig feststeht. FME. v. 26. Febr. 1898, Mitt.H. 35, S. 57.

3. Über ausnahmsweise Neubildung von Steuerausschüssen vor dem regelmäßigen Erneuerungstermine vgl. FME. v. 28. Nov. 1893, MittH. 29, S. 37.

4. Die Steuerausschüsse der Klassen II bis IV bestehen nur aus gewählten Mitgliedern, eine Ernennung von Mitgliedern wie bei Klasse I findet nicht statt.

5. Außer den Abgeordneten wird eine gleiche Anzahl Stellvertreter gewählt. Art. 21 B Ziffer 2 d. A.

6a. Behufs Verteilung der festgestellten Steuersumme innerhalb der Steuergesellschaft der Klassen II bis IV ist eine Festsetzung des Ertrages für jeden einzelnen Steuerpflichtigen durch Beschluß der Veranlagungsorgane (Abgeordnete bzw. Steuerausschuß) — wie solche in Klasse I stattfinden muß, indem dort die Steuer mit einem vom Hundert zu berechnen ist — nicht vorgeschrieben. Die Abgeordneten haben die Steuersumme nach bestem Wissen und Gewissen und nach ihrer Kenntnis oder Schätzung des Ertragsverhältnisses zwischen den einzelnen Gewerbebetrieben unter die Mitglieder der Gesellschaft zu verteilen, so daß die den Einzelnen auferlegten Steuersätze unter sich tunlichst in einem, dem Ertragsverhältnisse entsprechenden Verhältnisse stehen. A. Art. 15 Ziffer 9 Abs. 2.

6b. „Die Anweisung der Königlichen Regierung ‚schon bei der Veranlagung' den Ertrag zahlenmäßig festzustellen, geht, was die Steuerklassen II bis IV anlangt, über die Absicht des Gesetzes hinaus, die vielmehr dahin gerichtet war, durch die Beibehaltung der Besteuerung nach Mittelsätzen für diese Klassen die ziffernmäßige Ermittelung des Ertrages bei der Veranlagung in erster Instanz entbehrlich zu machen. Die Anweisung vom 4. Nov. 1895 schreibt deshalb für die Klassen II bis IV nur eine Verteilung der Steuersumme nach der ‚Kenntnis oder Schätzung des Ertragsverhältnisses, so daß die den Einzelnen auferlegten Steuersätze unter sich tunlichst in einem, dem Ertragsverhältnisse entsprechenden Verhältnisse stehen' vor und betont ausdrücklich, daß eine Festsetzung des Ertrages durch

Beschluß der Veranlagungsorgane nicht vorgeschrieben ist, in sehr vielen Fällen vielmehr die Ausmittelung des besteuerten ziffernmäßigen Ertrages der einzelnen Gewerbebetriebe nicht nötig werden würde.“ FME. v. 10. Febr. 1897, MittH. 35, S. 60.

6c. Wenn der Steuerpflichtige in der Einspruchs- oder Berufungsschrift die Höhe des Steuersatzes unter Angabe eines hinter der Ertragsklassengrenze zurückbleibenden Ertrages bemängelt, so bedarf es schon mit Rücksicht auf die Vorschrift im § 15 Nr. 2 des Gewerbesteuergesetzes der zahlenmäßigen Angabe des durch Rechnung oder Schätzung gefundenen Ertrages in der Berufungsentscheidung. Die Unterlassung der zahlenmäßigen Angabe des steuerpflichtigen Ertrages ist ein wesentlicher Mangel des Verfahrens. OVG. III, 224.

6d. Die Verteilung hat lediglich nach Maßgabe des Ertrages zu erfolgen. Auf andere Umstände, als z. B. auf das größere oder geringere persönliche oder geschäftliche Ansehen des Gewerbetreibenden, ferner auf den Betriebsumfang, auf die Frage, ob der Gewerbetreibende mit eigenem oder fremdem Kapital arbeitet usw., worauf früher die Bemessung des Steuersatzes basiert werden durfte, ist jetzt Rücksicht überhaupt nicht zu nehmen. Ganz allein die Höhe des Geschäftsertrages ist für die Feststellung des Steuersatzes entscheidend. OVG. III, 217.

6e. In den Klassen II bis IV kann der gegen die Höhe des Steuersatzes gerichtete Einspruch nicht nur mit der Überschreitung der Grenze von 1 % des Ertrages, sondern auch mit der Unverhältnismäßigkeit der Besteuerung, d. h. damit begründet werden, daß der Steuersatz im Verhältnis zur Besteuerung der übrigen Mitglieder der Steuergesellschaft nach dem Maßstabe des Ertragsverhältnisses zu hoch sei. FME. v. 23. Aug. 1893, MittH. 29, S. 39; OVG. III, 321.

6f. Die Ertragsschätzung des Steuerausschusses soll,

sofern der Weg der Schätzung überhaupt beschritten werden muß, keine willkürliche sein, sondern soweit als möglich auf sicheren Unterlagen beruhen. Zu diesem Zwecke sind den Steuerausschüssen gewisse Rechte beigelegt. (§ 26 des Gesetzes, Art. 24 d. A.) Inwieweit sie hiervon Gebrauch machen wollen, steht zunächst in ihrem Ermessen. Jedenfalls müssen sie aber, wenn die von dem Vorsitzenden beschafften Schätzungsunterlagen nicht ausreichen und auch von ihnen nicht auf Grund eigener Kenntnis der Verhältnisse in genügender Weise ergänzt werden können, die offenstehenden Mittel und Wege benutzen. Andernfalls würden sie die ihnen gesetzlich obliegende Verpflichtung, den Steuersatz nach dem Ertrage bzw. nach dem Ertragsverhältnisse richtig zu bemessen, nicht erfüllen können.

Diese Ermittelungen, die vor der Veranlagung vorzunehmen sind, müssen sich auf den gewerblichen Ertrag und die Höhe des Anlage- und Betriebskapitals erstrecken und einschließlich der auf Grund eigener Kenntnis getroffenen Feststellungen aktenmäßig vermerkt werden, wenn sie im Rechtsmittelverfahren Berücksichtigung finden sollen. Unter den Mitteln, welche zur Feststellung des steuerpflichtigen Ertrages dienen und eine gerechte Besteuerung sichern sollen, nimmt die Benutzung des Materials über die Veranlagung der Gewerbetreibenden zur Einkommensteuer eine hervorragende Stelle ein OVG. III, 268 ff.

Die für die Feststellung der gewerblichen Erträge wesentlichen Einkommensteuerverhandlungen dürfen bei der Gewerbesteuerveranlagung nicht unberücksichtigt bleiben, und es darf von ihrem Ergebnisse nicht willkürlich und ohne erkennbaren Grund abgewichen werden. Auf der anderen Seite sind aber die Steuerausschüsse und die für die Entscheidung der Berufungen zuständigen Regierungen rechtlich nicht behindert, in Abweichung von den Ergebnissen der Einkommensteuerveranlagung selbständige Feststellungen der gewerblichen Erträge vorzunehmen, sofern hierfür ausreichende Gründe vorliegen. OVG. III, 231.

Bei Feststellung des steuerpflichtigen Ertrages dürfen die Einkommensteuerverhandlungen nicht in rein mechanischer Weise benutzt werden, sondern sind in „geeigneter Weise" zu benutzen, d. h. unter Berücksichtigung der Verschiedenheiten in den Einrichtungen der Einkommen- und der Gewerbesteuer und der Besonderheiten der einzelnen Fälle. OVG. IV, 376.

Ebenso wie jede Feststellung von Tatsachen durch alle überhaupt zulässigen Mittel, also auch durch Übereinstimmung aller Beteiligten erfolgen darf, kann auch die Feststellung des steuerpflichtigen Einkommens durch Einverständnis des Steuerpflichtigen und der zuständigen Steuerbehörden derartig geschehen, daß ohne anderweite, selbständige Feststellungen eine Abweichung hiervon für die Gewerbebesteuerung ausgeschlossen ist. OVG. VII, 414.

6g. Der FME. v. 9. Mai 1893, MittH. 29, S. 34, erklärt die Annahme, daß die lediglich auf Grund des Anlage- und Betriebskapitals einer Gewerbesteuerklasse zugewiesenen Steuerpflichtigen mindestens den Mittelsatz aufzubringen hätten, für irrtümlich. Auf diese Steuerpflichtigen findet ebenfalls der allgemeine Grundsatz des § 15 Nr. 1 Abs. 2 des Gewerbesteuergesetzes, der Besteuerung nach dem Maßstabe des Ertragsverhältnisses, Anwendung. Die einer bestimmten Klasse lediglich wegen des Anlage- und Betriebskapitals angehörenden Betriebe dürfen unter keinen Umständen mit einem höheren Satze belegt werden, als die der Klasse zugleich auch wegen des Ertrages zugewiesenen Betriebe. OVG. III, 211.

7. Die Abgeordneten der Steuergesellschaft haben die Steuersumme nach ihrer Kenntnis oder Schätzung des Ertragsverhältnisses unter die einzelnen Mitglieder der Steuergesellschaft zu verteilen. Hiermit ist die Mitwirkung der Steuerausschüsse der Klassen II bis IV im Veranlagungsverfahren völlig erschöpft. Denn die Zugangstellungen von Gewerbetreibenden, welche nach Beginn der jährlichen Veranlagung einen Betrieb anfangen, erfolgen durch den Vor-

sitzenden mit dem klassenmäßigen Mittelsatze (§ 34), und die Feststellung der vorenthaltenen Steuer (§§ 70, 73) sowie der Nachsteuer (§ 78) ist den Regierungen vorbehalten. OVG. X, 431. FME. v. 15. Nov. 1893, MittH. 29, S. 35.

8. Nur für die Steuerverteilung ist der Steuerausschuß ohne Vorsitzenden zuständig, falls dieser von der ihm erteilten Befugnis nicht Gebrauch macht. In diesem Falle hat der Steuerausschuß aus seiner Mitte einen Leiter der Verhandlung zu wählen. A. Art. 22 Ziff. 7, 8. Für alle übrigen Funktionen besteht der Steuerausschuß aus dem Vorsitzenden und den Abgeordneten.

9a. Das Verbot einer über 1% des Ertrages hinausgehenden Besteuerung in § 15 Nr. 2 des Gewerbesteuergesetzes findet auf die sämtlichen, den Gewerbesteuerklassen II, III und IV angehörigen Betriebe einschließlich derjenigen Anwendung, welche lediglich wegen der Höhe des Anlage- und Betriebskapitals der betreffenden Steuergesellschaft angehören. (Hinsichtlich der letzteren vgl. Anm. 9b).

9b. Auf diejenigen Betriebe, deren Zugehörigkeit zu einer der Klassen II—IV nur durch die Höhe des Anlage- und Betriebskapitals bedingt ist, findet die Vorschrift in Nr. 2 Abs. 1 — unbeschadet der Vorschrift in § 8 Abs. 1 — insoweit sinngemäße Anwendung, als diese Steuerpflichtigen Ermäßigung bis auf den zulässigen geringsten Steuersatz der betreffenden Klasse verlangen können. Art. 15 Ziffer 7 d. A.

10. Der zulässige Steuersatz ist derjenige, der einer Besteuerung mit 1% am nächsten kommt, ohne diesen Prozentsatz zu überschreiten, mithin der nächste niedrigere Satz bei Erträgen, die nicht genau dem Hundertfachen der Steuersätze gleichkommen, und bei Erträgen, die das Hundertfache des niedrigsten Satzes der Veranlagungsklasse nicht erreichen, der niedrigste Steuersatz der letzteren. OVG. III, 209. Abweichend halten Falkmann und Strutz „die Preu-

ßische Gewerbesteuergesetzgebung" S. 85 auch den 1% des Ertrages am nächsten kommenden, diesen Prozentsatz aber übersteigenden Steuersatz für anwendbar; so auch Strutz „Das preuß. Gewerbesteuergesetz" S. 92.

11a. Tritt der Fall ein, daß nach den besonderen, in einem Veranlagungsbezirke obwaltenden Umständen, ungeachtet einer durchaus vorschriftsmäßigen Verteilung der Steuer, es sich nicht vermeiden lassen würde, diejenigen Gewerbebetriebe, deren Ertrag die für die betreffende Klasse maßgebende Höhe erreicht, mit mehr als einem Prozent des Ertrages zu besteuern, so hat der Finanzminister die erforderliche Herabsetzung der Steuersumme für das betreffende Steuerjahr zu verfügen.

Derartige Fälle sind zunächst von der zuständigen Bezirksregierung sorgfältig zu untersuchen und, sofern sie nicht als unbegründet abzuweisen sind und dadurch ihre Erledigung finden, mit gutachtlicher Äußerung der Entschließung des Finanzministers zu unterbreiten.

In der Regel wird sich die Notwendigkeit der Herabsetzung der Steuersumme und das Maß der erforderlichen Herabsetzung erst bei der Verteilung der Steuersumme durch den Steuerausschuß herausstellen und der Antrag auf Herabsetzung der Steuersumme alsdann zu stellen sein. In Veranlagungsbezirken, in denen die Notwendigkeit eines solchen Antrages zu vermuten ist, ist, um Verzögerungen der Veranlagung möglichst zu vermeiden, auf tunlichst zeitige Zusammenberufung des Steuerausschusses Bedacht zu nehmen. Ausnahmsweise, wenn der Vorsitzende des Steuerausschusses und die Regierung, namentlich mit Rücksicht auf die Ergebnisse der Veranlagung und der Rechtsmittel im laufenden Steuerjahre, die begründete Überzeugung haben, daß bei der nächsten Veranlagung die Aufbringung der vollen Steuersumme unmöglich sein würde, kann der Antrag auch vor dem Zusammentritt des Steuerausschusses bzw. vor Beginn der Veranlagung gestellt werden. In allen Fällen ist der Antrag eingehend zu begründen. Art. 15 Ziffer 12 d. A.

11b. Ergibt sich die Unmöglichkeit, die Steuersumme einer Gesellschaft bei vorschriftsmäßiger Steuerverteilung aufzubringen, so darf die Abhilfe nur auf dem durch § 15 Nr. 3 gewiesenen Wege gesucht werden, nicht aber dadurch, daß der Steuerausschuß Gewerbetreibende, welche nach der Höhe des Ertrags oder des Anlage- und Betriebskapitals in die betreffende Klasse gehören, gleichwohl der nächstniedrigeren überweist. FME. v. 24. Dez. 1895, MittH. 33, S. 51.

11c. Eine dauernde anderweitige Normierung des Mittelsatzes kommt dabei nicht in Frage, sondern nur die Herabsetzung der Steuersumme für ein bestimmtes Steuerjahr, und zwar um denjenigen Betrag, den die Steuergesellschaft bei vorschriftsmäßiger Steuerverteilung nachweislich nicht aufzubringen vermag. FME. v. 2. Aug. 1893, MittH. 29, S. 35.

11d. Nach Zustellung der Steuerzuschriften oder Offenlegung der Gewerbesteuerrollen findet eine Ermäßigung der Steuersumme überhaupt nicht mehr statt. FME. v. 15. Nov. 1893, MittH. 29, S. 35. Art. 15 Ziffer 12 d. A.

11e. Ist der Antrag auf Herabsetzung der Steuersumme von zuständiger Stelle abgelehnt und verweigern die Abgeordneten trotzdem die Verteilung der ganzen Steuersumme, so ist der Fall des § 48 des Gesetzes gegeben und die Verteilung für das betr. Steuerjahr vom Vorsitzenden des Steuerausschusses zu bewirken. Art. 21 B Ziffer 5 Abs. 3 d. A.

§ 16.

[Die erstmaligen Wahlen nach dem Inkrafttreten dieses Gesetzes werden für Klasse II von den Steuerpflichtigen der bisherigen Klasse A I bewirkt, für Klasse III von den übrigen Steuerpflichtigen, deren bisheriger Gewerbesteuersatz 36 Mark oder mehr beträgt, für Klasse IV von den Steuerpflichtigen mit einem bisherigen Steuersatz von weniger als 36 Mark nach Ausscheidung derjenigen, deren Befreiung von der Gewerbesteuer auf Grund des § 7 nach der Feststellung der bisherigen Veranlagungsbehörde keinem Zweifel unterliegt.]

Ort der Veranlagung und Veranlagungsgrundsätze.

§ 17.

Mehrere Betriebe[1]) derselben Person[2]) werden als ein steuerpflichtiges Gewerbe zur Steuer veranlagt.[3]) Die auf Grund des § 5 steuerpflichtigen Konsumanstalten[4]) gewerblicher Unternehmer sind jedoch von den sonstigen Betrieben der Unternehmer getrennt zur Steuer heranzuziehen.

Die Besteuerung erfolgt in dem Veranlagungsbezirke, in welchem das Gewerbe betrieben wird.[5])

Findet der Betrieb in mehreren Veranlagungsbezirken statt, so erfolgt die Besteuerung in dem Bezirke, in welchem die Geschäftsleitung des Unternehmens ihren Sitz oder der in § 2 Absatz 2 erwähnte Vertreter seinen Wohnsitz hat.

Dasselbe gilt, wenn mehrere Gewerbe von derselben Person betrieben werden.[6])

Erforderlichenfalls bestimmt der Finanzminister endgültig den Veranlagungsbezirk, in welchem die Besteuerung stattzufinden hat.[7])

1. Gemeint sind natürlich nur die „steuerpflichtigen" Betriebe; die als solche steuerfreien Betriebe (§§ 3—5

des Gewerbesteuergesetzes, § 28 des Kommunalabgabengesetzes) derselben Personen bleiben außer Betracht. Ebenso bleiben außer Betracht die Erträge bzw. Anlage- und Betriebskapitalien der außerhalb Preußens errichteten gewerblichen Niederlassungen und des mit dem stehenden Gewerbe etwa verbundenen Gewerbebetriebes im Umherziehen. A. Art. 2 Ziffer 2.

2a. Erforderlich ist die vollständige Identität des Inhabers der verschiedenen Betriebe und bei Personenmehrheiten diejenigen aller Mitglieder. Beispielsweise sind die verschiedenen Gewerbebetriebe zweier offenen Handelsgesellschaften, deren Gesellschafter durchaus identisch sind, als ein Gewerbe zu veranlagen. Sollte aber ein Teilnehmer nur der einen, nicht auch der anderen von beiden Gesellschaften angehören, so sind die Betriebe jeder Gesellschaft für sich zu behandeln. Ebenso ist das von einem Gesellschafter daneben auf eigene Rechnung betriebene Gewerbe getrennt von dem der Gesellschaft zu besteuern. A. Art. 2 Ziffer 3.

2b. Wird ein Gewerbe von mehreren Personen in offener Handelsgesellschaft und ein anderes von einer Gesellschaft mit beschränkter Haftung, deren alleinige Mitglieder dieselben Personen sind, betrieben, so liegen mehrere Betriebe derselben Personen nicht vor und es ist gemeinsame Veranlagung zur Gewerbesteuer ausgeschlossen. OVG. VIII, 409.

2c. Die Gewerbebetriebe von Eheleuten, die nicht dauernd voneinander getrennt leben, sind nur als ein steuerpflichtiges Gewerbe zu behandeln. § 20 des Gesetzes und Art. 2 Ziffer 4 d. A.

3a. Bei der Besteuerung sind alle einzelnen Betriebe derselben Person oder Personenmehrheit (offene Handelsgesellschaft, Kommanditgesellschaft, Genossenschaft, Verein usw.) ohne Rücksicht auf ihre Zahl, Art, Lage oder Firma als ein Gewerbe zu behandeln.

Demgemäß sind die Erträge der einzelnen Betriebe bzw. die Anlage- und Betriebskapitalien derselben zusammenzurechnen oder bei der Schätzung zusammenzufassen. Nach Maßgabe des Gesamtertrages bzw. des Gesamtkapitals ist die Veranlagung zu dem entsprechenden Steuersatze nur an einer Stelle zu bewirken. Art. 2 Ziffer 1 d. A.

3b. Wird ein Betrieb von einem Gewerbetreibenden übernommen, der bereits wegen eines bisher betriebenen und neben dem übernommenen fortzusetzenden Gewerbes besteuert ist, so bleibt für das laufende Jahr die besondere Veranlagung beider Betriebe in Kraft und die einheitliche Besteuerung tritt erst bei der nächsten Veranlagung ein.

Bezieht sich die angemeldete Übernahme und Fortsetzung eines Gewerbebetriebes nicht auf den gesamten Gewerbebetrieb des bisherigen Inhabers, sondern nur auf einen Teil (z. B. eines von mehreren nebeneinander betriebenen Gewerben, einen einzelnen stehenden Betrieb), so bleibt die Besteuerung des bisherigen Steuerpflichtigen für das laufende Jahr ohne Änderung bestehen und der Anmeldende ist als Zugänger nach § 34 des Gesetzes zu behandeln, falls er nicht auch seinerseits bereits zur Gewerbesteuer veranlagt ist. Im letzteren Falle wird an der beiderseitigen Gewerbesteuer für das laufende Jahr überhaupt nichts geändert.

Art. 27 Ziffer 4, 5 d. A. Vgl. Anm. 1a und 2e zu § 41 des Gesetzes.

4. Die steuerpflichtigen Konsumanstalten gewerblicher Unternehmer sind stets getrennt von den sonstigen Betrieben derselben zu veranlagen. Art. 2 Ziffer 5 d. A. Vgl. auch FME. v. 14. Sept. 1893, MittH. 29, S. 41 (Arbeiterkantine). Über den Grund dieser einzig dastehenden Ausnahme vgl. KommBer. des AbgH. S. 15. Mehrere Konsumanstalten desselben gewerblichen Unternehmens werden einheitlich veranlagt. OVG. IX, 411.

5 a. Die Besteuerung erfolgt in dem Veranlagungsbezirke, in welchem das Gewerbe betrieben wird.

Werden von einem Steuerpflichtigen in mehreren Veranlagungsbezirken stehende Betriebe unterhalten, so erfolgt die Besteuerung in dem Veranlagungsbezirke, in welchem die Geschäftsleitung des Unternehmens ihren Sitz hat, bei Unternehmungen, deren Sitz außerhalb Preußens liegt, wo der in Preußen zu bestellende Vertreter seinen Wohnsitz hat, oder falls ein Vertreter nicht bestellt ist und der Inhaber selbst in Preußen wohnt, wo dessen Wohnsitz sich befindet.

Dasselbe gilt, wenn mehrere Gewerbe von derselben Person betrieben werden.

Ist es zweifelhaft, wo der Sitz der Geschäftsleitung sich befindet, z. B. bei mehreren voneinander unabhängig betriebenen Gewerben desselben Steuerpflichtigen, oder entstehen sonst Bedenken über den Ort der Veranlagung, so ist zu unterscheiden, ob die in Frage kommenden Veranlagungsbezirke demselben Regierungsbezirke angehören oder nicht. Ersterenfalls bestimmt auf Antrag des Vorsitzenden eines beteiligten Steuerausschusses die Regierung und auf dagegen erhobene Beschwerde des Steuerpflichtigen der Finanzminister, letzterenfalls stets der Finanzminister den Bezirk, in welchem die Veranlagung zu erfolgen hat.

Die Veranlagung der Gewerbebetriebe des Staates und der Reichsbank erfolgt im Veranlagungsbezirk der Stadt Berlin nach den besonderen Bestimmungen der Bekanntmachung vom 22. Dezember 1894. MittH. 30, S. 52. A. Art. 30. Die Vertretung des Staates bezüglich der Gewerbesteuerpflicht seiner Gewerbebetriebe gegenüber dem zuständigen Steuerausschusse erfolgt durch den Finanzminister, dem auch die Beschlüsse wegen Feststellung des Gesamtsteuersatzes und wegen Zerlegung desselben zuzustellen sind und die dagegen zulässigen Rechtsmittel zustehen.

5 b. Im Falle gleichzeitiger Veranlagung eines Gewerbetreibenden in mehreren Bezirken ist nur die

Veranlagung in dem nach § 17 des Gewerbesteuergesetzes zuständigen Bezirke aufrechtzuerhalten. OVG. V, 425; X, 420. Vgl. Anm. 1b und 1c zu § 29 des Gesetzes.

5 c. Sofern Dampfschiffsrestaurateure nur das Gewerbe als solche auf dem betreffenden Schiffe betreiben, ohne auch an ihrem Wohnsitze einen stehenden Gewerbebetrieb zu unterhalten, kann ihr Wohnort nicht als Sitz der Geschäftsleitung angesehen werden. Ihre Veranlagung hat vielmehr in demjenigen Veranlagungsbezirke zu erfolgen, worin das mit dem Schiffe betriebene Transportgewerbe veranlagt wird. FME. v. 1. Dez. 1894, MittH. 30, S. 51.

5 d. Im Wege der Rechtsmittel kann auch die Bestimmung des Ortes der Veranlagung angefochten werden. OVG. III, 255; Art. 42 Ziffer 2 Abs. 1 d. A.

6. Auch hier ist also Sitz der Geschäftsleitung bzw. Wohnsitz des Unternehmers maßgebend.

7 a. Der im Abs. 5 gebrauchte Ausdruck „Erforderlichenfalls" läßt sich nur auf die vom Gesetz offen gelassenen, nicht aber auf die in den Abs. 2—4 ausdrücklich geregelten und unzweifelhaften Fälle beziehen. Eine Bestimmung des Finanzministers kann nur vor der Veranlagung nachgesucht und getroffen werden. Ist die Veranlagung ohne Anrufung und Entscheidung des Finanzministers einmal erfolgt, so ist für die Anrufung und Entscheidung des Finanzministers überhaupt kein Raum mehr; vielmehr sind alsdann alle Bemängelungen der Veranlagung im Wege der Rechtsmittel zum Austrage zu bringen. OVG. III, 256.

7 b. Ohne Bestimmung des Finanzministers ist in solchen Fällen keine Veranlagungsbehörde zuständig. OVG. X, 418.

§ 18.

Gewerbe, welche von mehreren Personen gemeinschaftlich betrieben werden,[1] sind ebenso zu besteuern, als wenn sie nur von einer Person betrieben würden.

Für die Erfüllung der nach diesem Gesetz den Steuerpflichtigen obliegenden Verpflichtungen haften die Teilnehmer (Gesellschafter) solidarisch.[2])

1a. Hierher gehört die offene Handelsgesellschaft und die einfache Kommanditgesellschaft. OVG. VIII, 396.

1b. Die Reederei bezüglich eines Schiffes wird durch die Gesamtheit der Schiffsparteninhaber ebenso betrieben, wie der Gewerbebetrieb einer offenen Handelsgesellschaft und einer gewöhnlichen Kommanditgesellschaft durch die Gesamtheit der Gesellschafter ausgeübt wird. OVG. VI, 387.

1c. Die Gesellschaft mit beschränkter Haftung bildet ein von den einzelnen Mitgliedern, wie von deren Gesamtheit verschiedenes selbständiges Rechtssubjekt. Bei einer zum Zwecke einer gewerblichen Unternehmung errichteten derartigen Gesellschaft wird demnach das Gewerbe nicht von der Gesamtheit der einzelnen Gesellschafter, sondern von der Gesellschaft als solcher betrieben. OVG. VI, 435; VIII, 396.

1d. Sind an dem Gewerbe des Grundstückshandels mehrere Personen nach den zwischen ihnen getroffenen Vereinbarungen in der Weise beteiligt, daß sie nach bestimmten Prozenten Beiträge zu leisten haben und in demselben Verhältnis am Gewinn und Verlust teilnehmen, so betreiben sie das Gewerbe gemeinschaftlich, auch wenn die mit der Geschäftsführung beauftragten Mitglieder im Verkehre nur in eigenem Namen auftreten und sie allein als Eigentümer der den Gegenstand des Handels bildenden Grundstücke im Grundbuch eingetragen sind. Zur Gewerbesteuer müssen deshalb sämtliche Beteiligte veranlagt werden. Die alleinige Veranlagung der mit der Geschäftsführung beauftragten Teilhaber ist unzulässig. OVG. XIII, 412.

2. Die Erfüllung der Verpflichtung seitens eines der Teilnehmer befreit die übrigen von ihrer Verbindlichkeit.

Art. 12 Ziffer 1 letzter Absatz d. A. Das gegebenen Falls wegen Nichterfüllung der gesetzlichen Verpflichtungen einzuleitende Strafverfahren (§§ 70, 71) richtet sich aber gegen sämtliche hiernach Verpflichteten.

§ 19.

Der Gewerbebetrieb der juristischen Personen [1]) und Vereine [2]) wird wie derjenige physischer Personen besteuert.

Für die Erfüllung der nach diesem Gesetz den Steuerpflichtigen obliegenden Verpflichtungen haftet bei Aktiengesellschaften und sonstigen durch einen Vorstand vertretenen Gesellschaften, Genossenschaften usw. und bei juristischen Personen der Vorsitzende und jedes Mitglied des geschäftsführenden Vorstandes,[3]) bei Kommanditgesellschaften und Kommanditgesellschaften auf Aktien die persönlich haftenden Gesellschafter.

Die Erfüllung der Verpflichtung seitens eines der dafür Haftenden befreit die übrigen von ihrer Verbindlichkeit.[4])

1a. Eine Aktiengesellschaft ist nicht als solche, sondern nur dann steuerpflichtig, wenn sie ein Gewerbe betreibt. Dies ist im Zweifelsfalle, ebenso wie einer physischen Person gegenüber, festzustellen. Bei Aktiengesellschaften, die den Statuten gemäß und tatsächlich Gewerbe treiben, spricht die Vermutung für einen rein gewerblichen Gesamtbetrieb. Sondern diese gewisse Teile des Anlage- und Betriebskapitals (Liegenschaften, Häuser, Kapitalien) als nicht dem Gewerbebetrieb dienend aus und verwalten sie dieselben auch besonders als nichtgewerbliche Bestandteile ihres Vermögens, so ist dies für die Gewerbesteuerpflicht ohne Einfluß; sie unterliegen letzterer mit dem gesamten Anlage- und Betriebskapitale und dem gesamten Ertrage. OVG. III, 234. Für die Annahme eines Gewerbebetriebes kommt es nicht darauf an, ob die Aktiengesellschaft gewisse Geschäfte nach den Statuten betreiben kann, sondern darauf, ob sie solche tatsächlich betreibt. OVG. IV, 365. Aktiengesellschaften und Gesellschaften mit beschränkter Haftung, deren Statuten als Zweck Gewerbebetrieb enthalten, unterliegen der Gewerbesteuer nicht, wenn sie tatsächlich einen Gewerbebetrieb nicht begonnen haben. OVG. VI, 387.

1b. Wenn nach dieser Bestimmung der Gewerbebetrieb der juristischen Personen und Vereine wie derjenige physischer Personen besteuert wird, so kann solches selbstverständlicherweise nicht die Bedeutung haben, daß etwas, was für die physische Person gilt, aber für die juristische nach ihrer Verfassung nicht zutreffen kann, dennoch für letztere Geltung finden soll. OVG. III, 410.

1c. Gesellschaften mit beschränkter Haftung, welche ein Gewerbe betreiben, unterliegen gemäß § 19 des Gewerbesteuergesetzes der Gewerbebesteuerung. OVG. VIII, 408.

2. Die Vereine unterliegen der Besteuerung ohne jede Rücksicht auf ihre rechtliche Natur. OVG. VIII, 408.

3. Nicht der Aufsichtsrat bei Aktiengesellschaften, sondern die sich aus dem Handelsregister ergebenden Personen, welchen die verantwortliche Geschäftsführung obliegt. KomBer. des AbgH. S. 16. Auch nicht der Lagerhalter bei einem Konsumverein, sondern die Vorstandsmitglieder. FME. v. 6. Aug. 1907, MittH. 52, S. 73.

4. Das gegebenen Falls wegen Nichterfüllung der gesetzlichen Verpflichtungen einzuleitende Strafverfahren (§§ 70, 71) richtet sich gegen sämtliche nach § 19 Verpflichteten.

§ 20.

Betreibt die Ehefrau eines Gewerbetreibenden, welche nicht dauernd von demselben getrennt lebt,[1])

ein eigenes Gewerbe, so ist der Ertrag beziehungsweise das Anlage- und Betriebskapital dieses Gewerbes demjenigen des Ehemannes zuzurechnen und findet eine gesonderte Besteuerung [2]) des ersteren nicht statt.

1a. Über den Begriff der dauernden Trennung der Ehefrau vom Ehemanne zu vgl. OVG. I, 252. Eine dauernde Trennung ist nur anzunehmen, wenn die Tatsache völligen Getrenntseins wie im ehelichen Leben, so im Haushalt und in der Wirtschaftsführung vorliegt, und zwar herbeigeführt in der erkennbaren Absicht, die Trennung vorzunehmen und diesen Zustand für längere Dauer festzuhalten.

1b. Dauernde Trennung im Sinne des Gesetzes liegt nicht ohne weiteres schon dann vor, wenn der eine Teil krankheitshalber außerhalb der ehelichen Wohnung untergebracht werden muß. OVG. II, 173. Auch dann nicht, wenn der eine Teil sich im Gefängnis befindet. OVG. III, 171.

1c. Nach § 20 soll der Ertrag aus einem von der Ehefrau eines Gewerbetreibenden betriebenen besonderen Gewerbe dann, wenn die Ehefrau nicht dauernd vom Ehemanne getrennt lebt, demjenigen des Ehemannes zugerechnet werden. Falls also der Ehemann ebenfalls ein Gewerbe betreibt und die Eheleute nicht dauernd getrennt voneinander leben, darf eine Veranlagung der Ehefrau zur Gewerbesteuer überhaupt nicht stattfinden, sondern der Ertrag aus ihrem Gewerbe ist bei der Besteuerung des Ehemannes mitzuberücksichtigen. Leben die Eheleute aber dauernd getrennt voneinander, so darf nur die besondere Veranlagung eines jeden Ehegatten zur Gewerbesteuer stattfinden; keinesfalls darf der Ertrag aus einem vom Ehemann betriebenen Gewerbe dem Ertrage aus dem Gewerbe der besonders veranlagten Ehefrau bei deren Besteuerung zugerechnet werden. OVG. X, 401.

2. Weil der Ehemann regelmäßig Verwalter und Nutznießer des Vermögens und Erwerbes der Ehefrau ist, wird

in steuerlicher Hinsicht beider Gewerbebetrieb als Einheit betrachtet. Es ist also das von der Ehefrau eines Gewerbetreibenden betriebene Gewerbe kein besonderes Steuerobjekt, daher auch wegen Erfüllung der gesetzlichen Obliegenheiten hinsichtlich desselben nur der Ehemann in Anspruch genommen werden kann. Auch die Zahlung der Steuer ist nur von diesem zu fordern, zumal der gemeinsame Steuersatz gar nicht erkennen läßt, welcher Betrag auf das von der Ehefrau betriebene Gewerbe entfällt. Vgl. auch Art. 3 Ziffer 4 d. A.

§ 21.

Bei inländischen[1]) Gewerben, welche außerhalb Preußens einen stehenden Betrieb[2]) durch Errichtung einer Zweigniederlassung, Fabrikations-, Ein- oder Verkaufsstätte oder in sonstiger Weise unterhalten, bleibt derjenige Betrag des Ertrages beziehungsweise des Anlage- und Betriebskapitals, welcher auf den in anderen Bundesstaaten[3]) unterhaltenen Betrieb entfällt, für die Besteuerung außer Ansatz, jedoch nach Abzug des auf die in Preußen befindliche Geschäftsleitung zu rechnenden Anteils von einem Zehntel[4])[5]) des Ertrages, soweit nicht das Reichsgesetz wegen Beseitigung der Doppelbesteuerung vom 13. Mai 1870 (Bundes-Gesetzbl. S. 119) entgegensteht.[6])

1. „Inländische", d. h. in Preußen domizilierte. Vgl. A. Art. 3 Ziffer 2.

2. Die von inländischen (in Preußen domizilierten) Gewerben außerhalb Preußens unterhaltenen stehenden Betriebe kommen bei der Gewerbesteuerveranlagung nur insoweit in Betracht, als bei der Berechnung des Ertrages der auf die diesseitige Geschäftsleitung entfallende Teil an dem Ertrage des auswärtigen Betriebes mit zu berücksichtigen ist. Jeder nicht den Charakter eines stehenden Betriebes oder des Gewerbebetriebes im Umherziehen an sich tragende Geschäftsbetrieb inländischer Gewerbe außerhalb Preußens, insbesondere derjenige vermittels der Handlungsreisenden, ist dagegen in vollem Umfange mit der Gewerbesteuer zu erfassen. A. Art. 3 Ziffer 2.

3. Den Bundesstaaten stehen das Reichsland Elsaß-Lothringen und die deutschen Schutzgebiete gleich. Min.-Anm. zu Art. 19 d. A. Der Betrieb im sonstigen außerpreußischen Auslande wird von dieser Vorschrift nicht berührt; vgl. über diesen Anm. 2 und auch 5 zu diesem Paragraphen.

4. Die Bestimmung des § 21 des Gewerbesteuergesetzes, daß ein Anteil des auf den Gewerbebetrieb in anderen Bundesstaaten entfallenden Ertrages durch die Geschäftsleitung in Preußen erzielt sei und dieser Anteil sich auf ein Zehntel des Ertrages belaufe, enthält eine gesetzliche Vermutung. Der Steuerpflichtige, der eine hiervon abweichende Berechnungsart beansprucht, hat die gesetzliche Vermutung durch entsprechende Gegenbeweise zu entkräften. OVG. III, 391; IV, 434.

5. Bei der Ermittelung des auf den in Preußen stattfindenden Betrieb entfallenden Ertrages oder Anlage- und Betriebskapitals der zum Teil in Preußen, zum Teil außerhalb betriebenen Gewerbe ist folgendermassen zu verfahren: Gestatten die Verhältnisse eine gesonderte Ertragsberechnung für den in Preußen steuerpflichtigen Teil des Gewerbes, so ist eine solche in gewöhnlicher Weise vorzunehmen. Dabei ist bei denjenigen inländischen Gewerben, welche gleichzeitig außerhalb Deutschlands einen stehenden Betrieb unterhalten, für die in Preußen befindliche Geschäftsleitung ein angemessener Teil des im Auslande erzielten Ertrages in Ansatz zu bringen. Bezüglich derjenigen inländischen Gewerbe, welche in anderen Bundesstaaten

(vgl. auch Anm. 3 zu diesem Paragraphen) einen stehenden Betrieb errichtet haben, ist zur Vermeidung von weitläufigen Erörterungen der für die in Preußen befindliche Geschäftsleitung zu rechnende Anteil des auswärts erzielten Ertrages auf $^{1}/_{10}$ desselben anzunehmen. Ist jedoch der diesseits steuerpflichtige Teil des Betriebes mit dem nicht steuerpflichtigen dergestalt verbunden, daß der Ertrag nur einheitlich für das gesamte Unternehmen ermittelt werden kann, so ist der Besteuerung unter sorgfältiger Beachtung des etwa schon für die Veranlagung der Einkommensteuer gesammelten Materials eine nach Billigkeit und nötigenfalls nach dem Gutachten Sachverständiger zu bemessende Quote des Gesamtertrages zugrunde zu legen, wobei das Verhältnis der für die Gewinnerzielung vornehmlich entscheidenden Merkmale hauptsächlich zu berücksichtigen ist. Als Anlage- und Betriebskapital der in Preußen steuerpflichtigen Betriebsteile sind in Ansatz zu bringen:

1. die denselben speziell gewidmeten Werte und außerdem
2. ein nach den vorstehend angegebenen Grundsätzen zu berechnender Anteil an den in keiner besonderen Beziehung zu den einzelnen Betriebsstätten stehenden, dem gesamten Gewerbebetriebe dienenden Anlage- und Betriebskapitalien. Hierher gehören insbesondere die zur Verfügung der Geschäftsleitung stehenden Fonds (Betriebs- und Reservefonds), Gebäude und Utensilien.

Art. 19 d. A. OVG. V, 382.

6. Die Vorausberücksichtigung der in Preußen befindlichen Geschäftsleitung bei der nach dem Verhältnis der Prämieneinnahmen usw. erfolgten Ermittelung des in Preußen steuerpflichtigen Teils der Gesamtüberschüsse einer in Preußen domizilierten, ihr Gewerbe auch in anderen deutschen Bundesstaaten betreibenden Lebensversicherungsgesellschaft verstößt nicht gegen das Reichsgesetz wegen Beseitigung der Doppelbesteuerung. OVG. X, 210.

§ 22.

Bei Ausmittelung[1]) des Ertrages[2])[3])[4])[5])[6])[7]) kommen alle Betriebskosten[8])[9]) und die Abschreibungen,[10]) welche einer angemessenen[11]) Berücksichtigung der Wertsverminderung entsprechen, in Abzug. Insbesondere kann auch die Wertsverminderung derjenigen Gegenstände, welche aus dem Betriebe ausscheiden,[12]) nach Maßgabe ihres Buchwertes[13]) abgeschrieben werden.[14]) Dem Ertrage zuzurechnen sind die aus den Betriebseinnahmen bestrittenen Ausgaben für Verbesserungen und Geschäftserweiterungen,[15]) sowie für den Unterhalt des Gewerbetreibenden und seiner Angehörigen.[16]) Nicht abzugsfähig sind Zinsen für das Anlage- und Betriebskapital, dasselbe mag dem Gewerbetreibenden selbst oder Dritten gehören und für Schulden, welche behufs Anlage oder Erweiterung des Geschäfts, Verstärkung des Betriebskapitals oder zu sonstigen Verbesserungen aufgenommen sind.[17])

1 a. Der § 22 des Gewerbesteuergesetzes enthält nicht, wie § 13 des Einkommensteuergesetzes, eine Hinweisung auf die Grundsätze „wie solche für die Inventur und Bilanz durch das allgem. deutsche Handelsgesetzbuch vorgeschrieben sind und sonst dem Gebrauche eines ordentlichen Kaufmanns entsprechen". Ebensowenig gibt die zum Gewerbesteuergesetz ergangene Ausführungsanweisung besondere Vorschriften über Gewinnberechnung bei kaufmännischer Buchführung. Der Art. 16 der Ausführungsanweisung enthält vielmehr nur allgemeine Bestimmungen über die Ertragsermittelung durch Gegenüberstellung der Roheinnahme und der Betriebskosten nebst Abschreibungen im einzelnen. Indessen ist die Annahme, als ob das Gewerbesteuergesetz — abgesehen von den besonderen Bestimmungen im § 22 und von den durch die abweichende Gestaltung der Einkommens- und der gewerblichen Besteuerung bedingten Verschiedenheiten — unter „Ertrag" etwas anderes habe verstehen wollen, als den Geschäftsgewinn im Sinne des § 13 des Einkommensteuergesetzes von vornherein abzuweisen. Es würde widersinnig und gänzlich undurchführbar sein, bei Geschäften mit kaufmännischer Buchführung den Ertrag unter Außerachtlassung der Bilanzen durch Gegenüberstellung der Einnahmen und der Betriebskosten usw. im einzelnen berechnen zu wollen. OVG. IV, 423.

Die Ausmittelung des Ertrages besteht demnach, sofern kaufmännische Bücher geführt werden, in der Gewinnfeststellung nach Maßgabe der Bilanzen unter Berücksichtigung der besonderen Vorschriften des § 22. Werden kaufmännische Bücher nicht geführt, so findet Berechnung des Ertrages gemäß Art. 16 d. A. durch Gegenüberstellung der Roheinnahme einerseits und der Betriebskosten und Abschreibungen anderseits statt. Nur wenn und insoweit für diese Berechnung keine buchmäßigen oder sonstigen Unterlagen vorhanden sind, darf die Ausmittelung des Ertrages im Wege der freien Schätzung erfolgen.

Der § 22 stellt „Ertrag" und „Betriebskosten" einander gegenüber, ohne die Begriffe zu bestimmen, oder die Merkmale anzugeben. Es ist davon auszugehen, daß das Gesetz von den kaufmännischen (handelsrechtlichen) und wirtschaftlichen Begriffen des Ertrags und der Betriebskosten nicht abweichen will. Das entspricht auch der Natur der Sache, da Ertrag und Betriebskosten nicht steuerliche, sondern kaufmännische (handelsrechtliche) und wirtschaftliche Begriffe sind. OVG. III, 411.

1b. Bei Feststellung des steuerpflichtigen Ertrages des maßgebenden Vorjahres sind nur die diesem Jahre zuzurechnenden Einnahmen in Ansatz zu bringen und nur diejenigen Betriebskosten und Abschreibungen, welche aus den Einnahmen dieses Jahres gedeckt worden sind oder gedeckt werden müssen, von der Roheinnahme desselben Jahres abzuziehen. Einnahmen früherer Jahre, sowie Betriebskosten und Abschreibungen, welche künftigen Jahren zur Last fallen, dürfen nicht angerechnet werden. OVG. VI, 400.

1c. Einnahmen, welche nicht durch den Betrieb während des für die Steuerveranlagung maßgebenden Geschäftsjahres erzielt werden, sondern nach Ablauf desselben durch Zuwendungen Dritter einer Aktiengesellschaft zugeflossen und nachträglich zur Verbesserung der Bilanz für das abgelaufene Geschäftsjahr verwendet worden sind, dürfen bei Berechnung des steuerpflichtigen Ertrages des maßgebenden Geschäftsjahres nicht in Ansatz gebracht werden. OVG. IV, 314.

1d. Ein infolge Herabsetzung der Warenhaussteuer im Rechtsmittelverfahren zurückgezahlter Betrag der ursprünglich veranlagten und entrichteten Steuer gehört zum gewerbesteuerpflichtigen Ertrage desjenigen Geschäftsjahrs, in dem die betreffende Entscheidung endgültig geworden ist. OVG. XII, 457.

1e. Die Vergütung, die einer Aktiengesellschaft von dem Vorbesitzer eines bei der Gründung übernommenen Etablissements auf mitübernommene Waren gewährt wird, erhöht den Ertrag desjenigen Geschäftsjahres, in dem die Gewährung erfolgt. OVG. XI, 408.

1f. Diejenigen Beträge des in dem maßgebenden Jahre erzielten Gewinnes, welche zur Deckung von Verlusten früherer Jahre, wie z. B. zur Ausgleichung des aus früheren Jahren herrührenden, beim Verkauf von Pfandbriefen entstandenen Disagios einer Hypothekenbank, verwendet werden, oder zur Ausgleichung späterer Verluste dienen sollen, sind bei der Ermittelung des steuerpflichtigen Ertrages der Roheinnahme hinzuzusetzen. OVG. VII, 444.

2a. Der steuerpflichtige Ertrag ist der Inbegriff dessen, was innerhalb einer gewissen Zeitperiode an Geldwert, Gütern und Nutzungen durch objektiven Gewerbebetrieb hervorgebracht wird. Was sich wirtschaftlich hiernach überhaupt nicht als Ertrag in diesem Sinne darstellt, erscheint auch nicht als steuerpflichtiger Ertrag. Demnach bildet nicht jede Vermögensvermehrung, sondern nur der durch den Betrieb eines Gewerbes erzielte Ertrag den Gegenstand der Besteuerung. Für die Bemessung des Ertrages können also nur solche Einnahmen in Betracht kommen, die entweder unmittelbar durch den Gewerbebetrieb erzielt und geschaffen sind, oder sich mittelbar als Früchte des in dem Gewerbebetriebe werbenden Anlage- und Betriebskapitals darstellen. Zu letzteren gehören aber auch solche Eingänge, die aus Nebenverwendungen der augenblicklich entbehrlichen Kapitalteile entspringen. OVG. IV, 360 f. Vgl. die folgenden Anmerkungen. Maßnahmen, welche lediglich das Anlage- und Betriebskapital betreffen, wie die Aufnahme eines Darlehns zur Vermeidung des Konkurses oder der Erlaß eines Teils seiner Forderungen seitens eines Gläubigers zu demselben Zwecke bleiben bei der Feststellung des steuerpflichtigen Ertrages außer Betracht. OVG. V, 419.

2b. Die Erträge des gesamten Anlage- und Betriebskapitals einer lediglich zu gewerblichen Zwecken gegründeten Aktiengesellschaft oder Gesellschaft m. b. H. gehören zum gewerblichen Ertrage des Gesamtbetriebs, auch wenn es sich um nicht unmittelbar in dem den eigentlichen Gegenstand des Unternehmens bildenden Fabrikations- oder Handelsbetrieb angelegte Teile jenes Kapitals handelt, wie z. B. bei den Zinsen eines auf einer Bank deponierten Teils des Anlage- und Betriebskapitals, oder um Gewinnanteile aus Geschäftsanteilen von andern Gesellschaften, aus Aktien oder aus Einlagen als stiller Gesellschafter. OVG. XII, 431.

Auch die Garantiezuschüsse, welche ein Dritter einer gewerblichen Aktiengesellschaft vertraglich zu zahlen hat, um eine bestimmte Verzinsung der Anlagekapitalien zu erreichen, gehören zu den Früchten des Anlage- und Betriebskapitals und daher zum steuerpflichtigen Ertrage der Gesellschaft. OVG. v. 23. Jan. 1908 VI G 280. (Vgl. jedoch Anm. 1c zu diesem Paragraphen.) Dagegen haben die von einer Aktiengesellschaft mit dem Aktivvermögen einer anderen in Liquidation getretenen Gesellschaft übernommenen Regreßansprüche gegen die früheren Mitglieder des Vorstandes und des Aufsichtsrats mit dem Gegenstand des Unternehmens nichts zu tun und die auf dieselben eingehenden Beträge sind nicht als Früchte des Unternehmens anzusehen. OVG. v. 1. Dez. 1904 VI G 247.

2c. Zum gewerbesteuerpflichtigen Ertrag einer Versicherungsgesellschaft gehört auch der Ertrag aus ihren Grundstücken. OVG. XII, 450.

2d. Die Gewinne, die eine Hypothekenbank dadurch erzielt, daß zum Zwecke der Rettung eingetragener Forderungen erworbene Grundstücke vorteilhaft veräußert werden, erhöhen die bei Feststellung des steuerpflichtigen Ertrages anzusetzenden Roheinnahmen, während aus derselben Veranlassung etwa entstandene Verluste in Abzug zu bringen sind. OVG. VII, 454.

2e. Die Zinsen, die ein Gewerbetreibender aus den zur Erweiterung seiner Geschäftsgebäude aufgenommenen, aber einstweilen zinsbar angelegten Geldern bezieht, gehören zu seinem gewerbesteuerpflichtigen Ertrage. OVG. XII, 453.

2f. Die Einnahmen eines Gewerbetreibenden aus der Nutzung des zu seinem gewerblichen Anlagekapitale gehörigen Patentrechts, die ihm in Form sog. Lizenzgebühren zufließen, gehören zum steuerpflichtigen Gewerbeertrage. OVG. X, 407.

2g. Die Abstandssumme, die ein Gewerbetreibender für das Aufgeben der Miete seines Geschäftslokals empfängt, gehört zum Geschäftsgewinne. OVG. XIII, 393, siehe auch OVG. XII, 113.

2h. Bei der Ermittelung des Ertrages einer landwirtschaftlichen Brennerei ist auch die in ihr erzeugte und in dem eigenen Landwirtschaftsbetriebe verfütterte Schlempe und zwar mit dem örtlichen Marktwerte und falls ein solcher nicht gegeben ist, mit demjenigen Werte in Einnahme zu stellen, welcher beim Verkaufe an dem von der Produktionsstätte am leichtesten erreichbaren Absatzorte für Schlempe, unter Berücksichtigung der Transport- und sonstigen Verkaufskosten, erzielt werden könnte. Der allgemeine Nährwert, den die Schlempe im Vergleich mit anderen Futtermitteln hat, ist ebensowenig maßgebend als der individuelle Wert der nach den besonderen landwirtschaftlichen Betriebsverhältnissen des Brennereibesitzers der von ihm erzeugten Schlempe zukommt. OVG. X, 402.

2i. Der steuerpflichtige Ertrag des Handels mit Immobilien besteht nicht nur in dem durch den Verkauf erzielten Gewinn, sondern auch in den von den Handelsobjekten vor dem Verkaufe durch Vermietung oder sonstwie erzielten Nutzungen. OVG. III, 286; IV, 275; V, 437 f.

3. „Ertrag" von Gewerbebetrieben mit kaufmännischer Buchführung ist derjenige Vermögenszuwachs, welcher sich beim Abschlusse des Geschäftsjahrs im Vergleiche mit dem Abschlusse des vorhergehenden Geschäftsjahrs aus den Inventuren und Bilanzen, eventuell nach Berichtigung gemäß den besonderen Vorschriften des § 22 des Gewerbesteuergesetzes, ergibt. OVG. IV, 421.

4a. Ertrag einer Aktiengesellschaft in wirtschaftlichem Sinne ist dasselbe, was das Handelsrecht mit Gewinn bezeichnet. Beide Ausdrücke sind völlig synonym und bedeuten den sich am Schlusse des Geschäftsjahres ergebenden und der Aktiengesellschaft nach ihrer Verfassung zur freien Verfügung stehenden Vermögenszuwachs. Der Gewinn ergibt sich aus der Vergleichung sämtlicher Aktiva und sämtlicher Passiva. OVG. III, 412.

4b. Der durch Ausgabe neuer Aktien gegen Aufgeld von einer bereits bestehenden Aktiengesellschaft erzielte Agiogewinn bildet keinen Teil des nach dem Gewerbesteuergesetze steuerpflichtigen Ertrages. OVG. IV, 357.

4c. Das infolge der Fusion zweier Aktiengesellschaften auf die übernehmende Gesellschaft übergehende Vermögen der übertragenden stellt sich rechtlich als Kapitaleinlage dar. Die durch den Erwerb dieses Vermögens bewirkte Vermehrung des Vermögens der übernehmenden Gesellschaft ist daher nicht steuerpflichtig. OVG. X, 265.

4d. Zahlungen, die von den Aktionären gegen Umwandlung ihrer Aktien in Vorzugsaktien an die Gesellschaft geleistet werden, sind Kapitaleinlagen und deshalb kein steuerpflichtiges Einkommen der Aktiengesellschaft. OVG. X, 262.

4e. Der Vorteil, den eine Hypothekenbank durch Begebung von Pfandbriefen über Pari und durch den Rückkauf unter Pari erzielt, bildet einen Teil der bei Berechnung des steuerpflichtigen Ertrages zu berücksichtigenden Roheinnahmen. OVG. VII, 444.

4f. Der steuerpflichtige Ertrag einer Kommanditgesellschaft auf Aktien umfaßt auch die auf die Gewinnbeteiligung der persönlich haftenden Gesellschafter entfallenden Beträge. OVG. IV, 283.

5a. Der von einem Konsumvereine unter seine Mitglieder verteilte sogenannte Kundengewinn bildet als eine den Warenabnehmern am Jahresschluß zurückzuerstattende Vergütung für Zahlung zu hoher Kaufpreise, welche statutengemäß der freien Verfügung des Vereins entzogen ist, keinen Teil des gewerbesteuerpflichtigen Ertrages. OVG. VI, 385. Anders liegt die Sache, wenn es sich bei der Rabattverteilung nur um eine Art der Verteilung des geschäftlichen Reingewinnes unter die Mitglieder und nicht um eine Erstattung bei den Käufen zuviel bezahlter Beträge handelt, wie in den Fällen von OVG. XIII, 408, XI, 217.

5b. Zu dem Ertrage eines Konsumvereins gehören nicht die Beträge, die auf Grund von Vereinbarungen desselben mit anderen Gewerbetreibenden von letzteren den bei ihnen kaufenden Mitgliedern des Konsumvereins als Rabatt gewährt und dem Vereine zur vollen Vergütung an die Käufer ausgezahlt werden. OVG. XIII, 406.

6a. Der „Vortrag auf neue Rechnung" ist der nicht verwendete Rest der Überschüsse und muß dem Ertrage desjenigen Jahres hinzugerechnet werden, in welchem die Überschüsse erzielt worden sind. OVG. III, 406, VII, 448.

6b. Gewinne und Verluste aus Spekulationsgeschäften, welche als Ausfluß einer gewerbsmäßigen Tätigkeit anzusehen sind, sind bei der Berechnung des der Gewerbesteuer zugrunde zu legenden gewerblichen Ertrages in Ansatz bzw. Abzug zu bringen. FME. v. 21. März 1893, MittH. 26, S. 37.

6c. Werte, die einem Gewerbetreibenden von anderen als Kaution übergeben sind, gehören nicht zu seinem gewerblichen Anlage- und Betriebskapitale und die davon aufkommenden Zinsen nicht zum steuerpflichtigen Ertrage. OVG. IX, 426.

6d. Der von einer Kommanditgesellschaft erzielte und bei ihr besteuerte Ertrag darf bei den ein besonderes Gewerbe betreibenden Kommanditisten, die denselben erhalten, nicht nochmals als Ertrag ihres Gewerbebetriebes besteuert werden. OVG. III, 387. Vgl. auch OVG. VI, 389.

6e. Bei Berechnung des steuerpflichtigen Ertrages ist der Abzug von Geschäftsverlusten nicht ausgeschlossen. Unter den nicht abzugsfähigen Kapitalverlusten (Art. 16 IV d. A.) sind Geschäftsverluste nicht einbegriffen. OVG. III, 297.

7a. Bei Feststellung des steuerpflichtigen Ertrages im Rechtsmittelverfahren müssen die Verhandlungen über die Einkommensteuerveranlagung berücksichtigt werden, und es darf von ihrem Ergebnisse ohne erkennbaren Grund nicht abgewichen werden. OVG. III, 229 u. 273, auch 268 u. 275. Die Benutzung der Verhandlungen über die Einkommensteuerveranlagung darf nicht in rein mechanischer Weise, sondern muß in geeigneter Weise geschehen. OVG. IV, 375.

7b. Bei Gewerbetreibenden mit kaufmännischer Buchführung ist für die Feststellung des Ertrages von der Bilanz auszugehen.

Die Bilanz ist nach den handelsrechtlichen Vorschriften für den Schluß des Geschäftsjahrs aufzustellen. Wenn bei einer Aktiengesellschaft bis zur Generalversammlung der Aktionäre ein Irrtum in den Bilanzansätzen bemerkt wird, so ist der Irrtum zu berichtigen und der Generalversammlung die berichtigte Bilanz zur Genehmigung vorzulegen. Ist dies nicht geschehen und hat die Generalversammlung die Bilanz genehmigt, so muß angenommen werden, daß die sämtlichen an der Aufstellung, Prüfung und Genehmigung der Bilanz beteiligten Organe die Bilanzansätze für richtig befunden haben. Stellt sich später die Notwendigkeit oder Zweckmäßigkeit heraus, einen Teil der sonst zur Verteilung verfügbaren Mittel zurückzubehalten, so hat das auf das bilanzmäßig richtig dargestellte Gewinnergebnis keinen Einfluß. Die Zurückbehaltung geschah vielmehr aus Rücksichten für die Zukunft und kennzeichnet sich deshalb als Bildung eines Reservefonds. OVG. XII, 446.

7c. Es ist davon auszugehen, daß die Ermittelung des Gewinnes auf Grund einer ordnungsmäßig aufgestellten Bilanz vorgenommen worden ist; der Anspruch auf nachträgliche Vornahme von Abschreibungen würde die Behauptung enthalten, daß die Bilanz ordnungswidrig aufgestellt und unrichtig sei. Mit einem solchen Anführen kann der Pflichtige nicht gehört werden. OVG. II, 41; III, 403.

7d. Ist kaufmännische Buchführung nicht vorhanden, so wird der der Besteuerung zugrunde zu legende Ertrag gefunden durch Abzug

a) der Betriebskosten, d. h. der zur Erzielung des Gewinns gemachten Aufwendungen und
b) der Abschreibungen

von der gesamten Betriebseinnahme (Roheinnahme).

Vgl. A. Art. 16 I u. II. Ebendaselbst wird der Begriff der „Roheinnahme" und der „Betriebskosten" wie folgt erläutert:

I. Zu der Roheinnahme gehören insbesondere:
1. die für geschäftliche oder gewerbliche Leistungen jeder Art bedungenen oder gewährten Provisionen, Zinsen und sonstige Gegenleistungen;
2. der erzielte Preis für alle gegen Barzahlung oder auf Kredit verkauften Waren und Erzeugnisse;
3. der Geldwert der zum Gebrauche oder Verbrauche des Steuerpflichtigen, seiner Angehörigen und der nicht zum Gewerbebetriebe gehaltenen Dienstboten und sonstigen Hausgenossen aus dem Betriebe entnommenen Erzeugnisse und Waren. Sind Erzeugnisse oder Waren teils für den Haushaltsbedarf, teils für Zwecke des Gewerbebetriebes verwendet, so ist eine den tatsächlichen Verhältnissen entsprechende Trennung nach billigem Ermessen zuzulassen. Dasselbe gilt von den gemeinsam zu beiden Zwecken gemachten Ausgaben.

II. Als Betriebskosten sind insbesondere abzugsfähig:
1. die Kosten der Unterhaltung der dem Betriebe dienenden Gebäude und sonstigen baulichen Anlagen, sowie zur Erhaltung und Ergänzung des vorhandenen lebenden und toten Betriebsinventars;
2. die Kosten der Versicherung der zu 1 gedachten Gegenstände, sowie der Warenvorräte gegen Brand und sonstigen Schaden;
3. der Pacht- und Mietzins für die zum Geschäftsbetriebe gepachteten und gemieteten Grundstücke, Gebäude, Räumlichkeiten und Utensilien;

4. die Ausgaben für die im Betriebe erforderliche Heizung und Beleuchtung;
5. die Anschaffungskosten für die eingekauften Roh- und Hilfsstoffe und Waren, sowie für die sonst im Betriebe erforderlichen Materialien (nicht aber die Beträge, die der Pflichtige für in den Vorjahren bezogene Waren noch schuldet. OVG. IX, 413; VI, 400);
6. die Löhnung der für den Gewerbebetrieb angenommenen Angestellten, Gesellen, Gehilfen, Arbeiter einschließlich des Geldwerts der etwa gewährten Beköstigung und sonstigen Naturalleistungen, soweit diese nicht aus den Betriebsbeständen entnommen werden;
7. die von dem Unternehmer gesetz- oder vertragsmäßig für das Betriebspersonal zu entrichtenden Beiträge zu Kranken-, Unfall-, Alters- und Invalidenversicherungs-, Witwen-, Waisen-, Pensions- und dergleichen Kassen;
8. die auf den Betriebsgrundstücken und dem Gewerbe haftenden Realabgaben und sonstigen öffentlichen Lasten, sowie die im Geschäftsbetriebe zu entrichtenden indirekten Abgaben (Zölle usw.). Der Abzug von Einkommensteuer und sonstigen Personalsteuern ist, sofern es sich nicht um rein gewerbliche Erwerbsgesellschaften handelt, unzulässig; (dagegen ist die Abzugsfähigkeit der Gewerbesteuer anerkannt. FME. v. 1. Mai 1895, MittH. 33, S. 49; OVG. VI, 406. Min.-Anm. zu Art. 16 d. A.).

III. . . . .

IV. Nicht abgezogen werden dürfen:
1. die Zinsen für das Anlage- und Betriebskapital, dasselbe mag dem Gewerbetreibenden selbst oder Dritten gehören und für Schulden, welche behufs Anlage oder Erweiterung des Geschäfts, Verstärkung des Betriebskapitals oder zu sonstigen Verbesserungen des Betriebes aufgenommen sind.

Dagegen sind Zinsen für die laufenden Geschäftsschulden, d. h. solche, die sich aus der laufenden Geschäftsführung ergeben und auf dem regelmäßigen Geschäftskredit beruhen, (z. B. die aus dem Kontokorrent, aus dem Bezuge gegen Kredit entnommener Waren), abzugsfähig;

2. Kapitalsverluste (vgl. Anm. 6 e zu diesem Paragraphen).
3. Ausgaben für Tilgung der Schulden und des Anlagekapitals;
4. Aufwendungen für Verbesserungen und Geschäftserweiterungen (vgl. Art. 27 Nr. 1 Abs. 2 der Ausführungsanweisung vom 5. August 1891 zum Einkommensteuergesetze); *)
5. die Rücklagen in den Reservefonds mit der auch bei der Einkommensteuer für die Versicherungsgesellschaften zugelassenen Ausnahme (vgl. Art. 27 Nr. 1 Abs. 3 und Abs. 4 Satz 1 der vorerwähnten Ausführungsanweisung); **)
6. Ausgaben für den Unterhalt des Gewerbetreibenden und seiner Angehörigen.

---

*) Obige Bestimmung lautet:

„Als zur Verbesserung oder Geschäftserweiterung verwendet gelten diejenigen Ausgaben, welche weder zur Deckung von laufenden Betriebsunkosten, noch zur Erhaltung und Fortführung des Betriebes in dem bisherigen Umfange dienen, sondern mit welchen Einrichtungen oder Anlagen zur Erzielung eines höheren Ertrages oder zur Ausdehnung des Betriebsumfanges bestritten werden."

**) Diese Bestimmungen lauten:

„Von den aus Überschüssen gebildeten Reservefonds bleiben nur diejenigen außer Betracht, welche bei den Versicherungsgesellschaften zur Rücklage für die Versicherungssummen bestimmt sind. Hierher gehören insbesondere diejenigen — in der Regel „Prämien-" und

Vertragsmäßig ausbedungene Aufwendungen (Gehalt, Lohn, Beköstigung usw.) für die im Gewerbebetriebe beschäftigten Verwandten sind jedoch abzugsfähig, sofern letztere nicht (wie z. B. Ehegatten und Kinder) zur Haushaltung des Gewerbetreibenden gehören.

7e. Die Bildung eines Dispositionsfonds aus dem Jahresgewinn einer Aktiengesellschaft stellt regelmäßig einen eigentlichen Reservefonds dar, selbst wenn nur die vorübergehende Zurückhaltung von Reingewinn behufs späterer Verwendung bezweckt wird. OVG. XII, 441.

7f. Ein zur Ausgleichung bereits entstandener, aber in ihrer Höhe noch nicht feststellbarer Verbindlichkeiten oder Verluste in die Bilanz eingestellter Betrag stellt keinen Reservefonds, sondern einen eigentlichen Bewertungsposten dar. Die Verwendung dieses Betrags in einem späteren Jahre mindert daher nicht den Gewinn des letzteren. OVG. XII, 446.

7g. Die aus dem Jahresgewinn einer Aktiengesellschaft einem zur Bestreitung künftiger Verwaltungskosten bestimmten Dispositionsfonds überwiesenen Beträge

---

„Gewinn-" oder „Dividenden-"Reserven genannten — Fonds der Lebensversicherungsgesellschaften, welche das Deckungskapital bilden für die den Versicherten gegenüber durch den Versicherungsvertrag übernommenen Verbindlichkeiten zur Zahlung der Versicherungssummen und der den Versicherten selbst als sogenannte Dividende zurückzugewährenden Prämienüberschüsse" (nicht zu verwechseln mit einem als „Gewinnreserve" bezeichneten eigentlichen Reservefonds, der den Zweck hat, eine gewisse Gleichmäßigkeit der Dividenden zu ermöglichen. OVG. X, 407).

„Im übrigen kommt es regelmäßig auf die verschiedenen Arten der Benennung der Reservefonds nicht an, sondern nur darauf, ob in der Bildung derselben im einzelnen Falle eine Vermehrung des Vermögens enthalten ist."

stellen Rücklagen dar, die bei der Feststellung des steuerpflichtigen Ertrages nicht abgerechnet werden dürfen. OVG. VI, 400.

8 a. Es kommt auf die wirklich verwendeten Betriebskosten an; die Angemessenheit derselben hat die Veranlagungsbehörde nur dann zu prüfen, wenn sie Verschleierung eines anderen Geschäfts durch künstliche Steigerung der Anschaffungskosten annimmt. OVG. IV, 262.

8 b. Bei Ermittelung des steuerpflichtigen Ertrages kommen alle Betriebskosten im weitesten Umfange zum Abzug. Aufwendungen für Zwecke, deren Erreichung durch Abschreibungen gesichert werden soll, fallen ebensowenig wie Ausgaben für Verbesserungen und Geschäftserweiterungen unter den Begriff der Betriebskosten und dürfen daher neben den Abschreibungen nicht als Betriebskosten abgezogen werden. OVG. IV, 335.

8 c. Die Kosten für Beschaffung von Modellen im Betriebe einer Eisengießerei und Maschinenfabrik sind Betriebskosten. Dasselbe gilt von Entschädigungen, die wegen Minderwertigkeit der gelieferten Waren vom Lieferanten gewährt werden müssen. OVG. IV, 404 und 405.

8 d. Durch den Gewerbebetrieb entstandene Gerichtskosten sind der Regel nach abzugsfähige Betriebskosten. OVG. IV, 406.

8 e. Entschädigungen, welche eine Boden-Kredit-Gesellschaft den Pfandbriefinhabern für die Herabsetzung des Zinsfußes neben den herabgesetzten Zinsen der Pfandbriefe zu gewähren verpflichtet ist, gehören ebenso wie die Pfandbriefzinsen, zu den abzugsfähigen Betriebskosten. OVG. IV, 424.

8 f. Einrichtungskosten, die durch Emission neuer Pfandbriefe durch eine Hypothekenbank entstehen, stellen sich als Betriebskosten dar. OVG. IV, 271.

8 g. Der Mietwert der dem Gewerbetreibenden selbst eigentümlich gehörigen gewerblichen Räume ist nicht abzugsfähig.

Dagegen gehört der Mietzins, den der Gewerbetreibende für die von ihm zu Gewerbezwecken angemieteten Räumlichkeiten zu bezahlen hat, zu den abzugsfähigen Betriebskosten. OVG. III, 393. Auch der Mietzins, den eine offene Handelsgesellschaft für die gemieteten Räumlichkeiten eines im Privateigentum der alleinigen Gesellschafter befindlichen Hauses vertragsmäßig zu zahlen hat, gehört zu den abzugsfähigen Betriebskosten der Gesellschaft. OVG. VII, 435.

8h. Bei der Miete oder Pacht von zum Betriebe dienenden Grundstücken, Anlagen usw. handelt es sich nicht um die Beschaffung von Teilen des Anlage- und Betriebskapitals, da die gepachteten Gegenstände überhaupt nicht hierzu gehören, ebensowenig um die Verzinsung aufgenommener Schulden. Daher gehören bei einer Aktiengesellschaft, welche den Betrieb von Straßenbahnen pachtweise für eigene Rechnung übernommen hat, die gesamten Leistungen, welche sie nach dem Pachtvertrag an den Verpächter zu entrichten hat, zu den abzugsfähigen Betriebskosten. OVG. XIII, 395.

8i. Die von einer Straßenbahn für die Benutzung der öffentlichen Straßen an eine Stadtgemeinde gewährten Leistungen charakterisieren sich als Pacht- und Mietzinsen, deren Abzug unter den Betriebskosten von der Einnahme zulässig ist. OVG. III, 257.

8k. Bei rein gewerblichen Aktiengesellschaften sind die sämtlichen Steuern abzugsfähige Betriebskosten. OVG. III, 409.

8l. Beim Tagebau ist die Abzugsfähigkeit der Kosten für den Erwerb des zum Abbau der Felder erforderlichen Landes nach denselben Grundsätzen zu beurteilen, wie die Abzugsfähigkeit der Kosten für die Anlegung eines neuen Schachtes beim Tiefbau. OVG. V, 50; IX, 417.

8m. Steht sowohl die Verpflichtung, wie die Notwendigkeit der unmittelbaren Leistung für Aufwendungen, die unter den Begriff der Betriebskosten fallen, fest, so erscheint die Überweisung eines Betrages hierfür aus dem

Jahresertrage nicht als Bildung eines Reservefonds, sondern als eine Maßnahme zur Bezahlung der dem betreffenden Jahre zur Last fallenden Betriebskosten. OVG. IV, 350 und 353.

8n. Diejenigen Beträge, welche auf Grund vertragsmäßiger Vereinbarung mehrerer Pferdebahn-Gesellschaften von jeder derselben an einen gemeinschaftlichen, zur Ausgleichung der Ansprüche aus der Haftpflicht wegen Tötungen oder Körperverletzungen im Bahnbetriebe gegründeten Unfall-Entschädigungsfonds gezahlt werden, sind bei der Feststellung des steuerpflichtigen Ertrages der einzelnen Gesellschaften als Betriebskosten in Abzug zu bringen. OVG. VIII, 416.

8o. Überschüsse, welche von einer Aktiengesellschaft zu einem Fonds für Pensionszwecke der Angestellten bereitgestellt werden, sind als Betriebskosten steuerfrei, wenn sie auf einer rechtlichen Verpflichtung gegen den der Aktiengesellschaft als besonderes selbständiges Rechtssubjekt gegenüberstehenden Fonds beruhen, bzw. soweit sie erforderlich sind, um den Pensionsfonds auf eine solche Höhe zu bringen, daß hieraus den sämtlichen statutenmäßigen und sonstigen rechtlichen Ansprüchen der Angestellten jederzeit Genüge geleistet werden kann. Es entscheidet also die rechtliche Erzwingbarkeit bzw. Klagbarkeit der Zuwendung. Ethische, wirtschaftliche oder soziale Rücksichten, durch welche sich die Gesellschaft zu den Zuwendungen bestimmen ließ, kommen dagegen nicht in Betracht. OVG. III, 28; V, 441; VI, 441f.; IX, 419 abweichend v. III, 419. FME. v. 7. Jan. 1901 II 12064.

8p. Die von einer Aktiengesellschaft an die Gemeinde zu Armenunterstützungen überwiesenen, sowie die zur Gewährung von Unterstützungen an Arbeiterwitwen oder von Gratifikationen an Arbeiter verwendeten Beträge sind abzugsfähige Betriebskosten, da solche Verwendungen, wie anzunehmen ist, im Interesse des Betriebes der Gesellschaft erfolgen. OVG. XII, 441ff.

8q. Zuwendungen an die Notleidenden eines auswärtigen Staats sind als abzugsfähige Betriebskosten einer Aktienbank angesehen worden, weil sie von der Bank aus Rücksichten auf ihren Betrieb in dem betr. Staate geleistet worden waren. OVG. XI, 411.

8r. Die Gründungskosten einer Aktiengesellschaft gehören nicht zu den nach § 22 des Gewerbesteuergesetzes abzugsfähigen Betriebskosten. OVG. XIII, 398; XII, 291; X, 214ff.

8s. Die für die noch unbegebenen Aktien einer Aktiengesellschaft nach dem Reichsgesetze wegen Änderung einiger Vorschriften des Reichsstempelgesetzes v. 3. Juni 1906 zu entrichtenden Stempelabgaben gehören als außerhalb des laufenden Gewerbebetriebs liegende Ausgaben nicht zu den abzugsfähigen Betriebskosten. OVG. XIII, 399.

8t. Der in seinem eigenen Geschäfte persönlich tätige Gewerbetreibende darf den Geldwert seiner eigenen Arbeitstätigkeit nicht unter den Betriebskosten in Abzug bringen. OVG. VIII, 388.

8u. Der gleichzeitig als Redakteur tätige Verleger einer Zeitung darf den Geldwert seiner Redaktionstätigkeit von dem Ertrage des Verlagsgewerbes nicht abziehen. OVG. III, 261.

8v. Abzugsfähig ist nach Art. 16 II Ziffer 6 d. A. die Löhnung der für den Gewerbebetrieb angenommenen Angestellten, Gesellen, Gehilfen, Arbeiter einschließlich des Geldwerts der etwa gewährten Beköstigung und sonstigen Naturalleistungen, soweit diese nicht aus den Betriebsbeständen entnommen werden. Ebenso sind abzugsfähig Tantiemen der Mitglieder des Vorstands und des Aufsichtsrats von Aktiengesellschaften usw. OVG. X, 410. Die vertragsmäßig bedungenen Aufwendungen für Gehalt, Lohn, Beköstigung und dgl. der im Gewerbebetriebe beschäftigten Verwandten sind in der Regel abzugsfähige Betriebskosten und nur dann nicht abzugsfähig, wenn die Verwandten wirtschaftlich unselbständig sind und zum Haushalte des Gewerbetreibenden gehören. OVG. IV, 284; Art. 16 letzter Absatz d. A.

8 w. Ob bei einer Gesellschaft mit beschränkter Haftung die Bezüge der zu Geschäftsführern bestellten Gesellschaftsmitglieder an Gehalt oder Provision zu den abzugsfähigen Betriebskosten gehören oder nicht, hängt davon ab, ob diese Gesellschafter die Tätigkeit als Geschäftsführer ausüben auf Grund eines mit der Gesellschaft abgeschlossenen Dienstvertrages oder infolge einer gemäß § 3 Abs. 2 des Gesetzes betr. die G. m. b. H. übernommenen gesellschaftlichen Verpflichtung. OVG. XIII, 408. Nach denselben Grundsätzen muß die Abzugsfähigkeit der Bezüge beurteilt werden, welche die mit der Geschäftsführung betrauten Mitglieder einer offenen Handelsgesellschaft als Entgelt für die Geschäftsführung erhalten. OVG. v. 29. April 1909 VI G, 427. Insoweit besondere Dienstverträge nicht vorliegen, sind diejenigen Bezüge, die ein Mitglied einer Gesellschaft m. b. H., einer offenen Handelsgesellschaft oder einer einfachen Kommanditgesellschaft, sowie ein persönlich haftendes Mitglied einer Kommanditgesellschaft auf Aktien lediglich in seiner Eigenschaft als Gesellschaftsmitglied für die im Betriebe des gesellschaftlichen Unternehmens ausgeübte Tätigkeit nach dem Gesellschaftsvertrage erhält, nicht als abzugsfähige Betriebskosten, sondern als ein Teil des von der Gesellschaft erzielten Reinertrages anzusehen. OVG. VIII, 388 und die dort S. 390 zitierten anderen Entscheidungen.

8 x. Bei einer Produktivgenossenschaft gehören auch die an die Genossen für ihre Tätigkeit bei der Herstellung der Waren gezahlten Löhne zu den abzugsfähigen Betriebskosten. OVG. XI, 412.

9 a. Bei Zuckerfabriken können die den Mitgliedern für die Rübenlieferung zugewendeten Vermögensvorteile insoweit als abzugsfähige Betriebskosten von vornherein nicht gelten, als sie den Kaufwert der Rüben übersteigen und demnach des Charakters eines entsprechenden Äquivalents

für die gelieferten Rüben ermangeln. Dies gilt aber nur für solche Fälle, wo das den Gesellschaftern für die Rüben von der Gesellschaft zu gewährende Äquivalent entweder nach der ausdrücklichen Bestimmung des Gesellschaftsvertrages von den Betriebsergebnissen abhängig gemacht, oder von dem Aufsichtsrat bzw. der Generalversammlung erst nach der Verarbeitung rein einseitig zu bestimmen ist, weil es hier von vornherein an der Gewißheit darüber fehlt, ob die gezahlten Preise nicht zum Teil als Zuwendung einer Quote des Geschäftsgewinnes, als sogenannte versteckte Dividende anzusehen sind. OVG. VIII, 413.

Steht dagegen jedem Gesellschafter ein klagbarer Anspruch gegen die Gesellschaft auf Zahlung eines ziffermäßig bestimmten Preises zu, und zwar völlig unabhängig von den Betriebsergebnissen, so gehören die gezahlten Preise zu den Betriebskosten, solange nicht der Beweis erbracht ist, daß die Vereinbarungen zwischen der Gesellschaft und ihren zur Rübenlieferung verpflichteten Mitgliedern nur zum Scheine getroffen und in Wirklichkeit bezüglich der Rübenzahlung andere Bedingungen — insbesondere Äquivalent über den Kaufwert der Rüben hinaus — vereinbart worden sind. OVG. IV, 262.

9b. Rechtsverbindlichkeit besonderer Abreden über die Rübenlieferung der Aktionäre ist nur anzuerkennen, wenn solche Abreden ein besonderes neben dem Gesellschaftsvertrage hergehendes Rechtsverhältnis, einen für sich bestehenden Lieferungsvertrag darstellen; nichtig sind dagegen derartige Abreden, wenn das Lieferungsverhältnis schon einen Bestandteil der aus der Beteiligung an der Gesellschaft entspringenden Rechte und Pflichten bildet, wenn insbesondere für die Ansprüche des Rübenlieferers auf Entgelt die finanzielle Lage des Unternehmens maßgebend ist. Im ersteren Falle ist die den Rüben liefernden Aktionären von der Fabrik gewährte Gegenleistung in ihrem ganzen Umfange eine die Überschüsse mindernde Betriebsausgabe und steuerfrei, sofern nicht etwa die verabredete Preisbestimmung zum Schein erfolgt ist. Im zweiten Falle ist dagegen derjenige Teil der Gegenleistung, welcher den örtlichen Marktwert der Rüben übersteigt, verteilter Überschuß und steuerpflichtig. OVG. IV, 218.

9c. Einen Marktpreis oder Marktwert haben die Rüben nicht; sie bilden keine am offenen Markt etwa von Zwischenhändlern jederzeit nach Bedarf zu erwerbende Ware mit allgemein gültigem Preise. Vielmehr hat als steuerfreier Abzug für Beschaffung des Rohmaterials — als Betriebsausgabe — zu gelten, was die gerade in Rede stehende Fabrik nach der Art ihres Betriebes und dem Umfang ihres Bedarfes innerhalb des geographischen Bezirks, aus dem ihr noch mit Vorteil für die Lieferanten Rüben zugeführt werden können, auszugeben hätte, wenn sie zu der geschäftsmäßigen Lieferungs- oder Einkaufszeit von Nichtaktionären ihr Rohmaterial erwürbe. OVG. II, 241; IV, 281.

9d. Der Gegenleistung für die gelieferten Rüben in barem Gelde steht die unentgeltliche Rückgewähr von Schnitzeln oder sonstigen Abfällen gleich; es kommt darauf an, ob die Gesamtheit der Leistungen ihrem Wert nach den Marktwert der Rüben übersteigt. An der in früheren Urteilen (vgl. MittH. 29, S. 69) niedergelegten Auffassung, wonach der Wert der Fabrikationsabgänge — Rübenköpfe, Schwänze, Schnitzel u. dgl. — ohne Rücksicht, ob die Gesamtvergütung für die Rüben den Marktwert derselben übersteigt, dem steuerpflichtigen Einkommen der Gesellschaft zuzurechnen sei, hat nicht festgehalten werden können. OVG. IV, 218.

9e. Bei der Ermittelung des Ertrages einer landwirtschaftlichen Brennerei ist die in ihr erzeugte und in dem eigenen Landwirtschaftsbetriebe verfütterte Schlempe mit dem örtlichen Marktwerte und, falls ein solcher nicht gegeben ist, mit demjenigen Werte in Einnahme zu stellen, welcher beim Verkaufe an dem von der Produktionsstätte am leichtesten erreichbaren Absatzorte für Schlempe, unter

Berücksichtigung der Transport- und sonstigen Verkaufskosten, erzielt werden könnte. OVG. X, 402. Die aus der Landwirtschaft an die Brennerei gelieferten Roh- und Hilfsstoffe sind nach ihren Marktpreisen zu den Betriebsausgaben der Brennerei zu rechnen. FME. v. 17. Dez. 1894, MittH. 30, S. 48.

10 a. Von der Roheinnahme dürfen in Abzug gebracht werden diejenigen Abschreibungen, welche einer angemessenen Berücksichtigung der Wertverminderung der dem Gewerbebetriebe gewidmeten Gegenstände und Rechte entsprechen, insbesondere für die Abnutzung von Gebäuden, Maschinen, Betriebsgerätschaften usw., für Substanzverminderungen (z. B. beim Bergbau, bei Sand-, Kalk- und Tonlagern), für unsichere Forderungen u. dgl.

Für das Maß der hiernach zulässigen Abschreibungen sind die bezüglich der kaufmännischen Buchführung geltenden Grundsätze bestimmend.

Bei Gegenständen, welche gänzlich aus dem Betrieb ausscheiden, kann die Differenz zwischen dem Buchwerte und dem ihnen nach der Ausscheidung verbliebenen Werte abgezogen werden. Ist der verbliebene Wert größer als der Buchwert, so ist ein Abzug nicht statthaft. A. Art. 16, III.

10 b. Die Regierungsvorlage hatte nur den Abzug der regelmäßigen Abschreibungen für Abnutzung der Betriebseinrichtungen und Gebäude gestatten wollen. Die von der AbgH.-Kommission gewählte, in das Gesetz aufgenommene Fassung der ersten beiden Sätze des § 22 will demgegenüber ausdrücken, daß auch andere Wertverminderungen als diejenigen, welche durch Abnutzung von Gebäuden und Betriebseinrichtungen entstehen, in Betracht zu ziehen sind, z. B. auch die Wertverminderungen an „Waren und ausstehenden Forderungen". Durch den Fortfall des Wortes „regelmäßigen" wird zum Ausdruck gebracht, daß auch außergewöhnliche Wertverminderungen bzw. Abschreibungen abzugsfähig sind. Das Kriterium für die Abzugsfähigkeit der Abschreibungen ist allein, daß sie einer

„angemessenen Berücksichtigung der Wertverminderung“ entsprechen. Für das Maß der zulässigen Abschreibungen sind die bezüglich der kaufmännischen Buchführung geltenden Grundsätze bestimmend. A. Art. 16, III.

10 c. Abschreibungen sind bei allen zum gewerblichen Vermögen gehörenden, überhaupt einer Wertverminderung fähigen Aktiven bis zur Erreichung der durch den wirklichen Wert zur Zeit der Abschreibung gebildeten Grenze zulässig. Dieser Grundsatz findet auch Anwendung auf Patente, zum Betriebe gehörige Effekten und Hypothekenforderungen. OVG. III, 395.

Bei entgeltlicher Erwerbung immaterieller Rechte und Gegenstände wie Firma, Kundschaft usw. unterliegt eine entsprechende Bewertung unter den Aktivis der Bilanz handelsrechtlich keinem Bedenken. Der Wert der Firma, Kundschaft usw. kann ebenso wie der Wert der übrigen Bestandteile des Anlage- und Betriebskapitals im Laufe der Zeit der Verminderung unterliegen und eine dieser Wertverminderung entsprechende Abschreibung ist daher auch bei der Ertragsermittelung für die Gewerbesteuerveranlagung zuzulassen. OVG. XI, 422.

10 d. Abschreibungen auf den Bahnkörper, auf die Geleise- und Pflasteranlagen bei Straßenbahnen sind zulässig. OVG. IV, 335.

10 e. Eine Straßenbahn-Gesellschaft, welche verpflichtet ist, nach einer bestimmten Reihe von Jahren den Straßenkörper oder andere Teile ihres Aktivvermögens unentgeltlich einer Gemeinde zu übereignen, ist berechtigt, wegen der Wertverminderung, die der Bahnkörper usw. durch die immer kürzer werdende Zeit der Benutzung seitens der Gesellschaft für diese erleidet, eine entsprechende angemessene Abschreibung vorzunehmen. OVG. V, 394.

10 f. Abschreibungen auf Kuxe sind nur wegen Verminderung ihres Verkaufswertes während des maßgebenden Jahres zulässig, dagegen nicht wegen Substanzverringerung der anstehenden Kohlenmenge. OVG. VIII, 404.

10g. Über die Zulässigkeit von Abzügen auf Substanzverminderung beim Bergbau vgl. OVG. I, 331 u. 338.

Voraussetzung für einen Abzug auf Substanzverringerung ist, daß dem Betreffenden das Bergwerkseigentum an dem Felde zusteht. Der Pächter eines Feldes kann den Abzug nicht beanspruchen. OVG. II, 200; VII, 114.

Für den Substanzverlust einen beliebigen Prozentsatz des Wertes des Bergwerkes abzusetzen, ist nicht zulässig. OVG. II, 15.

Für die Berggewerkschaften des älteren und neueren Rechts, mögen letztere ins Handelsregister eingetragen sein oder nicht, sofern sie Handelsbücher nach Vorschrift der §§ 38ff. des Handelsgesetzbuchs nicht führen, sind die bis zur Einführung des neuen Handelsgesetzbuchs geltenden Grundsätze auch weiter für die zulässige Absetzung wegen Substanzverringerung anzuwenden. Vgl. hierüber das Nähere weiter unten.

Für die Berggewerkschaften des älteren und neueren Rechts, sofern sie kaufmännische Bücher führen und Bilanzen aufstellen, kommen dagegen die Bilanzgrundsätze des § 40 des HGB. zur Anwendung. Danach bildet die Differenz der gemeinen oder Verkaufswerte des Gesamtbestandes der Mineralien das zulässige Maß der Abschreibung wegen Wertverringerung. OVG. v. 3. März 1909, mitgeteilt durch FME. v. 21. Juni 1909 II 6242. Nach welchen Grundsätzen die gemeinen oder Verkaufswerte des Gesamtbestandes der Mineralien für jedes Geschäftsjahr zu ermitteln sind, wird in dem Urteil näher ausgeführt.

Auf Bergbau treibende Aktiengesellschaften finden dieselben Bestimmungen, aber nur dann Anwendung, wenn der tatsächliche Substanzwert niedriger als der Erwerbspreis der Berggerechtsame ist, denn die Aktiengesellschaften dürfen nach § 261 HGB. den Wert der Berggerechtsame höchstens mit dem Erwerbspreise der Grubenfelder in ihre Bilanz einstellen. Hier ist eine Abschreibung überhaupt nur zulässig, wenn der wirkliche Substanzwert unter den Anschaffungspreis herabsinkt. OVG. X, 295 ff.; XIII, 256 ff.

Die für Berggewerkschaften ohne Handelsbücher hinsichtlich der Berechnung der Abschreibung auf Substanzverluste maßgebenden Grundsätze sind in OVG. Entscheidungen Bd. XVII, 128 ff. niedergelegt. Fiktive Werte kommen bei dieser Berechnung überhaupt nicht in Betracht. OVG. I, 341; 342; II, 200; III, 110. Vielmehr ist zuvörderst die gesamte bei Beginn der in Betracht kommenden Periode vorhandene Kohlenmenge zu berechnen. Sodann ist der Wert der jährlichen Kohlenförderung zu ermitteln und hiervon ein Abzug für die Verzinsung des in den Bergwerksanlagen angelegten Kapitals zu machen. Nach Maßgabe des so ermittelten Wertes der verkauften Kohlen ist mit Hilfe der üblichen Rentenformel, bei der auf die Bemessung des Zinsfußes Gewicht zu legen ist, der Wert der vorhandenen Kohlenmenge für jedes der drei Durchschnittsjahre festzustellen, womit sich dann für jedes Jahr die Quote der Substanzverringerung ergibt. OVG. IV, 38 ff. Die Abschreibung auf Substanzverringerung muß sich zu dem Werte der Gesamtsubstanz verhalten, wie die im Betriebsjahre geförderte Menge zu der im Anfange desselben vorhandenen Menge der Substanz. Für die anzustellenden Ermittelungen hat die steuerpflichtige Gesellschaft die erforderlichen Unterlagen zu beschaffen. OVG. I, 342.

11a. Abschreibungen, welche über eine angemessene Berücksichtigung der Wertverminderung hinausgehen, sind steuerpflichtige Rücklagen. OVG. IV, 335.

11b. Die Veranlagungsbehörden haben das Recht und die Pflicht, die Höhe der Überweisungen zum Delkrederefonds, ebenso wie diejenige aller Abschreibungen hinsichtlich ihrer Angemessenheit zu prüfen. OVG. IV, 332, 335; V, 419.

11c. Die Beurteilung der Angemessenheit von Abschreibungen gehört wesentlich dem tatsächlichen Gebiete an und unterliegt deshalb an sich nicht der Anfechtung mit der Beschwerde. OVG. IV, 304.

11 d. Abschreibungen, welche der wirklichen Wertsminderung innerhalb des maßgebenden Jahres entsprechen, sind auch dann zuzulassen, wenn sie nicht buchmäßig vorgenommen sind. OVG. VII, 452.

11 e. Bei Beurteilung der Zulässigkeit von Abschreibungen kommt es auf die Buchwerte nicht an, entscheidend ist vielmehr allein, ob die Abschreibungen der wirklichen Wertsverminderung in dem maßgebenden Jahre tatsächlich entsprechen. OVG. VIII, 423.

11 f. Abschreibungen, welche lediglich durch die Unterlassung richtiger, den wirklichen Wertverminderungen entsprechender Abschreibungen in früheren Geschäftsjahren notwendig geworden und dazu bestimmt sind, den infolgedessen zu hohen Buchwert von Aktiven auf den wirklichen Wert zurückzuführen, haben eine Minderung des steuerlichen Reinertrages nicht zur Folge. OVG. X, 414.

11 g. Der Buchwert der Aktiva darf durch Abschreibungen nicht unter den wirklichen Wert zur Zeit der Bilanzaufstellung herabgesetzt werden. OVG. IX, 423; III, 395 ff.; IV, 279, 334; V, 393; VI, 439. Dieser Grundsatz steht aber der Zulassung von Abschreibungen nicht entgegen, wenn bereits in der Bilanz für das Vorjahr die betreffenden Aktiva mit einem geringeren als dem wirklichen Werte in Ansatz gebracht waren. OVG. IX, 423.

11 h. Nimmt eine Kleinbahngesellschaft für die richtige bilanzmäßige Bewertung ihrer Aktiva Abschreibungen vor, die über das Maß der im öffentlichen Interesse vorgesehenen Rücklagen zum Erneuerungsfonds (§ 11 I 3a bis d der Ausführungsanweisung v. 13. Aug. 1898 zum Gesetz über Kleinbahnen usw.) hinausgehen, so entspricht sie den handelsrechtlichen und auch den für die Ertragsberechnung nach § 22 des Gewerbesteuergesetzes maßgebenden Anforderungen. OVG. XI, 424.

11 i. Eine Abschreibung auf Betriebsgegenstände ist nicht schon deshalb begründet, weil der bilanzmäßige Wert der letzteren höher ist als ihr gemeiner Wert und bisher eine Abschreibung wegen Abnutzung allein stattgefunden hat. OVG. XI, 415.

12. Z. B. aufzugebende Fabrikanlagen, zu beseitigende Maschinen usw.

13. Es kann die Differenz zwischen dem Buchwerte und dem nach der Ausscheidung verbliebenen Werte abgezogen werden. Ist der verbliebene Wert größer als der Buchwert, so ist ein Abzug nicht statthaft. A. Art. 16 III letzter Absatz.

14. Es ist dabei ohne Belang, ob die Gegenstände ersetzt, bzw. erneuert werden oder nicht. Diese Abschreibung für solche Gegenstände, die ev. gar nicht ersetzt werden, enthält eine Abweichung von den allgemeinen Grundsätzen und stellt sich als eine ausnahmsweise, aus besonderen Gründen zugelassene Abschreibung auf das Betriebs- und Anlagekapital dar. OVG. III, 346.

15 a. Voraussetzung einer Verausgabung zur Geschäftserweiterung ist eine damit bezahlte Einrichtung oder Anlage. Fehlt eine solche, so fällt die betreffende Ausgabe unter die Betriebskosten. Die sogenannten Einrichtungskosten, die durch die Emission neuer Pfandbriefe durch eine Hypothekenbank entstehen, stellen sich als Betriebskosten dar. OVG. IV, 271, 404.

15 b. Die Annahme, daß die Kosten von Neuanschaffungen überhaupt nicht unter die Betriebskosten fielen, ist sowohl rechtlich als tatsächlich unrichtig. So sind z. B. Ausgaben für Beschaffung von Modellen als Betriebskosten abzugsfähig, weil sie sich als Ausgaben zur Erhaltung des Gewerbebetriebes im bisherigen Umfange charakterisieren. OVG. IV, 404.

15 c. Wenn der Endzweck einer Gesellschaft auf Immobilienhandel gerichtet ist, und der durch Vermietung erzielte Gewinn deshalb nur eine Zwischennutzung darstellt, so erscheinen die sämtlichen für die Verbesserung der Grundstücke gemachten Aufwendungen in vollem tatsächlichen Umfange als abzugsfähige Betriebskosten. Denn sie dienen, selbst wenn sie zunächst nur zur Ermöglichung besserer Vermietung gemacht sind, doch im Endergebnisse der Verbesserung der Ware zum Zwecke des Verkaufs. Ebenso wie in jedem Fabrikations- und Handelsgewerbe alle Aufwendungen für Herstellung, Anschaffung, Erhaltung und Verbesserung der Waren abzugsfähige Betriebskosten bilden, muß dies auch für die Grundstücke in ihrer Eigenschaft als Waren des Immobilienhandels gelten. Um Ausgaben für „Verbesserung" und Geschäftserweiterung im Sinne des § 22 des Gewerbesteuergesetzes handelt es sich hierbei nicht. OVG. VIII, 438.

15d. Die sämtlichen Kosten, die für die Erwerbung eines Grundstückskomplexes zur Beschaffung der für den Gewerbebetrieb erforderlichen Lokalitäten gemacht sind, bilden Aufwendungen, welche behufs Anlage oder Erweiterung des Geschäfts oder zu sonstigen Verbesserungen gemacht sind, wenn auch tatsächlich nach der Erwerbung nur ein Teil des Grundbesitzes für den Gewerbebetrieb benutzt wird. OVG. IV, 407.

15e. Bei Feststellung des steuerpflichtigen Ertrages sind die Aufwendungen, welche aus den Roheinnahmen des maßgebenden Jahres für Verbesserungen und Geschäftserweiterungen, sowie für Tilgung der Schulden oder des Anlagekapitals gemacht worden sind, nicht abzugsfähig. Sind jedoch die erwähnten Aufwendungen nicht aus den Betriebseinnahmen des maßgebenden Jahres, sondern aus anderen zur Verfügung bereitstehenden Fonds bewirkt worden, so ist eine Hinzurechnung derselben zu dem sonstigen Ertrage unzulässig. OVG. III, 398, 401 und 403.

15f. Ausgaben eines Gewerbetreibenden für Verbesserungen oder Geschäftserweiterungen sind nur dann nicht abzugsfähig, wenn sie für Einrichtungen oder Anlagen gemacht werden, die zum Vermögen des Gewerbetreibenden gehören. Diese Voraussetzung trifft nicht zu bei Aufwendungen, welche ein Gastwirt, der sein Gewerbe in gemieteten Räumen betreibt, für den Umbau der Mieträume oder für die Abfindung früherer Mieter derselben gemacht hat. OVG. XII, 438.

16. Vgl. Art. 16 I Ziffer 3 d. A. in Anm. 7d zu diesem Paragraphen. Für die Wertberechnung sind nicht die Kosten maßgebend, die dem Gewerbebetriebe durch den Ankauf oder die Herstellung der Waren, ihren Transport und ihre Aufbewahrung tatsächlich entstanden sind, sondern der Preis, der für die Ware gezahlt worden wäre, wenn sie zur Zeit und in der Beschaffenheit, in der sie vom Steuerpflichtigen dem Geschäftsbetriebe entzogen wurde, an einen Dritten veräußert worden wäre, also der Ortspreis der Ware im Geschäftsverkehr. OVG. VI, 126.

17a. Es folgt aus der Natur der Gewerbesteuer als einer Objektsteuer, daß keine Rücksicht darauf genommen werden kann, ob das im Gewerbe angelegte und arbeitende Kapital eignes oder erborgtes ist. Es dürfen daher Zinsen für das Anlage- und Betriebskapital und für Schulden, welche behufs Anlage oder Erweiterung des Geschäftes, Verstärkung des Betriebskapitals oder zu sonstigen Verbesserungen aufgenommen sind, nicht in Abzug gebracht werden. Begründung der RegVorl. S. 50.

17b. Das im letzten Satze des § 22 enthaltene Verbot des Abzugs von „Zinsen für das Anlage- und Betriebskapital" bezieht sich nur auf diejenigen Zinsen, die nach kaufmännischem Gebrauche und zum Teil auf Grund ausdrücklicher Gesetzesvorschriften in Höhe von 4% von den gewerblichen Kapitalien, Einlagen usw. berechnet und gutgeschrieben werden, bevor der Gewinn festgestellt wird. Die Abzugsfähigkeit anderer Zinsen ist nach den Worten „und für Schulden usw." zu beurteilen. OVG. IV, 272; V, 417. Wie das gewerbliche Kapital angelegt wird, ist für die Beurteilung der Abzugsfähigkeit der Zinsen nach § 22 des Gewerbesteuergesetzes ohne Bedeutung. Entscheidend ist allein, ob die das Anlage- und Betriebskapital bildenden Werte dem Betriebe dauernd gewidmet sind. Dies ist z. B. der Fall hinsichtlich der von einer Baugesellschaft durch Ausgabe von Schuldverschreibungen beschafften Mittel, mittels deren die Gesellschaft Hypotheken behufs Verstärkung des Anlage- und Betriebskapitals erworben hat. OVG. v. 19. Jan. 1905 VI G 283.

17c. Zinsen für die laufenden Geschäftsschulden, d. h. solche, die sich aus der laufenden Geschäftsführung ergeben und auf dem regelmäßigen Geschäftskredit beruhen, z. B. aus dem Bezuge gegen Kredit entnommener Waren oder aus dem Kontokorrent sind abzugsfähig. A. Art. 16 IV 1; OVG. VII, 397. FME. v. 25. März 1895, MittH. 33, S. 48. Bei der Feststellung des steuerpflichtigen Ertrages durch Gegenüberstellung der Betriebseinnahmen und Ausgaben dürfen aber Schulden für die vor Beginn des maßgebenden Jahres bezogenen Waren nicht berücksichtigt werden. OVG. IX, 413. Diejenigen Kapitalien, welche eine landschaftliche Darlehnskasse aus den Beiträgen der beteiligten Gutsbesitzer zum Zwecke der Amortisation ihrer Hypothekenschulden ansammelt, sind als „laufende Schulden" und die den bezeichneten Gutsbesitzern davon zu zahlenden Zinsen und Gewinnanteile als abzugsfähige Betriebskosten anzusehen. OVG. VIII, 379.

17d. Die Feststellung, daß Zinsen nicht von laufenden Schulden zu entrichten sind, genügt nicht zur Ausschließung des Abzugs als Betriebskosten; es muß vielmehr in jedem einzelnen Falle ausdrücklich festgestellt werden, daß und aus welchen Gründen das Verbot im § 22 des Gewerbesteuergesetzes Platz greift. OVG. VII, 396.

17e. Die Eingehung von Schulden zur Vermeidung von Verlusten stellt eine Aufnahme von Schulden „zur Verstärkung des Anlage- und Betriebskapitals" nicht dar. OVG. V, 415.

17f. Unter „Verstärkung des Betriebskapitals" nach § 22 des Gewerbesteuergesetzes ist nicht nur eine Erhöhung über den ursprünglichen Betrag hinaus, sondern auch eine Ergänzung oder Wiederherstellung desselben zu verstehen. Eine Verstärkung in diesem Sinne bildet eine zur Abstoßung laufender Schulden verwendete feste Anleihe. OVG. III, 417.

17g. Zu den behufs „Anlage des Geschäfts" aufgenommenen Schulden gehören auch die auf den gewerblichen Grundstücken haftenden, bei Gründung des Geschäfts oder bei dem Erwerbe der dem Gewerbebetriebe dienenden Grundstücke in Anrechnung auf den Kaufpreis übernommenen Hypothekenschulden. OVG. IV, 274.

17h. Bei Hypothekenschulden spricht die Vermutung überhaupt gegen den Charakter als laufende Geschäftsschulden. Zur Entkräftung dieser Vermutung ist die Darlegung der eine Abweichung von der Regel rechtfertigenden besonderen Umstände unerläßlich. OVG. IV, 277.

Beim gewerblichen Grundstückshandel sind die Zinsen für diejenigen Hypotheken, welche im laufenden Geschäftsbetriebe auf die zur Weiterveräußerung in gleichem Zustande oder nach einem Neu- oder Umbau erworbenen Grundstücke aufgenommen oder mit ihnen übernommen werden, in der Regel als Betriebskosten in Abzug zu bringen. OVG. VIII, 435. Die Aufnahme von Hypothekenschulden durch eine Brauereiaktiengesellschaft behufs Beschaffung von Geldmitteln zur Gewährung von Darlehnen an ihre Kunden erfolgt dagegen zur Verstärkung des Betriebskapitals, die von der Gesellschaft für diese Schulden zu entrichtenden Zinsen sind deshalb bei der Ertragsfeststellung nicht abzugsfähig. OVG. XII, 452.

17i. Unter den behufs Anlage oder Erweiterung des Geschäfts, Verstärkung des Betriebskapitals oder zu sonstigen Verbesserungen aufgenommenen Schulden, deren Zinsen nach § 22 des Gewerbesteuergesetzes bei der Ermittelung des steuerpflichtigen Ertrages nicht in Abzug gebracht werden dürfen, sind nur solche zu verstehen, durch deren Eingehung oder Übernahme der Steuerpflichtige einen der genannten Zwecke zu fördern oder zu erreichen beabsichtigt, nicht aber Schulden, die er nur gelegentlich der Verfolgung eines derartigen Zweckes gegen seinen Willen eingehen oder übernehmen muß. Abzugsfähig sind deshalb namentlich die Zinsen von Hypotheken, die der Steuerpflichtige wegen ihrer zeitigen Unkündbarkeit bei dem eine Geschäftserweiterung bezweckenden Erwerbe eines Grundstücks gegen seinen Willen übernehmen muß. OVG. IX, 414, abweichend von der früheren Entsch. IV, 407; VII, 396, 397.

§ 23.

Das Anlage- und Betriebskapital [1]) umfaßt sämtliche [2]) dem betreffenden Gewerbebetriebe dauernd [3]) gewidmeten Werte. [4]) [5])

1a. Das Gesetz enthält sich der näheren Detaillierung dessen, was zum Anlage- und Betriebskapital zu rechnen ist; diese Frage ist von Fall zu Fall zu entscheiden; alle Aufzählungen würden nicht erschöpfend sein. Nach A. Art. 17 umfaßt das Anlage- und Betriebskapital, ohne Unterschied zwischen dem eigenen Kapitale des Gewerbetreibenden und dem nur angeliehenen oder in sonstiger Weise von Dritten entnommenen, sämtliche dem betreffenden Gewerbe dauernd gewidmeten Gegenstände und Rechte, welche einen in Geld schätzbaren Wert besitzen. Hierher gehören insbesondere:

1. die dem Gewerbe dienenden Grundstücke, Gebäude, baulichen Anlagen, Wasserkräfte, Maschinen, Gerätschaften, Werkzeuge, Tiere und Futtervorräte, Vorräte an fertigen Waren, Roh- und Hilfsstoffen, einschließlich der in der Bearbeitung, auf dem Transport und in öffentlichen Niederlagen oder auf auswärtigen Lagern befindlichen;

2. die Vorräte an Geld, Gold und Silber, Papiergeld, Banknoten, Wechseln, Schuldscheinen und sonstigen Wertpapieren, die aus dem Gewerbebetriebe herrührenden Außenstände, einschließlich der laufenden Guthaben;
3. Gewerbeberechtigungen (z. B. die Realprivilegien der Apotheker, Realschankberechtigungen) und Rechte auf Gebrauch oder Nutzung fremder Grundstücke, Wege, Kanäle, Privatflüsse, Seen und dergleichen.

1b. Für die Frage, ob etwas zum Anlage- und Betriebskapitale gehört, kommt es nur auf den tatsächlichen Zustand im maßgebenden Vorjahre, nicht aber etwa darauf an, ob der mit der Verwendung des Gegenstandes erzielte Zweck sich auch auf andere Weise hätte erreichen lassen. OVG. VII, 108.

2. Bei inländischen Gewerben, welche außerhalb Preußens einen stehenden Betrieb durch Errichtung einer Zweigniederlassung, Fabrikations-Ein- oder Verkaufsstätte oder in sonstiger Weise unterhalten, bleibt derjenige Betrag des Anlage- und Betriebskapitals, welcher auf den in anderen Bundesstaaten unterhaltenen Betrieb entfällt, für die Besteuerung außer Ansatz, vgl. § 21 des Gesetzes. Das gleiche gilt hinsichtlich derjenigen Betriebe, welche inländische Gewerbe im außerdeutschen Ausland unterhalten, da nach § 1 des Gesetzes nur die in Preußen betriebenen Gewerbe der Steuerpflicht unterliegen. Vgl. Art. 3 d. A. Ziffer 2. Und ebenso ist für ausländische Unternehmungen, welche nach § 2 des Gesetzes für ihren etwaigen preußischen Betrieb nur nach Maßgabe desselben zu besteuern sind, das auf den ausländischen Betrieb entfallende Betriebs- und Anlagekapital auszuscheiden. In allen diesen Fällen sind nach Art. 19 II d. A. als Anlage- und Betriebskapital der in Preußen steuerpflichtigen Betriebsteile in Ansatz zu bringen:
1. die denselben speziell gewidmeten Werte und außerdem

2. ein nach den in Art. 19 I Abs. 2 d. A. angegebenen Grundsätzen zu berechnender Anteil an den in keiner besonderen Beziehung zu den einzelnen Betriebsstätten stehenden, dem gesamten Gewerbebetriebe dienenden Anlage- und Betriebskapitalien. Hierher gehören insbesondere die zur Verfügung der Geschäftsleitung stehenden Fonds (Betriebs- und Reservefonds), Gebäude und Utensilien.

3a. Also nicht die vorübergehend einem Geschäfte überlassenen Werte, wie z. B. Geldmittel aus dem Kontokorrent oder Depositen eines Bankgeschäfts. KomBer. S. 21. In dem Fehlen des hier gebrauchten Wortes „dauernd" im § 6 des Ergänzungssteuergesetzes liegt der wesentliche Unterschied des dort bezeichneten ergänzungssteuerpflichtigen Anlage- und Betriebskapitals von dem hier für die Gewerbesteuerveranlagung maßgebenden. Die den Vorschuß- und Kreditvereinen als „Depositen- und Spareinlagen" zufließenden Beträge sind in der Regel nicht zum Betriebskapital zu rechnen und die Ausgaben für Verzinsung derselben dementsprechend bei der Berechnung des Ertrages von der Roheinnahme in Abzug zu bringen. FME. v. 22. Nov. 1892, MittH. 26, S. 35; v. 7. Dez. 1894, H. 30, S. 47; v. 19. Jan. 1901, H. 42, S. 17, OVG. III, 298. Es erscheint nicht ausgeschlossen, daß unter besonderen Umständen fremde Gelder, welche von den Interessenten als Depositen bezeichnet werden, dennoch ihrem inneren Wesen nach als Vermehrung des Betriebskapitals anzusehen sind. Allein es wird in jedem einzelnen Falle eine hierauf gerichtete besondere Feststellung erfolgen müssen, und es wird insbesondere nicht genügen, rein mechanisch etwa diejenigen Depositen, die erst nach einer bestimmten längeren Kündigungsfrist (z. B. von wenigstens drei Monaten) rückzahlbar sind, ohne weiteres zum Betriebskapital zu rechnen. Daneben würden noch andere Unterlagen gefordert werden müssen, und es würde hierbei insbesondere auch auf die wirkliche Absicht der Kontrahenten ein entschiedenes Gewicht gelegt werden müssen. Eigentliche Depositen im kaufmännischen Sinne werden niemals zum Betriebskapital zu rechnen sein. OVG. III, 303.

3b. Auch bei den Sparkassen können die Spareinlagen nur ausnahmsweise nach den besonderen Umständen der einzelnen Fälle als dauernd dem Betriebe der Sparkasse gewidmete Werte angesehen werden. FME. v. 25. Nov. 1893, MittH. 29, S. 31.

Zum richtigen Verständnis dieses Erlasses, in dem von längeren Kündigungsfristen gesprochen wird, ist wohl zu beachten, daß in keiner Weise die Dauer der Kündigungsfrist als unbedingt maßgebend für die Beurteilung erachtet, sondern nur als ein neben anderen Umständen besonders in Betracht zu ziehendes Moment aufgeführt wird, welches beim Mangel anderer Umstände unerheblich erscheint. OVG. III, 305.

3c. Wenn ein Grundstückshändler im laufenden Geschäftsbetriebe zum Wiederverkauf bestimmte Grundstücke neu erwirbt, so erscheinen weder die auf diesen Grundstücken haftenden und übernommenen, noch die darauf aufgenommenen Hypotheken als Anlage- und Betriebskapital, da durch sie keine dauernde Vermehrung der Betriebsmittel erreicht wird. OVG. VIII, 436.

3d. Werte, die einem Gewerbetreibenden von anderen als Kaution übergeben sind, gehören nicht zum gewerblichen Anlage- und Betriebskapitale des Empfängers. OVG. IX, 426. Aber die Wertpapiere, die ein Gewerbetreibender in seinem Gewerbebetriebe seinerseits als Kaution z. B. bei einer Baubehörde oder bei der Zollbehörde hinterlegt hat, gehören zu seinem Betriebs- und Anlagekapital. OVG. VII, 107, 108.

4a. Nur selbständige Rechte und Gerechtigkeiten, welche einen in Geld schätzbaren Wert haben, gelten als steuerbare Rechte, und nur solche können Bestandteile des steuerbaren gewerblichen Anlage- und Betriebskapitals bilden.

Dagegen sind sonstige obrigkeitliche oder polizeiliche Konzessionen, Approbationen und Genehmigungen, welche die Befugnis oder Erlaubnis zur Ausübung eines Gewerbebetriebes begründen, weder steuerbare Rechte noch Bestandteile des steuerbaren gewerblichen Anlage- und Betriebskapitals. Konzessionen zum Betriebe der Gast- oder Schankwirtschaft dürfen daher bei Bewertung des Anlage- und Betriebskapitals nicht in Anrechnung kommen. OVG. V, 369. Bei entgeltlicher Erwerbung immaterieller Rechte und Gegenstände wie Firma, Kundschaft usw. unterliegt eine entsprechende Bewertung unter den Aktivis der Bilanz handelsrechtlich keinem Bedenken. OVG. XI, 422. Vgl. Anm. 10c zu § 22 des Gesetzes.

4b. Die Apothekenprivilegien stellen selbständige Rechte und Gerechtigkeiten dar; sie gehören daher zum Betriebs- und Anlagekapital der Apotheke, nicht dagegen die Konzessionen zur Anlage oder zum Betriebe einer Apotheke. OVG. VI, 100.

4c. Zum Anlagekapital gehört beispielsweise auch der Wert des dem Geschäfte gewidmeten eigenen Hauses, beim gemieteten Hause kommt der Wert nicht als Betriebskapital, wohl aber die Miete als Betriebsausgabe zum Ansatz (§ 22). Zu vgl. FME. v. 1. Dez. 1892, MittH. 26, S. 36.

4d. Zu dem Anlage- und Betriebskapital gehören nur diejenigen dem Gewerbebetriebe gewidmeten Grundstücke, Gebäude- oder Gebäudeteile, welche sich im Eigentumsbesitze oder Nießbrauche (OVG. VII, 434, abweichend Fuisting, Gewerbesteuer S. 163) des Gewerbetreibenden befinden, dagegen nicht solche, welche gepachtet oder gemietet sind, oder welche zum vorbehaltenen Vermögen seiner Ehefrau gehören. OVG. VII, 433.

4e. Beim sogenannten Protokollhandel und beim fortgesetzten Ankauf und Verkauf zweifelhafter Forderungen in der Absicht der Gewinnerzielung gehören die den Gegenstand der Betriebe bildenden Forderungen zum gewerblichen Anlage- und Betriebskapital. OVG. IX, 385.

4f. Bei einer offenen Handelsgesellschaft gehören Hypotheken und Wertpapiere, die aus dem Gesellschaftsvermögen für die Gesellschaft erworben sind, bis zu ihrer Übereignung an einen der Gesellschafter oder an eine andere Person unbedingt zu dem gewerblichen Anlage- und Betriebskapital und demgemäß die davon aufkommenden Zinsen, wie die bei der Veräußerung der Wertpapiere erzielten Kursgewinne zum steuerpflichtigen Ertrage. OVG. IX, 424.

4g. Der dem Steuerpflichtigen bei der kaufweisen Übernahme eines Handelsgeschäfts gestundete Kaufpreis für das Geschäftsinventar und den Warenvorrat ist bei der Feststellung des Anlage- und Betriebskapitals nicht in Abzug zu bringen. OVG. XIII, 411.

4h. Beteiligt sich eine offene Handelsgesellschaft als stille Gesellschafterin bei einem fremden Gewerbebetriebe mit einer Vermögenseinlage, so gehört die letztere als Bestandteil des Gesellschaftsvermögens im Sinne des § 23 des Gewerbesteuergesetzes zu dem Anlage- und Betriebskapital der Gesellschaft. OVG. VIII, 403.

4i. Eine Aktiengesellschaft ist nicht wie eine physische Person in der Lage, gewisse Teile des Anlage- und Betriebskapitals — Liegenschaften, Häuser, Kapitalien — als nicht dem Gewerbebetriebe dienend auszusondern und als nichtgewerbliche Bestandteile ihres Vermögens besonders zu verwalten; sondern das gesamte Anlage- und Betriebskapital bleibt einheitlich, unmittelbar und mittelbar, dem Gewerbebetriebe erhalten. Wenn eine rein gewerbliche Aktiengesellschaft, z. B. eine Bank, zur Vermeidung von Verlusten Güter, Grundstücke, Häuser ankauft und einstweilen im Besitze behält, so würde sie nicht etwa diesen Immobilienbesitz als außergewerbliches Vermögen behandeln und verwalten und die Erträge der gewerblichen Besteuerung entziehen können. Ebensowenig würde eine solche Gesellschaft befugt sein, die nicht unmittelbar zum Gewerbebetriebe notwendigen Kapitalien auszusondern und als nichtgewerbliche Vermögensteile anzulegen. OVG. III, 238.

4k. Bei denjenigen Unternehmungen, welche in wesentlich gleichwertiger Weise die steuerpflichtige Ausübung eines Gewerbes und einen steuerfreien Betrieb bezwecken (z. B. bei einem Landwirt, der eine Dresch- und Schrotanlage zunächst nur für den eigenen landwirtschaftlichen Betrieb hergestellt hat und sie nur nebenbei zum Dreschen und Schroten für fremde Rechnung benutzt), kommt für die Gewerbesteuerpflicht allein das auf den Gewerbebetrieb fallende Anlage- und Betriebskapital in Betracht. Läßt sich dasselbe nicht gesondert für jeden Betrieb berechnen, so ist es verhältnismäßig darauf zu verteilen. OVG. IV, 429.

4l. Werden die dem Gewerbebetriebe des Vermietens an Badegäste dienenden möbilierten Wohnräume von dem Gewerbetreibenden während eines Teiles des Jahres zum eigenen Gebrauche benutzt, so ist bei Feststellung des Anlage- und Betriebskapitals ihr Wert nur nach dem Verhältnis der Dauer der gewerblichen Benutzung in Anrechnung zu bringen. OVG. XII, 456; siehe auch OVG. XI, 86.

5a. Das Anlage- und Betriebskapital ist nach seinem mittleren (durchschnittlichen) Stande in dem für die Berechnung maßgebenden Jahre (nach dem gemeinen Werte, OVG. VII, 434) zu veranschlagen. A. Art. 17 letzter Absatz. Ist die Höhe des Anlage- und Betriebskapitals allein für die Steuerpflicht entscheidend und nicht unzweifelhaft, so genügt eine summarische, durch tatsächliche Unterlagen nicht gestützte Schätzung nicht; es müssen vielmehr die das Anlage- und Betriebskapital bildenden Bestandteile und Werte im einzelnen festgestellt werden. Dabei dürfen die Schätzungsergebnisse bei der Ergänzungssteuerveranlagung nicht ohne besondere Prüfung übernommen, sondern nur insoweit benutzt werden, als sie nicht an Mängeln leiden. OVG. IV, 443ff.

5b. Die Höhe des Aktienkapitals ist bei Aktiengesellschaften nicht maßgebend für die bei der Veranlagung zur Gewerbesteuer in Betracht kommende Höhe des Anlage- und Betriebskapitals. Auch bei Aktiengesellschaften bedarf es vielmehr der Feststellung der einzelnen dem Betriebe dauernd gewidmeten Werte. OVG. XII, 461.

5c. Als Anlage- und Betriebskapital einer Gesellschaft m. b. H. darf nicht ohne weiteres der aus den Stammeinlagen der Gesellschafter sich ergebende Betrag des Stammkapitals angenommen werden, sondern es können nur diejenigen Bestandteile und Werte in Betracht kommen, die in dem für die Veranlagung maßgebenden Zeitraume wirklich vorhanden waren. OVG. XII, 462. Die von den Gesellschaftern auf das Stammkapital gemachten Sacheinlagen dürfen, falls ein Minderwert von der Gesellschaft nicht behauptet ist, mit dem dafür in dem Gesellschaftsvertrage festgesetzten Geldwerte in Ansatz gebracht werden. OVG. X, 416. Der noch nicht eingezahlte Teil des Stammkapitals darf nicht berücksichtigt werden. OVG. XI, 425.

5d. Bei Feststellung des Anlage- und Betriebskapitals einer Elektrizitäts-, Gas- und Wasserwerksgesellschaft, deren Anlagen nach einer bestimmten Zeit unentgeltlich der Gemeinde überlassen werden müssen, ist der zum Ausgleiche der hierdurch eintretenden jährlichen Wertverminderung gebildete Amortisationsfonds von den Aktiven in Abzug zu bringen. OVG. XII, 459.

§ 24.

Die Veranlagung der Gewerbesteuer erfolgt für jedes Steuerjahr.[1])

Für die Steuerveranlagung maßgebend ist der Ertrag des bei Vornahme derselben abgelaufenen Jahres beziehungsweise das Anlage- und Betriebskapital nach seinem mittleren Stande im abgelaufenen Jahre.[2])

Besteht der Gewerbebetrieb noch nicht ein Jahr lang, so ist der Ertrag und das Betriebskapital nach dem zur Zeit der Veranlagung vorliegenden Anhalt zu schätzen.[3])

Während des Steuerjahres eintretende Änderungen sind erst bei der Besteuerung für das folgende Jahr zu berücksichtigen.[4])

1a. Das Steuerjahr läuft vom 1. April bis zum 31. März. Vgl. Gesetz v. 12. Juli 1876, betr. die Veranlagung und Erhebung der direkten Staatssteuern nach dem Etatsjahre (GS. S. 288).

1b. Die nach dem Gewerbesteuergesetz steuerpflichtigen Gewerbebetriebe müssen als solche auch nach dem Erlaß des Gesetzes wegen Aufhebung direkter Staatssteuern und des Kommunalabgabengesetzes v. 14. Juli 1893 von den nach dem Gewerbesteuergesetz zuständigen Organen veranlagt werden, ohne Rücksicht darauf, ob etwa besondere Gewerbesteuern in einer Gemeinde eingeführt sind, oder ob tatsächlich Prozente der staatlich veranlagten Gewerbesteuer zur Deckung der kommunalen Bedürfnisse erhoben werden. OVG. VI, 378.

2a. Nach dem Wortlaute des Gesetzes ist für die Steuerveranlagung der Ertrag bzw. das Anlage- und Betriebskapital des bei Vornahme der Veranlagung (vgl. Anm. 2b) „abgelaufenen Jahres“ maßgebend. Indem das Gesetz sich einer genaueren Zeitbestimmung enthält, gewährt es die Möglichkeit, den Verhältnissen der einzelnen Gewerbebetriebe entsprechend, der Ertrags- bzw. Kapitalberechnung entweder das Geschäfts- oder das Kalenderjahr zugrunde zu legen. Bei Gewerbetreibenden mit ordnungsmäßiger Buchführung ist auf das abgelaufene Geschäftsjahr (vgl. Anm. 2c zu diesem Paragraphen), bei den anderen auf das verflossene Kalenderjahr zurückzugehen. Besteht der Gewerbebetrieb noch nicht ein Jahr lang, so ist der Ertrag und das Betriebskapital nach dem zur Zeit der Veranlagung vorliegenden Anhalte zu schätzen. Während des Steuerjahres eintretende Änderungen sind erst bei der Besteuerung für das folgende Jahr zu berücksichtigen. Art. 18 d. A. in der Fassung des FME. v. 1. Sept. 1909 II 10913.

Nach der Rechtsprechung des OVG. wird das Kalenderjahr auch bei nicht buchführenden Steuerpflichtigen nur dann in Betracht kommen dürfen, wenn der Steuerpflichtige kein besonderes Geschäftsjahr hat, denn in OVG. XIII, 417 wird ausgeführt:

„Die Bestimmung in § 24 Abs. 2 ist so zu verstehen, daß das abgelaufene Geschäftsjahr des Steuerpflichtigen zu berücksichtigen ist. Hat der Steuerpflichtige ordnungsmäßige Buchführung, so ist diese allerdings ohne weiteres geeignet, über das vom Steuerpflichtigen angenommene Geschäftsjahr Aufschluß zu geben. Es liegt aber kein Grund vor, die Zugrundelegung des individuellen Geschäftsjahrs auf die Fälle ordnungsmäßiger Buchführung zu beschränken, während die völlig gleichwertige Bestimmung des § 10 (jetzt § 9) des Einkommensteuergesetzes überall nur auf die Betriebs- und Wirtschaftsjahre des Steuerpflichtigen bezogen wird."

2b. Maßgebend ist nicht das der Vorbereitung, sondern das der Ausführung der Veranlagung (d. h. der die Veranlagung im einzelnen unmittelbar bewirkenden Beschlußfassung des Steuerausschusses) vorhergehende Jahr. OVG. III, 355; IV, 407.

2c. Maßgebend für die Gewerbesteuer-Veranlagung ist nach § 24 Abs. 2 das letzte Geschäfts- oder Kalenderjahr, das bei Vornahme der Veranlagung abgelaufen ist, gleichviel ob seine Ergebnisse endgültig festgestellt bzw. feststellbar sind oder nicht. OVG v. 14. Juni 1909, abweichend von XII, 463, aber wieder übereinstimmend mit der früheren Rechtsprechung IV, 408; IX, 444.

2d. Der Umstand, daß Aktiengesellschaften oft erst einige Monate nach dem Ablaufe des Geschäftsjahres in der Lage sind, den auf dasselbe bezüglichen Geschäftsbericht und die auch formell festgestellte Bilanz beizubringen, kann eine Änderung in dem Grundsatze, daß der Ertrag des letzten abgelaufenen Geschäftsjahres maßgebend ist, nicht begründen. Eventuell ist das Ergebnis des letzten Jahres durch Schätzung zu ermitteln. FME. v. 23. Dez. 1893, MittH. 29, S. 33.

2e. Bei Veranlagung der Gewerbesteuerklasse I haben sich daraus Übelstände ergeben, daß der Veranlagung die Ergebnisse des unmittelbar vorangegangenen Geschäftsjahres auch dann zugrunde gelegt sind, wenn diese nur geschätzt werden konnten, weil die Jahresabschlüsse, Inventur usw. bis zur Veranlagungszeit noch nicht bewirkt sein konnten, wie dies bei umfangreichen und komplizierten Unternehmungen vorkommt, deren Geschäftsjahr mit dem Kalenderjahr zusammenfällt. Da anderseits der rechtzeitige Abschluß der Veranlagung im Interesse der Kommunen geboten ist, wird es nicht weiter beanstandet, wenn in Fällen der vorbezeichneten Art ausnahmsweise die Ergebnisse des letztvorangegangenen Jahres, für welches die Abschlüsse schon bewirkt werden konnten, als maßgebend bei Vornahme der Veranlagung angenommen werden. FME. v. 8. Sept. 1894, MittH. 30, S. 49. Nach OVG. v. 14. Juni 1909 beschränkt sich die Gültigkeit dieser Anordnung auf die Vornahme der Veranlagung, während im Rechtsmittelverfahren das Ergebnis des letzten Geschäftsjahres auf Grund der inzwischen fertiggestellten Bilanz entscheidet.

2f. Bei Feststellung des steuerpflichtigen Ertrages des maßgebenden Vorjahres sind nur die diesem Jahre zuzurechnenden Einnahmen in Ansatz zu bringen und nur diejenigen Betriebskosten und Abschreibungen, welche aus den

Einnahmen dieses Jahres gedeckt worden sind oder gedeckt werden müssen, von der Roheinnahme desselben Jahres abzuziehen. OVG. VI, 400 und 402.

2g. Einnahmen, welche nicht durch den Betrieb während des für die Steuerveranlagung maßgebenden Geschäftsjahres erzielt worden, sondern nach Ablauf desselben durch Zuwendungen Dritter einer Aktiengesellschaft zugeflossen und nachträglich zur Verbesserung der Bilanz für das abgelaufene Geschäftsjahr verwendet worden sind, dürfen bei Berechnung des steuerpflichtigen Ertrages des maßgebenden Geschäftsjahres nicht in Ansatz gebracht werden. OVG. IV, 314.

2h. Bei der Ermittelung des Ertrages des für die Veranlagung zur Gewerbesteuer maßgebenden Jahres dürfen sogenannte Antizipando-Zinsen — d. h. erst für das folgende Jahr geschuldete und fällige, aber schon im voraus an den Steuerpflichtigen als Gläubiger gezahlte Zinsen — nicht berücksichtigt werden. OVG. X, 405.

2i. Der für die Gewerbesteuerveranlagung in Betracht kommende Jahresertrag einer Gesellschaft m. b. H. wird nicht dadurch gemindert, daß er zum Teil zur Ergänzung des durch frühere Verluste verminderten Stammkapitals zu verwenden und insoweit von der Verteilung an die Gesellschafter ausgeschlossen ist. OVG. XII, 436.

2k. Die Anwendung des § 24 Abs. 2 setzt eine wesentliche Gleichartigkeit des Gewerbebetriebes im Vorjahre und im Steuerjahre voraus. Bei Verneinung der Gleichartigkeit ist Abs. 3 a. a. O. anzuwenden. OVG. III, 315; IX, 431.

2l. Bei der Prüfung der Frage, ob eine wesentliche Gleichartigkeit des Gewerbebetriebes im Vorjahr und im Steuerjahr vorhanden ist (vgl. Anm. 2k), sind nicht bloß die bei Beginn des Steuerjahres bereits eingetretenen, sondern auch die in dessen Verlaufe mit Sicherheit eintretenden Veränderungen zu berücksichtigen. OVG. IX, 431.

2m. Bei einem Bankgeschäfte wird der gesamte Betrieb im ganzen und einzelnen nach Art, Umfang und Rentabilität auf das allerwesentlichste von der Höhe des Betriebskapitals beeinflußt; eine erhebliche Erhöhung des Grundkapitals einer Aktiengesellschaft, deren Zweck Betrieb von Bankgeschäften ist, verändert daher in wesentlicher Weise die Grundlagen des Betriebs. OVG. v. 23. Juni 1898 VI G 7.

2n. Ein vollständiger Wechsel in der Person des Inhabers bedeutet selbst bei möglichst unveränderter Fortsetzung des Betriebes stets die Einstellung des alten und die Begründung eines neuen Geschäfts. OVG. X, 423.

3a. Die Anwendbarkeit der Vorschrift in § 24 Abs. 3 des Gewerbesteuergesetzes hängt lediglich davon ab, ob das Gewerbe zur Zeit der Veranlagung von dem Steuerpflichtigen noch nicht ein Jahr lang betrieben wurde. Daß es objektiv bereits länger als ein Jahr bestand, ist unerheblich. OVG. X, 422.

3b. Unter dem in den Fällen des § 24 Abs. 3 des Gewerbesteuergesetzes maßgebenden Ertrage ist der Ertrag des ersten Geschäftsjahres, nicht der mutmaßliche Ertrag des Steuerjahres zu verstehen. Ist bei Erlaß der Berufungsentscheidung das erste Geschäftsjahr bereits abgelaufen, so ist der wirkliche Ertrag dieses Jahres zu ermitteln. OVG. X, 423.

4. Stellt z. B. ein Steuerpflichtiger eines der mehreren von ihm betriebenen Gewerbe im Laufe des Jahres ein, so tritt keine Veränderung in seiner Steuerveranlagung bis zum Schluß des Jahres ein. FME. v. 3. Nov. 1893, MittH. 29, S. 36 (vgl. jedoch § 44 wegen Ermäßigung der Steuer im Laufe des Jahres). Dasselbe gilt wenn ein (auch nur steuerfrei) veranlagter Gewerbetreibender im Laufe des Jahres einen neuen Betrieb eröffnet. Wegen Zugangstellung neuer Gewerbebetriebe vgl. § 34 des Gesetzes; wegen Abgangstellung der Steuer bei Einstellung des Betriebes, bzw. Gesamtbetriebes § 33 des Gesetzes.

Befugnisse des Steuerausschusses beziehungsweise des Vorsitzenden.

§ 25.

Der Vorsitzende des Steuerausschusses, welcher zugleich das Interesse des Staates vertritt, hat die Geschäfte des Steuerausschusses vorzubereiten, zu leiten und dessen Beschlüsse auszuführen.[1])

Zum Zweck der richtigen Veranlagung der Steuerpflichtigen hat er die erforderlichen Nachrichten über ihren Gewerbebetrieb einzuziehen.[2])

Hierbei kann er sich nach seinem Ermessen der Mitwirkung der Gemeinde-(Guts-)vorstände und der Verwaltungsbehörden bedienen, welche seinen Aufforderungen Folge zu leisten schuldig sind.[3])

Der Vorsitzende kann den Steuerpflichtigen auf Antrag[4]) oder von Amts wegen Gelegenheit zur persönlichen Verhandlung über die für die Veranlagung erheblichen Tatsachen und Verhältnisse gewähren, auch eine Besichtigung der gewerblichen Anlagen, Betriebsstätten und Vorräte während der Arbeitsstunden veranlassen.[5])

Sämtliche Staats- und Kommunalbehörden haben dem Vorsitzenden die Einsicht aller, die Gewerbsverhältnisse der Steuerpflichtigen betreffenden Bücher, Akten, Urkunden usw. zu gestatten,[6]) sofern nicht besondere gesetzliche Bestimmungen oder dienstliche Rücksichten entgegenstehen.

1a. Der Vorsitzende hat den Ausschuß zusammenzuberufen, dessen Geschäfte vorzubereiten und zu leiten, sowie die nicht von ihm durch Einlegung von Rechtsmitteln angefochtenen Beschlüsse auszuführen. A. Art. 22 Ziffer 1. In den Klassen II, III und IV liegt die Steuerverteilung den Abgeordneten der Steuergesellschaft allein ob. Der Vorsitzende des Steuerausschusses ist befugt, jederzeit auch hierbei den Vorsitz selbst zu übernehmen oder ihn seinem ernannten Stellvertreter zu übertragen, hat jedoch nur im Falle der Gleichheit der Stimmen der Abgeordneten ein Stimmrecht.

In welchem Umfange der Vorsitzende von vorstehender Befugnis Gebrauch zu machen haben wird, bleibt seinem Ermessen überlassen.

Soweit der Vorsitzende des Steuerausschusses oder sein ernannter Stellvertreter den Vorsitz bei der Steuerverteilung nicht übernimmt, haben die Abgeordneten (Mitglieder des Steuerausschusses) aus ihrer Mitte einen Vorsitzenden zu bestimmen. Dieser hat ihre Verhandlungen zu leiten, die Verteilung der Geschäfte unter die Mitglieder vorzunehmen, auf die Beobachtung der Geschäftsordnung zu halten, für die ordnungsmäßige und rechtzeitige Erledigung der Geschäfte zu sorgen, dem Vorsitzenden des Steuerausschusses aber jederzeit über die Geschäftslage Auskunft zu erteilen, auf Verlangen von den anberaumten Sitzungen der Abgeordneten Nachricht zu geben und unaufgefordert von sich etwa ergebenden Anständen oder Stockungen, sowie von etwaigen Beschlüssen, deren Ausführung dem Vorsitzenden des Steuerausschusses zusteht, Anzeige zu machen. Art. 22 Ziffer 7 und 8 d. A.

1b. In Behinderungsfällen übernimmt der ernannte Stellvertreter den Vorsitz. Der Vorsitzende ist befugt, dem letzteren die Stellvertretung bei Wahrnehmung einzelner Geschäfte oder Geschäftszweige zu übertragen. Bei Ausübung der Stellvertretung stehen dem Stellvertreter alle Rechte und Pflichten des Vorsitzenden zu. Art. 22 Ziffer 1 d. A.

1c. Auch die einzelnen Mitglieder des Ausschusses können schon vor der Zusammenberufung des letzteren von dem

Vorsitzenden bei der Prüfung bzw. Ermittelung der für die Gewerbesteuerveranlagung maßgebenden Verhältnisse der steuerpflichtigen Gewerbebetriebe, sowie bei Verhandlungen mit den Inhabern derselben beteiligt werden. Art. 22 Ziffer 2 d. A.

1d. Sofern der Umfang der Geschäfte es erfordert, ist es zulässig, aus dem Gesamtausschusse zum Zwecke der Geschäftsverteilung Abteilungen (Unterausschüsse) zu bilden.

Die Verteilung der Geschäfte und der Mitglieder auf die einzelnen Unterausschüsse gebührt dem Vorsitzenden. Dieser behält auch in den Unterausschüssen die Oberleitung der Geschäfte, bleibt für die ordnungsmäßige Erledigung derselben verantwortlich und kann jederzeit in den einzelnen Unterausschüssen selbst den Vorsitz übernehmen.

An der Einheitlichkeit des Gesamtausschusses wird durch die Einrichtung von Unterausschüssen nichts geändert. Art. 22 Ziffer 5 d. A.

1e. Der Steuerausschuß sowie die Unterausschüsse erledigen ihre Geschäfte in der Regel in gemeinsamen, nach Bedürfnis anzuberaumenden Sitzungen. Jedoch ist es gestattet, in einzelnen dazu geeigneten Fällen die Stimmen der Mitglieder mittels Umlaufs schriftlich einzuholen. In der Einladung zu den Sitzungen, welche, soweit nötig, gegen Empfangsbescheinigung oder mittels eingeschriebenen Briefes durch die Post erfolgen kann, ist der Gegenstand des in der bevorstehenden Sitzung zu erledigenden Geschäftes (z. B. „Feststellung der namentlichen Nachweisung für das Steuerjahr . . . . .“) kurz zu bezeichnen.

Die Ausschüsse (Unterausschüsse) sind bei Anwesenheit von mindestens drei Mitgliedern, einschließlich des Vorsitzenden, beschlußfähig.

Die Beschlüsse werden nach absoluter Stimmenmehrheit gefaßt. Dem Vorsitzenden oder dem an seiner Statt den Vorsitz führenden Stellvertreter steht volles Stimmrecht zu; bei Stimmengleichheit entscheidet seine Stimme. Art. 22 Ziffer 6 und 7 d. A.

1f. Über jede Sitzung ist ein von dem Vorsitzenden und den anwesenden Mitgliedern zu vollziehendes Protokoll aufzunehmen, welches über den Gegenstand der erledigten Geschäfte und einzelne in der A. näher bezeichnete Vorgänge (Art. 24 Nr. 1, Art. 33 Nr. 2 Abs. 1 und Art. 36 Nr. 2) sowie auch über die Verpflichtung der Mitglieder Auskunft geben muß. A. Art. 22 Ziffer 12.

1g. Die Ausfertigungen der Beschlüsse und Entscheidungen des Steuerausschusses sind von dem Vorsitzenden zu vollziehen, welcher sich hierbei eines Stempels bedienen kann. Art. 22 Ziffer 13 d. A.

2a. Zum Zwecke der richtigen Veranlagung der Steuerpflichtigen haben die Vorsitzenden der Steuerausschüsse die erforderlichen Nachrichten über deren Gewerbebetriebe einzuziehen.

Eine Verpflichtung zur Abgabe verbindlicher Steuererklärungen ist den Gewerbetreibenden nur in sehr beschränktem Umfange auferlegt. Sie erstreckt sich nur auf die äußerlichen Einrichtungen und Merkmale des Betriebes, auf den Ertrag selbst aber und auf das Anlage- und Betriebskapital nur insoweit, als dies erforderlich ist, um die Steuerklasse bestimmen zu können, zu welcher der Betrieb gehört (§§ 54, 55 des Gesetzes).

Es darf jedoch erwartet werden, daß in nicht wenigen Fällen die Gewerbetreibenden sich bereit finden lassen werden, eine weitergehende Auskunft hierüber freiwillig zu erteilen. Die Vorsitzenden der Steuerausschüsse — und ganz besonders diejenigen der Klasse I, deren Verantwortung sich unmittelbar auch auf die individuelle Veranlagung der einzelnen Betriebe erstreckt, zu welcher in den übrigen Klassen zunächst die Abgeordneten der Steuergesellschaften berufen sind — haben es sich angelegen sein zu lassen, solchen Steuerpflichtigen, von denen zuverlässige Angaben und ein entgegenkommendes Verhalten zu erwarten sind, die Erteilung der Auskunft durch besonderes schriftliches oder mündliches Ersuchen anheimzustellen.

Im übrigen steht dem Vorsitzenden des Ausschusses zu und liegt ihm ob, über die gewerblichen Verhältnisse der Steuerpflichtigen die erforderlichen Erkundigungen bei Vertrauenspersonen und Sachverständigen anzustellen, sowie die Steuerpflichtigen selbst über einzelne, für die Steuerveranlagung erhebliche Tatsachen zu befragen und mit denselben in persönliche Verhandlung darüber zu treten. Art. 23 d. A.

2b. Die Vorsitzenden der Steuerausschüsse sind verpflichtet, zum Zwecke einer richtigen Veranlagung die erforderlichen Nachrichten über den Gewerbebetrieb der Steuerpflichtigen einzuziehen und die ihnen gewährten Befugnisse und Hilfsmittel, insbesondere die Verhandlungen über die Einkommensteuerveranlagung zu benutzen. Diese Ermittelungen, die vor der Veranlagung vorzunehmen sind, müssen sich auf den gewerblichen Ertrag und die Höhe des Anlage- und Betriebskapitals erstrecken. OVG. III, 268ff. Vgl. Anm. 6f zu § 15 des Gesetzes.

2c. Die Vorsitzenden der Ausschüsse der verschiedenen Klassen haben sich durch Mitteilung der Nachrichten, welche ihnen über die gewerblichen Verhältnisse der Steuerpflichtigen eines anderen Veranlagungsbezirks oder einer anderen Klasse desselben Bezirks zugehen, gegenseitig zu unterstützen und durch ihr Zusammenwirken die Erzielung einer richtigen Veranlagung soviel als möglich zu fördern. Art. 23 Ziffer 6 Abs. 2 d. A.

3. Der Vorsitzende ist befugt, die in § 25 Abs. 3 bezeichneten Behörden, unter Beobachtung der dem allgemeinen dienstlichen Verhältnisse zu denselben entsprechenden Geschäftsformen, um in ihren Bereich fallende Ermittelungen und um amtliche Auskunft über Sach- und Rechtsverhältnisse zu ersuchen, deren Feststellung für die Gewerbesteuerveranlagung erforderlich erscheint (z. B. die gezahlten indirekten Abgaben, den Feuerkassenwert gewerblicher Gebäude, den Anfall von Erbschaften usw. Art. 23 Ziffer 1 d. A.

4. Wenn die Steuerpflichtigen selbst um persönliche Verhandlung behufs Aufklärung ihrer Verhältnisse nach-

suchen, so darf sie vom Vorsitzenden nur aus dringenden Gründen abgelehnt werden. Art. 23 Abs. 7 d. A.

5. Gewerbliche Anlagen, Betriebsstätten und Vorräte dürfen während der Arbeitsstunden durch den Vorsitzenden selbst oder einen von ihm beauftragten Staatsbeamten besichtigt werden. Andere Personen als Staatsbeamte dürfen mit der Besichtigung nur nach vorgängiger Einholung der Zustimmung des Gewerbetreibenden beauftragt werden. Art. 23 Ziffer 5 d. A. Zu vgl. § 27 Abs. 3 des Gesetzes.

6. Dem Vorsitzenden steht zu Gebote die Einsicht in sämtliche, die Gewerbeverhältnisse der Steuerpflichtigen betreffenden Bücher, Akten, Urkunden, Register usw. der Staats- und Kommunalbehörden, insbesondere in die Akten des Handelsgerichts, in die Grundbücher, Testaments-, Nachlaß- und Vormundschaftsakten, in alle die Staats- und Gemeindesteuern betreffenden Akten usw.

Sämtliche Staats- und Kommunalbehörden haben die Einsichtnahme in die erwähnten Bücher usw. zu gestatten, sofern nicht besondere gesetzliche Bestimmungen (wie beim Reichsschuldbuch — Gesetz vom 31. Mai 1891 § 2 Abs. 5, RGBl. S. 331 — Staatsschuldbuch — Gesetz vom 20. Juli 1883 § 2 Abs. 4, GS. S. 120 — und bei den Sparkassen — § 36 Abs. 6 des Einkommensteuergesetzes —) oder dienstliche Rücksichten entgegenstehen, welche von der ablehnenden Behörde darzulegen sind.

Im Falle einer unbegründeten Ablehnung hat der Vorsitzende an die Regierung zu berichten, von welcher das Erforderliche zu veranlassen ist.

Namentlich ist hierbei hervorzuheben, daß dem Vorsitzenden des Steuerausschusses in allen Fällen, wo er die Ermittelung des Ertrages oder des Anlage- und Betriebskapitals der Gewerbetreibenden — sei es behufs der richtigen Abgrenzung der Steuerklassen, sei es behufs der individuellen Veranlagung (Klasse I) oder der Erörterung von Rechtsmitteln usw. — nach seinem Ermessen für erforderlich erachtet, die eingehende Kenntnisnahme und Benutzung des gesamten Materials über die Veranlagung der betreffenden Gewerbetreibenden zur Einkommensteuer und zur Ergänzungssteuer einschließlich der Steuererklärung und der Vermögensanzeige, für deren Geheimhaltung er Sorge zu tragen hat, zu Gebote steht.

Die Vorsitzenden der Einkommensteuerveranlagungs- und Berufungskommissionen haben den zuständigen Vorsitzenden der Steuerausschüsse dieses Material auf Ersuchen zur Verfügung zu stellen beziehungsweise zu übersenden und jede gewünschte Auskunft zu erteilen, auch unaufgefordert Nachricht zu geben, falls bei der Einkommensteuer- oder Ergänzungssteuer-Veranlagung wahrgenommen wird, daß steuerpflichtige Gewerbetreibende überhaupt nicht zur Gewerbesteuer herangezogen, oder daß Steuerpflichtige ein höheres Einkommen aus Gewerbebetrieb beziehen, als ihrer Klasse — beziehungsweise in der Klasse I ihrem Steuersatze — entspricht, oder endlich, daß der Wert des gewerblichen Anlage- und Betriebskapitals eines Steuerpflichtigen höher ist, als seiner Klasse entspricht.

Weiter stehen dem Vorsitzenden zu Gebote: die Benutzung der von den juristischen Personen, Aktiengesellschaften, Kommanditgesellschaften auf Aktien, eingetragenen Genossenschaften und allen zur öffentlichen Rechnungslegung verpflichteten gewerblichen Unternehmungen nach den hierüber besonders bekanntgemachten Bestimmungen des Finanzministers alljährlich der Regierung einzureichenden und von dieser an die Vorsitzenden der zuständigen Steuerausschüsse abzugebenden Geschäftsberichte, Jahresabschlüsse und darauf bezüglichen Beschlüsse der Generalversammlungen.

Art. 23 Ziffer 2—4 d. A.

§ 26.

Der Steuerausschuß[1]) ist berechtigt, Sachverständige und Auskunftspersonen zu vernehmen, nötigenfalls auch dieselben zu beeidigen oder deren eidliche Vernehmung[2]) zu veranlassen.

Dieselben können die Auskunfterteilung auf die ihnen vorgelegten Fragen nur aus den nach Bestimmung der Zivilprozeßordnung[3]) zur Verweigerung des Zeugnisses berechtigenden Gründen ablehnen. Personen, welche bei dem Steuerpflichtigen bedienstet sind oder waren,[4]) bleiben von der Vernehmung ausgeschlossen, insofern der Steuerpflichtige damit nicht einverstanden ist.

1a. Der Steuerausschuß ist berechtigt (vgl. auch Anm. 1b), von Amts wegen oder auf Antrag behufs der Veranlagung oder der Erörterung von Rechtsmitteln die Befragung der Steuerpflichtigen, die persönliche Verhandlung mit demselben, sowie die Veranstaltung sonstiger zur Feststellung der Tatsachen erforderlicher Ermittelungen, zu denen der Vorsitzende befugt ist (§ 25 des Gesetzes), zu beschließen, auch Auskunftspersonen und Sachverständige zu vernehmen und nötigenfalls zu beeidigen oder deren eidliche Vernehmung zu veranlassen.

Eine Vorlegung der Geschäftsbücher des Gewerbetreibenden findet nur statt, wenn dieser selbst dazu bereit ist.

Zur Offenbarung von Geschäftsgeheimnissen ist der Gewerbetreibende in keinem Falle verpflichtet. Eidesstattliche Versicherungen sind von demselben nicht zu erfordern; unaufgefordert abgegebene werden als nicht erfolgt betrachtet.

Die Befragung des Steuerpflichtigen und die Vernehmung der Auskunftspersonen und Sachverständigen kann in der Sitzung vor dem versammelten Ausschusse vorgenommen werden, jedoch dürfen keinenfalls die vernommenen Personen bei der Beratung und Beschlußfassung zugegen sein.

Der Ausschuß kann aber auch die Vernehmungen oder sonstigen Erhebungen dem Vorsitzenden oder einzelnen, von diesem zu bezeichnenden Mitgliedern übertragen.

Abwesende Personen, deren Vernehmung stattfinden soll, sind, sofern die Erforderung schriftlicher Äußerung nicht ausreicht, durch Ersuchen der zuständigen Orts- beziehungsweise Verwaltungsbehörde oder des Vorsitzenden eines Steuerausschusses des Wohnortes vornehmen zu lassen. Art. 24 Ziffer 1—3 d. A.

1 b. Haben die Vorsitzenden ihre Verpflichtung zur Einziehung der erforderlichen Nachrichten über den Gewerbebetrieb des Steuerpflichtigen nicht genügend erfüllt, so sind die Steuerausschüsse verpflichtet, insoweit ihre eigene Kenntnis der Verhältnisse nicht ausreicht, unter Benutzung der ihnen beigelegten Befugnisse die Unterlagen für die Veranlagung zu ergänzen. OVG. III, 282.

2. Beschließt der Ausschuß die eidliche Vernehmung, so ist er befugt, die Beeidigung nach Maßgabe des gerichtlichen Zeugen- bzw. Sachverständigen-Eides durch den Vorsitzenden selbst oder vermittels Ersuchens des zuständigen Amtsgerichts zu veranlassen. (Die Gerichtsbehörden sind zur Leistung dieser Rechtshilfe verpflichtet nach § 38 der noch jetzt gültigen VO. v. 3. Jan. 1849, bzw. für die neuen Provinzen nach §§ 36, bzw. 29, bzw. 28 der drei VO. v. 26. Juni 1867. Der § 4 des Einführungsgesetzes z. Gerichtsverfassungsgesetz steht dem nicht entgegen.)

Eine eidliche Vernehmung soll jedoch nur ausnahmsweise, wenn besondere Umstände ihre Notwendigkeit begründen, erfolgen. Im übrigen sind hierbei die entsprechenden Bestimmungen der ZPO. §§ 356ff. u. 375ff. zu beachten.

Dem Steuerpflichtigen kann auf Verlangen gestattet werden, der Vernehmung beizuwohnen, um Fragen an die Zeugen oder Sachverständigen zu richten.

Die Vernehmung von Zeugen und Sachverständigen, welche auf ergangene Ladung unentschuldigt ausbleiben, oder die Aussagen bzw. deren Beeidigung ohne gesetzlichen Grund verweigern, ist — sofern auch bei nochmaliger Erwägung auf ihre Auskunftserteilung bzw. deren eidliche Bekräftigung nicht verzichtet werden kann — durch ein ersuchtes Amtsgericht, nötigenfalls unter Anwendung der zulässigen gesetzlichen Zwangsmittel, zu bewirken.

Art. 24 Ziffer 5, 7, 8 d. A.

3. § 383 Abs. 1 ZPO.: Zur Verweigerung des Zeugnisses sind berechtigt:

1. der Verlobte einer Partei;
2. der Ehegatte einer Partei, auch wenn die Ehe nicht mehr besteht;
3. diejenigen, welche mit einer Partei in gerader Linie verwandt, verschwägert oder durch Adoption verbunden, oder in der Seitenlinie bis zum dritten Grade verwandt oder bis zum zweiten Grade verschwägert sind, auch wenn die Ehe, durch welche die Schwägerschaft begründet ist, nicht mehr besteht;
4. Geistliche in Ansehung desjenigen, was ihnen bei der Ausübung der Seelsorge anvertraut ist;
5. Personen, welchen kraft ihres Amtes, Standes oder Gewerbes Tatsachen anvertraut sind, deren Geheimhaltung durch die Natur derselben oder durch gesetzliche Vorschrift geboten ist, in betreff der Tatsachen, auf welche die Verpflichtung zur Verschwiegenheit sich bezieht.

§ 384. Das Zeugnis kann verweigert werden:

1. über Fragen, deren Beantwortung dem Zeugen oder einer Person, zu welcher derselbe in einem der im § 383 Nr. 1—3 bezeichneten Verhältnisse steht, einen unmittelbaren vermögensrechtlichen Schaden verursachen würde;
2. über Fragen, deren Beantwortung dem Zeugen oder einem der im § 383 Nr. 1—3 bezeichneten Ange-

hörigen desselben zur Unehre gereichen oder die Gefahr strafgerichtlicher Verfolgung zuziehen würde;

3. über Fragen, welche der Zeuge nicht würde beantworten können, ohne ein Kunst- oder Gewerbegeheimnis zu offenbaren.

§ 385. In den Fällen des § 383 Nr. 1—3 und des § 384 Nr. 1 darf der Zeuge das Zeugnis nicht verweigern:

1. über die Errichtung und den Inhalt eines Rechtsgeschäfts, bei dessen Errichtung er als Zeuge zugezogen war;
2. über Geburten, Verheiratungen oder Sterbefälle von Familiengliedern;
3. über Tatsachen, welche die durch das Familienverhältnis bedingten Vermögensangelegenheiten betreffen;
4. über diejenigen auf das streitige Rechtsverhältnis sich beziehenden Handlungen, welche von ihm selbst als Rechtsvorgänger oder Vertreter einer Partei vorgenommen sein sollen.

Die im § 383 Nr. 4, 5 bezeichneten Personen dürfen das Zeugnis nicht verweigern, wenn sie von der Verpflichtung zur Verschwiegenheit entbunden sind.

§ 407. Der zum Sachverständigen Ernannte hat der Ernennung Folge zu leisten, wenn er zur Erstattung von Gutachten der erforderten Art öffentlich bestellt ist oder wenn er die Wissenschaft, die Kunst oder das Gewerbe, deren Kenntnis Voraussetzung der Begutachtung ist, öffentlich zum Erwerbe ausübt, oder wenn er zur Ausübung derselben öffentlich bestellt oder ermächtigt ist.

Zur Erstattung des Gutachtens ist auch derjenige verpflichtet, welcher sich zu derselben vor Gericht bereit erklärt hat.

§ 408. Dieselben Gründe, welche einen Zeugen berechtigen, das Zeugnis zu verweigern, berechtigen einen

Sachverständigen zur Verweigerung des Gutachtens. Das Gericht kann auch aus anderen Gründen einen Sachverständiger von der Verpflichtung zur Erstattung des Gutachtens entbinden.

Die Vernehmung eines öffentlichen Beamten als Sachverständiger findet nicht statt, wenn die vorgesetzte Behörde des Beamten erklärt, daß die Vernehmung den dienstlichen Interessen Nachteile bereiten würde.

4. Zu vgl. KomBer. d. AbgH. S. 22.

§ 27.

Eine Vorlegung der Geschäftsbücher des Gewerbetreibenden findet nur statt, wenn dieser selbst dazu bereit ist.[1])

Zur Offenbarung von Geschäftsgeheimnissen ist der Gewerbetreibende in keinem Falle verpflichtet.

Mit der Besichtigung der Anlagen, Betriebsstätten und Vorräte (§ 25 Absatz 4) können ohne Zustimmung des Gewerbetreibenden andere Personen, als Staatsbeamte,[2]) nicht beauftragt werden.

1a. Wenn die unter Beweis gestellten Tatsachen hinreichend klar angegeben sind, müssen die angebotenen Bücher, Notizen, Anschreibungen, Rechnungen usw. eingesehen werden, wenngleich sie nur Anhaltspunkte für eine richtige Berechnung oder Schätzung gewähren können. OVG. III, 219, 275; I, 119.

1b. Mit der Bemerkung, daß die Bücher nicht kaufmännisch geführt seien, läßt sich die Unterlassung der Beweiserhebung nicht rechtfertigen. Selbst wenn Bücher nicht kaufmännisch geführt sind, kann ihnen doch eine erhebliche Beweiskraft innewohnen. OVG. III, 279. Die

Geschäftsbücher eines Gewerbetreibenden, die außerhalb seines Wohnorts durch einen Dritten auf Grund der diesem von ihm gelieferten Unterlagen geführt werden, dürfen ohne Prüfung der Unterlagen nicht als ungeeignet zur Beweisführung erachtet werden. OVG. XI, 431.

1c. Der Umstand, daß ein der deutschen Sprache nicht genügend mächtiger Zensit seine Bücher in polnischer Sprache abfaßt, gibt nicht die Befugnis, den Inhalt der Bücher unberücksichtigt zu lassen. FME. v. 8. März 1894, MittH. 30, S. 9.

1d. Auch mit Blei in Geschäfts- oder Wirtschaftsbücher gemachte Eintragungen sind nicht ohne weiteres unglaubwürdig. OVG. IX, 310.

1e. Wenn ein Zensit sich darauf beschränkt, der Veranlagungsbehörde die Einsichtnahme seiner Bücher anzubieten, damit diese einen bestimmten Betrag als die Höhe des Einkommens aus denselben feststelle, so ist dies eine unvollkommene, der Ergänzung bedürftige Beweisantretung. Zensit hat auf Verlangen eine die relevanten, aus den Büchern zu erweisenden Einnahme- und Ausgabe-Positionen enthaltende Aufstellung vorzulegen, worauf demnächst die Vergleichung der Positionen dieser Aufstellung mit den Büchern zu erfolgen hat. OVG. II, 432 u. FME. v. 24. Aug. 1894, MittH. 30, S. 7.

1f. Wenn der Steuerpflichtige sich auf seine Geschäftsbücher beruft, so ist er nur zur Vorlegung derselben, nicht zur Übersendung, noch zur Belassung der Bücher bei der Behörde verpflichtet. OVG. III, 221.

1g. Erklärt sich ein Gewerbetreibender nur insoweit zur Vorlegung seiner Bücher bereit, als dieselbe an seinem Wohnorte vor einer von der Regierung beauftragten Persönlichkeit stattfinden kann, so erscheint es angezeigt, diesem Gesuche tunlichst stattzugeben. Einem solchen Vorgehen steht das Erkenntnis des OVG. III, 219 (s. Anm. 1h) nicht entgegen, da hiernach von der Regierung nur „bei unzureichender protokollarischer Feststellung ihres Beauftragten" die eigene Einsichtnahme gefordert wird. FME. v. 18. Aug. 1896, MittH. 34, S. 34.

1 b. Die Erhebung des Bücherbeweises muß in genügender Weise erfolgen. Die entscheidende Regierung muß über den Inhalt der Bücher selbständig urteilen und bei unzureichender protokollarischer Feststellung seitens ihrer Beauftragten zur eigenen Einsichtnahme schreiten. OVG. III, 219. Siehe auch Anm. 1 g zu diesem Paragraphen.

1 i. Zur ordnungsmäßigen Erhebung eines Bücherbeweises gehört die Verhandlung mit dem Veranlagten über die streitigen oder unklaren Punkte unter protokollarischer Feststellung des Ergebnisses. OVG. III, 279.

1 k. Hinsichtlich Prüfung der Bücher sind zu beachten d. FME. v. 27. Febr. und 4. Aug. 1894 (MittH. 30, S. 6, 7) und v. 7. Mai 1896 (MittH. 33, S. 10). Auch OVG. II, 422.

2. Vgl. RegVorl. und KomBer. d. AbgH. S. 22. Auch mittelbare Staatsbeamte (z. B. Gemeindebeamte) können mit der Besichtigung beauftragt werden.

§ 28.

Besondere Verpflichtung der Aktiengesellschaften.

Juristische Personen, Aktiengesellschaften, Kommanditgesellschaften auf Aktien, eingetragene Genossenschaften und alle zur öffentlichen Rechnungslegung verpflichteten gewerblichen Unternehmungen sind verpflichtet, ihre Geschäftsberichte und Jahresabschlüsse, sowie darauf bezügliche Beschlüsse der

Generalversammlungen nach den näheren Bestimmungen des Finanzministers alljährlich der Bezirksregierung einzureichen.[1] [2])

1a. Diejenigen juristischen Personen, eingetragene Genossenschaften usw., welche gewerbliche Unternehmungen im Sinne des Gewerbesteuergesetzes nicht betreiben, unterliegen nicht der Verpflichtung, ihre Bilanzen und Geschäftsberichte der Regierung einzureichen. FME. v. 27. Mai 1876, MittH. 34, S. 33.

1b. Gesellschaften mit beschränkter Haftung haben die Verpflichtungen aus § 28 nur dann, wenn sie nach § 41 Abs. 4 des RGes. v. 20. April 1892 (in der Fassung des Art. 11 des EG. z. HGB.) zur öffentlichen Rechnungslegung verpflichtet sind, d. i. wenn der Gegenstand des Unternehmens in dem Betriebe von Bankgeschäften besteht. FME. v. 2. Febr. 1894, MittH. 30, S. 51.

1c. Die Berggewerkschaften gehören nicht zu den zur öffentlichen Rechnungslegung verpflichteten Gesellschaften. Ebensowenig aber gehören sie zu den juristischen Personen im Sinne des § 28 des Gewerbesteuergesetzes. Unter diesen sind, worauf schon die besondere Hervorhebung der Aktiengesellschaften, Kommanditgesellschaften auf Aktien und eingetragenen Genossenschaften neben den juristischen Personen hinweist, die Erwerbsgesellschaften, denen wie den dort aufgeführten, den Gewerkschaften und Gesellschaften mit beschränkter Haftung selbständige Vermögens- und Rechtsfähigkeit beigelegt ist, nicht inbegriffen. Von den Gewerkschaften kann hiernach die Einreichung der Jahresabschlüsse usw. auf Grund des § 28 des Gewerbesteuergesetzes nicht gefordert werden. Soweit erforderlich, müssen die von den Gewerkschaften auf Grund des § 24 Abs. 4 des Einkommensteuergesetzes eingereichten Jahresabschlüsse usw. auch für die Gewerbesteuerveranlagung benutzt werden. FME. v. 6. Nov. 1897, MittH. 35, S. 59.

2. Strafvorschrift vgl. § 71 des Gesetzes Ziffer 1.

§ 29.

Namentliche Nachweisungen für Klasse II bis IV.

Die der Veranlagung zugrunde zu legende namentliche Nachweisung der Steuerpflichtigen wird für die Klassen II, III und IV durch die Steuerausschüsse festgestellt.[1]) Dem Vorsitzenden steht das Recht der Berufung an die Bezirksregierung zu.[2]) Er hat von der Ausübung dieses Rechts dem Steuerausschuß Mitteilung zu machen, auch dessen Erklärung darüber zu erfordern und der Berufungsschrift beizufügen.

Gegen die Entscheidung der Bezirksregierung steht nur[3]) dem Steuerausschusse binnen zehntägiger Ausschlußfrist nach erfolgter Mitteilung an die Mitglieder die Beschwerde an den Finanzminister zu.

1a. Die namentlichen Nachweisungen (Muster 10 d. A.) sind in den Klassen II, III und IV — abweichend von Klasse I — zunächst dazu bestimmt, die Steuergesellschaften für jede Klasse der Veranlagungsbezirke zu bilden; sie werden, ehe zur Steuerverteilung geschritten werden kann, dem Steuerausschusse zur Beschlußfassung vorgelegt und durch ihn festgestellt, womit die Konstituierung der Steuergesellschaften, vorbehaltlich der Entscheidung über etwaige Berufungen des Vorsitzenden, abgeschlossen wird. Art. 34 Ziffer 1 d. A. Nach FME. v. 11. Jan. 1904 II 12452 findet sich nichts dagegen zu erinnern, daß die namentlichen Nachweisungen für die Klassen III und IV so eingerichtet werden, daß sie während eines Zeitraumes von 3 Jahren benutzt werden können.

1b. Durch die endgiltige Feststellung der namentlichen Nachweisung wird für die Steuergesellschaft, vorbehaltlich der Anfechtung des Ergebnisses der Veranlagung durch die Veranlagten, ein unentziehbares Recht auf die Zugehörigkeit der in der namentlichen Nachweisung aufgeführten Steuerpflichtigen zu der betreffenden Klasse und auf deren Beteiligung an der Aufbringung des Steuerkontingents begründet. Die Veranlagung eines bereits in der endgültig festgestellten Nachweisung einer der Klassen II, III, IV aufgeführten Steuerpflichtigen in einer anderen dieser Klassen oder in der Klasse I ist unzulässig. OVG. X, 420. FME. v. 14. Sept. 1894, MittH. 30, S. 50.

1c. Aus Anlaß der in Anm. 1b zitierten Entscheidung des Königlichen Oberverwaltungsgerichts vom 21. Februar 1901 sind die Bestimmungen im Art. 35 Nr. 7 und Art. 41 Abs. 4 d. A. außer Kraft gesetzt worden, soweit danach bei mehrfacher Veranlagung in verschiedenen Steuerklassen die Veranlagung in der höheren Klasse aufrecht erhalten werden sollte. FME. v. 25. April 1901, MittH. 42, S. 18.

1d. Es kommt darauf an, daß die namentlichen Nachweisungen die steuerpflichtigen Gewerbe des Bezirks, mit Ausnahme der zur Besteuerung in Klasse I übernommenen, vollständig enthalten, daß jedes in die Nachweisung derjenigen Klasse aufgenommen wird, zu welcher es nach den gesetzlichen Bestimmungen gehört, und daß kein steuerpflichtiges Gewerbe in mehr als einer namentlichen Nachweisung aufgeführt wird.

Zu diesem Zwecke ist ein fortgesetztes Zusammenwirken der Vorsitzenden der Steuerausschüsse aller Klassen geboten. Dieselben haben sich die richtige Abgrenzung der Klassen gegeneinander auf jede Weise angelegen sein zu lassen, dazu dienliche Erkundigungen und Nachrichten auch im Laufe des Jahres anzustellen bzw. zu sammeln, erhebliche Wahrnehmungen sich gegenseitig mitzuteilen und nach ihrer Auffassung gerechtfertigte Änderungen anzuregen.

Jeder Vorsitzende eines Steuerausschusses ist verpflichtet, solche Gewerbe, in betreff deren sich herausstellt, daß sie nach Ertrag oder Anlage- und Betriebskapital zu einer andern Klasse gehören, als zu derjenigen, in welcher sie besteuert sind, alsbald unter Angabe der Gründe und Übersendung eines Auszugs aus der namentlichen Nachweisung bzw. dem Notizregister nebst sonstigen für die Besteuerung erheblichen Unterlagen dem Vorsitzenden des betreffenden Ausschusses behufs Aufnahme in die seinerseits für die nächste Veranlagung aufzustellende namentliche Nachweisung zu überweisen. Letzterer hat unverzüglich die Überweisung zu prüfen, um sich über deren Annahme oder Ablehnung schlüssig zu machen und von seiner Entschließung — im Falle der Ablehnung unter Anführung der Gründe — den überweisenden Vorsitzenden zu benachrichtigen, auch, wenn sich etwa die Zuständigkeit eines anderen Steuerausschusses ergeben sollte, die Weiterüberweisung an den Vorsitzenden desselben zu veranlassen. Es ist darauf Bedacht zu nehmen, daß derartige Überweisungen spätestens in der ersten Hälfte des Januar erledigt und überhaupt so zeitig als tunlich vorgenommen werden.

Entstehen Meinungsverschiedenheiten in betreff der Überweisungen und finden dieselben durch Verständigung zwischen den beteiligten Vorsitzenden nicht rechtzeitig vor Aufstellung der namentlichen Nachweisungen ihre Ausgleichung, so hat der überweisende Vorsitzende die Verhandlung der Bezirksregierung zur Entscheidung vorzulegen, und diese ist für die Aufstellung der namentlichen Nachweisungen unbedingt maßgebend, vorbehaltlich etwaiger späterer Anrufung des Finanzministers.

Art. 34 Ziffer 1 Abs. 2 bis Ziffer 3 d. A.

1 e. Zur Vorbereitung der namentlichen Nachweisungen sind die namentlichen Nachweisungen des laufenden Jahres, die Notizregister und alle nach Art. 23 d. A. dem Vorsitzenden des Steuerausschusses zu Gebote stehenden Mittel zu benutzen. Außerdem ist von den Vorsitzenden in Klasse IV das Verzeichnis der auswärts besteuerten Betriebe (Art. 27 d. A. Nr. 2d zu bb) durchzugehen und zu prüfen, ob das Verhältnis, auf welchem die Besteuerung in einem auswärtigen Bezirke beruht, noch fortdauert, und ob in der Art und Ausdehnung des Betriebes etwa erhebliche Änderungen eingetreten sind, von denen dem Vorsitzenden des auswärtigen Ausschusses Kenntnis zu geben ist.

Der Vorsitzende des Ausschusses der Klasse IV hat seine besondere Aufmerksamkeit noch der Ermittelung derjenigen bisher steuerfreien Gewerbetreibenden zuzuwenden, welche etwa inzwischen nach der Höhe des Ertrages oder des Anlage- und Betriebskapitals die Grenze der Steuerfreiheit überschritten haben. Hierbei wird er namentlich die Mitwirkung der Gemeindebehörden in Anspruch zu nehmen und die in Gemäßheit des Art. 27 d. A. Nr. 2c von ihm zu führende Kontrolle steuerfreier Gewerbe zu benutzen haben.

Auch im übrigen wird sich die Aufmerksamkeit der Vorsitzenden vorwiegend auf die Verhältnisse derjenigen Gewerbebetriebe lenken, welche der oberen oder unteren Grenze der Klasse nach Ertrag bzw. Anlage- und Betriebskapital nahestehen, von deren richtiger Beurteilung mithin die Durchführung der richtigen Klasseneinteilung vorzugsweise abhängt.

Über Anträge der Steuerpflichtigen, welche auf Grund des § 8 des Gesetzes oder aus sonstigen Gründen für die nächste Veranlagung Versetzung in eine niedere Klasse beanspruchen, hat der Vorsitzende die erforderlichen Erhebungen anzustellen, und sofern nach seiner pflichtmäßigen Überzeugung der Antrag begründet ist, die Überweisung zu veranlassen, oder die Antragsteller ablehnend zu bescheiden, oder die Entscheidung dem Steuerausschusse bei seinem Zusammentreten behufs Feststellung der namentlichen Nachweisung vorzubehalten (vgl. Art. 31 d. A. Nr. I 1a und b).

Zu einer gutachtlichen Äußerung über die Erträge der einzelnen, in die namentliche Nachweisung aufgenommenen Gewerbe sind die Vorsitzenden der Klassen II, III, IV — abweichend von dem Verfahren in Klasse I (Art. 31 d.

A., IV) — nicht verpflichtet, wenn es ihnen auch freisteht, zweckdienliche Äußerungen hierüber in die Spalte „Bemerkungen" der namentlichen Nachweisung einzutragen.

Der Vorsitzende hat nach seinem Ermessen in zweifelhaften Fragen sich schon vor und bei der Aufstellung der namentlichen Nachweisung mit sachkundigen Mitgliedern des Steuerausschusses in Einvernehmen zu setzen; er kann sich ihres Rates bedienen, aber auch ihre tätige Mitwirkung (vgl. Art. 22 d. A. Nr. 2) herbeiführen, um sich ihrer Zustimmung bezüglich der Aufnahme in die namentliche Nachweisung oder Ausscheidung aus derselben zu versichern und späteren wesentlichen Änderungen vorzubeugen.

Vor Zusammentritt des Steuerausschusses muß die Aufstellung der namentlichen Nachweisung beendigt, und müssen die Spalten 2 bis 8 derselben ausgefüllt sein.

Zugleich ist die Berechnung der von der Steuergesellschaft aufzubringenden Steuersumme dergestalt vorzubereiten, daß dieselbe unmittelbar nach Feststellung der namentlichen Nachweisung und nach der dadurch etwa bedingten Berichtigung festgesetzt und mit der Steuerverteilung ohne Aufenthalt vorgegangen werden kann.

Ferner hat der Vorsitzende über die Veränderungen, welche die von ihm aufgestellte namentliche Nachweisung gegen den bisherigen Zustand enthält, eine Zusammenstellung (Nachweisung der Veränderungen) nach Muster 11 d. A. zu fertigen, welche zunächst zur Erleichterung der Verhandlungen des Ausschusses dient, sodann aber dazu bestimmt ist, nachdem die durch die Beschlüsse des Ausschusses notwendig gewordenen Berichtigungen bewirkt sind, sofort dem Vorsitzenden der nächst niederen Klasse zugestellt zu werden. Der Vorsitzende der Klasse II hat deshalb für jeden Kreis, welcher von den fraglichen Veränderungen berührt wird, einen besonderen Auszug aus der Zusammenstellung bereit zu halten. Der Vorsitzende der Klasse III sendet, nachdem die namentliche Nachweisung dieser Klasse festgestellt ist, die von ihm gefertigte Nachweisung der Veränderungen nebst dem, wie vor erwähnt, von dem Vorsitzenden der Klasse II empfangenen Auszuge an den Vorsitzenden der Klasse IV, welcher diese Schriftstücke nach gemachtem Gebrauche an den Vorsitzenden der Klasse III bzw. II zurückgibt.

Diese Zusendungen müssen unfehlbar am dritten Tage, nachdem die Feststellung der namentlichen Nachweisung der oberen Klasse erfolgt ist, bewirkt sein.

Soweit die Überweisung von Steuerpflichtigen in niedere Steuerklassen in Frage kommt, sind, falls dies nicht schon früher geschehen, die für die Besteuerung erforderlichen Unterlagen beizufügen. (Vgl. auch Art. 35 Nr. 5 d. A.)

Art. 34 Ziffer 4 bis 11 d. A.

Im Interesse der Verminderung des Schreibwerks ist nachgelassen, daß die Vorsitzenden der Steuerausschüsse der Klassen III und IV, bei denen ein Bedürfnis dazu nicht besteht, von der Aufstellung der Nachweisung der Veränderungen nach Muster 11 d. A. absehen. FME. v. 25. April 1901, MittH. 42, S. 19.

1 f. Zur Feststellung der namentlichen Nachweisung wird der Steuerausschuß berufen:

In Klasse II in den letzten Tagen des Monats Januar, spätestens bis zum 3. Februar,

in Klasse III nicht vor dem vierten Tage nach dem Sitzungstermine der Klasse II und spätestens bis zum 12. Februar,

in Klasse IV nicht vor dem vierten Tage nach dem Sitzungstermine der Klasse III und spätestens bis zum 20. Februar.

Der Vorsitzende des Ausschusses der Klasse II hat die zu seinem Veranlagungsbezirke gehörenden Vorsitzenden der Klasse III von dem Tage, an welchem die Ausschußsitzung der Klasse II stattfinden soll, mindestens zwei Wochen zuvor in Kenntnis zu setzen. Die gleiche Verpflichtung liegt dem

Vorsitzenden der Klasse III gegenüber demjenigen der Klasse IV ob.

Art. 35 Ziffer 2 d. A.

1 g. In der Sitzung legt der Vorsitzende die von ihm aufgestellte namentliche Nachweisung zur Beschlußfassung vor, erläutert die gegen das Vorjahr eintretenden Änderungen, nötigenfalls unter Berücksichtigung der von den Steuerpflichtigen eingegangenen Anträge und stellt Anträge der Ausschußmitglieder wegen Aufnahme Steuerpflichtiger in die namentliche Nachweisung oder Streichung aus derselben zur Erörterung und Beschlußfassung. Art. 35 Ziffer 3 d. A.

1 h. Der Steuerausschuß ist nicht befugt, solche Gewerbetreibende, welche

a) von dem Vorsitzenden des Steuerausschusses der Klasse I zur Veranlagung in dieser Klasse bereits übernommen sind, oder

b) von dem Steuerausschusse einer oberen Klasse in die bereits festgestellte namentliche Nachweisung aufgenommen sind,

in die namentliche Nachweisung einer unteren Klasse aufzunehmen.

Anderseits ist der Steuerausschuß verpflichtet, solche Gewerbetreibende in die Nachweisung aufzunehmen, bzw. der nächst niederen Klasse zu überweisen, welche ihm ausweislich der Veränderungsnachweisung von dem Steuerausschusse der höheren Klasse überwiesen sind. Art. 35 Ziffer 4 d. A.

1 i. Nach beendeter Beschlußfassung sind die in der namentlichen Nachweisung eingetragenen Steuerpflichtigen mit laufender Nummer zu versehen. Die Nachweisung wird hierauf von den Mitgliedern des Steuerausschusses durch unterschriftliche Vollziehung des Feststellungsvermerks abgeschlossen, womit die Steuergesellschaft für das nächste Jahr gebildet ist. Art. 35 Ziffer 6 d. A.

2 a. Über die Einlegung der Berufung durch den Vorsitzenden vgl. Art. 36 d. A. In betreff seiner Verpflichtung, Berufung einzulegen, finden die Bestimmungen im Art. 33 Ziffer 1 d. A. Anwendung. Vgl. Anm. 2 zu § 30.

2 b. Gewerbetreibende, deren Aufnahme der Steuerausschuß ablehnt, sind auch in dem Falle, daß der Vorsitzende hiergegen Berufung anmeldet, in der namentlichen Nachweisung zu streichen. In diesem Falle ist in der Veränderungsnachweisung zu vermerken, daß Berufung eingelegt ist.

So lange die Entscheidung der Regierung über die Berufung nicht ergangen ist, darf die Aufnahme eines von der Berufung Betroffenen in die namentliche Nachweisung einer niederen Klasse nicht erfolgen. Derartige Gewerbetreibende sind nötigenfalls im Zugangswege zu veranlagen. Art. 35 Ziffer 5 d. A.

3. Durch das Wort „nur" soll nicht etwa ausgedrückt werden, daß dem Vorsitzenden das Recht der Beschwerde an den Finanzminister nicht zusteht; dies ist selbstverständlich, da dem Kommissar kein Beschwerderecht über die Entscheidung der vorgesetzten Behörde eingeräumt sein kann. Das Wort „nur" will vielmehr andeuten, daß nicht etwa der einzelne Steuerpflichtige und ebensowenig das einzelne Mitglied des Steuerausschusses, sondern allein die Mehrheit der Mitglieder des Steuerausschusses die Entscheidung der Bezirksregierung durch Beschwerde an den Finanzminister anfechten kann. Dem Steuerpflichtigen selbst stehen nur die Rechtsmittel aus §§ 35 ff. zu Gebote. Er erfährt überhaupt nichts von der Feststellung der namentlichen Nachweisung, erst das definitive Ergebnis der Veranlagung wird ihm bekannt gemacht. Dagegen ist dem Steuerausschusse die seinen Beschluß abändernde Entscheidung der Regierung gemäß Art. 36 Ziffer 3 d. A. mitzuteilen. Die zehntägige Frist läuft von dem auf die Bekanntmachung (bzw. bei Bekanntmachung durch Umlauf, von dem auf die zuletzt bewirkte Zustellung) folgenden Tage ab. Die Beschwerde ist beim Vorsitzenden des Steuerausschusses

schriftlich anzubringen. A. Art. 36 Ziffer 3. Siehe auch OVG. IX, 441.

§ 30.

Berufungsrecht des Vorsitzenden in Klasse I.

Gegen die Veranlagungsbeschlüsse[1]) des Steuerausschusses der Klasse I steht dem Vorsitzenden die Berufung[2]) an die Bezirksregierung am Sitz des Steuerausschusses zu. Dem Steuerausschuß ist davon Mitteilung zu machen und Gelegenheit zu geben, den angefochtenen Beschluß zu begründen.[3])[4])

1a. Eine Feststellung der namentlichen Nachweisung in dem Sinne, wie sie in den Klassen II bis IV nötig ist, um die Steuergesellschaften zu konstituieren, findet in Klasse I nicht statt, da die Steuerpflichtigen dieser Klasse keine Steuergesellschaft bilden, sondern unmittelbar und einzeln mit dem ihnen zukommenden Steuersatze durch den Steuerausschuß veranlagt werden. Der Steuerausschuß kann deshalb bis zum Abschlusse des Veranlagungsgeschäfts durch Feststellung der Gewerbesteuerrolle, äußerstenfalls selbst bis zur Zustellung der Steuerzuschrift an den Steuerpflichtigen, auf Anregung seines Vorsitzenden oder seiner Mitglieder einzelne Gewerbetreibende in Klasse I aufnehmen oder aus derselben entlassen und einer niederen Klasse zuweisen. Es ist jedoch dahin zu streben, daß durch sorgfältige Vorbereitung seitens des Vorsitzenden dergleichen spätere Änderungen wegen ihrer störenden Rückwirkung auf die Steuerverteilung in den übrigen Klassen tunlichst entbehrlich werden. Art. 31 II d. A.

1b. Vgl. im übrigen wegen Aufstellung der namentlichen Nachweisung in Klasse I Art. 31 und wegen der Veranlagungsbeschlüsse des Steuerausschusses der Klasse I Art. 32 d. A.

2. Der Vorsitzende ist berechtigt, gegen die Beschlüsse des Steuerausschusses über Zulassung oder Ablehnung der Veranlagung eines Steuerpflichtigen in Klasse I überhaupt, sowie über die Festsetzung des Ertrages bzw. Steuersatzes der einzelnen Steuerpflichtigen Berufung an die Regierung am Sitze des Steuerausschusses einzulegen. Von diesem Rechte Gebrauch zu machen, ist er verpflichtet:

a) wenn der Beschluß des Steuerausschusses die gesetzlichen Bestimmungen oder die zu deren Ausführung erlassenen Vorschriften verletzt, oder

b) seiner Überzeugung nach den steuerpflichtigen Ertrag, bzw. das Anlage- und Betriebskapital unrichtig feststellt, insbesondere die Besteuerung in Klasse I zu Unrecht ablehnt oder einen zu niedrigen Steuersatz in Anwendung bringt;

c) wenn die zuständige Regierung die Art oder die Höhe der Veranlagung einzelner Gewerbetreibender moniert und den Vorsitzenden angewiesen hat, falls der Erinnerung seitens des Steuerausschusses nicht Folge gegeben werden sollte, Berufung einzulegen.

Der Vorsitzende hat alsdann, selbst gegen seine abweichende Ansicht, von der Berufung Gebrauch zu machen und dieselbe der Erinnerung der Regierung entsprechend zu rechtfertigen. Im übrigen bleibt ihm die Ausführung seiner eigenen Auffassung der Regierung gegenüber unbenommen.

Art. 33 Ziffer 1 d. A.

3. Die Einlegung der Berufung ist zwar nur insofern an eine Frist gebunden, als sie nach Zustellung der Steuerzuschrift nicht mehr zulässig ist. Der Vorsitzende des Steuerausschusses hat sich jedoch über die Fälle, in denen er Berufung einlegen will, in der Regel schon in der Sitzung dem Steuerausschusse gegenüber zu erklären und den Mitgliedern des letzteren zur Begründung des angefochtenen Beschlusses Gelegenheit zu geben. Legt er erst

später oder gegen einen schriftlich herbeigeführten Beschluß Berufung ein, so hat er unter Beifügung einer kurzen Rechtfertigung derselben den Mitgliedern des Steuerausschusses sofort Mitteilung zu machen und ihnen die Begründung des angefochtenen Beschlusses anheimzustellen. Art. 33 Ziffer 2 d. A.

4. Für den Steuerpflichtigen selbst ist es natürlich ohne Belang, ob das ihm bekannte Ergebnis der Veranlagung auf einer im Berufungswege herbeigeführten Entscheidung oder unmittelbar auf Beschluß des Steuerausschusses beruht; in jedem Falle stehen ihm die Rechtsmittel aus §§ 35 ff. gleichmäßig zu Gebote. Begründung der RegVorl. S. 52. Zu vgl. auch OVG. X, 473.

§ 31.

Gewerbesteuerrolle.[1])

Die aus den Steuerlisten der einzelnen Steuerklassen zusammenzustellenden Gewerbesteuerrollen [für die Erhebungsbezirke [2])] werden von der [Bezirksregierung] festgesetzt.[3]) [Dieselbe ist befugt, Rechnungsfehler zu berichtigen.] Die Gewerbesteuerrolle ist zur Einsicht der Steuerpflichtigen des Veranlagungsbezirkes während einer Woche öffentlich auszulegen.[4]) Diese Auslegung ist eine Woche vorher bekannt zu machen.[5])

1. Die beiden ersten Sätze dieses Paragraphen haben mit der Außerhebungssetzung der Gewerbesteuer für die Staatskasse teilweise ihre Anwendbarkeit verloren. Die jetzt nicht mehr gültigen Stellen sind oben eingeklammert; vgl. auch dazu die folgenden Anmerkungen.

2. Die Gewerbesteuerrolle ist jetzt für jede Gemeinde zu bilden. Art. 39 Ziffer 1 d. A.

3. Eine Festsetzung durch die Bezirksregierung findet nicht mehr statt. Die Vorsitzenden der Steuerausschüsse haben sofort nach beendeter Veranlagung aus der namentlichen Nachweisung für die Gemeinden, in welchen die veranlagten Betriebe ihren Sitz haben, getrennte Auszüge (Steuerlisten) nach dem Muster 12 d. A. anzufertigen. Zur Vereinfachung des Verfahrens können in Veranlagungsbezirken, wo der Vorsitz in den Steuerausschüssen der Klassen I und II bzw. III und IV in einer Person vereinigt ist, die Steuerpflichtigen der Klassen I und II bzw. III und IV in einer Liste nach Klassen getrennt aufgeführt werden. Die Vorsitzenden der Steuerausschüsse der Klassen I, II und III senden diese Steuerlisten in den ersten 8 Tagen des März an die für die betreffenden Gemeinden zuständigen Vorsitzenden des Steuerausschusses der Klasse IV, welche dieselben verbinden und die so hergestellte Rolle bis spätestens 25. März aufgerechnet, abgeschlossen und vollzogen der Gemeinde zufertigen. Art. 39 Ziffer 2 und 3 d. A.

4a. Über die Berechnung des Gewerbesteuersolls der Gemeinden vgl. Art. 40 Ziffer 2 d. A.

4b. Die Gemeindevorstände haben die Rollen während einer Woche des Monats April öffentlich auszulegen und den Ort sowie die Zeit der Auslegung eine Woche vor Beginn derselben in ortsüblicher Weise bekannt zu machen. In der Bekanntmachung ist darauf hinzuweisen, daß nur den Steuerpflichtigen des Veranlagungsbezirks die Einsicht in die Rolle gestattet ist. A. Art. 40 Ziffer 3. Es steht dem Gemeindevorstande frei anzuordnen, daß die Einsicht der Steuerrollen nur denjenigen gestattet wird, welche sich als Inhaber oder Gesellschafter eines in dem Veranlagungsbezirk steuerpflichtigen Betriebes durch Vorzeigung der Gewerbesteuerzuschrift oder in anderer Weise gehörig ausweisen. Damit wird zugleich die Möglichkeit gegeben, demselben Steuerpflichtigen die wiederholte Einsicht zu verweigern, wenn nach Lage der Sache anzunehmen ist, daß diese zum Zwecke einer mißbräuchlichen Verwertung des Inhalts der Steuerrolle geschehen soll.

Ferner ist der Gemeindevorsteher befugt, in jedem Falle, wo der Einsichtnehmende durch Entnahme von Abschriften oder umfangreichen Notizen aus den Rollen oder durch andere Handlungen den Verdacht der beabsichtigten mißbräuchlichen Benutzung oder unzulässigen Verbreitung des Inhalts der Rolle erregt, derartigen Versuchen in geeigneter Weise entgegenzutreten. FME. v. 30. Sept. 1907, MittH. 52, S. 71.

4c. Über Mitteilungen über die Gewerbesteuer-Veranlagung an die Gerichtsbehörden wegen der Gebühren für die Eintragungen ins Handelsregister vgl. FME. v. 6. Nov. 1895; MittH. 33, S. 51.

4d. Wegen Mitteilung des Ergebnisses der Gewerbesteuer-Veranlagung bzw. Zerlegung an die Handelskammern vgl. FME. v. 18. Juli 1893, MittH. 29, S. 38; v. 6. Mai 1894, MittH. 30, S. 53; v. 30. April 1898, MittH. 35 S. 62; v. 20. Nov. 1900, MittH. 42, S. 20 und v. 23. Juli 1903, MittH. 47, S. 14. Auch entsprechende Mitteilungen an die Handwerkskammern können nicht abgelehnt werden. FME. v. 14. Febr. 1908 II 42b.

5. Vgl. KomBer. des AbgH. S. 23.

§ 32.

Benachrichtigung des Steuerpflichtigen.

Das Ergebnis der Veranlagung hat der Vorsitzende des Steuerausschusses jedem Steuerpflichtigen mittels einer, zugleich eine Belehrung über die Rechtsmittel enthaltenden Zuschrift bekannt zu machen.[1])

Auf die von dem Vorsitzenden des Steuerausschusses zu bewirkenden Zustellungen an Steuerpflichtige finden die Bestimmungen im § 53 des Einkommensteuergesetzes Anwendung.[2])

1a. Die Vorsitzenden der Steuerausschüsse lassen die Steuerzuschriften spätestens bis zum 15. April den Steuerpflichtigen in verschlossenem Zustande durch die Gemeindevorstände zustellen. Art. 40 Ziffer 1 d. A.

1b. Die Bekanntmachung des veranlagten Gewerbesteuersatzes an die Steuerpflichtigen bildet einen Teil des Veranlagungsgeschäfts, und, da die Bekanntmachung bestimmungsmäßig durch verschlossenes Schreiben erfolgen soll, gehört auch der Verschluß der Benachrichtigungsschreiben zu den Obliegenheiten des Vorsitzenden des Steuerausschusses. FME. v. 25. Juli 1896, MittH. 34, S. 34.

2a. Nach § 53 des Einkommensteuergesetzes sind die Zustellungen durch einen öffentlichen Beamten unter Bescheinigung der Behändigung auszuführen. Die Post kann um die Bewirkung der Zustellung ersucht werden. In beiden Fällen gilt die Zustellung für vollzogen, auch wenn die Annahme verweigert wird. Sind Wohnsitz und Aufenthalt eines Steuerpflichtigen unbekannt, so kann die Zustellung durch Anheftung des zuzustellenden Schriftstücks an der zu Aushängen der Gemeinde des Veranlagungsorts bestimmten Stelle erfolgen. Die Zustellung gilt für vollzogen, wenn seit der Anheftung zwei Wochen verstrichen sind. Auf die Giltigkeit der Zustellung hat es keinen Einfluß, wenn das Schriftstück von dem Orte der Anheftung zu früh entfernt wird. Die außerhalb Preußens zu bewirkenden Zustellungen können mittels eingeschriebener Briefe erfolgen. Die Zustellung gilt mit der Aufgabe zur Post für vollzogen. Vgl. auch Art. 71 d. A. zum Einkommensteuergesetze.

2b. Die Ausführung der Zustellung erfolgt unter Beachtung der Vorschriften in Art. 28 Nr. 1—12 der zur Ausführung der Verordnung vom 15. Nov. 1899, betr. das Verwaltungszwangsverfahren wegen Beitreibung von Geldbeträgen ergangenen Anweisung vom 28. Nov. 1899. Diese lauten:

Art. 28.

Für die Zustellungen, soweit dieselben nicht durch Gerichtsvollzieher oder in Angelegenheiten der Justizverwaltung erfolgen, gelten die nachstehenden Vorschriften:

1. Die Zustellung besteht, wenn eine Ausfertigung zugestellt werden soll, in deren Übergabe, in den übrigen Fällen in der Übergabe einer einfachen Abschrift des zuzustellenden Schriftstücks.
2. Die Zustellungen für nicht prozeßfähige Personen erfolgen an die gesetzlichen Vertreter derselben. Wer im Einzelfalle gesetzlicher Vertreter ist, richtet sich nach den Vorschriften des bürgerlichen Rechts. Im allgemeinen erfolgen die Zustellungen für Minderjährige an den Vater; nach dem Tode desselben an die Mutter oder den Vormund. Zustellungen für Geisteskranke, Verschwender oder sonst aus irgend einem Grunde unter Vormundschaft stehende Personen an den Vormund.

   Bei Behörden, Gemeinden und Korporationen sowie bei Vereinen, welche als solche klagen oder verklagt werden können, genügt die Zustellung an den Vorsteher.

   Bei mehreren gesetzlichen Vertretern, sowie bei mehreren Vorstehern genügt die Zustellung an einen derselben.
3. Die Zustellung für einen Unteroffizier oder einen Gemeinen des aktiven Heeres oder der aktiven Marine erfolgt an den Chef der zunächst vorgesetzten Kommandobehörde (Chef der Kompagnie, Eskadron, Batterie usw.).
4. Die Zustellung erfolgt an den Generalbevollmächtigten sowie in den den Betrieb eines Handelsgewerbes betreffenden Angelegenheiten an den Prokuristen mit gleicher Wirkung wie an den Adressaten selbst.

5. Die Zustellungen können an jedem Ort erfolgen, wo die Person, welcher zugestellt werden soll, angetroffen wird.

Hat die Person an diesem Ort eine Wohnung oder ein Geschäftslokal, so ist die außerhalb der Wohnung oder des Geschäftslokals an sie erfolgte Zustellung nur gültig, wenn die Annahme nicht verweigert ist.

6. Wird die Person, welcher zugestellt werden soll, in ihrer Wohnung nicht angetroffen, so kann die Zustellung in der Wohnung an einen zu der Familie gehörenden erwachsenen Hausgenossen oder an eine in der Familie dienende erwachsene Person erfolgen.

Wird eine solche Person nicht angetroffen, so kann die Zustellung an den in demselben Hause wohnenden Hauswirt oder Vermieter erfolgen, wenn diese zur Annahme des Schriftstücks bereit sind. (Aber nur an den Hauswirt oder Vermieter persönlich, nicht z. B. an dessen Hausgenossen oder Familienglieder, auch nicht an eine in der Familie des Hauswirts oder Vermieters dienende Person. FME. v. 31. Oktober 1900 II 10 189.)

7. Ist die Zustellung nach diesen Bestimmungen nicht ausführbar, so kann sie dadurch erfolgen, daß das zu übergebende Schriftstück bei der Ortsbehörde oder Postanstalt des Zustellungsortes niedergelegt und die Niederlegung sowohl durch eine an der Tür der Wohnung zu befestigende schriftliche Anzeige, als auch, so weit tunlich, durch mündliche Mitteilung an zwei in der Nachbarschaft wohnende Personen bekannt gemacht wird.

8. Für Gewerbetreibende, welche ein besonderes Geschäftslokal haben, kann, wenn sie in dem Geschäftslokale nicht angetroffen werden, die Zustellung an einen darin anwesenden Gewerbegehilfen erfolgen.

Wird ein Rechtsanwalt, ein Notar oder ein Gerichtsvollzieher in seinem Geschäftslokale nicht angetroffen, so kann die Zustellung an einen darin anwesenden Gehilfen oder Schreiber erfolgen.

9. Wird der gesetzliche Vertreter oder der Vorsteher einer Behörde, einer Gemeinde, einer Korporation oder eines Vereins, welchem zugestellt werden soll, in dem Geschäftslokale während der gewöhnlichen Geschäftsstunden nicht angetroffen oder ist er an der Annahme verhindert, so kann die Zustellung an einen anderen in dem Geschäftslokale anwesenden Beamten oder Bediensteten bewirkt werden.

Wird der gesetzliche Vertreter oder der Vorsteher in seiner Wohnung nicht angetroffen, so finden die Bestimmungen zu Nr. 6 und 7 nur Anwendung, wenn ein besonderes Geschäftslokal nicht vorhanden ist.

10. Wird die Annahme der Zustellung ohne gesetzlichen Grund verweigert, so ist das zu übergebende Schriftstück am Orte der Zustellung zurückzulassen.

11. Zur Nachtzeit, sowie an Sonntagen und allgemeinen Feiertagen darf eine Zustellung nur mit Erlaubnis der Vollstreckungsbehörde erfolgen. Die Erlaubnis ist nur im Falle der Dringlichkeit der Zustellung zu erteilen. Die Nachtzeit umfaßt in dem Zeitraume vom 1. April bis 30. September die Stunden von 9 Uhr abends bis 4 Uhr morgens, in dem Zeitraume vom 1. Oktober bis 31. März die Stunden von 9 Uhr abends bis 6 Uhr morgens.

Die Verfügung, durch welche die Erlaubnis erteilt wird, ist bei der Zustellung abschriftlich mitzuteilen.

Eine Zustellung, bei welcher die vorstehende Bestimmung nicht beobachtet ist, ist gültig, wenn die Annahme nicht verweigert ist.

12. Ist bei einer Zustellung an den Vertreter mehrerer Beteiligter oder an einen von mehreren Vertretern

die Übergabe der Ausfertigung oder Abschrift eines Schriftstücks erforderlich, so genügt die Übergabe nur einer Ausfertigung oder Abschrift.

An die Stelle der Vollstreckungsbehörde im Falle des Art. 28 Nr. 11 tritt der die Zustellung anordnende Vorsitzende. Art. 71 I d. A. z. Einkommensteuergesetz.

2c. In betreff der Zustellung ist ein Hausverwalter als solcher nicht eine für die Bewohner des Hauses empfangsberechtigte Person. OVG. I, 209. Ein mit einer Zustellung an den nach der Veranlagung in Konkurs geratenen Steuerpflichtigen beauftragter Beamter kann nicht für befugt erachtet werden, die Zustellung ohne weiteres an den Konkursverwalter zu bewirken. OVG. v. 21. Febr. 1901 IV G 411.

2d. Der Aufnahme einer förmlichen Zustellungsurkunde bedarf es nicht, es genügt eine Bescheinigung des öffentlichen Beamten, welche Ort und Zeit der Zustellung, die Bezeichnung des zugestellten Schriftstücks, der Person, an welche dasselbe übergeben ist, sowie die Unterschrift des Beamten enthalten muß. Diese Bescheinigungen können für eine Mehrzahl von Zustellungen tabellarisch zusammengefaßt werden.

Erfolgt die Behändigung des Schriftstücks nicht an den Adressaten selbst, sondern an eine andere Person (Hausgenossen, Dienstboten, Gewerbegehilfen usw.), so muß die Bescheinigung des Beamten derart abgefaßt sein, daß daraus das Verhältnis, in welchem der Empfänger des Schriftstücks zu dem Adressaten steht, zu erkennen ist.

Dagegen bedarf es nicht der ausdrücklichen Hervorhebung des Umstandes, daß der Adressat in seiner Wohnung oder in seinem Geschäftslokal nicht angetroffen worden, und daß der Hauswirt oder Vermieter zur Annahme bereit, bzw. ein zu der Familie gehöriger Hausgenosse oder eine in der Familie dienende erwachsene Person nicht anwesend gewesen sei.

Art. 71 III d. A. z. Einkommensteuergesetz.

2 e. Wenn den die Zustellung der Veranlagungsschreiben bewirkenden Beamten der Vermerk des Zustellungstages auf dem Veranlagungsschreiben auch nicht zur Pflicht gemacht ist, so erscheint es doch angezeigt, daß die Beamten einem hierauf gerichteten ausdrücklichen Antrage des Steuerpflichtigen stattgeben. FME. vom 24. Mai 1901, MittH. 42, S. 9.

2 f. Die außerhalb Preußens erforderlichen Zustellungen sind in der Regel mittels eingeschriebenen Briefes gegen einen zu den Akten zurückgelangenden Empfangsschein zu bewirken.

Innerhalb Preußens genügt eine Zusendung durch eingeschriebenen Brief nicht, um eine rechtsgültige Zustellung zu bewirken. OVG. II, 65.

2 g. Wenn die Post nach dem Orte des Aufenthaltes des Steuerpflichtigen außerhalb Preußens Briefe gegen Rückschein nicht befördert, und die Voraussetzungen der Zustellung mittels Aushanges nicht vorliegen oder diese Zustellungsart mit Rücksicht auf die Bedeutung der Sache nicht angezeigt scheint, so ist das zuzustellende Schriftstück unter Darlegung des Sachverhaltes durch Vermittelung der Regierung dem Finanzminister zur weiteren Übermittelung an das Auswärtige Amt einzureichen.

Die im § 53 Abs. 3 des Einkommensteuergesetzes zugelassene Zustellung mittels eingeschriebenen Briefes (ohne zurückgelangenden Empfangsschein) ist nur anzuwenden, wenn von der Zustellung der Lauf einer Ausschlußfrist nicht abhängig ist. Art. 71 V d. A. z. Einkommensteuergesetz.

2 h. Die Zustellung mittels Aushängens (§ 53 Abs. 2 des Einkommensteuergesetzes) ist auch dann zulässig, wenn bei einer im Auslande zu bewirkenden Zustellung die Befolgung der für diese bestehenden Vorschriften unausführbar ist oder keinen Erfolg verspricht, oder wenn die Zustellung aus dem Grunde nicht bewirkt werden kann,

weil die Wohnung einer Exterritorialität genießenden Person der Ort der Zustellung ist.

Art. 71 VII d. A. z. Einkommensteuergesetz.

2 i. Die Zustellung der Steuerzuschrift ist, falls über die veranlagte Person kein Zweifel besteht, nicht deshalb ungültig, weil der Steuerpflichtige irrtümlich mit einer seinem Namen entsprechenden Firma bezeichnet worden ist. OVG. IX, 428.

§ 33.

Begrenzung der Steuerpflicht.[1])

Die Steuerpflicht beginnt mit dem Anfange des auf die Eröffnung des Betriebes folgenden Kalendervierteljahres[2]) und dauert bis zum Ende desjenigen Kalendervierteljahres, in welchem das Gewerbe abgemeldet wird.[3]) Erfolgt die Abmeldung in demselben Vierteljahr, in welchem der Betrieb begann, so ist der Gewerbetreibende für ein Vierteljahr steuerpflichtig. Zeitweilige durch die Natur des Gewerbes bedingte Unterbrechung[4]) befreit nicht von der Steuerverpflichtung für die Zwischenzeit bis zur Wiederaufnahme des Betriebes im Laufe desselben oder des nächstfolgenden Jahres.

1. Vgl. Art. 13 u. 47 d. A.

2a. Die unerläßliche Voraussetzung für die Heranziehung zur Gewerbesteuer ist bei jedem Gewerbetreibenden der tatsächliche Beginn eines an sich steuerpflichtigen Gewerbes, und das Vorliegen dieser Voraussetzung muß im Falle der Bestreitung seitens des Veranlagten von der Veranlagungsbehörde unter Angabe der diese Annahme begründenden tatsächlichen Umstände festgestellt werden. OVG. VI, 388.

2b. Das Wort Steuerpflicht im ersten Satze des § 33 bedeutet nicht die objektive Steuerpflichtigkeit, sondern die subjektive Pflicht zur Steuerzahlung, was im letzten Satze des Paragraphen mit „Steuerverpflichtung" ausgedrückt wird. Wer *seine Steuerpflicht überhaupt bestreitet*, hat nach §§ 35 bis 37 des Gesetzes einen von der Abmeldung ganz unabhängigen Anspruch auf die Entscheidung der Rechtsmittelbehörden. Es muß daher über seine Steuerpflicht auch im Falle der Nichtabmeldung des Betriebes im Rechtsmittelwege entschieden werden. OVG. X, 440; v. 8. Nov. 1906 VI G 326.

2c. Nach der klaren Fassung des § 33 des Gewerbesteuergesetzes beginnt die Steuerpflicht mit dem Anfang des auf die Eröffnung des Betriebes folgenden *Kalendervierteljahrs*. Die Zugangstellung des am 1. April begonnenen Gewerbebetriebs darf also erst vom 1. Juli ab erfolgen. FME. v. 11. Nov. 1893, MittH. 29, S. 33.

2d. Da die Gewerbesteuerpflicht erst mit dem Anfange des auf die Betriebseröffnung folgenden Kalendervierteljahrs beginnt, so werden diejenigen Personen, welche im vierten Vierteljahr ein neues betriebssteuerpflichtiges Gewerbe eröffnen, in dem betreffenden Steuerjahr nicht mehr *gewerbesteuerpflichtig*, und kann ihnen daher auch kein Betriebssteuersatz auferlegt werden, welcher die Veranlagung zu einer der vier Gewerbesteuerklassen zur Voraussetzung hat. FME. v. 17. April 1894, MittH. 30, S. 55.

3a. Maßgebend ist also die Abmeldung, *natürlich unter der Voraussetzung, daß die Aufgabe des Gewerbes tatsächlich erfolgt; ist letzteres nicht der Fall, so bleibt die Abmeldung ohne Wirkung*. Die Bestimmung im § 33 über die Fortdauer der Steuerpflicht bei nicht abgemeldetem Betriebe gilt aber nur für die *Steuererhebung*, nicht für das Rechtsmittelverfahren. Für letzteres bedarf es keiner Abmeldung, denn die im Rechtsmittelverfahren erfolgte Verneinung der Steuerpflichtigkeit wirkt befreiend auch ohne vorgängige Abmeldung des Betriebes. OVG. X, 442.

3b. Über die Befugnis der Regierung, unabhängig von der Abmeldung die Steuer vom Beginne des auf die Betriebsbeendigung folgenden Vierteljahres in Abgang stellen zu lassen, vgl. § 58 Abs. 2 des Gesetzes. Die Regierung hat auf Antrag von dieser Ermächtigung Gebrauch zu machen, wenn die Abmeldung unverschuldeterweise unterblieben, bzw. verspätet ist, oder rücksichtlich der Vermögensverhältnisse des Steuerpflichtigen in der Forterhebung der Steuer eine besondere Härte liegen würde. Art. 13 Ziffer 1 d. A.

3c. Erfolgt die Abmeldung in dem ersten Monate des auf die Betriebsbeendigung folgenden oder eines späteren Vierteljahres, so ist der Vorsitzende des Steuerausschusses befugt, die Steuer vom Beginne des Vierteljahres, in welchem die Abmeldung stattfindet, selbständig in Abgang zu stellen. In anderen Fällen einer verspäteten Abmeldung ist eine frühere Abgangstellung nur mit Ermächtigung der Regierung zulässig (Anm. 3b). Für das Vierteljahr, in welchem das Gewerbe eingestellt ist, bleibt die Steuerpflicht bestehen. Art. 47 II d. A.

4. Hier sind die sogenannten „ruhenden Gewerbe" gemeint, welche wie z. B. diejenigen der Bauhandwerker, der Gastwirte in Brunnen- und Badeorten regelmäßig nur während eines Teiles des Jahres betrieben werden. Werden solche Gewerbe abgemeldet, so ist dem Gewerbetreibenden von dem Vorsitzenden des zuständigen Steuerausschusses zu eröffnen, daß, wenn er im Laufe desselben oder des nächstfolgenden Steuerjahres sein Gewerbe wieder beginnen sollte, er nachträglich für die Zeit von der Abmeldung bis zum Wiederbeginne des Betriebes zur Kommunalsteuer herangezogen werden würde. Art. 28 Ziffer 6 d. A.

§ 34.

Zugang im Laufe des Jahres.[1])

Gewerbetreibende, welche nach Beginn der jährlichen Veranlagung[2]) einen Betrieb anfangen,[3]) sind

durch den Vorsitzenden des Steuerausschusses der Klasse IV nach der Höhe des mutmaßlichen[4]) Ertrages beziehungsweise Anlage- und Betriebskapitals der entsprechenden Steuerklasse zuzuweisen.[5]) Dieselben werden in Klasse II bis IV mit dem Mittelsatze (§ 14), in Klasse I, vorbehaltlich der Feststellung des Steuersatzes durch den Steuerausschuß bei dem Zusammentreten desselben, vorläufig mit dem vom Vorsitzenden bestimmten Steuersatz[6]) in Zugang gestellt.

Die Feststellung durch den Steuerausschuß der Klasse I hat — auch wenn sie erst im nächstfolgenden Steuerjahre stattfindet — die Wirkung, daß der Steuerpflichtige zur Nachentrichtung[7]) des infolge der vorläufigen Bestimmung des Steuersatzes durch den Vorsitzenden zu wenig gezahlten verbunden ist und ein zuviel gezahlter Betrag erstattet wird.

Die Bekanntmachung an den Steuerpflichtigen erfolgt nach Vorschrift des § 32.

Den Steuerpflichtigen der Klasse I stehen gegen die Festsetzung des Steuerausschusses die Rechtsmittel nach Maßgabe der §§ 35ff. offen. Die Steuerpflichtigen der Klasse II, III, IV können dieselben Rechtsmittel nur[8]) wegen vermeintlich unrichtiger Bestimmung der Steuerklasse einlegen.

1. Vgl. Art. 46ff. d. A.

2. D. i. in Klasse I nach erfolgter Aufstellung der Steuerliste, für die Klassen II bis IV nach erfolgter Fest-

stellung der namentlichen Nachweisung. Vgl. Anm. 1a zu § 30 des Gesetzes.

3a. Eine Zugangstellung gemäß § 34 ist nur dann zulässig, wenn im Laufe des Steuerjahres oder nach Beginn der Veranlagung von einem bisher überhaupt nicht — auch nicht steuerfrei — Veranlagten ein steuerpflichtiger Betrieb neu eröffnet wird. OVG. IX, 434. Mit Rücksicht auf diese Entscheidung des OVG. ist die Vorschrift in Art. 27 Ziffer 6 d. A. außer Kraft gesetzt durch FME. v. 27. Okt. 1904 MittH. 48, S. 37. Ist der Anmeldende eines neuen stehenden Betriebes Inhaber eines bereits von ihm betriebenen, aber auf Grund des § 7 des Gesetzes steuerfrei gebliebenen Gewerbes, so ist nur zur Berücksichtigung der Veränderung bei der Veranlagung für das nächste Steuerjahr das Nötige wahrzunehmen.

3b. Die Umschreibung der bereits veranlagten Steuer nach § 41 des Gesetzes erfolgt nur unter der Voraussetzung, daß der Betrieb von dem Übernehmer des Geschäfts in wesentlich unveränderter Weise fortgesetzt wird. Ist das Vorhandensein dieser Voraussetzung zu verneinen, so wird der Übernehmer nach § 34 des Gesetzes im Zugangswege zur Besteuerung herangezogen. OVG. IV, 439.

3c. Bei unveränderter Fortsetzung eines nach § 7 des Gewerbesteuergesetzes steuerfrei gelassenen Gewerbebetriebes durch eine andere Person ist eine neue Veranlagung für den Rest des Steuerjahres ausgeschlossen. Der neue Inhaber (vgl. Anm. 3a zu diesem Paragraphen) darf nur dann im Wege der Zugangstellung veranlagt werden, wenn bei Übernahme des gemäß § 7 befreiten Betriebes eine wesentliche Änderung im Betriebe eingetreten ist. OVG. III, 343.

3d. Bezieht sich die angemeldete Übernahme und Fortsetzung eines Gewerbebetriebes nicht auf den gesamten Gewerbebetrieb des bisherigen Inhabers, sondern nur auf einen Teil (z. B. eines von mehreren nebeneinander betriebenen Gewerben, einen einzelnen stehenden Betrieb), so bleibt die Besteuerung des bisherigen Steuerpflichtigen für das laufende Jahr ohne Änderung bestehen und der Anmeldende ist als Zugänger nach § 34 des Gesetzes zu behandeln, falls er nicht auch seinerseits bereits zur Gewerbesteuer veranlagt ist. In letzterem Falle wird an der beiderseitigen Gewerbesteuer für das laufende Jahr überhaupt nichts geändert und nur zur Berücksichtigung für die nächste Veranlagung in der namentlichen Nachweisung das Nötige vermerkt. Art. 27 Ziffer 5 d. A.

3e. Alle zur Zeit des Beginnes der ordentlichen jährlichen Veranlagung bekannten und für steuerpflichtig zu erachtenden Betriebe müssen auch bei dieser Veranlagung berücksichtigt werden. Eine nachträgliche Heranziehung von Betrieben, die schon zu jenem Zeitpunkte bestanden haben, ist nur in den Fällen und Formen des § 78 des Gesetzes möglich. Dies gilt auch für die Veranlagung in Klasse I. OVG. X, 434.

4a. Es handelt sich bei dieser Mutmaßung um das zukünftige ganze oder teilweise Steuerjahr, während es nach § 24 Abs. 3 des Gesetzes auf das erste Geschäftsjahr ankommt. OVG. X, 423. Siehe auch Anm. 3b zu § 24.

4b. Bei der Schätzung des mutmaßlichen Jahresertrages ist das Ergebnis des ganzen bei der Veranlagung oder bei der Entscheidung über die Berufung seit dem Anfange des Betriebs durch den Steuerpflichtigen abgelaufenen Zeitraums einschließlich des Teiles nach Ablauf des Steuerjahres als Anhalt zu benutzen. OVG. XI, 426.

5. Damit ist nicht ausgeschlossen, daß der Vorsitzende des Steuerausschusses derjenigen Klasse, in welche die Überweisung zunächst erfolgt, auf Grund genauerer Feststellungen den Betrieb einer anderen Klasse, auch der Klasse IV, zuweisen kann. Sollten sich Meinungsverschiedenheiten zwischen den beteiligten Vorsitzenden ergeben, so ist an die zuständige Regierung zu berichten. Art. 27 Ziffer 3 d. A.

6. Gegen die vorläufige Feststellung des Vorsitzenden hat der Steuerpflichtige der Klasse I kein Rechtsmittel; erst gegen die definitive Festsetzung des Steuerausschusses stehen ihm sowohl gegen Klassifikation als auch gegen die Höhe des Steuersatzes die Rechtsmittel aus §§ 35 ff. zu. Begründung des Gesetz-Entwurfs S. 54.

7. Modifikation des § 6 des Gesetzes v. 18. Juni 1840, GS. S. 140.

8. Also nicht gegen die Höhe des Steuersatzes, welcher nach Abs. 1 dieses Paragraphen für die Zugänger im Laufe des Jahres immer auf den Mittelsatz der Klasse zu bemessen ist.

Rechtsmittel.

§ 35.

Gegen das Ergebnis der Veranlagung [1]) steht dem Steuerpflichtigen [2]) das Rechtsmittel des Einspruchs bei dem Steuerausschusse zu. Dasselbe ist bei dem Vorsitzenden des Ausschusses [3]) binnen einer Ausschlußfrist von vier Wochen [4]) einzulegen, welche von dem auf die Zustellung der Steuerzuschrift (§§ 32 und 34) folgenden Tage ab läuft.[5])

1 a. Im Wege der Rechtsmittel kann sowohl die Steuerpflicht überhaupt, als die Bestimmung der Steuerklasse, des Ortes der Veranlagung (Anm. 5 d zu § 17 des Gesetzes) und die Höhe des Steuersatzes (in allen Klassen wegen Überschreitung des Satzes von 1 % des Ertrages, in den Klassen II bis IV auch mit der Behauptung der Unverhältnismäßigkeit der Besteuerung, OVG. III, 321, FME. v. 23. Aug. 1893, MittH. 29, S. 39) angefochten werden. Art. 42 Ziffer 2 d. A.

Wer die Steuerpflichtigkeit verneint, hat nach §§ 35 bis 37 des Gewerbesteuergesetzes einen von der Abmeldung (§ 33) ganz unabhängigen Anspruch auf die Entscheidung der Rechtsmittelbehörden über seine Steuerpflichtigkeit. OVG. X, 442.

1 b. Auch wegen zu niedriger Veranlagung ist dem Steuerpflichtigen das Rechtsmittel gegeben. FME. v. 26. April 1893, MittH. 29, S. 39.

1 c. Zu Unrecht als steuerpflichtig veranlagte Gewerbe sind, sobald ein nach Maßgabe der Bestimmungen in den §§ 3, 4 und 5 des Gewerbesteuergesetzes und § 28 des Kommunalabgabengesetzes begründeter Anspruch auf Steuerfreiheit, wenn auch nach Ablauf der Frist für Einlegung des Rechtsmittels, dargetan und anerkannt wird, alsbald von der Steuer zu befreien und in Abgang zu stellen. Art. 42 Ziffer 2 d. A.

1 d. Die Anfechtung des Ergebnisses der Veranlagung seitens des Steuerpflichtigen ist so lange ausgeschlossen, als die Steuerzuschrift nicht zugestellt, oder die Mitteilung über das Ergebnis der Veranlagung von einer zuständigen Behörde anderweit, insbesondere durch die Aufforderung zur Zahlung der veranlagten Steuer, nicht erfolgt ist, mithin so lange, als ein Zweifel darüber bestehen kann, ob die Veranlagung stattgefunden und welches Ergebnis sie gehabt hat. Vor diesem Zeitpunkte kann ein Rechtsmittel rechtsgültig nicht eingelegt werden. OVG. VI, 373.

1 e. Zur Anfechtung der ursprünglichen Veranlagung muß derjenige, auf welchen ein zur Gewerbesteuer veranlagter Gewerbebetrieb unter den die Umschreibung gemäß § 41 des Gesetzes rechtfertigenden Voraussetzungen übergegangen ist, wenigstens dann für berechtigt erachtet werden, wenn das Rechtsmittel auch noch dem veranlagten früheren Besitzer zugestanden hätte. Unter dieser Voraussetzung muß auch, wenn die Umschreibung der Steuer auf den neuen Erwerber noch nicht tatsächlich erfolgt ist, diesem das Recht zum Gebrauche der gesetzlichen Rechtsmittel gegen die Veranlagung wenigstens unter der Voraussetzung eingeräumt werden, daß der Besitzwechsel in vorschriftsmäßiger Weise angemeldet ist. OVG. X, 443.

1 f. Dem Steuerpflichtigen, der die unveränderte Fortsetzung des veranlagten Gewerbebetriebs bestreitet, stehen gegen die Umschreibung der veranlagten Steuer die allgemein gegebenen Rechtsmittel des Einspruchs, der Berufung und der Beschwerde zu. OVG. IV, 437.

1 g. Gegen eine, nach Verweisung aus einer höheren Steuerklasse, in der niedrigeren Steuerklasse erfolgende Veranlagung sind dieselben Rechtsmittel wiederum zulässig wie gegen die ursprüngliche Veranlagung. OVG. III, 311.

1 h. Es ist Sache des Steuerpflichtigen, die zur Begründung des Rechtsmittels dienenden Tatsachen und Beweismittel selbst anzuführen. Art. 42 Ziffer 4 d. A.; vgl. auch Anm. 5 d zu diesem Paragraphen.

2. Dem Vorsitzenden des Steuerausschusses ist eine Anfechtung der Veranlagung nur in Klasse I gegeben. Vgl. § 30 des Gesetzes. In den übrigen Klassen steht ihm nur das Rechtsmittel der Berufung gegen die Entscheidung des Steuerausschusses über den Einspruch zu. Über die Anfechtung der Feststellung der namentlichen Nachweisungen seitens des Vorsitzenden des Steuerausschusses zu vergleichen § 29 des Gesetzes.

3. Einspruch und Berufung des Steuerpflichtigen sind bei dem Vorsitzenden des Steuerausschusses, die Beschwerde ist bei der Regierung schriftlich oder zu Protokoll anzubringen.

Wird ein Rechtsmittel bei einer nicht zuständigen Behörde angebracht, so hat diese die bezüglichen Schriftstücke unverzüglich an die zuständige Stelle zu befördern, ohne daß dem Steuerpflichtigen die Zwischenzeit auf die Frist anzurechnen ist (§ 3 des Gesetzes über die Verjährungsfristen bei öffentlichen Abgaben vom 18. Juni 1840 — GS. S. 140 —), Art. 42 Ziffer 4 d. A. OVG. I, 77; V, 306.

Voraussetzung ist aber Irrtum des Steuerpflichtigen über die Zuständigkeit der Behörde, an die er sich wendet. OVG. VII, 195.

Rechtsmittel, welche nach Ablauf der Frist angebracht werden, sind als verspätet von dem Vorsitzenden des Steuerausschusses bzw. von der Regierung ohne weiteres zurückzuweisen. Art. 42 Ziffer 4 d. A.

Beruhigt sich der Steuerpflichtige bei dem ihm zugegangenen Bescheide nicht, so ist sein erneuter Antrag der zur Entscheidung über das Rechtsmittel zuständigen Behörde vorzulegen. Dem Oberverwaltungsgericht sind alle eingegangenen Beschwerden, sie mögen rechtzeitig sein oder nicht, vorzulegen. FME. v. 11. Okt. 1893, MittH. 29, S. 13.

4 a. Die vierwöchige Frist zur Einlegung der Rechtsmittel ist eine Ausschlußfrist, deren Versäumung den Verlust des Rechtsmittels zur Folge hat. Sie beginnt für den Steuerpflichtigen mit dem Tage, welcher auf den Tag der Zustellung der Steuerzuschrift bzw. der Einspruchs- oder Berufungsentscheidung folgt, und endigt mit dem Ablaufe von 28 Tagen. (OVG. III, 215.)

Fällt das Ende der Frist auf einen Sonntag oder allgemeinen Feiertag (1. und 2. Feiertag der drei christlichen Feste Weihnachten, Ostern, Pfingsten, Karfreitag, Neujahrstag, Buß- und Bettag und Himmelfahrtstag), so endigt dieselbe mit dem Ablaufe des nächstfolgenden Werktages. Art. 42 Ziffer 3 d. A.

Was der Steuerpflichtige innerhalb der Rechtsmittelfristen erklärt, ist lediglich danach zu beurteilen, was er bei einander widersprechenden Anträgen zuletzt erklärt, sofern nur der letzte Antrag den oder die vorangehenden erschöpft, d. h. gänzlich aufhebt oder gänzlich bestätigt. Er mag das Rechtsmittel mehrfach eingelegt und ganz wieder zurückgezogen haben, kommt er schließlich noch vor Fristablauf darauf zurück, daß er eine Rechtsmittelentscheidung verlangt, so ist alles frühere erledigt und die letzte Erklärung als Rechtsmittel nach Maßgabe der gesetzlichen Vorschriften zu behandeln. Ein Widerruf der Zurücknahme eines Rechtsmittels nach Ablauf der Ausschlußfrist ist dagegen nicht wirksam. OVG. v. 4. Mai 1905 IVG 109 und VIII, 286.

4b. Die Wiedereinsetzung in den vorigen Stand gegen die Versäumnis von Ausschlußfristen ist dem Gewerbesteuergesetze fremd. OVG. VI, 373.

5a. Der Vorsitzende des Steuerausschusses hat die rechtzeitig eingehenden Einsprüche sogleich in die nach Muster 15 d. A. aufzustellende Nachweisung einzutragen, ihren Inhalt zu prüfen und die zur Vorbereitung der Entscheidung dienlichen Erhebungen vorzunehmen. Nach Beendigung der letzteren und nach Ablauf der Einspruchsfrist ist die in den dazu bestimmten Spalten vollständig ausgefüllte Nachweisung nebst den dazugehörigen Verhandlungen der Beschlußfassung des Steuerausschusses zu unterbreiten. In Klasse I hat der Vorsitzende des Steuerausschusses bezüglich jedes Einspruchs ein motiviertes Gutachten abzugeben und in die betreffende Spalte der Nachweisung einzutragen. In den übrigen Klassen bleibt es den Vorsitzenden anheimgestellt, ihr Gutachten ebenfalls der Nachweisung der Einsprüche beizufügen; es wird sich empfehlen, in der Klasse II regelmäßig, in den Klassen III und IV in besonders erheblichen oder schwierigen Fällen hiervon Gebrauch zu machen. Art. 43 Ziffer 1 bis 3 d. A.

5b. Die Entscheidung über den Einspruch wird durch Beschluß des Steuerausschusses getroffen, an welchem der Vorsitzende mit vollem Stimmrechte teilnimmt.

Je nach der Anzahl und Bedeutung der zu treffenden Entscheidungen bleibt es dem Ermessen des Vorsitzenden überlassen, ob zu diesem Zwecke die Mitglieder des Ausschusses unter seinem Vorsitze zu versammeln oder deren Stimmen (unter Vorlegung eines Gutachtens) auf schriftlichem Wege einzuholen sind. Art. 43 Ziffer 4 d. A.

5c. Durch die den Behörden auferlegten Verpflichtungen zur Beschaffung zutreffender aktenmäßiger Unterlagen und zur Vornahme einer richtigen Veranlagung sind die

Verpflichtungen der Steuerpflichtigen zur Begründung ihrer Rechtsmittel gegen die Veranlagung und zum Beweise der Richtigkeit ihrer Angaben insoweit eingeschränkt, als Rechtsmittel wegen ungenügender Anführungen nicht zurückgewiesen werden dürfen, wenn die Steuerveranlagungsbehörden ihre amtlichen Pflichten nicht vollständig erfüllt haben. OVG. III, 270ff.; VI, 439.

5d. Die Verpflichtung der Steuerpflichtigen zum Beweise der Richtigkeit ihrer Anführungen erstreckt sich nur auf die Bezeichnung der erforderlichen Beweise, auf Beweisantritt. Ist diese Verpflichtung erfüllt und sind die zu beweisenden Tatsachen erheblich, so müssen die angetretenen Beweise durch die Behörden, denen die Entscheidungen über die Rechtsmittel zustehen, falls die streitigen Tatsachen nicht ohne weiteres für richtig angesehen, in ordnungsmäßiger Weise unter Erörterung der zweifelhaften Punkte mit den Steuerpflichtigen unter Aufnahme einer das Ergebnis der Beweisaufnahme enthaltenden Verhandlung erhoben werden. Ebenso müssen Bücher, Notizen und Anschreibungen, Rechnungen, wenngleich sie nur Anhaltspunkte für eine richtige Berechnung oder Schätzung gewähren können, eingesehen, sowie Zeugen über einzelne Betriebsmerkmale und Sachverständige über den Geschäftsumfang und die Einnahmen, vorausgesetzt, daß die unter Beweis gestellten Tatsachen hinreichend klar angegeben sind, vernommen werden. Die Nichtbeachtung dieser Grundsätze charakterisiert sich teils als Verstoß gegen das bestehende Recht, teils als wesentlicher Mangel des Verfahrens. OVG. III, 275ff.

5e. Jede ganz oder zum Teil abweisende Entscheidung über ein Rechtsmittel ist mit kurzer Begründung und, sofern dagegen ein weiteres Rechtsmittel zulässig ist, mit entsprechender Belehrung hierüber zu versehen. Art. 42 Ziffer 5 d. A. Die Begründung darf sich, sofern von den Angaben des Veranlagten über die Ertrags- und Abzugsberechnung abgewichen wird, nicht auf die Mitteilung der den steuerpflichtigen Ertrag darstellenden Hauptsumme beschränken, sondern es muß zugleich ersichtlich gemacht werden, in welchen Richtungen und aus welchen Gründen die Abweichungen erfolgt sind. OVG. III, 220.

5f. Beschließt der Steuerausschuß auf erhobenen Einspruch die Versetzung des Steuerpflichtigen in eine niedere Klasse, so hat er ihn, falls nicht der Vorsitzende Berufung einlegt, dorthin zu überweisen und demgemäß die Einspruchsentscheidung zu erlassen. Alsdann ist seitens des Steuerausschusses derjenigen Klasse, wohin die Überweisung erfolgt ist, die anderweite Veranlagung gemäß Art. 35 Nr. 6 Abs. 2 d. A. zu bewirken. Art. 43 Ziffer 5 d. A. Vgl. hierzu OVG. VI, 444.

5g. Die Entscheidung auf ein Rechtsmittel ist dem Steuerpflichtigen in verschlossenem Schreiben zuzustellen. Art. 42 Ziffer 7 d. A. Die Zustellung der auf den Einspruch des später in Konkurs verfallenen Steuerpflichtigen gegen seine Veranlagung zur Gewerbesteuer erlassenen Entscheidung des Steuerausschusses an den Massenverwalter ist nicht rechtswirksam. OVG. X, 438.

5h. Nach endgültiger Entscheidung hat der Vorsitzende des Steuerausschusses wegen Berichtigung der namentlichen Nachweisungen, der Notizregister, sowie wegen Abgangstellung der Steuer das Weitere zu veranlassen. In den Klassen II, III, IV sind die durch die Entscheidungen über eingelegte Rechtsmittel verursachten Zu- und Abgänge auch wegen der dadurch bedingten Abzüge und Zusätze bei der Berechnung der Steuersumme für die nächste Veranlagung (§ 13 des Gesetzes) durch Führung einer besonderen Liste sorgfältig zu kontrollieren. Art. 42 Ziffer 7 d. A.

§ 36.

Gegen die Entscheidung des Steuerausschusses über den Einspruch steht sowohl dem Vorsitzenden[1]) als dem Steuerpflichtigen binnen der im § 35 be-

stimmten Ausschlußfrist[2]) das Rechtsmittel der Berufung an die Bezirksregierung (§§ 29 und 30)[3])[4])[5])[6]) zu. Der Steuerpflichtige hat das Rechtsmittel beim Vorsitzenden des Steuerausschusses einzulegen.

Für den Vorsitzenden läuft diese Frist vom Tage der Entscheidung.[7])

1. Der Vorsitzende — und zwar in allen Klassen — hat Berufung einzulegen, wenn die in Art. 33 Nr. 1 unter a bis c bezeichneten Voraussetzungen vorliegen (vgl. Anm. 2 zu § 30 des Gesetzes). In den Klassen II bis IV wird jedoch wegen vermeintlich unrichtiger Beurteilung des steuerpflichtigen Ertrages oder des Anlage- und Betriebskapitals die Einlegung der Berufung nur dann ratsam erscheinen, wenn die Entscheidung des Steuerausschusses einen deutlich nachweisbaren Verstoß gegen die Gleichmäßigkeit der Besteuerung enthält. Art. 44 I Ziffer 1 d. A. Über die Unterscheidung der hier behandelten Berufung des Vorsitzenden gegen die Einspruchsentscheidung von der auch als Berufung bezeichneten Anfechtung der Veranlagung durch den Vorsitzenden in Klasse I vgl. Anm. 2 zu § 35 des Gesetzes.

2. Zu vgl. Anm. 4a zu § 35.

3. Hinsichtlich der Klasse I an die Bezirksregierung am Sitze des Steuerausschusses. Vgl. Anm. 1 zu § 12 des Gesetzes.

4. Der Vorsitzende muß die Berufung innerhalb der Ausschlußfrist bei der Regierung schriftlich einlegen; es bleibt ihm überlassen, nötigenfalls gleichzeitig eine weitere Frist zur Rechtfertigung nachzusuchen. Abschrift der Berufungsschrift oder einen die Berufungsgründe enthaltenden Auszug stellt der Vorsitzende dem Steuerpflichtigen zu mit dem Anheimgeben, eine Gegenerklärung binnen 14 Tagen unmittelbar der Bezirksregierung einzureichen.
Art. 44 I Ziffer 2 d. A.

5a. Die von den Steuerpflichtigen rechtzeitig eingelegten Berufungen trägt der Vorsitzende des Ausschusses sogleich in die Berufungsnachweisung — Muster 16 d. A. — ein, prüft dieselben, bereitet ihre Entscheidung durch Anstellung der notwendigen Ermittelungen vor, gibt auch sein Gutachten in der dazu bestimmten Spalte der Berufungsnachweisung ab und überreicht dieselbe nach Ablauf der Berufungsfrist nebst den Belegen der Regierung zur Entscheidung. (Vgl. Anm. 5c, d zu § 35 des Gesetzes.)

Die Regierung entscheidet auf Grund des vorgelegten, nach Bedürfnis noch zu vervollständigenden Materials und fertigt ihre Entscheidungen sodann dem Vorsitzenden des Ausschusses behufs Zustellung an die Steuerpflichtigen zu, indem sie eine Zusammenstellung derjenigen Entscheidungen, welche eine Abgangstellung von Steuer zur Folge haben, für den Vorsitzenden beifügt.

Auch die auf Berufung des Vorsitzenden des Steuerausschusses ergangenen Entscheidungen sind den Steuerpflichtigen zuzustellen.

Es bleibt der Regierung überlassen, vor der Versetzung eines Steuerpflichtigen in eine andere Klasse den Vorsitzenden des Steuerausschusses dieser Klasse über die Höhe des gleichzeitig in der Entscheidung festzusetzenden Steuersatzes gutachtlich zu hören. (Vgl. hierzu OVG. XII, 470, abweichend von VI, 444 ff.)

Art. 44 II d. A.

5b. Die Regierungen haben nicht nur die Befugnis, sondern vielmehr die Verpflichtung, im Berufungsverfahren die Veranlagung und deren Unterlagen mit vollkommener Selbständigkeit auf ihre Gesetzmäßigkeit und Richtigkeit zu prüfen, und zwar im ersten wie im zweiten (vgl. Anm. 5a zu § 37 des Gesetzes) Rechtsgange. OVG. VI, 439.

6a. Die Mitglieder der Steuerausschüsse sind nicht berechtigt, in dem Berufungsverfahren irgendeine amtliche Tätigkeit auszuüben. OVG. III, 352.

6b. Die Tätigkeit des Steuerausschusses ist mit dem Erlasse des Einspruchsbescheides abgeschlossen; die in dem weiteren Rechtsmittelverfahren etwa erfolgenden Äußerungen desselben dürfen nicht berücksichtigt werden. OVG. III, 354.

6c. Der Grundsatz, daß es unzulässig ist, auf ein von dem Steuerpflichtigen allein eingelegtes Rechtsmittel die frühere Entscheidung zu seinen Ungunsten abzuändern (Verbot der reformatio in pejus), gilt für alle Rechtsmittelentscheidungen sowohl im ersten als auch im zweiten Rechtsgange. OVG. IV, 373.

6d. Die Berufung darf niemals aus dem Grunde, weil der Steuerpflichtige seine Überbürdung nicht nachgewiesen habe, sondern nur deshalb zurückgewiesen werden, weil die zur Entscheidung über die Berufung zuständige Behörde nach pflichtmäßiger, selbständiger Prüfung einen dem angefochtenen Steuersatze entsprechenden steuerpflichtigen Ertrag festgestellt hat. OVG. VII, 415.

6e. Fehlen aktenmäßige Unterlagen, so sind die Regierungen verpflichtet, unter Nachholung des bisher Versäumten, dieselben zu beschaffen. Ohne aktenmäßige Unterlagen dürfen selbständige Schätzungen nicht vorgenommen werden. OVG. III, 268 ff.

6f. Auch das von dem Gewerbetreibenden gebotene mehr oder minder unvollkommene Beweismaterial darf dann nicht unberücksichtigt bleiben, wenn es zur Vervollständigung der stattgehabten amtlichen Ermittelungen und hiermit zur Gewinnung zuverlässiger Unterlagen für die Ertragsberechnung- oder Schätzung an sich geeignet ist. OVG. III, 281.

6g. Der steuerpflichtige Ertrag darf in der Berufungsentscheidung nicht lediglich mit Rücksicht auf den festgesetzten Steuersatz geschätzt werden, sondern es muß vielmehr auf Grund ausreichender Unterlagen der steuerpflichtige Ertrag zunächst festgestellt und diesem entsprechend erst über die Bemessung des Steuersatzes befunden werden. OVG. III, 226.

6 h. Die Unterlassung der zahlenmäßigen Angabe des steuerpflichtigen Ertrages in der Berufungsentscheidung gegenüber der Bemängelung des Steuersatzes seitens des Steuerpflichtigen ist ein wesentlicher Mangel des Verfahrens. OVG. III, 223.

6 i. Die für die Gewinnveranschlagung gewisser Gewerbetreibenden aufgestellten Tarife mit festen Stücksätzen oder Gewinnprozenten des Umsatzes können nur die durchschnittliche Ertragsfähigkeit der betreffenden Betriebe eines Ortes zum Ausdruck bringen. Eine unterschiedslose Benutzung solcher Tarife zur Feststellung des steuerpflichtigen individuellen Einkommens eines bestimmten Gewerbetreibenden ist ausgeschlossen; sie können nur zum allgemeinen Anhalte unter Berücksichtigung der konkreten Verhältnisse des Einzelnen benutzt werden. OVG. V, 9.

6 k. Die entscheidende Regierung muß über den Inhalt als Beweismittel angebotener Geschäftsbücher selbständig urteilen und bei unzureichender protokollarischer Feststellung seitens ihrer Beauftragten zur eigenen Einsichtnahme schreiten. OVG. III, 219.

6 l. Hat sowohl der Vorsitzende als auch der Steuerpflichtige Berufung eingelegt, so sind beide Rechtsmittel gemeinsam zu erörtern und durch eine Entscheidung zu erledigen. Art. 44 I Ziffer 2 d. A.

7. Für den Steuerpflichtigen von dem auf die Zustellung der Einspruchsentscheidung folgenden Tage ab. Art. 42 Ziffer 3 Abs. 1 d. A. § 35 des Gesetzes.

§ 37.

Gegen die Entscheidung über die Berufung [1]) steht dem Steuerpflichtigen die Beschwerde an das Oberverwaltungsgericht [2]) zu, welche innerhalb der im § 35 bestimmten Ausschlußfrist [3]) bei der Bezirksregierung (§§ 29 und 30) [4]) einzulegen ist, und nur darauf gestützt werden kann:

1. daß die angefochtene Entscheidung auf der Nichtanwendung oder auf der unrichtigen Anwendung des bestehenden Rechts, insbesondere auch der von den Behörden innerhalb ihrer Zuständigkeit erlassenen Verordnungen beruhe;
2. daß das Verfahren an wesentlichen Mängeln leide.

In der Beschwerde ist anzugeben, worin die behauptete Nichtanwendung oder unrichtige Anwendung des bestehenden Rechts, oder worin die behaupteten Mängel des Verfahrens gefunden werden.

Die Bestimmungen in §§ 45 bis 49[5]) des Einkommensteuergesetzes finden sinngemäße Anwendung.

1a. Und zwar sowohl gegen die Entscheidung über die Berufung des Steuerpflichtigen selbst als auch gegen die Entscheidung über die Berufung, welche der Vorsitzende des Steuerausschusses gemäß § 36 des Gesetzes gegen die Einspruchsentscheidung eingelegt hat. Gegen eine von der Regierung gemäß § 29 Abs. 1 des Gesetzes (Feststellung der namentlichen Nachweisung in den Klassen II bis IV) erlassene Berufungsentscheidung steht dem Steuerpflichtigen ein Rechtsmittel nicht zu. OVG. IX, 441. Eine Entscheidung, welche die Regierung auf die gemäß § 30 des Gesetzes gegen einen Beschluß des Steuerausschusses eingelegte Berufung erläßt, bildet einen sich ausschließlich auf die Steuerbehörden erstreckenden Vorgang; sie ist mit keinerlei Rechtsmittel, insbesondere auch nicht mit der Beschwerde angreifbar. OVG. X, 474.

Gegen die Entscheidung über den Kostenpunkt allein findet Beschwerde an das OVG. nicht statt. OVG. III, 204.

1 b. Die Einlegung der Beschwerde vor dem Erlaß der Entscheidung der Regierung ist wirkungslos. OVG. VII, 110.

2. Gegen die Entscheidung über die Berufung — sowohl des Steuerpflichtigen als des Vorsitzenden des Steuerausschusses — kann der Steuerpflichtige Beschwerde an das Oberverwaltungsgericht wegen Nichtanwendung oder unrichtiger Anwendung des bestehenden Rechts oder wegen wesentlicher Mängel des Verfahrens einlegen. (Neue Tatsachen und Beweismittel kommen in der Beschwerdeinstanz nicht in Betracht. OVG. I, 129.) Die Beschwerde ist innerhalb der Ausschlußfrist bei der Bezirksregierung anzubringen und muß die Angabe enthalten, worin die behauptete Nichtanwendung oder unrichtige Anwendung des bestehenden Rechts, oder worin die behaupteten Mängel des Verfahrens gefunden werden. (Die in der Beschwerdeschrift aufgestellte Behauptung, daß das Ergebnis der Schätzung unrichtig sei, ist zur Begründung der Beschwerde nicht geeignet. OVG. I, 34.)

Die Regierung überreicht jede eingegangene Beschwerde mit ihrer Gegenerklärung, sofern sie solche für erforderlich erachtet, sowie mit einem Auszuge aus der Berufungs-Nachweisung und den sonstigen Belegen dem Oberverwaltungsgericht.

Von jeder auf Beschwerden ergehenden Entscheidung des letzteren gibt die Regierung dem Vorsitzenden des Steuerausschusses Kenntnis, welcher die Zustellung an den Steuerpflichtigen bewirkt, und wegen der etwaigen Ab- und Zugangstellung von Steuer das Weitere veranlaßt. Art. 45 d. A.

3. Vgl. Anm. 4a, b zu § 35 des Gesetzes.

4. Vgl. Anm. 3 zu § 36.

5 a. §§ 45 bis 49 des Einkommensteuergesetzes lauten, soweit sie hier interessieren:

§ 45. Der Vorsitzende der Berufungskommission überreicht die bei ihm eingegangene Beschwerde des Steuerpflichtigen mit seiner Gegenerklärung, soweit er solche für erforderlich crachtet, dem Oberverwaltungsgericht.

§ 46. Das Oberverwaltungsgericht erläßt seine Entscheidungen in nicht öffentlicher Sitzung, der Regel nach ohne vorherige mündliche Anhörung des Steuerpflichtigen.

Es kann jedoch dem Steuerpflichtigen von Amts wegen oder auf Antrag Gelegenheit zur persönlichen Verhandlung über den Gegenstand der Beschwerde gewähren.

Bei seiner Entscheidung ist es an diejenigen Gründe nicht gebunden, welche zur Rechtfertigung der gestellten Anträge geltend gemacht worden sind.

§ 47. Erachtet das Oberverwaltungsgericht die Beschwerde für begründet, so kann es die Angelegenheit zur anderweiten Entscheidung an die Berufungskommission zurückgeben oder selbst die Steuerfestsetzung berichtigen. Im ersteren Falle sind die von dem Gerichtshofe über die Auslegung und Anwendung der gesetzlichen Vorschriften gegebenen Weisungen zu befolgen. (OVG. IV, 377 Anm.)

§ 48. Über Beschwerden, welche das Verfahren des Vorsitzenden der Berufungskommission aus Anlaß der nach § 44 eingereichten Beschwerden betreffen, beschließt das Oberverwaltungsgericht.

§ 49. Im übrigen finden auf das Verfahren zum Zwecke der Entscheidung über die Beschwerden (§ 44) die über das Verwaltungsstreitverfahren auf Klagen vor dem Oberverwaltungsgerichte bestehenden gesetzlichen Bestimmungen, insbesondere diejenigen des Gesetzes über die allgemeine Landesverwaltung v. 30. Juli 1883 (GS. S. 195), des Gesetzes, betreffend die Verfassung der Verwaltungsgerichte usw., v. 3. Juli 1875/2. Aug. 1880 (GS. 1880 S. 328) und des Gesetzes zur Abänderung des § 29 des letzteren v. 27. Mai 1888 (GS. S. 226) mit der Maßgabe sinngemäße Anwendung, daß die Erhebung eines Pauschquantums auch dann stattfindet, wenn die Entscheidung ohne vorgängige mündliche Verhandlung erfolgt ist, und daß ein Anspruch auf Ersatz der Anwaltsgebühren nicht stattfindet.

5 b. Nach Aufhebung der Berufungsentscheidung durch ein Urteil des Oberverwaltungsgerichts ist erstere rechtlich nicht mehr vorhanden, vielmehr der frühere rechtliche und tatsächliche Zustand mit der Maßgabe wieder hergestellt, daß die inzwischen im Beschwerdeverfahren erfolgten Erklärungen und Ermittelungen berücksichtigt werden müssen. Wird die Sache vom Oberverwaltungsgericht zur anderweiten Entscheidung zurückgegeben, so ist die Aufrechterhaltung der früheren Berufungsentscheidung seitens der Regierung rechtlich unzulässig. OVG. VIII, 363.

5 c. Eine Klage auf Wiederaufnahme des Verfahrens im Sinne des § 100 des Landesverwaltungsgesetzes ist unzulässig. OVG. VIII, 353.

5 d. Bestimmungen über die Verrechnung und Einziehung der von dem Königlichen Oberverwaltungsgerichte in Gewerbesteuerbeschwerdesachen festgesetzten Kosten und baren Auslagen v. 4. Dez. 1894 siehe MittH. 30, S. 54. Hierzu abändernde Bestimmungen im Erl. des FMC. u. des M. d. J. v. 3. Dez. 1908, FM. I 20568, II 12608, M. d. J. Ia 5400.

§ 38.

Verteilung des Steuersatzes auf mehrere Kommunalbezirke.[1])

Erstreckt sich ein Gewerbebetrieb über mehrere Kommunalbezirke[2]) [und wird[3]) für die Zwecke der kommunalen Besteuerung oder kommunaler Wahlen die Zerlegung des Steuersatzes in die, auf die einzelnen Betriebsorte[4])[5]) entfallenden Teilbeträge erforderlich], so ist diese von dem veranlagenden Steuerausschusse zu bewirken.[6])[7])[8])[9])

Der Beschluß ist sowohl den beteiligten Kommunen als dem Steuerpflichtigen zuzustellen.[10])

Denselben[11]) steht binnen einer Ausschlußfrist von vier Wochen die Berufung[12]) an die Bezirksregierung (§§ 29 und 30) und gegen die Berufungsentscheidung in gleicher Frist die Beschwerde[13]) an das Oberverwaltungsgericht zu.

1. Hierzu vgl. § 32 des Kommunalabgabengesetzes: „Erstreckt sich ein Gewerbebetrieb über mehrere Gemeindebezirke, so hat für den Fall der Erhebung von Prozenten der veranlagten Gewerbesteuer der zuständige Steuerausschuß auch für die im § 28 Nr. 2—6 bezeichneten Betriebe die Zerlegung des Gesamtsteuersatzes in die auf die einzelnen Gemeinden entfallenden Teilbeträge zu bewirken."

Die in § 28 Nr. 2—6 bezeichneten Betriebe sind folgende:

2. die landwirtschaftlichen Branntweinbrennereien;
3. der Bergbau;
4. die gewerbsmäßige Gewinnung von Bernstein, Ausbeutung von Torfstichen, von Sand-, Kies-, Lehm-, Mergel-, Ton- u. dgl. Gruben, von Stein-, Schiefer-, Kalk-, Kreide- u. dgl. Brüchen;
5. die Gewerbebetriebe kommunaler und anderer öffentlicher Verbände;
6. die Gewerbebetriebe des Staates und der Reichsbank.

2. Unter Kommunalbezirken sind Gemeinden und Gutsbezirke, nicht aber die Kreise zu verstehen. Vgl. Anm. 11a zu diesem Paragraphen. Besteht über die Grenze zweier Gemeindebezirke und demnach darüber Streit, zu welchem Gemeindebezirke eine gewerbliche Anlage gehört, so sind die Steuerbehörden verpflichtet, hierüber als Inzidenzpunkt selbständig Entscheidung zu treffen. OVG. VIII, 365.

3a. Die eingeklammerte Stelle ist beseitigt durch § 32 des Kommunalabgabengesetzes (vgl. Anm 1 zu diesem Paragraphen). Die Zerlegung ist gemäß Art. 53 Ziffer 1 d. A. für den Fall der Erhebung von Prozenten der Gewerbesteuer in den beteiligten Gemeinden von dem veranlagenden Steuerausschuß von Amts wegen, und zwar regelmäßig in unmittelbarem Anschluß an die Veranlagung oder sofort nach der Zugangstellung zu bewirken. OVG. III, 307 findet keine Anwendung mehr.

3b. Diejenigen Kommunen, denen der positive oder negative Zerlegungsbeschluß nicht zugestellt worden ist, sind berechtigt, ihre Anträge auf Überweisung eines Teils des Steuersatzes im Laufe des Steuerjahres mit der Rechtswirkung zu stellen, daß darüber der Steuerausschuß zunächst zu befinden hat. OVG. VIII, 369.

3c. Nach der Wortfassung des § 38 des Gewerbesteuergesetzes kann es nicht zweifelhaft sein, daß der Steuerausschuß nicht nur darüber zu beschließen hat, in welcher Weise die Zerlegung des Gewerbesteuersatzes zu erfolgen hat, sondern auch darüber, ob eine einzelne Gemeinde in das Zerlegungsverfahren einzubeziehen ist oder nicht. FME. v. 26. Okt. 1896, MittH. 34, S. 35.

4a. Betriebsort ist der Ort, an welchem das Gewerbe betrieben oder ein stehender Betrieb unterhalten wird, oder der Betrieb stattfindet. Die Frage, ob an einem Orte das Vorhandensein eines Teil- oder Zweigbetriebes anzunehmen ist, muß nach den für den allgemeinen Gewerbebegriff maßgebenden Voraussetzungen und den konkreten Verhältnissen entschieden werden. OVG. IV, 343.

4b. Ein Betriebsort ist nur da vorhanden, wo das Gewerbe fortgesetzt und dauernd ausgeübt wird, und nicht dort, wo nur eine einmalige oder vorübergehende Tätigkeit stattfindet. Betriebsort eines Chausseeunternehmers ist in der Regel nicht eine Gemeinde, in welcher nur eine oder auch mehrere Chausseen ausgeführt werden, sich aber der Sitz der Geschäftsleitung nicht befindet. OVG. IV, 382.

4c. Hat eine Eisenbahngesellschaft an mehreren Orten besondere Baubureaus errichtet, deren Tätigkeit in der

Erledigung von Geschäften besteht, die ohne das Vorhandensein der Baubureaus an dem Sitze der Zentralstelle und von dieser ausgeführt werden müßten, so sind alle Orte, in denen sich Baubureaus befinden, als Betriebsorte anzusehen. OVG. V, 412.

4d. Ein Betriebsort ist nicht vorhanden, wenn die daselbst entwickelte Tätigkeit nur aus zufälliger Veranlassung, nicht aber in der Absicht der Wiederholung und der Gewinnerzielung unternommen ist. OVG. VI, 433.

4e. Der Betrieb einer Straßenbahn vollzieht sich auch in denjenigen Gemeinden, in denen nur Geleise derselben vorhanden sind. OVG. IV, 301.

Die pachtweise Überlassung eines Straßenbahnbetriebes aber an einen Anderen zum Betriebe in dessen Namen ist kein Gewerbebetrieb. Eine Gemeinde hat daher nicht schon deshalb die Eigenschaft eines Betriebsortes des Verpächters, weil sich in ihrem Bezirke ein Teil der Gleise oder der sonstigen Betriebsanlagen einer verpachteten Straßenbahn befindet oder ein oberer Betriebsleiter mit selbständiger Verantwortlichkeit dauernd aufhält. OVG. IX, 462.

4f. Der Ort, an welchem sich der Sitz der Geschäftsleitung befindet, ist stets Betriebsort. OVG. IV, 390 Anm.

4g. Betriebsort eines Gas- und Wasserwerks ist jede Gemeinde, die von demselben gegen Entgelt fortgesetzt und dauernd mit Gas und Wasser versorgt wird. OVG. IV, 384.

4h. Die Frage, ob eine Gemeinde durch die bloße Durchführung des Rohrnetzes eines gewerblich betriebenen Wasserwerks zu einer Betriebsstätte und hiermit zu einem Betriebsorte wird, liegt auf tatsächlichem Gebiete. OVG. IX, 462.

4i. Bei dem amtlich bestimmten und einem amtlich bestellten Schornsteinfeger überwiesenen Kehrbezirke sind alle zu diesem Bezirke gehörigen Gemeinden Betriebsorte. OVG. XIII, 428.

4k. Die Begründung eines reinen, lediglich zur Unterbringung der auf dem Transport begriffenen Waren bestimmten Speditionslagers begründet für den Ort, an dem es sich befindet, ohne Hinzutreten weiterer, auf einen örtlichen Betrieb hindeutender Umstände, noch nicht die Eigenschaft eines Betriebsortes. OVG. IV, 303.

4l. Handlungsreisende, welche für die Firma, in deren Diensten sie stehen, Waren aufkaufen und Bestellungen aufsuchen, begründen nicht an einem bestimmten Orte, insbesondere auch nicht am Orte ihres Wohnsitzes, einen Gewerbebetrieb der Firma. OVG. VI, 430.

4m. Ist ein Versicherungsagent Beamter seiner Gesellschaft, so ist der Ort seines Sitzes „Betriebsort" der Gesellschaft. OVG. IV, 343; III, 239; V, 404.

4n. Die Beauftragung eines selbständigen Gewerbetreibenden zur Verteilung und zum Umtausch von Waren an die Kunden des Auftraggebers genügt nicht, um einen Gewerbebetrieb des letzteren am Wohnorte des ersteren zu begründen. OVG. VI, 434 Anm.

4o. Für diejenigen Gewerbetreibenden, welche zwar außerhalb Berlins wohnen, aber in einer Berliner Markthalle einen bestimmten Stand gemietet haben und daselbst ihre Waren verkaufen, gilt auch Berlin als Betriebsort. OVG. V, 449.

4p. Ein Holzhändler, der in einem ihm von einer Zeche zur Verfügung gestellten Lagerraum ein Lager unterhält, in welches er vertragsmäßig Grubenholz liefert, und in dem er es bis zur Abnahme durch die Zeche auf seine Gefahr und Kosten lagert, hat dort einen Betriebsort. OVG. XI, 435.

4q. Automatische Verkaufsapparate auf Bahnhöfen, insbesondere unter Überwachung durch den Bahnhofsportier, begründen die Eigenschaft der Gemeinde, in der sie sich befinden, als Betriebsort des den Verkauf der Waren betreibenden Unternehmers. OVG. IX, 458, 459.

4r. Eine Gemeinde wird nicht dadurch zum Betriebsort einer auswärtigen Brauerei, daß das von dieser gebraute Bier in einem von derselben verpachteten Etablissement, für welches ihr die Wirtschaftskonzession erteilt ist, von dem Pächter für eigene Rechnung und in eigenem Namen vertrieben wird. OVG. X, 449.

4s. Die Gemeinden, in denen sich integrierende Bestandteile (bergbauliche Betriebsanlagen) eines Bergbau-Unternehmens befinden, sind Betriebsorte. OVG. X, 451.

4t. Die Orte, an denen sich sogenannte Annahmestellen einer Färberei und chemischen Waschanstalt befinden, sind Betriebsorte. OVG. III, 406.

4u. Ein Verkaufssyndikat begründet am Verkaufsorte keinen Betriebsort für die einzelnen Gesellschafter, wenn es die von diesen gelieferten Produkte zu bestimmten Preissätzen übernimmt und auf seine eigene Rechnung an die Kunden vertreibt OVG. XI, 384ff., wohl aber, wenn es die Produkte der einzelnen Gewerbetreibenden als deren gemeinschaftlicher Bevollmächtigter im Namen und für Rechnung jedes einzelnen Auftraggebers vertreibt. OVG. IX, 460.

4v. Auf der Anlegestelle eines den Verkehr zwischen mehreren Orten vermittelnden, den Fährbetrieb zwischen denselben ausübenden Dampfers, an welcher Personen und Güter aufgenommen und abgesetzt werden, findet ein in Preußen steuerpflichtiger stehender Gewerbebetrieb statt. OVG. III, 389. Daß die Landungsbrücken dem Steuerpflichtigen weder eigentümlich gehören, noch ausschließlich zur Verfügung stehen, schließt die Betriebsorteigenschaft der betr. Gemeinde nicht aus. OVG. v. 23. Jan. 1905 VI G 330. Das bloße Anlegen zum Einladen oder Ausladen von Waren bald hier bald dort ohne irgendwelche dauernde Einrichtungen macht aber keine Gemeinde zum Betriebsorte. OVG. XI, 434.

4w. Bei einem einheitlichen Gewerbebetriebe ist auch diejenige Gemeinde Betriebsort, in welcher die Fabrikation der Waren stattfindet und deshalb tatsächlich keine Einnahmen erzielt werden. OVG. IV, 291.

4x. Eine Gemeinde, in der eine Gewerkschaft Wohnhäuser für ihre Arbeiter unterhält, ist Betriebsort im Sinne des § 38 des Gewerbesteuergesetzes. OVG. XII, 472.

4y. Eine Aktiengesellschaft, deren Zweck die Förderung der Erdölindustrie und des Erdölhandels im In- und Ausland ist und welche die zu ihrem Betriebe gehörige überwachende und beeinflussende Tätigkeit gegenüber anderen Unternehmungen außerhalb des Ortes ihres Sitzes durch Beauftragte ausübt, die an dem Sitze dieser Unternehmungen ihren ständigen Aufenthalt haben, betreibt auch an dem letzteren Orte ihr stehendes Gewerbe. OVG. XIII, 371.

5a. Ist der Ertrag des gesamten Betriebes bei der Veranlagung in Ansatz gelangt, so kommen bei Zerlegung des Steuersatzes diejenigen Betriebsorte in Betracht, an denen sich zur Zeit der Veranlagung, bzw. bei Beginn des Steuerjahres derjenige Gewerbebetrieb vollzieht, dessen Ertrag bei der Veranlagung berücksichtigt worden ist; hierbei ist es unerheblich, ob der bei der Veranlagung zugrunde gelegte Ertrag bis dahin an anderen Betriebsorten erzielt worden ist. OVG. VI, 365.

5b. Einer Gemeinde, die im Steuerjahr nicht mehr Betriebsort ist, darf ein Teil des Steuersatzes nicht überwiesen werden, auch wenn der Ertrag der noch im Vorjahre in ihrem Bezirk betriebenen Geschäftszweige bei der Feststellung des steuerpflichtigen Ertrages mit berücksichtigt ist. OVG. IX, 443.

6a. Erfährt der veranlagte Gewerbesteuersatz im Wege der Rechtsmittel oder infolge einer Neuveranlagung eine Änderung, so hat der Steuerausschuß von Amts wegen eine erneute Verteilung des Steuersatzes vorzunehmen. Art. 53 Ziffer 6 d. A. Diese Vorschrift der A. steht keineswegs mit dem Gesetze im Widerspruch. Nach derselben wird nach Ermäßigung des Steuersatzes der ursprüngliche Zerlegungsbeschluß ohne jede Rücksicht auf etwa erfolgte Anfechtung von selbst hinfällig und der Steuerausschuß hat auf Grund der neuen Feststellungen, welche zur Ermäßigung des Steuersatzes geführt haben, eine erneute Zerlegung vorzunehmen, ohne daß er irgendwie an seinen früheren Beschluß gebunden wäre. OVG. VI, 418.

Nach Ermäßigung des ursprünglichen Steuersatzes des Steuerpflichtigen im Rechtsmittelverfahren ist für die notwendig gewordene erneute Zerlegung allein der Steuerausschuß (nicht die Regierung) zuständig. OVG. VII, 417.

6b. Hat dagegen eine Gemeinde nach Zurückweisung ihres Antrags auf Zerlegung gegen den Beschluß des Steuerausschusses Berufung eingelegt und stellt sich in diesem Berufungsverfahren die Notwendigkeit der Verteilung des Steuersatzes heraus, so muß diese seitens der Regierung selbständig vorgenommen und darf nicht etwa dem Steuerausschusse übertragen werden. OVG. VI, 447.

7a. Die Verteilung des Steuersatzes ist nach Maßgabe des Ertrages und, falls in dem maßgebenden Zeitabschnitte ein solcher nicht erzielt ist, nach Maßgabe des Anlage- und Betriebskapitals vorzunehmen. Hierbei ist in der Weise zu verfahren, daß zunächst unter analoger Anwendung der im Art. 19 d. A. (vgl. Anm. 5 zu § 21 des Ges.) gegebenen Grundsätze festzustellen ist, wie sich der Ertrag bzw. das Betriebs- und Anlagekapital auf die beteiligten Gemeinden verteilt. Nach dem so gefundenen Verhältnisse ist der Steuersatz zu zerlegen, wobei jedoch Bruchteile in volle Markbeträge abzurunden sind. Wenn z. B. ein mit 620 Mark besteuertes Gewerbe einen Ertrag von 60000 Mark erzielt und hiervon auf die Gemeinden A, B und C 25000, 20000 bzw. 15000 Mark entfallen, so ist nach dem Verhältnis von 5 : 4 : 3 der Gemeinde A ein Teilbetrag von 258 Mark, der Gemeinde B von 207 Mark und der Gemeinde C von 155 Mark zu überweisen. Art. 53 Ziffer 2 des A.

7b. Die in Art. 52 Ziffer 2 Abs. 2 d. A. empfohlene Abrundung der Bruchteile des Steuersatzes in volle Markbeträge darf nicht dazu führen, daß die Summe der den beteiligten Gemeinden überwiesenen Teilbeträge den veranlagten Steuersatz übersteigt. OVG. IX, 458.

7c. Da für die Bemessung des Gesamtsteuersatzes die Verhältnisse des Vorjahres maßgebend sind (vgl. § 24 Abs. 2 des Gesetzes), so gewährt die Eröffnung einer Zweigniederlassung im Laufe des Steuerjahres keinen Anspruch auf nachträgliche Zuweisung eines Teilbetrages der Gesamtsteuer. Überhaupt besteht ein Anspruch auf Berücksichtigung bei der Verteilung des Steuersatzes nur, wenn und insoweit als der betreffende Teil des Gewerbebetriebes bei der staatlichen Veranlagung oder Zugangstellung berücksichtigt werden konnte. (Vgl. OVG. v. 21. Dez. 1908 VI G 316 und G 11.) Später eingetretene Änderungen im Betriebe, z. B. später eröffnete Zweigniederlassungen oder später eingetretene Vergrößerungen einzelner Betriebsstätten, müssen bei der Verteilung für das laufende Steuerjahr außer Betracht bleiben. Art. 53 Ziffer 3 d. A.

8a. Die Zerlegung des Steuersatzes hat stets nach dem Ertrage zu erfolgen, wenn der Gewerbebetrieb eines Steuerpflichtigen einen Ertrag aufweist, gleichviel ob und an wie vielen der einzelnen Betriebsorte mit Verlust gearbeitet worden ist. Nur wenn das Gesamtgeschäft keinen Ertrag oder Verlust ergeben hat, soll die Verteilung nach Maßgabe des Anlage- und Betriebskapitals erfolgen. FME. v. 17. Dez. 1895, MittH. 33, S. 50. OVG. III, 422.

8b. Haben die sämtlichen Gewerbebetriebe des Steuerpflichtigen im ganzen keinen Ertrag geliefert, so muß die Zerlegung des Steuersatzes nach dem Verhältnisse des an den einzelnen Betriebsorten vorhandenen Anlage- und Betriebskapitals vorgenommen werden, wenngleich durch einzelne Betriebe Gewinne erzielt und nur durch Verluste bei anderen Betrieben bei der Feststellung des Gesamtertrages ausgeglichen worden sind. OVG. VI, 376.

9a. Der für die Zerlegung des Steuersatzes maßgebende Ertrag ist der bei der Veranlagung der Gewerbesteuer festgestellte und der Festsetzung des Steuersatzes zugrunde gelegte steuerpflichtige Ertrag. Bei einem einheitlichen Betriebe und der Unmöglichkeit der Feststellung der auf die einzelnen Betriebsorte entfallenden Teilbeträge hat die Unterverteilung des der Veranlagung zugrunde gelegten Ertrages auf die einzelnen Betriebsorte nach den für die Gewinnerzielung besonders maßgebenden Merkmalen zu erfolgen. OVG. IV, 293 und v. 1. Juli 1909 VI G 274. Für die Entscheidung der Frage, ob die Feststellung der Einzelerträge sich durch Rechnung oder Schätzung ermöglichen läßt, ist nicht die buchmäßige Behandlung der einzelnen Betriebe seitens des Unternehmers, sondern lediglich die Natur des gesamten Unternehmens maßgebend. OVG. IX, 452; VI, 421f.

9b. Bei einem einheitlichen, über mehrere Kommunalbezirke sich erstreckenden Gewerbebetriebe ist die Zerlegung nach Maßgabe des Verhältnisses der für die Gewinnerzielung vornehmlich entscheidenden Merkmale zu bewirken. Welche Merkmale anzuwenden sind, ist im einzelnen Fall nach den konkreten Umständen zu entscheiden. Dies können z. B. die an den einzelnen Betriebsorten gezahlten Löhne oder die erwachsenen Betriebskosten sein. Kommunale Rücksichten, insbesondere die Höhe der den einzelnen Gemeinden durch den Betrieb verursachten Kommunallasten, haben außer Betracht zu bleiben. OVG. IV, 291, 294; III, 422.

9c. Als Zerlegungsmaßstab darf bei einer Gewerkschaft, die in verschiedenen Gemeinden Wohnhäuser für ihre Arbeiter unterhält, die Zahl der in den Betriebsgemeinden wohnenden Arbeiter und ihrer die Schule besuchenden Kinder nicht genommen werden. OVG. XII, 472.

9d. Erfolgt die Zerlegung des Steuersatzes nach dem Verhältnis der an den einzelnen Betriebsorten gezahlten Gehälter und Löhne, so dürfen dabei nur die wirklich gezahlten, nicht aber fingierte Beträge zugrunde gelegt werden. OVG. X, 447.

9e. Wird bei einem einheitlichen Betriebe für die Zerlegung des Steuersatzes der Maßstab der an den einzelnen Betriebsorten gezahlten Gehälter und Löhne gewählt, so dürfen nur die von dem Steuerpflichtigen an seine Angestellten und Arbeiter gezahlten Beträge an Gehalt, Lohn und Tantieme, dagegen nicht diejenigen Vergütungen, die für die Ausführung von Arbeiten an selbständige Unternehmer gezahlt werden, berücksichtigt werden. OVG. VI, 423.

9f. Sind die gezahlten Gehälter und Löhne als für die Gewinnerzielung vornehmlich entscheidende Merkmale anzusehen, so ist für alle Betriebsorte derselbe Zeitraum, innerhalb dessen sie gezahlt sind, zugrunde zu legen. OVG. IV, 387.

9g. Bei Zerlegung des Steuersatzes einer in verschiedenen Gemeinden betriebenen Straßenbahn ist nach Lage des konkreten Falles zu entscheiden, ob die in den einzelnen Gemeinden erwachsenen Betriebskosten oder die daselbst aufgekommenen Bruttoeinnahmen oder die Längen der Schienengleise den Maßstab für die Berechnung des Ertragsverhältnisses zu bilden haben. OVG. IV, 301.

9h. Der über mehrere Kommunalbezirke sich erstreckende Gewerbebetrieb der Versicherungs-Aktiengesellschaften ist ein derart einheitlicher, daß nur die Feststellung des Ertrages des gesamten Unternehmens möglich und die Berechnung der an den einzelnen Betriebsorten erzielten Teilerträge ausgeschlossen erscheint. Als für die Gewinnerzielung vornehmlich entscheidende Merkmale sind die Brutto-Prämien-Einnahmen hauptsächlich zu berücksichtigen. OVG. IV, 412.

9i. Sind bei einem einheitlichen Betriebe Fabrikation und Verkauf der Fabrikate im wesentlichen örtlich getrennt, so bildet der an den einzelnen Betriebsorten erzielte

Umsatz keinen zutreffenden Maßstab für die Zerlegung. OVG. VI, 422.

9k. Befindet sich an einem Betriebsorte der kaufmännische Betrieb, während an einem anderen die Fabrikation, die Lagerung und die Versendung der Fabrikate erfolgen, so erscheinen beide Fabrikate an sich gleichwertig und die Verteilung der Hälfte des Steuersatzes auf jede Gemeinde zutreffend. Eine hiervon abweichende Verteilung muß deshalb durch die Feststellung, daß in dem konkreten Falle die eine oder die andere Tätigkeit zurücktritt, gerechtfertigt werden. OVG. IV, 387.

9l. Bei Zerlegung des Steuersatzes ist die Berücksichtigung des Einflusses der Geschäftsleitung als vornehmlich für die Gewinnerzielung entscheidendes Merkmal grundsätzlich nicht ausgeschlossen und eine Bevorzugung der Gemeinde, in welcher sich der Sitz der Geschäftsleitung befindet, aus diesem Grunde nicht unzulässig. OVG. IV, 297. Vgl. im übrigen über Berücksichtigung des Einflusses der Geschäftsleitung OVG. VI, 449, 451.

9m. Bei dem von einer Dampfschiffahrtsgesellschaft betriebenen, auf ihren Dampfschiffen sich vollziehenden und von dem Dampfschiffahrtsbetriebe nicht zu trennenden Verkauf von Wein ist für die Verteilung des Steuersatzes nicht allein das Verhältnis der an den einzelnen Betriebsorten erzielten Roheinnahmen an Fracht und Fahrgeldern maßgebend, es muß außerdem auch der Weinkellereibetrieb, der allein am Sitze der Geschäftsleitung stattfindet, als ein für die Gewinnerzielung vornehmlich entscheidendes Merkmal in Betracht gezogen werden. OVG. IV, 391.

9n. Bei einem Warenabzahlungsgeschäfte ist nach der Natur der Sache eine gesonderte Ertragsfeststellung insoweit ausgeschlossen, als die von dem einen Betriebsorte aus angeschafften Waren an einem anderen zum Verkaufe gelangen. OVG. IX, 452.

9o. Die Zerlegung des Steuersatzes kann, wenn bei einem Holzgeschäft an einem Betriebsorte nur das Schneiden der Hölzer, an den übrigen Betriebsorten dagegen ausschließlich der Ein- und Verkauf stattfindet, in der Weise ausgeführt werden, daß als Roheinnahme des ersten Betriebsortes derjenige Teil des an den anderen Betriebsorten erzielten Verkaufspreises angesehen wird, der auf die Kosten des Schneidens der Hölzer und auf die durch diese Bearbeitung derselben erzielte Preisdifferenz entfällt. OVG. IX, 454.

9p. Bei Zerlegung des Steuersatzes nach dem Maßstabe des Anlage- und Betriebskapitals findet eine Berücksichtigung der für die Gewinnerzielung vornehmlich entscheidenden Merkmale, einschließlich des Einflusses der Geschäftsleitung nicht statt. OVG. VI, 377.

9q. Der für die Veranlagung der sämtlichen Betriebe des preußischen Staates zuständige Steuerausschuß der Klasse I in Berlin bewirkt die nach § 32 des Kommunalabgabengesetzes erforderliche Zerlegung des Gesamtsteuersatzes des Staates in die durch die einzelnen Betriebsorte entfallenden Teilbeträge. MittH. 30, S. 52. Behufs Zerlegung des Steuersatzes muß ebenso wie bei Privatbetrieben festgestellt werden, welche Staatsbetriebe ihrer Natur und ihrem inneren Wesen nach ein wirtschaftlich selbständiges, einheitliches Unternehmen bilden. Ist diese Ermittelung abgeschlossen, so scheiden diejenigen einzelnen Gewerbebetriebe, bei denen im maßgebenden Jahre kein Ertrag erzielt worden ist oder Verluste entstanden sind, aus, und die entsprechenden Betriebsorte finden bei Verteilung des Steuersatzes überhaupt keine Berücksichtigung. Der gesamte Steuersatz wird sodann im Verhältnis des Einzelertrages jedes einzelnen der hiernach übrigbleibenden selbständigen Betriebe zu dem gesamten steuerpflichtigen Ertrage sämtlicher Staatsbetriebe zerlegt. Jeder so gewonnene Teilbetrag stellt den Anteil dar, den die Betriebsgemeinde erhält, wenn der betreffende einzelne Gewerbebetrieb nur innerhalb einer Gemeinde stattfindet. Erstreckt sich dagegen der als wirtschaftliche Einheit ermittelte Betrieb über mehrere Gemeinden, so ist eine weitere Zerlegung des nach vorstehendem auf den Betrieb entfallenden Teiles des Steuersatzes notwendig. Diese muß dann in gleicher Weise stattfinden, wie bei einem einzelnen Gewerbebetriebe; die maßgebenden Faktoren sind der Ertrag dieses Gewerbes und der dafür berechnete Teil des Steuersatzes. Läßt sich eine gesonderte Ertragsberechnung des auf jeden Betriebsort fallenden Teils des Gewerbebetriebes vornehmen, so muß solche bewirkt und danach der Teilsteuersatz zerlegt werden. Ist die gesonderte Ertragsberechnung nicht möglich, so ist die Zerlegung unter Berücksichtigung der vornehmlich für die Gewinnerzielung maßgebenden Merkmale, die nach dem konkreten Falle ermittelt werden müssen, zu bewirken. (Vgl. OVG. III, 422, Anm. 9b zu diesem Paragraphen.) OVG. IV, 402.

10a. Nach erfolgter Verteilung des Steuersatzes hat der Vorsitzende des Steuerausschusses denjenigen Teilbetrag, welcher auf den Ort der Veranlagung entfällt, in die Spalte 7 der Steuerliste (Muster 12 d. A.) einzutragen und den Beschluß des Steuerausschusses unter Benutzung des Musters 20 d. A. tunlichst bis zum 20. März allen beteiligten Gemeindevorständen bzw. Gutsvorständen zuzustellen.

Dem Steuerpflichtigen ist dieser Beschluß, und zwar sofern die Verteilung in unmittelbarem Anschluß an die Veranlagung erfolgt ist, gleichzeitig mit der Steuerzuschrift (Muster 13 d. A.) in einem Schriftstück nach Muster 21, anderenfalls in besonderer Zuschrift, zu behändigen. Außerdem ist das Ergebnis der Verteilung des Steuersatzes in der namentlichen Nachweisung, bei Zugängen im Laufe des Steuerjahrs im Notizregister, in der Spalte „Bemerkungen" oder in einer besonderen Anlage zu vermerken. Letzterenfalls ist in der gedachten Spalte auf die Anlage hinzuweisen. Art. 53 Ziffer 4 d. A.

10b. Wenn mangels eines Anlasses oder infolge eines Versehens, Rechtsirrtums usw. ein Zerlegungsbeschluß nicht gefaßt ist, so muß einer Gemeinde, die an der Unterlassung kein Verschulden trägt, gestattet sein, die nachträgliche Zerlegung zu beantragen. Da irgendeine zeitliche Beschränkung für die Geltendmachung der Ansprüche der Gemeinden auf den Steuersatz im Gesetze nicht vorgesehen ist, so muß die Erhebung solcher Ansprüche im Laufe des Steuerjahres mit der Rechtswirkung zugelassen werden, daß zunächst der Steuerausschuß darüber zu befinden hat. OVG. v. 9. Febr. 1899, VI G, 18.

10c. Auf Grund der Benachrichtigungen nach Muster 21 d. A. haben die Gemeinde-(Guts-)Vorstände nach Maßgabe des Musters 22 d. A. eine Nachweisung der auf die in ihrer Gemeinde (Gutsbezirk) belegenen, aber auswärts veranlagten Betriebe entfallenden Teilbeträge aufzustellen. Eine Aufrechnung und Abschließung dieser Nachweisung erfolgt erst nach Eingang der Rolle (Artikel 39 d. A.). Die Benachrichtigungen nach Muster 20 d. A. sind als Belege aufzubewahren. Art. 53 Ziffer 5 d. A.

10d. Nach den gesetzlichen Bestimmungen und der Rechtsprechung des OVG. steht den Gemeinden ein Anspruch darauf nicht zu, daß ihnen die Verteilungsgrundlagen ohne einen besonderen Antrag ihrerseits schon in dem Zerlegungsbeschluß (vgl. dagegen Anm. 11g zu diesem Paragraphen) mitgeteilt werden, während anderseits solche Mitteilungen in manchen Fällen eine mit dem praktischen Interesse, das die einzelne Gemeinde daran hat, nicht im Verhältnis stehende Mehrarbeit verursachen kann. Der Finanzminister hat deshalb die Aufnahme derartiger Mitteilungen in den Zerlegungsbeschluß nicht ausnahmslos für alle Fälle angeordnet, aber darauf aufmerksam gemacht, daß sie sich, wenigstens in den Gewerbesteuerklassen I und II, in der Regel durchaus empfiehlt. Inwieweit in einzelnen Fällen von dieser Regel wegen des damit verbundenen Schreibwerks, oder weil nach Lage des Falls vorauszusetzen ist, daß die betreffenden Gemeinden kein Gewicht auf die Mitteilung legen, oder endlich aus anderen besonderen

Gründen abzuweichen und ein besonderer Antrag der Gemeinde auf Mitteilung der Zerlegungsgrundlagen abzuwarten sei, bleibt dem pflichtmäßigen Ermessen der Vorsitzenden der Steuerausschüsse überlassen. FME. v. 15. Dez. 1896, MittH. 34, S. 35. Ein geeignetes Beispiel eines Zerlegungsbeschlusses, der eine kurze und sachgemäße Mitteilung der Verteilungsgrundlagen enthält, ist dort abgedruckt.

10 e. Wegen Mitteilung an die Handelskammern in Fällen, wo bei einer Gewerbesteuerzerlegung auf Grund des § 38 des Gewerbesteuergesetzes Teilbeträge für Gemeinden außerhalb des Veranlagungsbezirks festgesetzt werden, vgl. FME. v. 23. Juli 1903, MittH. 47 S. 14 zur Ergänzung des FME. v. 20. Nov. 1900, MittH. 42, S. 20.

11 a. Sowohl den Kommunen als dem Steuerpflichtigen, nicht aber dem Vorsitzenden des Steuerausschusses. Unter „Kommunen" sind nur die Gemeinden und gleichartige politische Bezirke zu verstehen, nicht aber Kommunalverbände höherer Ordnung; dem Kreisausschuß z. B. steht ein Rechtsmittel gegen die Zerlegung des Steuersatzes nicht zu. OVG. XI, 437.

11 b. Den Gemeinden, welche durch die stattgehabte Veranlagung verkürzt zu sein glauben, ist ein Rechtsmittel gegen die Veranlagung überhaupt nicht gegeben. OVG. IV, 392.

11 c. Ein Rechtsmittel gegen die Festsetzung des Steuersatzes steht zwar den bei dessen Zerlegung beteiligten Gemeinden nicht zu, dagegen ist ihnen die Befugnis eingeräumt, im Zerlegungsverfahren die Berichtigung der bei der Veranlagung des Steuerpflichtigen hinsichtlich der Ertragsfeststellung untergelaufenen Irrtümer behufs Herbeiführung einer dem Gesetz entsprechenden Zerlegung des veranlagten Steuersatzes zu beanspruchen. OVG. VIII, 385.

11 d. Die Auffassung des OVG. IV, 382, 392; VI, 362, 364, 366, daß Gemeinden, in denen sich bei Feststellung des steuerpflichtigen Ertrages nicht berücksichtigte Teilbetriebe befinden, keinen Anspruch auf einen Teil des Steuersatzes haben, ist nach OVG. v. 21. Dez. 1908 VI G 316 und VI G 11 aufgegeben. Es kommt nicht darauf an, ob eine Gemeinde, die in diesem Zeitpunkte ein Betriebsort des veranlagten Gewerbebetriebs war, bei der Veranlagung tatsächlich berücksichtigt worden ist, und ebensowenig darauf, ob sie zu dem für die Veranlagung maßgebenden Ertrage oder Anlage- und Betriebskapitale beigetragen hat. Auch nach Art. 53 Ziffer 3 d. A. (siehe Anm. 7c zu diesem Paragraphen) ist maßgebender Grundsatz, daß ein Anspruch auf Berücksichtigung besteht, wenn und insoweit als der betreffende Teil des Gewerbebetriebes bei der staatlichen Veranlagung berücksichtigt werden konnte.

11e. Ist das Bestehen eines Teilbetriebes zwar berücksichtigt worden, aber bei der Veranlagung, sowie bei der Zerlegung des Steuersatzes irrtümlicherweise ein Verlust aus dem Teilbetriebe angenommen und aus diesem Grunde dem betreffenden Betriebsorte kein Anteil an dem Steuersatze überwiesen, so muß Aufklärung des Irrtums im Berufungsverfahren erfolgen und der Steuersatz nach den in den einzelnen Orten in Wirklichkeit erzielten Teilerträgen auf dieselben verhältnismäßig verteilt werden. OVG. VI, 361.

11f. Das Rechtsmittel der Berufung gegen den Zerlegungsbeschluß des Steuerausschusses steht nicht nur dem Steuerpflichtigen und denjenigen Kommunen zu, denen der Zerlegungsbeschluß zugestellt worden ist, oder welche in dem Zerlegungsbeschlusse bezeichnet sind, sondern allen Kommunen, welche den Anspruch auf Zuweisung eines Teiles des Steuersatzes erheben. OVG. VII, 402.

11g. Die bei Zerlegung des Steuersatzes beteiligten Kommunen haben einen Anspruch auf rechtzeitige Mitteilung der Zerlegungsgrundsätze. Die Mitteilung muß spätestens vor Erlaß der Berufungsentscheidung erfolgen, damit die Kommunen dieselbe noch im Berufungsverfahren benutzen können. OVG. IV, 324. Vgl. Anm. 10d zu diesem Paragraphen.

12a. „Einspruch" ist in diesem Falle nicht zugelassen. -- Mit den eingegangenen Berufungen und Beschwerden ist nach Maßgabe folgender Bestimmungen zu verfahren:

a) Die gegen die Verteilung des Steuersatzes eingelegten Berufungen hat der Vorsitzende des Steuerausschusses erst nach Ablauf der für den Einspruch gegen die Gewerbesteuerveranlagung zugelassenen Frist der Regierung einzureichen, vorher jedoch schon — soweit dies erforderlich — die für die Entscheidung erheblichen Tatsachen festzustellen.

b) Die Regierung hat vor Abänderung einer im Berufungswege angefochtenen Verteilung des Gewerbesteuersatzes den Vorständen der beteiligten Gemeinden (beziehungsweise dem Steuerpflichtigen) unter abschriftlicher Mitteilung der Berufungsschrift und Bestimmung einer angemessenen Frist Gelegenheit zur Äußerung zu geben (OVG. IV, 294).

c) Hat der Steuerpflichtige gegen die Gewerbesteuerveranlagung rechtzeitig Einspruch erhoben, so hat der Vorsitzende des Steuerausschusses hiervon der Regierung Anzeige zu erstatten, und ist alsdann die Entscheidung der Berufung gegen die Verteilung des Steuersatzes bis zur rechtskräftigen Entscheidung über die Gewerbesteuerveranlagung auszusetzen.

In diesem Fall hat die Regierung den Berufungserheber mit entsprechendem Vorbescheid zu versehen und auf eine tunlichst schleunige Erledigung der gegen die Gewerbesteuerveranlagung eingelegten Rechtsmittel hinzuwirken.

d) Die Berufungsentscheidungen sind dem Steuerpflichtigen und allen beteiligten Gemeindevorständen in verschlossenem Schreiben zuzustellen.

Die Bestimmungen im Artikel 42 d. A. Nr. 3 Abs. 1 und 2, Nr. 4, 5, 6, 7 Abs. 2 und Artikel 45 d. A. Nr. 2 (vgl. die Anm. zu §§ 35, 36 des Gesetzes) finden auf die gegen die Verteilung des Steuersatzes eingelegten Rechtsmittel sinngemäße Anwendung.

Die gegen die Berufungsentscheidungen eingelegten Beschwerden sind jedoch ausnahmslos, und zwar mit allen Belegen und den etwa erforderlichen Gegenerklärungen der Regierung dem Oberverwaltungsgericht einzureichen.

Art. 53 Ziffer 7 d. A.

12b. Der Lauf der Ausschlußfrist für die Einlegung der Berufung beginnt auch für die darin nicht berücksichtigten Gemeinden erst mit der Zustellung des Beschlusses an diese. OVG. IX, 450.

12c. Für das Zerlegungsverfahren ist reformatio in pejus ausgeschlossen. Siehe jedoch Anm. 12d. Die von einer Kommune allein eingelegte Berufung darf daher im ungünstigsten Falle nur zurückgewiesen werden. OVG. IV, 291.

12d. Wird hinsichtlich der Zerlegung des Steuersatzes von zwei Seiten Berufung eingelegt, so ist die Anwendung der Grundsätze über Unzulässigkeit einer reformatio in pejus zugunsten eines Berufers ausgeschlossen. OVG. VI, 418.

12e. Wenn gegen den Beschluß des Steuerausschusses über die Zerlegung des Steuersatzes von einem oder mehreren Beteiligten Berufung eingelegt und die Berufung für begründet erachtet wird, so hat die Regierung zugleich mit der Entscheidung über die Berufung die hierdurch bedingte anderweite Zerlegung des Steuersatzes zu bewirken und den sämtlichen Beteiligten mitzuteilen. FME. v. 28. Dez. 1893, MittH. 29, S. 37. OVG. VI, 447; IV 294.

12f. Die nachträgliche Zerlegung des Steuersatzes auf Verlangen einer beteiligten Gemeinde und die Abänderung der bereits erfolgten Zerlegung zugunsten einer hierbei nicht berücksichtigten Gemeinde im Wege der Berufung sind nur für das Steuerjahr, in dem der Anspruch von der Gemeinde geltend gemacht wird, zulässig, für die Vorjahre dagegen ausgeschlossen. OVG. IX, 446.

13a. Die quantitative Ausführung der Zerlegung eines Steuersatzes gehört wesentlich dem tatsächlichen Gebiete an und ist insoweit der Anfechtung durch die Beschwerde entzogen. OVG. III, 406.

13b. Einer an der Zerlegung eines Gewerbesteuersatzes beteiligten Gemeinde, deren im Zerlegungsbeschlusse bestimmter Anteil durch die gegenüber einer anderen Gemeinde ergangenen Berufungsentscheidung nicht verkürzt wird, steht kein Beschwerderecht zu, falls sie nicht selbst die Zerlegung mit der Berufung angefochten hatte. OVG. v. 8. Okt. 1903 VI G 309 Als beteiligte Gemeinden im Sinne der Art. 53 Ziffer 7 Abs. 2 Lit. b und d (siehe Anm. 12a zu diesem Paragraphen) sind daher nur diejenigen Gemeinden zu betrachten, welche ein Interesse an den Berufungen anderer Gemeinden und den hierüber ergehenden Entscheidungen haben. FME. v. 12. Jan. 1904, MittH. 47, S. 13.

Steuererhebung.

§ 39.[1])

[Die Steuer ist in vierteljährlichen Beträgen in der ersten Hälfte des zweiten Monats eines jeden Vierteljahres an die vom Finanzminister als zuständig bezeichnete Stelle abzuführen. Vorausbezahlungen bis zum Jahresbetrage sind zulässig.]

1. Der § 39 ist aufgehoben durch das Gesetz wegen Aufhebung direkter Staatssteuern vom 14. Juli 1893. Die Hebung und Beitreibung der für die Zeit nach dem 1. April 1895 veranlagten Gewerbesteuer liegt derjenigen Gemeinde ob, welche nach den Bestimmungen des Kommunalabgabengesetzes zum Bezuge des entsprechenden Steueraufkommens berechtigt ist. § 11 Abs. 1 a. a. O.

§ 40.

Die Zahlung der veranlagten Steuer wird durch die Einlegung von Rechtsmitteln nicht aufgehalten, muß vielmehr, mit Vorbehalt [1]) späterer Erstattung, in den vorgeschriebenen Fristen erfolgen.

1. Dieser Vorbehalt ist selbstverständlich und braucht nicht besonders in den Rechtsmittelschriften zum Ausdruck gebracht werden.

§ 41.

Wird ein Gewerbebetrieb von einer anderen Person unverändert [1]) fortgesetzt (z. B. im Fall der Vererbung, Verpachtung, Veräußerung), so ist die veranlagte Steuer bis zum Ablauf des Steuerjahres fortzuentrichten und findet nur eine Umschreibung des Namens statt.[2])

Der Verpächter eines Gewerbes haftet für die Jahressteuer [3]) solidarisch mit dem Pächter desselben.

1a. Wird ein Gewerbebetrieb ohne wesentliche Änderungen von einer anderen Person als dem bisherigen Gewerbetreibenden fortgesetzt (z. B. im Falle der Veräußerung oder Vererbung), so findet keine Neuveranlagung des Geschäftsnachfolgers statt, der Geschäftsnachfolger tritt vielmehr bis zum Ablaufe des Steuerjahres in die Steuerpflicht des Abgehenden nach Maßgabe der Veranlagung des letzteren ein. Bei derartigen Anmeldungen der Übernahme und Fortsetzung eines bereits besteuerten Gewerbes hat der Vorsitzende des Steuerausschusses der Klasse IV, wenn die Besteuerung in Klasse IV erfolgt ist, die Umschreibung zu veranlassen, anderenfalls die Anmeldung an den Vorsitzenden des Steuerausschusses abzugeben, von welchem die Besteuerung bewirkt ist. Letzterer hat sich zu vergewissern, ob auch die entsprechende Abmeldung seitens des bisherigen Geschäftsinhabers erfolgt ist, und nötigenfalls dessen Erklärung hierüber zu erfordern, welche alsdann auch dem Vorstande der zum Bezuge des betreffenden Steuerbetrages berechtigten Gemeinde bzw. der von diesem bezeichneten kommunalen Verwaltungsstelle als Abmeldung zuzufertigen ist. Auf Grund der An- bzw. Abmeldung wird nur der Name des Gewerbetreibenden in der namentlichen Nachweisung umgeschrieben und der Personenwechsel als Ab- und Zugang in dem Gewerbesteuer-Notizregister unter gegenseitigem Hinweise — jede ohne Ausfüllung der für die Steuerbeträge bestimmten Spalten — eingetragen. (Die Umschreibung kann nur durch den Vorsitzenden des Ausschusses der zuständigen Gewerbesteuerklasse veranlaßt, dagegen nicht durch die Regierung in einem lediglich eine Zugangsveranlagung (§ 34 des Gesetzes) betreffenden Berufungsbescheide angeordnet werden. OVG. X, 425.)

Ob der den Betrieb übernehmende Gewerbetreibende bereits wegen eines bisher betriebenen und neben dem übernommenen fortzusetzenden Gewerbes besteuert ist, kommt hierbei nicht in Betracht; in einem derartigen Falle bleibt vielmehr für das laufende Jahr die besondere Veranlagung beider Betriebe in Kraft, und tritt die einheitliche Besteuerung erst bei der nächsten Veranlagung ein. Art. 14, 27 Ziffer 4 d. A.

1b. Für das Vierteljahr, in welchem der Personenwechsel erfolgt, kann die Steuer nur einmal, und zwar zunächst von dem Abgehenden eingezogen werden. Hat bei eingetretenem Personenwechsel der ausscheidende Gewerbetreibende die Abmeldung unterlassen, so ist er neben seinem Nachfolger zur Fortentrichtung der Steuer verpflichtet. Die Regierung ist jedoch ermächtigt, die Steuer von dem Beginne des auf den Personenwechsel folgenden Vierteljahres ab in Abgang stellen zu lassen, wenn der Nachfolger die Steuer entrichtet hat. (§ 58 Abs. 2 des Ges.) Art. 14 d. A.

2a. Die Umschreibung findet nur dann statt, wenn jemand das Gewerbe des Veranlagten als solches übernimmt und wesentlich unverändert (OVG. IV, 441) für eigene Rechnung und in eigenem Namen fortsetzt. Die Anwendung des § 41 ist dagegen ausgeschlossen, wenn jemand entweder nur einen der mehreren Betriebe des Veranlagten oder überhaupt nicht einen gewerblichen Betrieb als solchen, sondern lediglich die Räumlichkeiten, in denen bisher ein solcher betrieben wurde, übernimmt und darin ohne Beziehung zu dem Betriebe des Veranlagten ein, wenn auch gleichartiges, Gewerbe neu beginnt. OVG. IX, 436 ff. Wenn § 41 die unveränderte Fortsetzung eines Gewerbebetriebs durch eine andere Person voraussetzt, so kann das immer nur von der unveränderten Fortsetzung des Betriebs, in der Gestaltung wie er zur Gewerbesteuer veranlagt war, verstanden werden. Diese Voraussetzung trifft nicht zu, wenn der veranlagte Betrieb nur einen Teil des auf einen anderen übergegangenen und durch diesen Übergang gewerbesteuerpflichtig gewordenen Betriebs gebildet hat. OVG. v. 8. Nov. 1906 VI G 231. Eine unveränderte Fortsetzung des bisherigen Betriebes liegt nicht vor, wenn der neue Erwerber das Geschäft mit dem vorhandenen Warenbestand nachweisbar nur zum Zwecke des Ausverkaufs binnen kurzer Zeit übernommen hat. OVG. v. 18. Febr. 1904, mitgeteilt durch FME. v. 8. April 1904 II 3111. Insoweit es für die Beurteilung der Frage, ob das Gewerbe ohne wesentliche Veränderung fortgesetzt wird, auf die Höhe des Anlage- und Betriebskapitals vor und nach dem Übergange ankommt, ist das Anlage- und Betriebskapital des Vorbesitzers nach dem für dessen Veranlagung maßgebend gewesenen Stande zu berechnen (also nicht nach dem Stande zur Zeit des Geschäftsüberganges) OVG. XII, 467.

2 b. Umschreibung der Steuer gemäß § 41 findet nicht nur bei Eintritt einer anderen Person nach Beginn des Steuerjahres, sondern auch dann statt, wenn nach erfolgter Veranlagung eine andere Person den Gewerbebetrieb übernimmt. OVG. VII, 410.

2 c. Die Zulässigkeit der Umschreibung der bereits veranlagten Gewerbesteuer nach § 41 des Gewerbesteuergesetzes hängt auch im Falle der Verpachtung eines Gewerbebetriebes davon ab, daß der Betrieb vom Pächter in wesentlich unveränderter Weise fortgesetzt wird. OVG. X, 428, abweichend von VII, 411.

2 d. Bei unveränderter Fortsetzung eines nach § 7 des Gewerbesteuergesetzes steuerfrei gelassenen Gewerbebetriebes durch eine andere Person ist eine neue Veranlagung für den Rest des Steuerjahres ausgeschlossen. OVG. III, 343.

2 e. Bezieht sich die angemeldete Übernahme und Fortsetzung eines Gewerbebetriebes nicht auf den gesamten Gewerbebetrieb des bisherigen Inhabers, sondern nur auf einen Teil (z. B. eins von mehreren nebeneinander betriebenen Gewerben, einen einzelnen stehenden Betrieb), so findet keine Umschreibung statt (vgl. Anm. 2 a) sondern es bleibt die Besteuerung des bisherigen Steuerpflichtigen für das laufende Jahr ohne Änderung bestehen und der Anmeldende ist als Zugänger nach § 34 des Gesetzes zu behandeln, falls er nicht auch seinerseits bereits zur Gewerbesteuer veranlagt ist. Im letzteren Falle wird an der beiderseitigen Steuer für das laufende Jahr überhaupt nichts geändert. Art. 27 Ziffer 5 d. A.

2 f. Dem Steuerpflichtigen, der die unveränderte Fortsetzung des veranlagten Gewerbebetriebes bestreitet, stehen gegen die Umschreibung der Steuer die allgemein gegebenen Rechtsmittel des Einspruchs, der Berufung und der Beschwerde zu. OVG. IV, 437. Vgl. im übrigen über die Rechtsmittel im Falle der Umschreibung Anm. 1 e zu § 35.

Nach dem Eintritt der Rechtskraft der Veranlagung kann der Übernehmer nur noch die Zulässigkeit der Umschreibung, dagegen nicht mehr die Richtigkeit der Veranlagung anfechten. OVG. XI, 428. Die Frist zur Einlegung des Einspruchs läuft für ihn erst von dem auf die Zustellung einer entsprechenden Zuschrift folgenden Tage ab. OVG. XI, 430.

3. Nur für die laufende Jahressteuer; für die übrigen gesetzlichen Verbindlichkeiten kann nur der Pächter in Anspruch genommen werden. A. Art. 12 Ziffer 3.

§ 42.

Bei Verlegung des Betriebsortes oder des Sitzes der Geschäftsleitung, beziehungsweise des Wohnortes des Gewerbetreibenden tritt die erforderliche Übertragung der Steuer für den Rest des Jahres ohne neue Veranlagung ein.[1])

1. Die Anmeldungen, welche nur die Verlegung des Sitzes eines Gewerbes in einen anderen Gemeinde- (Guts-) Bezirk betreffen, sind, wenn der Ort der Anmeldung in demselben Veranlagungsbezirke wie der bisherige Sitz des Gewerbes liegt, nur in der namentlichen Nachweisung zu notieren, und den Vorständen der zum Bezuge des betreffenden Steuerbetrages vor und nach der Verlegung berechtigten Gemeinden bzw. den von diesen bezeichneten kommunalen Verwaltungsstellen zur Kenntnis zu bringen, anderenfalls tritt Überweisung der veranlagten Steuer ein. Der Vorsitzende des Steuerausschusses derjenigen Klasse, in welcher die Besteuerung fortan stattfinden muß, hat die Überweisung der Steuererhebung bei dem Vorsitzenden des bisher zuständigen Steuerausschusses zu beantragen, falls sie nicht infolge der dortigen Abmeldung bereits eingegangen ist.

Art. 27 Ziffer 7 d. A. Vgl. auch Art. 48 Ziffer 5 d. A.

§ 43.

Im übrigen wird das Verfahren bei Zu- und Abgängen durch Bestimmung des Finanzministers geregelt.[1])

1. Nachstehend werden die Vorschriften abgedruckt, welche d. A. hierüber trifft:

Art. 46.

Zu- und Abgangsfälle.

I. Steuerzugänge können entstehen:

1. durch Anmeldung
   a) der Eröffnung eines steuerpflichtigen Gewerbes, falls der Gewerbetreibende nicht schon zur Gewerbesteuer veranlagt ist (Art. 27 Nr. 2 und 3);
   b) der Übernahme eines bereits besteuerten Gewerbes (Art. 14 und 27 Nr. 4);
   c) der Übernahme eines Teils (einer einzelnen Betriebsstätte, Zweigniederlassung usw.) eines bereits besteuerten Gewerbes, falls der Gewerbetreibende nicht schon zur Gewerbesteuer veranlagt ist und der übernommene Betriebsteil entweder für sich allein oder in Verbindung mit dem von ihm selbst oder seiner Ehefrau etwa bereits betriebenen steuerfreien Gewerbe (§ 7 des Gesetzes) die Grenze der Steuerfreiheit (unter 1500 Mk. Ertrag und unter 3000 Mk. Anlage- und Betriebskapital) überschreitet (Art. 27 Nr. 5);
   d) der Eröffnung oder Übernahme eines Gewerbes, dessen Ertrag 1500 Mk. und dessen Anlage- und Betriebskapital 3000 Mk. nicht erreicht, falls der Gewerbetreibende nicht schon zur Gewerbesteuer veranlagt ist und das eröffnete bzw. übernommene Gewerbe in Verbindung mit dem von ihm selbst oder seiner Ehefrau etwa bereits betriebenen steuerfreien Gewerbe (§ 7 des Gesetzes) die angegebene

Grenze der Steuerfreiheit überschreitet (Art. 27 Nr. 6);

2. infolge der Ermittelungen über unterlassene Anmeldungen der zu 1a bis d bezeichneten Art (Art. 51);
3. durch nachträgliche Heranziehung bei der Veranlagung übergangener steuerpflichtiger Gewerbetreibender (vgl. Art. 35 Nr. 6 Abs. 2 und Art. 41 Abs. 3) oder durch Neuveranlagung im Falle mehrfacher Veranlagung desselben Steuerpflichtigen (Art. 41 Abs. 3);
4. durch Versetzung aus anderen Steuerklassen im Rechtsmittelverfahren (Art. 42 Nr. 7, Art. 43 Nr. 5, Art. 45 Nr. 2);
5. infolge Verlegung des Betriebsorts oder des Sitzes der Geschäftsleitung bzw. des Wohnorts des bestellten Vertreters (Art. 12 Nr. 2) aus einem anderen Veranlagungsbezirke (Art. 27 Nr. 7);
6. infolge Verlegung eines Gewerbebetriebes in seinem ganzen Umfange in eine andere Gemeinde desselben Veranlagungsbezirks (Art. 27 Nr. 7 und Art. 28 Nr. 5c);
7. infolge Verlegung einer Zweigniederlassung usw., auf welche ein Teilbetrag des Gesamtsteuersatzes entfallen ist (Art. 53 Nr. 4), in eine andere Gemeinde desselben oder eines anderen Veranlagungsbezirks;
8. infolge unveränderter Fortsetzung einer solchen Zweigniederlassung usw. durch eine andere Person (Art. 28 Nr. 4);
9. durch anderweite Verteilung des Steuersatzes auf mehrere Gemeinden im Rechtsmittelverfahren oder infolge Veränderung des Gesamtsteuersatzes (Art. 53 Nr. 6).

II. Steuerabgänge können entstehen:

1. durch Abmeldung eines gänzlich eingestellten oder auf einen anderen übergegangenen Gewerbes (Art. 28 Nr. 2).

Die nur teilweise Aufgabe eines Gewerbes hat keine Abgangstellung zur Folge (Art. 27 Nr. 5);

2. durch Aufhören des Gewerbebetriebes ohne Abmeldung, wenn kein zur Abmeldung Verpflichteter vorhanden ist, oder wenn die Regierung auf Grund des § 58 Abs. 2 des Gesetzes die Abgangstellung der Steuer anordnet (Art. 13 Nr. 1 Abs. 2 und 3);
3. durch Steuerermäßigung oder Befreiung, sowie durch Versetzung in andere Steuerklassen im Rechtsmittelverfahren (Art. 42 Nr. 7, Art. 43 Nr. 5 und 6, Art. 45 Nr. 2);
4. infolge mehrfacher Veranlagung des nämlichen Steuerpflichtigen (Art. 41 Abs. 3) oder infolge irriger Veranlagung nach §§ 3 bis 5 des Gesetzes steuerfreier Gewerbe (Art. 42 Nr. 2 Abs. 2);
5. durch Verlegung des Betriebsorts, Sitzes der Geschäftsleitung bzw. des Wohnorts des bestellten Vertreters in einen anderen Veranlagungsbezirk (Art. 27 Nr. 7);
6. infolge Verlegung eines Gewerbebetriebes in seinem ganzen Umfange in eine andere Gemeinde desselben Veranlagungsbezirks (Art. 27 Nr. 7 und Art. 28 Nr. 5 c);
7. infolge Verlegung einer Zweigniederlassung usw., auf welche ein Teilbetrag des Gesamtsteuersatzes entfallen ist (Art. 53 Nr. 4), in eine andere Gemeinde desselben oder eines anderen Veranlagungsbezirks;
8. infolge gänzlicher Einstellung einer solchen Zweigniederlassung usw. (7);
9. infolge unveränderter Fortsetzung einer solchen Zweigniederlassung usw. durch eine andere Person (Art. 28 Nr. 4);
10. durch anderweite Verteilung des Steuersatzes auf mehrere Gemeinden im Rechtsmittelverfahren oder infolge Veränderung des Gesamtsteuersatzes (Art. 53 Nr. 6).

Art. 47.

Zeitpunkt der Zu- und Abgangstellung.

I. Die Zugangstellung erfolgt in den Fällen des Art. 46 I

zu 1a bis d: vom Beginne des auf die Eröffnung oder Übernahme des Gewerbebetriebes folgenden Kalendervierteljahres ab.

Erfolgt jedoch die Abmeldung in demselben Vierteljahre, in welchem der Betrieb begann, so ist die Zugangstellung für dasjenige Vierteljahr, in welchem der Betrieb stattgefunden hat, zu bewirken;

zu 2: vom Beginne des auf die Einleitung der Untersuchung folgenden Kalendervierteljahres ab;

zu 3 und 4: vom Beginne des Steuerjahres ab, falls aber die Steuerpflicht erst im Laufe des Jahres eingetreten ist, von demjenigen Zeitpunkte ab, mit welchem die ursprüngliche Veranlagung in Geltung getreten ist;

zu 5, 6, 7 und 8: vom Beginne des auf die Verlegung des Betriebes (des Sitzes der Geschäftsleitung bzw. des Wohnortes des bestellten Vertreters) oder auf die Einstellung der Zweigniederlassung usw. oder endlich auf den Personenwechsel folgenden Kalendervierteljahres ab.

Als Tag der Verlegung ist derjenige anzusehen, an welchem der Betrieb an dem bisherigen Betriebsorte eingestellt oder der bisherige Sitz der Geschäftsleitung bzw. Wohnort aufgegeben worden ist;

zu 9: vom Beginne desjenigen Vierteljahres ab, von dem an der Gesamtsteuersatz veranlagt bzw. in Zugang gestellt ist.

II. Die Abgangstellung erfolgt in den Fällen des Art. 46 II.

zu 1: vom Beginne des auf die Abmeldung des Gewerbes folgenden Kalendervierteljahres ab.

Erfolgt die Abmeldung jedoch in dem ersten Monate des auf die Betriebsbeendigung folgenden oder eines späteren Vierteljahres, so ist der Vorsitzende des Steuerausschusses befugt, die Steuer vom Beginne des Vierteljahres, in welchem die Abmeldung stattfindet, stelbständig in Abgang zu stellen. In anderen Fällen einer verspäteten Abmeldung ist eine frühere Abgangstellung nur mit Ermächtigung der Regierung zulässig (Artikel 13 Nr. 1 Abs. 2 und 3). Für das Vierteljahr, in welchem das Gewerbe eingestellt ist, bleibt die Steuerpflicht bestehen;

zu 2: vom Beginne des auf die Einstellung des Gewerbebetriebes folgenden Kalendervierteljahres ab;

zu 3 und 4: vom Beginne des Steuerjahres ab oder wenn die Steuerpflichtigkeit erst später eingetreten ist, vom Zeitpunkte des Beginnes derselben bzw. der Zugangstellung ab;

zu 5, 6, 7, 8 und 9: vom Beginne des auf die Verlegung des Betriebes (des Sitzes der Geschäftsleitung bzw. des Wohnortes des bestellten Vertreters) oder auf die Einstellung der Zweigniederlassung usw. oder endlich auf den Personenwechsel folgenden Kalendervierteljahres ab. Als Tag der Verlegung ist derjenige anzusehen, an welchem der Betrieb an dem bisherigen Betriebsorte eingestellt oder der bisherige Sitz der Geschäftsleitung bzw. Wohnort aufgegeben worden ist;

zu 10: vom Beginne desjenigen Vierteljahres ab, von dem an der Gesamtsteuersatz veranlagt bzw. in Zugang gestellt ist.

Art. 48.

Verfahren bei der Zu- und Abgangstellung im allgemeinen.

Wegen des Verfahrens bei den Zu- und Abgangstellungen wird auf die im Art. 46 angezogenen Bestimmungen dieser Anweisung verwiesen.

Im einzelnen wird noch folgendes bemerkt:

1. Alle Zu- und Abgänge sind in das Gewerbesteuernotizregister (Muster 3) aufzunehmen.
2. Bezüglich der Behandlung der Zugänge in Klasse I enthält § 34 des Gesetzes das Nähere (siehe auch Bestimmung 6 auf Muster 3).
3. In den Klassen II, III und IV sind Gewerbetreibende, welche ein steuerpflichtiges Gewerbe neu anfangen, mit dem Mittelsatze in Zugang zu stellen. Fällt der Beginn des Gewerbes in die Zeit nach erfolgter Feststellung der namentlichen Nachweisung, aber vor Ablauf des Steuerjahres, so ist der Mittelsatz bis zum Schlusse des nächsten Jahres zu entrichten.
4. Die Vorsitzenden der Steuerausschüsse haben die Gemeindevorstände (bzw. die von letzteren bezeichnete kommunale Verwaltungsstelle) von jeder sie betreffenden Zu- und Abgangstellung (bzw. Umschreibung) der Steuer unter Benutzung des Musters 17 sofort in Kenntnis zu setzen. Diese Benachrichtigungen sind von den Gemeindevorständen als Belege aufzubewahren.

   Periodische Mitteilungen in Listenform sind zulässig.
5. Bei Verlegung des Betriebsorts oder Sitzes der Geschäftsleitung bzw. des Wohnorts des bestellten Vertreters in einen anderen Veranlagungsbezirk hat der Vorsitzende des Steuerausschusses, bei welchem der Abgang stattfindet, sofort nach erfolgter Abgangstellung der Steuer dieselbe dem Vorsitzenden

des Steuerausschusses desjenigen Veranlagungsbezirks, in welchen der Betriebsort usw. verlegt ist, unter Beifügung eines Auszuges aus der namentlichen Nachweisung oder dem Notizregister und aller sonstigen für die Besteuerung erheblichen Unterlagen zu überweisen. Der Vorsitzende des Steuerausschusses, an welchen die Überweisung erfolgt, hat die Übernahme der Steuer unter Angabe der Nummer des Notizregisters dem überweisenden Vorsitzenden zu bestätigen.

Findet die Verlegung des Betriebsorts usw. bzw. die Anmeldung derselben im vierten Vierteljahre des Steuerjahres, aber vor Feststellung der namentlichen Nachweisung — in Klasse I vor der jährlichen Veranlagung — statt, so ist der Gewerbetreibende in der für das nächste Jahr aufgestellten namentlichen Nachweisung des bisherigen Veranlagungsbezirks zu streichen und in dem neuen Bezirke für das nächste Jahr zu veranlagen. Der Vorsitzende des Steuerausschusses des bisherigen Veranlagungsbezirks hat bei der Überweisung der Steuer den Vorsitzenden des neuen Veranlagungsbezirks davon in Kenntnis zu setzen, daß die Streichung in der namentlichen Nachweisung erfolgt ist.

Findet die Verlegung des Betriebsorts usw. bzw. die Anmeldung derselben erst nach erfolgter Feststellung der namentlichen Nachweisung — in Klasse I nach erfolgter Veranlagung — statt, so bewendet es zunächst hierbei, und die Überweisung der Steuer kann erst erfolgen, nachdem die Veranlagung rechtskräftig geworden ist.

Die Belege für die Zu- und Abgangstellungen sind nach der Nummer des Notizregisters geordnet aufzubewahren.

Ermäßigung im Laufe des Steuerjahres.[1])

§ 44.

Wird ein Betrieb durch Tod oder Krankheit des Inhabers, Brandunglück, Überschwemmung oder sonstige Ereignisse wesentlich geschädigt, so kann die Steuer für die folgenden Vierteljahre ermäßigt oder erlassen werden.

[Die Entscheidung trifft die Bezirksregierung und auf Beschwerde der Finanzminister.[2])]

1. Vom 1. April 1895 ab ist die Befugnis zum Erlaß oder zur Ermäßigung der veranlagten Gewerbesteuer auf die Gemeinden übergegangen. § 11 Abs. 2 des Gesetzes wegen Aufhebung direkter Staatssteuern. Die Vorsitzenden der Steuerausschüsse haben daher etwaige Erlaß- bzw. Ermäßigungsanträge an die Vorstände der zum Bezuge der betreffenden Steuerbeträge berechtigten Gemeinden abzugeben. Art. 49 d. A.

2. Diese Bestimmung ist außer Kraft getreten, vgl. Anm. 1.

§ 45.

Veranlagte Gewerbesteuerbeträge können in einzelnen Fällen niedergeschlagen werden,[1]) wenn deren zwangsweise Beitreibung die Steuerpflichtigen in ihrer wirtschaftlichen Existenz gefährden, oder wenn das Beitreibungsverfahren voraussichtlich ohne Erfolg sein würde.

1. Die Befugnis hierzu ist vom 1. April 1895 ab auf die Gemeinden übergegangen. §§ 9, 11 Abs. 2 des Gesetzes wegen Aufhebung direkter Staatssteuern. Auch hinsichtlich der Gewerbenachsteuerbeträge. FME. v. 30. April

1898 MittH. 35 S. 62. Ebenso hinsichtlich der Betriebsnachsteuer auf den steuerbezugsberechtigten Verband. FME. v. 19. Dez. 1902, MittH. 46, S. 20.

Bildung und Geschäftsführung der Steuerausschüsse.

§ 46.

Die Wahl der Mitglieder der Steuerausschüsse und einer gleichen Anzahl Stellvertreter[1]) findet alle drei Jahre[2]) statt. Die Wahlen erfolgen nach relativer Stimmenmehrheit. Das Wahlverfahren wird für die Steuerklassen II bis IV[3]) durch Bestimmung des Finanzministers geregelt.

1. Die Stellvertreter werden nicht für bestimmte Mitglieder gewählt, sondern treten nach der vom Vorsitzenden des Steuerausschusses zu treffenden Auswahl für ausscheidende oder (dauernd oder vorübergehend) behinderte Mitglieder ein. Art. 22 Ziffer 3 d. A. Ersatzwahlen finden nur in den in Ziffer 4 d. Art. 21 Lit. A d. A. vorgesehenen Fällen statt. Vgl. auch Ziffer 6 Lit. B daselbst.

2a. Vgl. § 15 Abs. 1 des Gesetzes.

2b. Ersatzwahlen, welche bei Fortdauer des Mandats der übrigen Ausschußmitglieder erforderlich werden können, weil einzelne Mitglieder ausgeschieden sind (vgl. jedoch Anm. 1) oder weil die bisherige Anzahl der Mitglieder erhöht werden soll, erfolgen nur für den noch verbleibenden Rest der laufenden Wahlperiode, weil innerhalb derselben Körperschaft der Lauf der Amtsperioden einheitlich geregelt sein muß.

Dieser Gesichtspunkt trifft aber nicht zu, wenn ausnahmsweise vor dem regelmäßigen Erneuerungstermin ein Steuerausschuß im ganzen der Erneuerung bedarf, sei es weil der Fall des § 48 des Gewerbesteuergesetzes vorliegt, sei es, weil eine anderweite Abgrenzung von Veranlagungsbezirken stattgefunden hat. Die Annahme, daß für alle Ausschüsse der ganzen Monarchie die gleichen Fristen laufen und für die regelmäßige Erneuerung bei allen ein einheitlicher Termin festzuhalten sei, findet in den Bestimmungen des Gesetzes keine Begründung. FME. v. 19. Okt. 1892 MittH. 26 S. 8 und v. 28. Nov. 1893 MittH. 29, S. 37.

3. Jeder Abgeordnete und Stellvertreter ist in der Regel in einer besonderen Wahlhandlung zu wählen. Der Vorsitzende kann jedoch aus besonderen Gründen, insbesondere mit Rücksicht auf die Zahl der erschienenen Wähler anordnen, daß eine Mehrheit von Abgeordneten oder Stellvertretern in einer Wahlhandlung gewählt wird. Die Vereinigung der Wahl von Abgeordneten und Stellvertretern in derselben Wahlhandlung ist unzulässig. Die Abstimmung erfolgt mittels Abgabe von Stimmzetteln, auf welchen der Name des zu Wählenden bzw. die Namen der zu Wählenden verzeichnet sind. Als gewählt gelten derjenige bzw. diejenigen, welche die meisten abgegebenen Stimmen erhalten haben. Bei Stimmengleichheit entscheidet das durch die Hand des leitenden Regierungskommissars zu ziehende Los. Während der Wahl ist jede über den Rahmen der Geschäftsordnung hinausgehende Erörterung unzulässig, jedoch ist den Wählern zu gestatten, vor jedem einzelnen Wahlgange Kandidaten unter Beschränkung auf die Namhaftmachung derselben in Vorschlag zu bringen. Bei Übereinstimmung aller Wähler ist die Wahl durch Akklamation gestattet. Vgl. Anl. II zur Art. 21 B Nr. 3 d. A.

§ 47.

Wählbar sind nur solche männliche Mitglieder der betreffenden Klasse,[1]) welche das fünfundzwanzigste

Lebensjahr vollendet haben und sich im Besitze der bürgerlichen Ehrenrechte befinden.

Von mehreren Inhabern eines Geschäfts ist nur einer wählbar und zur Ausübung der Wahlbefugnis zu verstatten. Aktien- und ähnliche Gesellschaften üben die Wahlbefugnis durch einen von dem geschäftsführenden Vorstande zu bezeichnenden Beauftragten aus; wählbar ist von den Mitgliedern des geschäftsführenden Vorstandes nur eines. Minderjährige und Frauen können die Wahlbefugnis durch Bevollmächtigte ausüben, wählbar sind letztere nicht.

Niemand darf mehr als eine Stimme abgeben; die Übertragung des Stimmrechts ist unzulässig. Die Wahl darf nur aus den im § 8 der Kreisordnung vom 13. Dezember 1872 (Gesetz-Samml. S. 661) angegebenen Gründen [2]) abgelehnt werden.[3]) Über die Zulässigkeit der Ablehnung entscheidet der Vorsitzende des Steuerausschusses.[4])

1a. Vgl. dagegen Anm. 2 zu § 10 bezüglich der Mitglieder des Steuerausschusses der Klasse I. Art. 21 d. A. A Ziffer 2 scheint im Widerspruche zu dieser Gesetzesvorschrift zu stehen.

1b. Durch Ausscheiden des Abgeordneten aus der betreffenden Steuergesellschaft erlischt das Mandat. Allerdings ist das Erlöschen des Mandats aus diesem Grunde erst dann anzunehmen, wenn das Ausscheiden aus der Steuergesellschaft endgültig feststeht, also erst wenn die die Versetzung in eine andere Steuerklasse bzw. Steuerfreistellung aussprechende Veranlagung rechtskräftig geworden ist. FME. v. 26. Febr. 1898 MittH. 35, S. 57.

2. Diese Gründe sind:
1. anhaltende Krankheit;
2. Geschäfte, die eine häufige oder lange dauernde Abwesenheit vom Wohnorte mit sich bringen;
3. das Alter von 60 Jahren;
4. die Verwaltung eines unmittelbaren Staatsamtes;
5. sonstige besondere Verhältnisse, welche eine gültige Entschuldigung begründen.

3. Eine unbegründete Ablehnung ist als Weigerung im Sinne des § 48 anzusehen, insofern dadurch der Steuerausschuß selbst unter Heranziehung der Vertreter beschlußunfähig wird. Vgl. Begründung des Entw. S. 57. Der § 25 der KrO. v. 13. Dez. 1872 ist hier nicht anwendbar gemacht, d. h. also Strafe oder Rechtsnachteile treffen den unbegründet Ablehnenden, bzw. seine Mitwirkung Verweigernden nicht.

4. Gegen die Entscheidung des Vorsitzenden ist Beschwerde im Instanzenzuge zulässig. Vgl. § 76 des Ges.

§ 48.

Wird die Wahl der Abgeordneten und Stellvertreter seitens einer Steuergesellschaft[1]) verweigert[2]) oder nicht ordnungsmäßig bewirkt, oder verweigern die Gewählten die ordnungsmäßige Mitwirkung,[3]) so gehen die dem Steuerausschusse zustehenden Befugnisse für das betreffende Steuerjahr auf den Vorsitzenden über.

1. Der Paragraph bezieht sich nicht auf Klasse I, weil für diese eine Steuergesellschaft nicht gebildet wird.

2a. Als verweigert gilt die Wahl der Abgeordneten dann, wenn auf einmalig wiederholte Ladung im Wahltermine weniger als drei zur Ausübung des Wahlrechts berechtigte Mitglieder der Steuergesellschaft erscheinen. Art. 21 B Ziffer 5 d. A.

2b. Vor Beginn des nächsten Steuerjahres ist alsdann der Steuergesellschaft durch Ladung der Wähler von neuem Gelegenheit zur Vornahme der Wahl von Abgeordneten zu geben. Art. 21 B Ziffer 5 d. A.

3a. Als verweigert gilt die ordnungsmäßige Mitwirkung der Gewählten z. B. dann, wenn sie, nachdem ein Antrag auf Herabsetzung der Steuersumme (§ 15 Nr. 3 des Gesetzes) von zuständiger Stelle abgelehnt ist, die Verteilung der ganzen Steuersumme auf die Steuergesellschaft verweigern. Art. 21 B Ziffer 5 d. A.

3b. In diesem Falle gehen die Befugnisse des Steuerausschusses nur für das betreffende Steuerjahr auf den Vorsitzenden über. Bei der Veranlagung für das folgende Steuerjahr treten die Mitglieder des Ausschusses wieder in ihre Befugnisse ein. Erst wenn sie auch in diesem Jahre ihre Mitwirkung wieder verweigern sollten, würde der Vorsitzende auch für dies Jahr an ihre Stelle treten. Eine Neuwahl des Ausschusses hat die Weigerung der Mitglieder, bei dem Veranlagungsgeschäft mitzuwirken, nicht zur Folge. FME. v. 25. Febr. 1901, MittH. 42, S. 19.

§ 49.

Die Mitglieder der Steuausschüsse und deren Stellvertreter haben dem Vorsitzenden mittels Handschlags an Eidesstatt zu geloben, daß sie bei den Ausschußverhandlungen ohne Ansehen der Person, nach bestem Wissen und Gewissen verfahren, und die Verhandlungen, sowie die hierbei zu ihrer Kenntnis gelangenden Verhältnisse der Steuerpflichtigen strengstens geheim halten werden.[1])

Das gleiche Gelöbnis haben vor einem Kommissar der Bezirksregierung diejenigen Vorsitzenden abzulegen, welche nicht schon als Beamte beeidigt sind.

Die bei der Steuerveranlagung beteiligten Beamten sind zur Geheimhaltung der Ausschußverhandlungen sowie der zu ihrer Kenntnis gelangenden Verhältnisse der Steuerpflichtigen kraft des von ihnen geleisteten Amtseides verpflichtet.[2])

1. Die in den Steuerausschuß neu eintretenden Mitglieder und Stellvertreter sind in der ersten Sitzung, an welcher sie teilnehmen, zu verpflichten. Einer Wiederholung dieser Verpflichtung im Falle der Wiederwahl oder Wiederernennung bedarf es nicht. Art. 22 Ziffer 11 d. A.

2a. Strafvorschrift für Vorsitzende und Mitglieder der Steuerausschüsse siehe im § 72 des Gesetzes.

2b. Die Überweisung von Akten und Besteuerungsverhandlungen der Gewerbesteuerklasse I an den Bezirksausschuß behufs Vorlegung derselben in einer öffentlichen Sitzung ist nicht ohne Bedenken. Es steht aber nichts im Wege, dem Bezirksausschusse alle diejenigen Auskünfte aus jenen Akten zu geben, deren derselbe für die Beweiserhebung in der bei ihm schwebenden Verwaltungsstreitsache bedarf. Dem Bezirksausschuß wird die Formulierung eines entsprechenden Beweisbeschlusses anheim zu geben sein. Auch einer persönlichen Einsichtnahme der Gewerbesteuerakten durch ein Mitglied oder den Vorsitzenden des Bezirksausschusses würden die Vorschriften der §§ 49, 72 des Gewerbesteuergesetzes nicht im Wege stehen. FME. v. 13. Febr. und 8. März 1905, MittH. 48, S. 36 f.

§ 50.

So lange über die Veranlagung oder den Einspruch eines Ausschußmitgliedes oder seiner Verwandten oder Verschwägerten in auf- und absteigender Linie oder bis zum dritten Grade[1]) der Seitenlinien beraten und abgestimmt wird, hat dasselbe abzutreten. Der Vorsitzende hat in gleichem Falle den Vorsitz an ein Mitglied abzugeben.

1. Der Grad der Verwandtschaft bestimmt sich nach der Zahl der sie vermittelnden Geburten. § 1589 BGB.

§ 51.

Die Bestimmung des Artikels I, Ib und II der Verordnung, betreffend die Tagegelder und Reisekosten usw. vom 20. Dezember 1876 (Gesetz-Samml. 1877 S. 3) findet auf die Mitglieder der Steuerausschüsse entsprechende Anwendung.[1])[2])

Die Gebühren für Zeugen und Sachverständige (§ 26) werden nach den in Zivilprozessen zur Anwendung kommenden Vorschriften berechnet.[3])

1. Hierzu bestimmt das Gesetz v. 22. April 1892, betreffend die Deklaration der Vorschriften § 72 Abs. 1 des Einkommensteuergesetzes usw. (GS. S. 93):

> Die Vorschriften . . . . . . des § 51 Abs. 1 des Gewerbesteuergesetzes v. 24. Juni 1891 (GS. S. 205) werden dahin deklariert, daß die daselbst vorgesehenen Sätze der Tagegelder und Reisekosten im Wege der königlichen Verordnung gemäß § 12 des Gesetzes, betreffend die Reisekosten und Tagegelder der Staatsbeamten, vom $\frac{\text{24. März 1873}}{\text{15. April 1876}}$ geändert oder neu bestimmt werden können.

Durch königliche Verordnung vom 4. Juli 1892 (Gesetz-Samml. S. 201) ist sodann bestimmt worden, daß erhalten:

A. Tagegelder:

a) . . . . . .

b) die Mitglieder . . . der Steuerausschüsse für die Gewerbesteuerklassen I, II und III 9 Mark,

c) die Mitglieder der Steuerausschüsse für die Gewerbesteuerklasse IV 5 Mark.

B. Reisekosten:

I. bei Reisen, welche auf Eisenbahnen oder Dampfschiffen gemacht werden können:

1. die Mitglieder der Steuerausschüsse für die Gewerbesteuerklassen I, II und III 13 Pfennige für das Kilometer und 3 Mark für jeden Zu- und Abgang;

2. die Mitglieder der Steuerausschüsse für die Gewerbesteuerklasse IV 10 Pfennige für das Kilometer und 2 Mark für jeden Zu- und Abgang;

II. bei Reisen, welche nicht auf Eisenbahnen oder Dampfschiffen zurückgelegt werden können:

die Mitglieder der Steuerausschüsse aller Gewerbesteuerklassen 40 Pfennige für das Kilometer.

Die Bestimmungen der Verordnung v. 4. Juli 1892 sind unverändert auch nach dem Inkrafttreten des Gesetzes v. 21. Juni 1897 in Kraft geblieben. Vgl. FME. v. 12. Jan. 1898, II 167.

2a. Für Geschäfte am Wohnorte werden weder Tagegelder noch Reisekosten gezahlt. Dasselbe gilt von Geschäften außerhalb des Wohnorts in geringerer Entfernung als 2 Kilometer von demselben. Nötigen jedoch außergewöhnliche Umstände zur Benutzung eines Fuhrwerks, oder sind sonstige notwendige Unkosten, wie Brücken- und Fährgeld aufzuwenden, so werden die Auslagen erstattet. Bei Berechnung der Entfernungen wird jedes angefangene Kilometer für ein volles gerechnet. Bei Reisen von nicht weniger als 2 Kilometern, aber unter 8 Kilometern, sind die Fuhrkosten für 8 Kilometer zu gewähren. Vgl. § 12

Abs. 5, 6 und 7 der Verordnung, betreffend die Tagegelder und Reisekosten der Staatsbeamten v. 15. April 1876 (GS. S. 107).

2b. Die zu Mitgliedern der Steuerausschüsse gewählten oder ernannten Staatsbeamten haben nur auf die den Ausschußmitgliedern zustehenden Reisekosten und Tagegelder Anspruch. Art. 54 Ziffer 3 Abs. 2 d. A.

3. Zu vgl. Gebührenordnung für Zeugen und Sachverständige v. 20. Mai 1898 (RGBl. S. 689).

An- und Abmeldung des Gewerbes.

§ 52.

Wer den Betrieb eines stehenden Gewerbes anfängt,[1]) muß der Gemeindebehörde[2]) des Ortes, wo solches geschieht, vorher oder gleichzeitig Anzeige davon machen.[3])

Dieser Verpflichtung wird, soweit nicht im folgenden etwas anderes bestimmt ist, durch die nach Vorschrift der Gewerbeordnung für das Deutsche Reich (§ 14) zu machende Anzeige genügt.[4])

In der Stadt Berlin ist die vorgeschriebene Anzeige bei der Direktion für die Verwaltung der direkten Steuern[5]) zu bewirken.

1. Dieselbe Verpflichtung trifft auch denjenigen, welcher:

a) das Gewerbe eines anderen übernimmt und fortsetzt;

b) neben seinem bisherigen Gewerbe oder an Stelle desselben ein anderes Gewerbe anfängt.

Gewerbetreibende, welche an mehreren Orten in Preußen einen stehenden Betrieb unterhalten, haben an jedem Orte, wo solches geschieht, den Anfang des einzelnen Betriebes anzumelden. Art. 25 Ziffer 1 d. A.

2. Dem Gemeinde- oder Gutsvorstande. Wo bisher in den Landgemeinden der westlichen Provinzen die Funktionen der Gemeindevorsteher in Gewerbesteuerangelegenheiten von den Amtmännern bzw. Bürgermeistern wahrgenommen worden sind, wird durch die Bestimmungen des Gewerbesteuergesetzes und der Anweisung hieran nichts geändert. Art. 25 Ziffer 1 d. A. und Anm. dazu.

3a. Strafvorschrift siehe in § 70 des Gesetzes. Während jedoch § 70 die Strafbarkeit nur für die Nichtanmeldung eines steuerpflichtigen Gewerbes ausspricht, wird hier die Anmeldung für den Beginn eines jeden Gewerbes ohne Rücksicht darauf, ob es steuerpflichtig ist oder nicht, verlangt. Vgl. dazu Anm. 1 zu § 70 des Gesetzes.

3b. Die Anzeige ist schriftlich oder zu Protokoll zu machen. Die Aufnahme eines Protokolls über die mündliche Anmeldung kann vermieden werden, wenn die Unterschrift des Anmeldenden dem Verzeichnisse der Anmeldungen hinzugefügt wird (in Spalte Bemerkungen oder in einer besonders anzulegenden Spalte in Muster 1 zu Art. 26 d. A.) Art. 25 Ziffer 1 d. A.

4. Diejenigen Gewerbetreibenden, welche wie z. B. Apotheker, Auswanderungs- oder Versicherungsunternehmer usw. zur Anzeige nach § 14 der RGO. nicht verpflichtet sind, weil ihr Gewerbebetrieb den Vorschriften der RGO. nicht unterliegt, haben trotzdem die hier vorgeschriebene Anzeige bei der Gemeindebehörde zu erstatten.

5. In Berlin befreit die Anzeige nach § 14 d. RGO. nicht von der besonderen Anzeige bei der Direktion für die Verwaltung der direkten Steuern. Art. 25 Ziffer 2 Abs. 2 d. A.

§ 53.

Die Vorstände der Gemeinden (Gutsbezirke) sind verpflichtet, von allen bei ihnen eingehenden Gewerbeanmeldungen in der von der Bezirksregierung anzuordnenden Frist der ihnen bezeichneten Veranlagungsstelle Mitteilung zu machen, auch nach Anstellung der erforderlichen Erkundigungen über die Steuerpflichtigkeit, beziehungsweise darüber, in welcher Klasse die Besteuerung zu erfolgen hat, sich gutachtlich zu äußern.[1] [2])

1. Alle bei dem Gemeinde- (Guts-) Vorstande eingehenden Anmeldungen sind in das nach Muster 1 d. A. zu führende Verzeichnis in der Reihenfolge ihres Einganges einzutragen.

In betreff derjenigen Gewerbe, zu deren Betrieb eine besondere Erlaubnis oder Genehmigung nach den Bestimmungen der Gewerbeordnung erforderlich ist, haben die Gemeinde- und Polizeibehörden durch gegenseitige Mitteilungen sowie durch Belehrung der Gewerbetreibenden dahin zu wirken, daß der Anmeldepflicht genügt wird und Zuwiderhandlungen möglichst vermieden werden.

Bei Anmeldung der Übernahme und Fortsetzung eines bereits zur Gewerbesteuer veranlagten Betriebes ist der Name des bisherigen Inhabers desselben unter Bezeichnung der Steuerklasse und Nummer der namentlichen Nachweisung anzugeben, und in dem Verzeichnisse der Anmeldungen (in Spalte „Bemerkungen") einzutragen.

Die Gemeinde- (Guts-) Vorstände sind verpflichtet, die erforderlichen Erkundigungen über die Steuerpflicht der angemeldeten Betriebe, bzw. darüber, in welcher Steuerklasse die Besteuerung zu erfolgen hat, anzustellen und sich hierüber gutachtlich zu äußern. Sie müssen deshalb sich mit den Bedingungen der Steuerpflicht und der Zugehörigkeit zu den einzelnen Steuerklassen vertraut machen. Um sich die tatsächlichen Unterlagen für das von ihnen abzugebende Gutachten zu beschaffen, steht ihnen

die Befragung des Inhabers des angemeldeten Betriebes,

die Erkundigung bei Vertrauenspersonen und Sachverständigen,

die Erforderung der nach § 54 des Gesetzes abzugebenden Erklärung des Gewerbetreibenden (Art. 29)

zu Gebote. (Vgl. FME. v. 24. Dez. 1902, MittH. 46, S. 17).

In den von der Bezirksregierung anzuordnenden und durch das Amtsblatt bekannt zu machenden Fristen haben die Gemeinde- (Guts-) Vorstände von allen innerhalb der Frist bei ihnen eingehenden Gewerbeanmeldungen dem Vorsitzenden des Steuerausschusses der Klasse IV des Veranlagungsbezirks, zu welchem die Gemeinde (der Gutsbezirk) gehört, Mitteilung zu machen.

Diese Mitteilung erfolgt durch Übersendung einer vollständigen, von dem Gemeinde- (Guts-) Vorstande beglaubigten Abschrift der innerhalb der Frist in das Verzeichnis der Gewerbeanmeldungen bewirkten Eintragungen unter Beifügung der bezüglichen schriftlichen Anmeldungen und sonstigen Belege.

Bei Gewerbebetrieben, bei denen von vornherein mit Sicherheit anzunehmen ist, daß weder der jährliche Ertrag 1500 Mark noch das Anlage- und Betriebskapital 3000 Mark erreicht, ist unter Abstandnahme von weiteren Ermittelungen in Spalte „Bemerkungen“ des Verzeichnisses der Anmeldungen einzutragen: „frei nach § 7 des Gesetzes“ und dieser Vermerk in die Abschrift (vgl. vorigen Absatz) aufzunehmen.

Für jede der übrigen in die Abschrift aufgenommenen Anmeldungen ist nach Muster 2 d. A. ein besonderer Auszug aus dem Anmeldeverzeichnisse mit dem Gutachten des Gemeinde- (Guts-) Vorstandes aufzustellen und der Abschrift beizufügen. Sollte die Abgabe der gutachtlichen Äußerung wegen der nötigen Erkundigungen nicht gleichzeitig mit Übersendung der Abschrift tunlich sein, so ist dieselbe innerhalb der von dem Vorsitzenden des Steuerausschusses der Klasse IV zu bestimmenden Nachfrist nachzubringen.

Ist der Gemeinde- (Guts-) Vorstand imstande, über die Höhe des Anlage- und Betriebskapitals oder über den Ertrag bestimmtere Angaben zu machen, als solche zur Begutachtung der Steuerklasse, in welcher die Besteuerung zu erfolgen hat, erforderlich sind, so sind diese Angaben mit möglichster Genauigkeit und unter Bezeichnung der Quellen (z. B. Gutachten des Sachverständigen N. N., eigene Angabe des Steuerpflichtigen usw.) in das abzugebende Gutachten aufzunehmen.

Die von den Regierungen anzuordnende Frist für die Mitteilung der Abschriften des Verzeichnisses der Anmeldungen und der Gutachten wird im allgemeinen auf eine oder zwei Wochen in großen gewerbreichen Gemeinden, auf einen Monat in kleineren Gemeinden zu bestimmen sein.

Vakatanzeigen sind nicht zu fordern.

Art. 26 d. A.

2. Der Vorsitzende des Steuerausschusses der Klasse IV hat die ihm zugehenden Abschriften aus dem Verzeichnisse der Gewerbeanmeldungen der Gemeinde- (Guts-) Vorstände unverzüglich zu prüfen, und falls dieselben keine ausreichende Grundlage für die Beurteilung der Steuerpflicht oder die Bestimmung der Steuerklassen bieten, weitere Ermittelungen anzustellen, insbesondere in zweifelhaften Fällen eine Erklärung nach Maßgabe des § 55 des Gesetzes zu erfordern.

Nach dem Ergebnisse seiner Ermittelungen hat der Vorsitzende des Steuerausschusses der Klasse IV

a) die Anmeldungen solcher neuen Gewerbe, welche sich zur Besteuerung in Klasse I, II oder III eignen, unter Beifügung der entstandenen Verhandlungen an den Vorsitzenden des zuständigen Ausschusses abzugeben;

b) die zur Besteuerung in Klasse IV geeigneten Gewerbe in das nach Muster 3 d. A. zu führende Gewerbesteuer-Notizregister aufzunehmen, welches in gleicher Weise von den Vorsitzenden der Steuerausschüsse aller Klassen zu führen ist;

c) solche Gewerbe, deren Steuerfreiheit zwar zurzeit nicht zu beanstanden ist, bei denen aber nach ihrer Art und den sonstigen Umständen fraglich bleibt, ob sie nicht demnächst — wegen Überschreitung der im § 7 des Gesetzes festgesetzten Grenze der Steuerfreiheit oder wegen Wegfalls einer sonstigen Bedingung der Steuerbefreiung — zur Gewerbesteuer heranzuziehen sein werden, in die von ihm nach Muster 4 zu führende Kontrolle der steuerfreien Gewerbe zu verzeichnen, an deren Hand bei jeder neuen Veranlagung der Gewerbesteuer die Verhältnisse von neuem zu prüfen sind;

d) betrifft die Anmeldung die Errichtung einer Zweigniederlassung, eines sonstigen stehenden Betriebes oder den Beginn eines zweiten oder ferneren Gewerbes seitens eines schon zur Gewerbesteuer für das laufende Jahr veranlagten Steuerpflichtigen, so ist zu unterscheiden, ob:

aa) diese Veranlagung innerhalb desselben Veranlagungsbezirks erfolgt ist, in welchem die neue Anmeldung stattfindet, oder ob:

bb) die bisherige Veranlagung in einem auswärtigen Veranlagungsbezirk erfolgt ist.

Letzterenfalls (zu bb) hat der Vorsitzende des Steuerausschusses der Klasse IV die Anmeldung zunächst in das von ihm nach Muster 5 d. A. zu führende Verzeichnis der auswärts besteuerten Betriebe einzutragen und sie sodann an den Vorsitzenden des Steuerausschusses abzugeben, welcher die bisherige Veranlagung bewirkt hat. Dieser hat in der namentlichen Nachweisung behufs Berücksichtigung bei der nächsten Veranlagung den Inhalt der neuen Anmeldung zu vermerken.

Zu gleichem Zwecke erfolgt in den Fällen zu aa die Abgabe an den Vorsitzenden des zuständigen Steuerausschusses und, sofern die bisherige Veranlagung in Klasse IV stattgefunden hat, vermerkt der Vorsitzende dieser Klasse selbst das Nötige in der namentlichen Nachweisung.

Die Vorsitzenden derjenigen Ausschüsse, an welche die Überweisungen, bzw. Abgaben seitens des Vorsitzenden der Klasse IV sich richten, haben derartige Mitteilungen ihrerseits ebenfalls zu prüfen, und entweder auf Grund derselben die Eintragung in das ihrerseits zu führende Notizregister zu bewirken oder die Weiterbeförderung an den Vorsitzenden des zuständigen Steuerausschusses zu veranlassen, auch dem Vorsitzenden des Steuerausschusses der Klasse IV entsprechende Mitteilung zu machen, oder mit demselben bei entstehendem Bedenken anderweit in Einvernehmen zu treten.

Sollten sich Meinungsverschiedenheiten zwischen den beteiligten Vorsitzenden ergeben, welche der Entscheidung bedürfen, so ist an die zuständige Regierung zu berichten.

Wird ein Gewerbebetrieb von einer anderen Person unverändert fortgesetzt (z. B. im Falle der Vererbung, Verpachtung, Veräußerung), so bleibt die Veranlagung bis zum Ablaufe des Steuerjahres unverändert in Kraft.

Bei derartigen Anmeldungen der Übernahme und Fortsetzung eines bereits besteuerten Gewerbes hat der Vorsitzende des Steuerausschusses der Klasse IV, wenn die Besteuerung in Klasse IV erfolgt ist, die Umschreibung zu veranlassen, andernfalls die Anmeldung an den Vorsitzenden des Steuerausschusses abzugeben, von welchem die Besteuerung bewirkt ist. Letzterer hat sich zu vergewissern, ob auch die entsprechende Abmeldung seitens des bisherigen Geschäftsinhabers erfolgt ist, welche alsdann auch dem Vorstande der zum Bezuge des betreffenden Steuerbetrages berechtigten Gemeinde bzw. der von diesem bezeichneten kommunalen Verwaltungsstelle als Abmeldung zuzufertigen ist (vgl. FME. v. 24. Dez. 1902, MittH. 46, S. 17) Art. 27 d. A. Vgl. auch § 41 des Gesetzes und die Anm. zu demselben.

§ 54.

Jeder[1]) Gewerbetreibende ist verpflichtet,[2]) auf Aufforderung des Gemeindevorstandes oder des Vorsitzenden des zuständigen Steuerausschusses, innerhalb der zu bestimmenden, mindestens einwöchentlichen Frist schriftlich zu erklären,

welches oder welche Gewerbe er treibt oder zu treiben beginnt,

welche Betriebsstätten er unterhält,

welche Gattungen und wie viele Hilfspersonen, Gehilfen und Arbeiter

und

welche Gattung und wie viele Maschinen einschließlich der Motoren im Gewerbebetriebe verwendet werden.

Auch andere auf die äußerlich erkennbaren Merkmale des Betriebes gerichtete Fragen ist der Gewerbetreibende wahrheitsgemäß zu beantworten verpflichtet.

1a. Auch derjenige Gewerbetreibende, der ein nach § 7 des Gesetzes nicht steuerpflichtiges Gewerbe betreibt. Art. 51 Ziffer 1 Abs. 4 d. A.

1b. Vgl. Anm. 2a zu § 25 des Gesetzes.

1c. Zur Abnahme einer Erklärung nach Maßgabe des § 54 des Gesetzes sind nur die Gemeinde- (Guts-) Vorstände und die Vorsitzenden der Steuerausschüsse befugt.

Bei Abnahme dieser Erklärungen sind die Muster 6, 7 und 8 d. A. zu benutzen.

Die Aufforderung zur Abgabe der Erklärungen ist den Vorschriften im Art. 71 der Ausführungsanweisung zum Einkommensteuergesetze entsprechend den Steuerpflichtigen zuzustellen.

Zur Abgabe der Erklärungen ist vom Tage der Zustellung der Aufforderung ab eine mindestens einwöchige Frist zu gewähren.

Auf begründeten Antrag des Steuerpflichtigen kann die gestellte Frist angemessen verlängert werden.

Nachweislich unrichtige oder unvollständige Erklärungen sind unter Angabe der Gründe, sowie unter Stellung einer neuen, mindestens einwöchigen Frist behufs Berichtigung bzw. Vervollständigung zurückzugeben.

Lehnt ein Steuerpflichtiger die Abgabe, Berichtigung bzw. Vervollständigung einer der gedachten Erklärungen ab, oder kommt er der darauf bezüglichen Aufforderung nur in ungenügender Weise nach, so ist — und zwar seitens der Gemeinde- (Guts-) Vorstände durch Vermittlung des Vorsitzenden des zuständigen Steuerausschusses — der Regierung Bericht zu erstatten. Art. 29 d. A.

2. Strafvorschrift vgl. in § 71 Nr. 1 des Gesetzes.

§ 55.

Auf besondere Aufforderung des Vorsitzenden eines zuständigen Steuerausschusses des Veranlagungsbezirks[1]) ist jeder[2]) Gewerbetreibende verpflichtet,[3]) in verschlossenem Schreiben oder mündlich zu Protokoll zu erklären, ob der jährliche Ertrag[4]) seines Gewerbebetriebes

	1 500	bis ausschließlich	4 000	Mark,
oder	4 000	bis ausschließlich	20 000	„
oder	20 000	bis ausschließlich	50 000	„
oder	50 000	Mark oder mehr beträgt,		

und ob der Wert des Anlage- und Betriebskapitals

	3 000	bis ausschließlich	30 000	Mark,
oder	30 000	bis ausschließlich	150 000	„
oder	150 000	bis ausschließlich	1 000 000	„
oder	1 000 000	Mark oder mehr beträgt.		

Solche Erklärungen sind geheim aufzubewahren.

Weitergehende Auskunftserteilung über die Höhe des Ertrages, sowie den Wert des Anlage- und Betriebskapitals ist der Gewerbetreibende abzulehnen berechtigt. Die im Vorstehenden vorgeschriebene Auskunft über die Höhe des Anlage- und Betriebskapitals zu erteilen, sind auch diejenigen verpflichtet, welche einen Betrieb neu beginnen.

Dem Steuerpflichtigen ist auf seinen Antrag,[5]) in Fällen, in welchen es sich um einen nur durch Schätzung zu ermittelnden Ertrag handelt, gestattet, statt der im Absatz 1 erwähnten Erklärung diejenigen Nachweisungen zu geben, deren der Steuerausschuß zur Schätzung des Ertrages bedarf.

1. Zur Abnahme einer Erklärung nach Maßgabe des § 55 sind nur die Vorsitzenden der Steuerausschüsse befugt. Art. 29 Ziffer 1 d. A. Der Vorsitzende hat dafür Sorge zu tragen, daß die Erklärungen geheim aufbewahrt werden. Art. 29 Ziffer 6c d. A.

2. Auch derjenige Gewerbetreibende, der ein nach § 7

des Gesetzes nicht steuerpflichtiges Gewerbe betreibt. Art. 51 Ziffer 1 Abs. 4 d. A.

3. Vgl. die Strafvorschrift in § 71 Nr. 1 des Gesetzes.

4. Gewerbetreibende, welche ein Gewerbe neu beginnen, können nur hinsichtlich des Anlage- und Betriebskapitals zur Abgabe einer Erklärung aufgefordert werden. Art. 29 Ziffer 6a d A.

5. Gehen auf § 55 Abs. 4 des Gesetzes gestützte Anträge betreffs nur durch Schätzung zu ermittelnder Erträge ein, so finden die Vorschriften im Art. 53 der Ausführungsanweisung v. 5. Aug. 1891 (vgl. jetzt Art. 57 d. A. v. 25. Juli 1906) zum Einkommensteuergesetze sinngemäße Anwendung, jedoch kann die Frist für die Beibringung der erforderten Nachweisungen auf eine Woche abgekürzt werden. Bringt der Steuerpflichtige die Nachweisungen nicht bei, so steht dies der Nichtabgabe der Erklärung gleich. Art. 29 Ziffer 6b d. A.

§ 56.

Die nach den §§ 52 bis 55 den Gewerbetreibenden obliegenden Verpflichtungen sind:

1. für Personen, welche unter väterlicher Gewalt, Pflegschaft oder Vormundschaft stehen, von deren Vertretern,
2. für Gewerbebetriebe der Gesellschaften, Genossenschaften, juristischen Personen, Vereine usw. von den in §§ 18 und 19 beziehungsweise § 2 Absatz 2[1]) bezeichneten Personen

zu erfüllen.[2])

1. Der § 2 hat in der Fassung des Gesetzes keinen Abs. 2; gemeint ist der Abs. 2 in der Fassung der Regierungsvorlage und soll die hier angeordnete Verpflichtung

den Vertretern auswärtiger Unternehmungen, welche in Preußen Zweigniederlassungen usw. haben, auferlegt werden.

2. Strafvorschrift vgl. in § 71 Abs. 1.

§ 57.[1])

Zum Zwecke der erstmaligen Veranlagung der Gewerbesteuer nach diesem Gesetze haben:

1. für die Orte der bisherigen ersten, zweiten und dritten Gewerbesteuerabteilung die Gemeindevorstände, für die Orte der bisherigen vierten Gewerbesteuerabteilung des Kreises die Landräte ein Verzeichnis sämtlicher daselbst vorhandener Gewerbebetriebe, welche nicht bereits in der letzten Gewerbesteuerrolle und den Zugangslisten des letzten Jahres aufgeführt sind, aufzustellen und mit gutachtlicher Äußerung über deren Besteuerung der Bezirksregierung vorzulegen.

2. Die Gewerbetreibenden, welche in mehreren Orten einen stehenden Betrieb unterhalten, haben in der durch öffentliche Aufforderung bestimmten Frist eine schriftliche Erklärung über Ort und Art der einzelnen Betriebe und über den Sitz der Geschäftsleitung an die in der Bekanntmachung bestimmten Stellen einzureichen.

In der Folgezeit eintretende Änderungen des in der Erklärung angegebenen Zustandes sind dem Vorsitzenden des Steuerausschusses, von welchem die Steuer veranlagt wird, schriftlich anzuzeigen.

1. Übergangsbestimmung, welche die erstmalige Veranlagung — vgl. § 82 des Gesetzes Abs. 1 — zu regeln beabsichtigt.

§ 58.

Das Aufhören eines steuerpflichtigen Gewerbes ist [der Hebestelle, an welche die Steuer entrichtet wird] — in der Stadt Berlin der Direktion für die Verwaltung der direkten Steuern daselbst —, schriftlich anzuzeigen.[1])

Die Bezirksregierung kann die Steuer vom Beginn des auf die Betriebsbeendigung folgenden Vierteljahres an in Abgang stellen lassen, wenn der Zeitpunkt der letzteren feststeht, namentlich im Fall des Todes des Steuerpflichtigen, sofern das Gewerbe von den Erben nicht fortgesetzt ist, im Fall der Konkurseröffnung und in ähnlichen Fällen einer unfreiwilligen Einstellung des Betriebes, sowie im Fall der Übertragung des Gewerbes auf einen anderen, wenn letzterer die Steuer fortentrichtet hat.[2])

1a. Vom 1. April 1895 ab gilt die Vorschrift in § 10 des Gesetzes wegen Aufhebung direkter Staatssteuern vom 14. Juli 1893 (Anhang 2), welche bestimmt:

Das Aufhören eines steuerpflichtigen Gewerbes ist nicht der Hebestelle (§ 58 Abs. 1 des Gewerbesteuergesetzes v. 24. Juni 1891), sondern dem Vorsitzenden des für die Veranlagung zuständigen Steuerausschusses anzuzeigen.

1b. Mit Strafe bedroht ist die Unterlassung der Anzeige nicht. Die Steuerpflicht dauert aber fort. Vgl. § 33 und Anmerkung 3a bis c zu diesem Paragraphen.

2. Das Aufhören eines steuerpflichtigen Gewerbes ist dem Vorsitzenden des für die Veranlagung zuständigen Steuerausschusses schriftlich anzuzeigen.

In Berlin sind die Gewerbeabmeldungen auch künftighin bei der Direktion für die Verwaltung der direkten Steuern daselbst zu bewirken.

Bei der Abmeldung ganzer Gewerbebetriebe — im Gegensatz zu Zweigniederlassungen (vgl. weiter unten) — haben die Vorsitzenden der Steuerausschüsse nach den etwa erforderlichen Ermittelungen darüber, ob die Gewerbe eingestellt oder auf einen anderen übergegangen sind, die Abmeldungen in die Abteilung I des Notizregisters unter Abgang einzutragen und die zum Bezuge der Steuer berechtigten Gemeinden von der Abgangstellung (bzw. Umschreibung) zu benachrichtigen, welche ihrerseits dem Abmeldenden von dem Verfügten Mitteilung machen. (Vgl. FME. v. 24. Dez. 1902, MittH. 46, S. 17.) Etwaige Abmeldungen steuerfreier Gewerbe sind von dem Vorsitzenden des Steuerausschusses der Klasse IV nicht in das Gewerbesteuer-Notizregister einzutragen, sondern zur etwaigen Berichtigung der Kontrolle der steuerfreien Gewerbe (Muster 4 d. A.) zu benutzen und zu den Akten zu nehmen.

Abmeldungen einzelner Zweigniederlassungen usw. sowie Anzeigen von der Einstellung eines von mehreren nebeneinander betriebenen Gewerben sind auch dann, wenn der betreffende Betrieb in einem auswärtigen Veranlagungsbezirke stattfand, bei dem Vorsitzenden des für die Veranlagung zuständigen Steuerausschusses zu bewirken. Dieser hat zunächst darüber Ermittelungen anzustellen, ob die betreffende Zweigniederlassung usw. oder das neben anderen Gewerben betriebene Gewerbe gänzlich eingestellt oder auf einen anderen übergegangen ist.

Im ersteren Falle hat er den Vorsitzenden des Steuerausschusses der Klasse IV in dem betreffenden auswärtigen Veranlagungsbezirke behufs Berichtigung des von diesem geführten Verzeichnisses der auswärts besteuerten Betriebe

(Muster 5 d. A.) zu benachrichtigen und die Abmeldung, falls sie eine gewerbliche Niederlassung betraf, auf welche ein Teilbetrag des Gesamtsteuersatzes entfallen war, in die Abteilung II des Notizregisters unter Abgang einzutragen, andernfalls aber nur die namentliche Nachweisung zu berichtigen.

Wird dagegen eine Zweigniederlassung usw. oder eines von mehreren nebeneinander betriebenen Gewerben von einem anderen ohne wesentliche Änderung fortgesetzt (Personenwechsel), so findet die Umschreibung des Teilbetrages der Steuer auf den neuen Inhaber des Gewerbebetriebes durch Eintragung in die Abteilung II des Zu- und Abgangs-Notizregisters statt. (Vgl. hierzu Art. 27 Ziffer 5 d. A. in Anm. 2 zu § 41 des Gesetzes und FME. v. 5. Jan. 1899, MittH. 38, S. 45.) Für die Zwecke der nächstjährigen Veranlagung ist zu unterscheiden, ob der neue Inhaber der Zweigniederlassung bereits zur Gewerbesteuer veranlagt ist oder nicht. Im ersteren Falle ist der Vorsitzende des Steuerausschusses, der den neuen Inhaber der Zweigniederlassung usw. bisher veranlagt hatte, behufs Berücksichtigung des neu erworbenen Teilbetriebes bei der nächstjährigen Veranlagung zu benachrichtigen. Ist dagegen der neue Inhaber der betreffenden Zweigniederlassung usw. bisher zur Gewerbesteuer nicht veranlagt, so erfolgt dessen Überweisung vom Beginn des nächsten Steuerjahres ab an den Vorsitzenden des Steuerausschusses der Gewerbesteuerklasse IV in dem örtlich zuständigen auswärtigen Veranlagungsbezirk. Dieser hat mit der Überweisung unter sinngemäßer Anwendung der Bestimmungen in Art. 27 Nr. 1 und 2 (vgl. Anm. 2 Abs. 1 und 2 zu § 53 des Gesetzes) zu verfahren. Außerdem muß in jedem Falle die Benachrichtigung des Vorsitzenden des Steuerausschusses der Klasse IV in dem betreffenden auswärtigen Veranlagungsbezirke behufs Berichtigung des von ihm geführten Verzeichnisses der auswärts besteuerten Betriebe erfolgen.

Betrifft die Abmeldung die Verlegung des Sitzes des Gewerbes in eine andere Gemeinde, so ist zu unterscheiden, ob der neue Sitz in einem anderen Veranlagungsbezirke belegen ist oder nicht;

ferner,

ob nach der Verlegung des Sitzes an dem bisherigen Sitze überhaupt noch ein Gewerbebetrieb stattfindet oder nicht.

a) Liegt der neue Sitz des Gewerbes in einem anderen Veranlagungsbezirke und wird mit dem Sitze des Gewerbes der gesamte Betrieb in die andere Gemeinde verlegt, so ist die Abmeldung in die Abteilung I des Notizregisters unter Abgang einzutragen und in Spalte „Bemerkungen" unter entsprechender Begründung zu vermerken, daß die Gemeinde, in der sich der bisherige Sitz befand, nicht mehr zum Bezuge der Steuer berechtigt ist. Bei der demnächst vorzunehmenden Überweisung der Steuer ist der Vorsitzende des nunmehr zuständigen Steuerausschusses behufs Benachrichtigung der Gemeinde, wohin der Sitz des Gewerbes verlegt ist, hiervon ausdrücklich in Kenntnis zu setzen.

b) Findet nach der Verlegung des Sitzes des Gewerbes in einen anderen Veranlagungsbezirk an dem bisherigen Sitze noch ein Gewerbebetrieb statt, so bleibt der auf die betreffende Gemeinde entfallende Steuerbetrag derselben unverkürzt erhalten, und die Gemeinde, wohin die Verlegung erfolgt ist, erwirbt bis zum Ablauf des Steuerjahres keinen Anspruch auf Besteuerung des dorthin verlegten Betriebsteiles.

Wegen der Eintragungen in das Notizregister und der Überweisung der Steuer finden die Bestimmungen unter a mit der Maßgabe sinngemäße Anwendung, daß, falls der Betrieb bisher in einer der Klassen I, II oder III veranlagt war, dem Vorsitzenden des Steuerausschusses der Klasse IV von der Überweisung behufs Berichtigung des Verzeichnisses der auswärts besteuerten Betriebe Kenntnis zu geben ist.

War der Betrieb bisher in Klasse IV veranlagt,

so hat der Vorsitzende im Falle der Überweisung der Steuer das gedachte Verzeichnis von Amts wegen zu berichtigen.

c) Liegt der neue Sitz des Gewerbes in demselben Veranlagungsbezirke und wird mit dem Sitze der gesamte Gewerbebetrieb in die andere Gemeinde verlegt, so wird wegen der nächstjährigen Steuerveranlagung die namentliche Nachweisung berichtigt, mit Rücksicht auf die Kommunalbesteuerung aber die Abmeldung in die Abteilung II des Notizregisters unter Abgang eingetragen und hierdurch der auf den bisherigen Sitz des Gewerbes entfallene Steuerbetrag in Abgang gestellt. Letzterer ist gleichzeitig für den neuen Sitz durch Eintragung der angemeldeten Verlegung in die Abteilung II des Notizregisters in Zugang zu stellen.

d) Wird nach der Verlegung des Sitzes eines Gewerbes in eine andere Gemeinde desselben Veranlagungsbezirks an dem bisherigen Sitze ein Gewerbebetrieb fortgesetzt, so findet keinerlei Eintragung in das Notizregister, sondern nur eine Berichtigung der namentlichen Nachweisung statt.

Nach Maßgabe der vorstehenden Bestimmungen ist auch bei der Verlegung des Wohnortes des für einen außerhalb Preußens domizilierten Gewerbebetrieb bestellten Vertreters zu verfahren (vgl. Art. 12 Nr. 2 und Art. 30 Abs. 2 d. A.).

Bei der Abmeldung von Gewerben, welche, wie z. B. die Gastwirtschaft in Bade- und Brunnenorten und das Bauhandwerk, regelmäßig nur während eines Teils des Jahres betrieben werden (sogenannte ruhende Gewerbe), ist dem Gewerbetreibenden zu eröffnen, daß, wenn er im Laufe desselben oder des nächstfolgenden Steuerjahres sein Gewerbe wieder beginnen sollte, er nachträglich für die Zeit von der Abmeldung bis zum Wiederbeginne des Betriebes zur Kommunalsteuer herangezogen werden würde.

Art. 28 d. A.

3a. Die Regierung hat auf Antrag von dieser Ermächtigung Gebrauch zu machen, wenn die Abmeldung unverschuldeterweise unterblieben, bzw. verspätet ist, oder rücksichtlich der Vermögensverhältnisse des Steuerpflichtigen in der Forterhebung der Steuer eine besondere Härte liegen würde. Art. 13 Abs. 3 d. A.

3b. Vgl. Art. 14 Abs. 2 d. A.

Betriebssteuer.[1])

§ 59.

Für den Betrieb der Gastwirtschaft, der Schankwirtschaft,[2]) sowie des Kleinhandels[3]) mit Branntwein oder Spiritus ist jährlich[4]) eine besondere Betriebssteuer zu entrichten.[5])

1a. Die Betriebssteuer ist durch § 1 Ziffer 2 des Gesetzes wegen Aufhebung direkter Staatssteuern v. 14. Juli 1893 vom 1. April 1895 ab gegenüber der Staatskasse außer Hebung gesetzt. Die Betriebssteuer fließt von da ab den Kreisen zu, welche das ihnen zufließende Aufkommen der Betriebssteuer zur Bestreitung ihrer Ausgaben zu verwenden haben. Die Gemeinden (Gutsbezirke) haben die Betriebssteuer in den veranlagten Beträgen von den Pflichtigen ihres Bezirks zu erheben und die Gemeinden (Gutsbezirke) der Landkreise haben die erhobenen Beträge am Schlusse eines jeden Vierteljahrs an die Kreiskommunalkasse abzuführen. § 13 a. a. O.

1b. Die Betriebssteuerangelegenheiten gehören zu den Gewerbesteuersachen, zu deren bureaumäßiger Bearbeitung die den Vorsitzenden der Veranlagungskommissionen beigegebenen staatlichen Bureaubeamten allgemein verwendet werden dürfen. Für die Beteiligung der steuerlichen Hilfsarbeiter an der Bearbeitung der Betriebssteuerangelegenheiten ist daher weder die Einholung der Genehmigung des Finanzministers erforderlich, noch kann für dieselbe eine besondere Entschädigung aus Mitteln des

Staats oder des Kreises beansprucht oder gewährt werden. FME. v. 17. Okt. 1907, MittH. 52, S. 43.

1 c. Der Betriebssteuer unterliegen nicht bloß die gewerbesteuerpflichtigen, sondern auch diejenigen Betriebe der in § 59 bezeichneten Art, bei denen weder der jährliche Ertrag 1500 Mark noch das Anlage- und Betriebskapital 3000 Mark erreicht und die deshalb von der Gewerbesteuer befreit bleiben. A.f.B. Art. 1 Ziffer 2. Alle aus anderen Gründen (§§ 3, 4, 5 des Gesetzes) von der Gewerbesteuer befreiten Gewerbebetriebe können zur Betriebssteuer nicht herangezogen werden. Vgl. FME. v. 5. Juli 1897, MittH. 35, S. 64.

2 a. Welche Betriebe unter den Begriff der Gastwirtschaft, Schankwirtschaft, des Kleinhandels mit Branntwein oder Spiritus fallen, bestimmt sich nach denselben Vorschriften und Grundsätzen, die in betreff der zu solchen Betrieben nach der Gewerbeordnung erforderlichen Erlaubnis zur Anwendung kommen. (§ 33 der RGO.) Die Verpflichtung zur Entrichtung der Betriebssteuer hängt von dem Vorhandensein einer Konzession oder der Konzessionspflicht ab. FME. v. 19. Dez. 1894, MittH. 30, S. 55. Als „Schankwirtschaft" gelten diejenigen gewerblichen Betriebe, in denen Getränke irgendwelcher Art (Branntwein, Liköre, Wein, Bier, Kaffee, Tee, Mineralwasser, Limonade, Milch, Molken usw.) zum Genusse auf der Stelle verabfolgt werden. A.f.B. Art. 1 Ziffer 3.

2 b. Die Verabreichung von Mineralwassern, Molken usw. in einem Bade erfolgt zwar behufs Genusses auf der Stelle, aber zu Heilzwecken und ist aus diesem Grunde nicht als Betrieb einer Schankwirtschaft zur Betriebssteuer heranzuziehen, solange nicht etwa bezüglich der Konzessionspflicht des Betriebes entgegengesetzte Entscheidung getroffen werden sollte. FME. v. 26. Jan. 1897, MittH. 35, S. 63.

2 c. Die Betriebssteuerpflicht wegen des auf einer Kochkunstausstellung vorgenommenen Bierausschanks kann

nicht zweifelhaft sein. FME. v. 27. März 1896, MittH. 33, S. 54.

2d. Die von Landwirten ausgeübte gewerbsmäßige Verabreichung von selbstgewonnenen Getränken ist als Schankwirtschaft betriebssteuerpflichtig. OVG. III, 245. Vgl. jedoch § 67 des Gesetzes wegen der Weinbauer.

3a. Für die Betriebssteuerpflicht des Kleinhandels mit Branntwein oder Spiritus ist es unerheblich, ob derselbe als Neben- oder Hauptgewerbe betrieben wird. A.f.B. Art. 1 Ziffer 3.

3b. Über den Begriff des Kleinhandels mit Branntwein siehe Erlaß des Min. d. J. v. 20. Nov. 1881, MittH. 14, S. 40. Danach gilt im allgemeinen als Kleinhandel jeder Vertrieb von Branntwein, welcher anders als in hölzernen Gebinden von mindestens $^1/_2$ Anker (17,175 Liter) erfolgt. Jedoch ist der Handel mit Branntweindestillaten, deren Vertrieb nach einem für die jedesmal in Frage kommende Gegend feststehenden Geschäftsgebrauche überhaupt nur in etikettierten versiegelten Flaschen zu erfolgen pflegt, bei Abgabe solcher Flaschen und Gesamtquantitäten von jedesmal $^1/_2$ Anker (17,175 Liter) als Kleinhandel nicht anzusehen. Für Schleswig-Holstein ist die Grenze zwischen Groß- und Kleinhandel auf 9 Liter festgesetzt.

3c. Der Kleinhandel mit denaturiertem Spiritus ist nicht betriebssteuerpflichtig. FME. v. 1. April 1896, MittH. 33, S. 56.

4. Die Betriebssteuer ist eine jährlich zu entrichtende feste Abgabe, welche bestimmten Gewerben mit Rücksicht auf ihre Konzessionspflicht auferlegt ist, ohne daß eine Erstattung wegen Einstellung des Betriebes im Laufe des Jahres zugelassen werden könnte (§ 64 des Gesetzes). Begr. des Entw. S. 63.

5. Die unter der Herrschaft der früheren Gesetze gleichfalls in der Gast- und Schankwirtschaftsklasse C besteuerten

Gewerbe der Speisewirtschaft (ohne Ausschank von Getränken), des Vermietens möblierter Zimmer und des Kleinhandels mit Wein oder Bier sind der Betriebssteuer nicht unterworfen. Vgl. A.f.B. Art. 1 Ziffer 3 Abs. 2.

§ 60.

Die Betriebssteuer beträgt für jeden, welcher eines oder mehrere dieser Gewerbe, allein oder in Verbindung mit anderen Gewerben,[1]) betreibt,

1. wenn er von der Gewerbesteuer wegen eines hinter der Grenze der Steuerpflicht zurückbleibenden Ertrages und Anlage- und Betriebskapitals befreit ist (§ 7), 10 Mark;[2])
2. wenn er zur Gewerbesteuer veranlagt ist:
   a) in der Klasse IV . . . 15 Mark,
   b) in der Klasse III . . . 25 „
   c) in der Klasse II . . . 50 „
   d) in der Klasse I . . . 100 „ .

Die Steuer wird bei allen Betrieben, welche geistige Getränke[3]) verabfolgen, für jede Betriebsstätte besonders erhoben.

1. Eine Arbeiterkantine ist in Gemäßheit des § 17 Abs. 1 des Gewerbesteuergesetzes getrennt von den übrigen Betrieben des Unternehmers zur Gewerbesteuer zu veranlagen und mit dem dieser Veranlagung entsprechenden Betriebssteuersatze zu belegen. FME. v. 14. Sept. 1893, MittH. 29, S. 41. Dasselbe gilt für andere nach § 5 des Gesetzes steuerpflichtige Konsumanstalten gewerblicher Unternehmer.

2a. Eine Ehefrau, die alleinige Inhaberin einer Wirtschaftskonzession ist, zu dem betriebssteuerpflichtigen Gewerbe aber gemäß § 20 des Gewerbesteuergesetzes überhaupt nicht selbständig zur Gewerbesteuer veranlagt ist, kann bei Bemessung der Höhe der Betriebssteuer nur denjenigen Steuerpflichtigen gleichgestellt werden, die aus den in § 60 Ziffer 1 a. a. O. bezeichneten Gründen nicht zur Gewerbesteuer veranlagt sind. FME. v. 29. Jan. 1896, MittH. 33, S. 56. Abweichend Fuisting Komm. zu den Gewerbest.-Ges. S. 236.

2b. Da die Gewerbesteuerpflicht erst mit dem Anfange des auf die Betriebseröffnung folgenden Kalendervierteljahres beginnt, so werden diejenigen Personen, welche im vierten Vierteljahr ein neues betriebssteuerpflichtiges Gewerbe eröffnen, in dem betreffenden Steuerjahr nicht mehr gewerbesteuerpflichtig und kann ihnen daher auch kein Betriebssteuersatz auferlegt werden, welcher die Veranlagung in einer der vier Gewerbesteuerklassen zur Voraussetzung hat. FME. v. 17. April 1894, MittH. 30, S. 55. Ein solcher Gewerbetreibender hat für den Rest des Jahres die Betriebssteuer der Gewerbesteuerfreien (10 Mk.) und erst mit dem neuen Steuerjahre den seiner Gewerbesteuerklasse entsprechenden Satz zu entrichten. Min. Anm. 11 zu Art. 7 III 1 d. A.f.B.

3a. Hierher gehört stets der Kleinhandel mit Branntwein oder Spiritus. Ebenso gehören hierher alle Gast- und Schankwirtschaften, welche Wein, Bier, Branntwein (Rum, Kognak usw.), Liköre, Grog, Punsch oder sonstige alkoholhaltige Getränke verabfolgen.

Bei allen diesen Betrieben ist für jede Betriebsstätte, welche derselbe Gewerbetreibende unterhält bzw. errichtet, der volle Betriebssteuersatz zu entrichten, und zwar in demjenigen Kreise, in dem sich die Betriebsstätte befindet. Die bloße Geschäftsverlegung (Umzug) aus der einen in eine andere Betriebsstätte innerhalb desselben Kreises bedingt nicht eine nochmalige Forderung der Betriebssteuer für dasselbe Jahr. Das Gewerbe des von einem Truppenteile angenommenen Marketenders gilt, solange er bei diesem Truppenteile verbleibt, als einheitlicher Betrieb mit einer Betriebsstätte, welche demjenigen Kreise zuzurechnen ist, in welchem der betreffende Truppenteil seine Garnison hat. Siehe auch Anm. 3b zu § 61. (Diese Vorschrift hat nicht die ständig an einem Garnisonorte eingerichteten Kantinenwirtschaften im Auge, sondern bei diesen kommen die allgemeinen, für Gewerbebetriebe, welche geistige Getränke verabfolgen, geltenden Bestimmungen zur Anwendung, wonach für jede Betriebsstätte der volle Betriebssteuersatz zu entrichten ist. FME. v. 14. Okt. 1905, MittH. 48, S. 37.) Diejenigen Betriebe, welche geistige Getränke nicht verabfolgen (Kaffee-, Tee-, Milch-, Molken-, Mineralwasser-Ausschank, Gastwirtschaft mit alleiniger Verabfolgung derartiger Getränke), haben in jedem Kreise, in welchem sich eine oder mehrere Betriebsstätten befinden, die Betriebssteuer nur einmal zu entrichten. Erstrecken sich derartige Betriebe über mehrere Kreise, so gelangt in jedem derselben nur die Hälfte der im § 60 Nr. 1 und 2 des Gewerbesteuergesetzes bestimmten Steuersätze zur Erhebung. Siehe § 12 Ziffer 1 des Gesetzes wegen Aufhebung direkter Staatssteuern vom 14. Juli 1893 (Anhang 2).

Werden von demselben Unternehmer Betriebsstätten beider Arten (mit und ohne Ausschank geistiger Getränke) unterhalten, so findet neben der besonderen Erhebung der Betriebssteuer für jede Betriebsstätte, in welcher geistige Getränke verabfolgt werden, der einmalige Steueransatz für die übrigen Betriebsstätten statt. A.f.B. Art. 2.

3b. Ein sogenannter Kutscherausschank, der in dem besonderen Hinterhause eines Hotelgrundstücks sich befindet, ist nicht als besondere Betriebsstätte anzusehen. FME. v. 6. Nov. 1897, MittH. 35, S. 64.

3c. Betreibt ein Schankwirt auf mehreren Schiffen den Schankbetrieb, so ist jedes der in Betracht kommenden Schiffe als eine besonders zu versteuernde Betriebsstätte anzusehen. FME. v. 24. Jan. 1896, MittH. 33, S. 55.

3d. Verlegt ein Gewerbetreibender seine Wirtschaft nur in eine andere Straße, so gilt das neue Lokal als dieselbe Betriebsstätte, und die Betriebssteuer wird nicht noch einmal erhoben. FME. v. 27. Febr. 1899, MittH. 40, S. 51.

3e. Einzelne Bierbüfetts, die bei Gelegenheit einer Ausstellung auf der sogenannten Vogelwiese von demselben Unternehmer zur Erleichterung des Ausschanks an verschiedenen Stellen des Ausstellungsplatzes eingerichtet worden, sind nicht als selbständige Betriebsstätten angesehen worden. FME. v. 31. Dez. 1904, MittH. 48, S. 38.

§ 61.

Wenn die Heranziehung zur Betriebssteuer lediglich durch einen vorübergehenden,[1]) bei außergewöhnlichen Gelegenheiten (Festen, Truppenzusammenziehungen und dergleichen) stattfindenden Gewerbebetrieb bedingt ist, so kann[2]) [die Bezirksregierung[3])] auf Antrag[4]) des Steuerpflichtigen den Betrag der Steuer bis auf den Satz von 5 Mark herabsetzen.[5])

1. Hierher gehört beispielsweise der Ausschank von Kaffee an Sonn- und Feiertagen an die von außerhalb zum Kirchenbesuch zureisenden Landleute. FME. v. 7. Okt. 1893, MittH. 29, S. 43. Ebenso der Kaffeeausschank an einzelnen Markttagen im Laufe des Jahres. FME. v. 1. Dez. 1893, MittH. 29, S. 43.

Der Umstand, daß von der Konzession zum Schankbetriebe auf einem Schiffe nur selten Gebrauch gemacht wird, kann zu einer Ermäßigung des Steuersatzes auf Grund des § 61 des Gewerbesteuergesetzes nicht führen. FME. v. 24. Jan. 1896, MittH. 33, S. 55.

Der § 61 ist auch dann anwendbar, wenn der Steuerpflichtige bereits für eine andere dauernd unterhaltene Betriebsstätte der Betriebssteuer unterliegt, sofern nur der

Betrieb auf der betreffenden einzelnen Betriebsstätte lediglich ein vorübergehender ist. FME. v. 24. Aug. 1894, MittH. 30, S. 57.

2. „Kann“, nicht „muß“. Ein Recht auf Ermäßigung steht dem Steuerpflichtigen nicht zu. Bei Prüfung der bezüglichen Anträge ist vornehmlich zu berücksichtigen, ob der mutmaßliche Ertrag des vorübergehenden Betriebes zu dem vollen Steuersatze in einem unverkennbaren Mißverhältnisse stehen würde, und ist danach das Bedürfnis einer Herabsetzung überhaupt, sowie das Maß derselben zu beurteilen. Art. 4 Ziffer 4 d. A.f.B.

3a. Die Befugnis zur Herabsetzung der Betriebssteuer ist vom 1. April 1895 ab auf die Betriebssteuer-Veranlagungsbehörden übergegangen. Vgl. Anm. 1 zu § 62 des Gesetzes und § 12 des Gesetzes wegen Aufhebung direkter Staatssteuern vom 14. Juli 1893 (Anhang 2).

3b. Das Gewerbe der bei solchen Truppenteilen, die außerhalb Preußens in Garnison stehen, angenommenen Marketender, wenn diese während eines Manövers oder dergleichen ihr Gewerbe in Preußen ausüben wollen, ist bei derjenigen Betriebssteuer-Veranlagungsbehörde zur Betriebssteuer anzumelden, in deren Bezirk der betreffende Truppenteil das erste Kantonnementsquartier in Preußen bezieht. FME. v. 21. Jan 1893, MittH. 33, S. 54.

4. Vgl. FME. v. 12. Nov. 1893, MittH. 29, S. 42, welcher bestimmt:

> Im Interesse eines einfachen und schnellen Geschäftsganges ist es zwar erwünscht, wenn die Anträge auf Ermäßigung der Betriebssteuer (§ 61 des Gewerbesteuergesetzes) vor oder spätestens gleichzeitig mit dem Beginne des Betriebes gestellt werden; eine Zurückweisung derselben nur um deswillen, weil sie erst später gestellt worden sind, hat jedoch nicht stattzufinden.

Siehe auch A.f.B. Art. 4 Ziffer 5 u. 6.

5a. Wer wegen eines ständigen Betriebes, *in welchem geistige Getränke nicht verabfolgt werden*, die

Betriebssteuer entrichtet, kann wegen eines vorübergehenden Betriebes desselben Gewerbes bei außergewöhnlichen Gelegenheiten innerhalb desselben Kreises nicht noch einmal zur Betriebssteuer herangezogen werden. A.f.B. Art. 4 Ziffer 10.

5b. Wer bei einer zweiten oder ferneren außergewöhnlichen Gelegenheit in demselben Steuerjahr das Gewerbe vorübergehend betreiben will, hat hierfür in der Regel die Betriebssteuer ohne Rücksicht auf die in demselben Jahre bereits erfolgte Besteuerung zu entrichten. Der Antrag auf Ermäßigung ist von neuem zu stellen. Weist jedoch der Steuerpflichtige nach, daß er in demselben Steuerjahre für einen gleichartigen Betrieb in derselben Betriebsstätte — oder falls es sich um einen Betrieb handelt, in welchem geistige Getränke nicht verabfolgt werden — in einer oder mehreren Betriebsstätten innerhalb des betreffenden Kreises bereits den vollen Jahresbetrag der Steuer entrichtet hat, so ist von einer nochmaligen Steuererhebung Abstand zu nehmen. A.f.B. Art. 4 Ziffer 9.

5c. Geht ein vorübergehender Betrieb in einen ständigen über, so tritt Heranziehung zum vollen Steuersatze ein, auf welchen die bereits veranlagte Steuer anzurechnen ist. Handelt es sich jedoch um einen Betrieb, welcher geistige Getränke verabfolgt, und ist derselbe in eine andere Betriebsstätte verlegt, so findet die Anrechnung nicht statt. A.f.B. Art. 4 Ziffer 8.

5d. Es unterliegt keinem Bedenken, wenn die Betriebssteuerveranlagungsbehörde ihre auf Grund des § 61 unter unrichtigen Voraussetzungen getroffenen Entscheidungen nach Feststellung des wahren Sachverhalts eventuell von Amts wegen zugunsten des Steuerpflichtigen abändert. FME. v. 27. Okt. 1893, MittH. 29, S. 42.

5e. Innerhalb der Grenzen des normalen und des geringsten Steuersatzes ist den Veranlagungsbehörden das Maß der Herabsetzung der Steuer ohne Beschränkung auf bestimmte Steuersätze überlassen. Art. 4 Ziffer 2 d. A.f.B.

§ 62.

[Die Feststellung der Betriebssteuer erfolgt von dem Vorsitzenden des Steuerausschusses [1]) [2]) für alle von dem letzteren zur Gewerbesteuer Veranlagten, welche ein der Betriebssteuer unterliegendes Gewerbe betreiben.

Der Vorsitzende des Steuerausschusses der Klasse IV hat außerdem die Betriebssteuer für alle im § 60 Nr. 1 bezeichneten Steuerpflichtigen des Veranlagungsbezirks festzustellen.]

1. Vom 1. April 1895 ab wird die Betriebssteuer in den Landkreisen vom Landrat, in den Stadtkreisen vom Gemeindevorstande, in Berlin von der Direktion für die Verwaltung der direkten Steuern festgestellt. Vgl. § 12 Ziffer 2 des Gesetzes wegen Aufhebung direkter Staatssteuern v. 14. Juli 1893 (Anhang 2).

2. Behufs Erhebung der Betriebssteuer ist von den Veranlagungsbehörden für ihren Verwaltungsbezirk eine Nachweisung aller daselbst vorhandenen ständigen betriebssteuerpflichtigen Betriebe (Betriebssteuer-Nachweisung) zu führen. Vorübergehende Betriebe sind im Wege der Zugangstellung zur Besteuerung zu bringen.

Diese Nachweisung kann für mehrere Jahre angelegt werden; sie ist alljährlich im März zum Zwecke der Veranlagung für das nächste Steuerjahr nach Maßgabe der Zu- und Abgänge je nach Bedürfnis entweder nur zu berichtigen und fortzuführen oder neu aufzustellen.

Nachdem die Eintragungen hinsichtlich der Steuerpflichtigen und der Betriebsstätten (Spalten 1 bis 5 des Musters A d. A.f.B.) bewirkt sind, haben die Veranlagungsbehörden zu ermitteln und einzutragen (Spalten 6 und 7 des Musters A), in welcher G e w e r b e s t e u e r k l a s s e die einzelnen Betriebssteuerpflichtigen für das bevorstehende

Steuerjahr veranlagt oder ob sie als gewerbesteuerfrei anerkannt sind.

Nötigenfalls haben die Vorsitzenden der zuständigen Gewerbesteuerausschüsse auf Ersuchen Auskunft hierüber zu erteilen oder die bezüglichen Nachweisungen usw. auf einige Zeit zur Verfügung zu stellen. In betreff der in auswärtigen Bezirken zur Gewerbesteuer Veranlagten können auch die den Gemeindevorständen zugehenden Schreiben der Gewerbesteuerausschüsse über Verteilung des Gesamtsteuersatzes auf die beteiligten Gemeinden und die den Steuerpflichtigen selbst zukommenden Zuschriften über ihre Veranlagung zur Gewerbesteuer für die fraglichen Ermittelungen benutzt werden. Dem Ermessen der Veranlagungsbehörde bleibt es überlassen, für die in Rede stehenden Ermittelungen den nach den obwaltenden Verhältnissen geeignetsten Weg einzuschlagen.

Hierauf erfolgt die Festsetzung der Betriebssteuer durch Ausfüllung der entsprechenden Spalten der Betriebssteuer-Nachweisung (Spalten 8 und 9 des Musters A).

In betreff derjenigen Steuerpflichtigen, welche geistige Getränke nicht verabfolgen (Abteilung II des Musters A) ist zu prüfen bzw. zu ermitteln, ob sie gleichartige Betriebe auch in anderen Kreisen unterhalten, da in diesem Falle in jedem Kreise nur die Hälfte der im § 60 Nr. 1 und 2 des Gewerbesteuergesetzes bestimmten Steuersätze zu entrichten ist. Etwaige in anderen Kreisen belegene gleichartige Betriebe sind in der Spalte „Bemerkungen" der Betriebssteuer-Nachweisung aufzuführen. Unterhält ein Gewerbetreibender in mehreren Gemeinden desselben Kreises derartige Betriebe, so wird die Steuer bei derjenigen Gemeinde festgesetzt, in welcher sich der Sitz der Geschäftsleitung oder, falls dieser in einem anderen Kreise belegen ist, die Hauptniederlassung befindet. Erforderlichenfalls bestimmt die Veranlagungsbehörde vorläufig, in welcher Gemeinde die Besteuerung stattzufinden hat.

Nach Festsetzung der Betriebssteuer ist die Nachweisung (Muster A) abzuschließen und den Steuerpflichtigen durch eine nach Maßgabe der Vorschriften im Art. 40 Nr. 1 Abs. 2 der Anweisung vom 10. April 1892 zu behändigende Steuerzuschrift (Muster B) von der Veranlagung Kenntnis zu geben.

In den Landkreisen läßt der Landrat den Gemeinde-(Guts-)vorständen einen Auszug aus der Betriebssteuer-Nachweisung als Hebeliste und zugleich die Steuerzuschriften für die Steuerpflichtigen zur vorschriftsmäßigen Behändigung zugehen. Die Behändigungsscheine sind innerhalb einer angemessenen Frist einzureichen. Gleichzeitig ist die Kreiskommunalkasse mit Weisung wegen Empfangnahme und Verrechnung der Steuer zu versehen.

In den Stadtkreisen hat der Gemeindevorstand die Erhebung der Steuer durch die betreffende städtische Hebestelle zu veranlassen.

In Berlin ist die von der Direktion für die Verwaltung der direkten Steuern festgestellte Betriebssteuer-Nachweisung dem Magistrat behufs weiterer Veranlassung wegen der Steuererhebung zuzufertigen und von letzterem nach Wahrnehmung des Erforderlichen der Direktion zurückzugeben. Bezüglich der Steuerzuschriften findet die Bestimmung im drittletzten Absatze Anwendung. Art. 5 d. A.f.B.

§ 63.

Der festgestellte Steuersatz ist einem jeden Steuerpflichtigen in Gemäßheit des § 32 bekannt zu machen.

[Die Erhebung erfolgt nach Maßgabe des § 39.[1])

Die im § 61 bezeichneten Steuerpflichtigen haben den Betrag der Jahressteuer binnen vierzehn Tagen nach erfolgter Mitteilung an die ihnen bezeichnete Hebestelle in einer Summe zu entrichten.[2])]

Nach fruchtloser Zwangsvollstreckung kann bis zur vollständigen Entrichtung des Rückstandes die fernere Ausübung des steuerpflichtigen Betriebes untersagt und die Einstellung desselben durch Schließung und Versiegelung der Geschäftsräume erzwungen werden.[3])

1. Vom 1. April 1895 ab ist die Betriebssteuer binnen zwei Wochen nach erfolgter Behändigung der Steuerzuschrift in einer Summe zu entrichten. § 12 Ziffer 3 des Gesetzes wegen Aufhebung direkter Staatssteuern (Anhang 2). Die Gutsbezirke und Gemeinden haben die Betriebssteuer von den Pflichtigen zu erheben und in den Landkreisen am Schlusse eines jeden Vierteljahres an die Kreiskommunalkasse abzuführen. Art. 8 d. A.f.B.

2. Nach § 12 Ziffer 3 Abs. 2 des Gesetzes wegen Aufhebung direkter Staatssteuern (Anhang 2), haben v. 1. April 1895 ab die im § 61 des Gesetzes bezeichneten Steuerpflichtigen die Steuer vor Eröffnung des Betriebes zu entrichten, oder falls bis dahin die Steuerzuschrift noch nicht behändigt ist, einen von dem Gemeinde- (Guts-) Vorstande zu bestimmenden Geldbetrag bei der gleichzeitig zu bezeichnenden Kasse zur Deckung der Steuer zu hinterlegen, widrigenfalls ihnen die Ausübung des Betriebes nach Maßgabe des § 63 des Gesetzes untersagt werden kann.

3. Von dem Zwangsmittel der Gewerbslegung soll wesentlich nur dann Gebrauch gemacht werden, wenn begründeter Verdacht vorliegt, daß der Steuerpflichtige sich der Entrichtung der Betriebssteuer böswilligerweise zu entziehen sucht. A.f.B. Art. 8 letzter Absatz.

§ 64.

Eine Erstattung der Betriebssteuer wegen Einstellung des Betriebes im Laufe des Steuerjahres findet nicht statt.[1])

1. Da nach § 64 des Gesetzes eine Erstattung der Betriebssteuer wegen Einstellung des Betriebes im Laufe des Steuerjahres nicht stattfindet, so können Abgänge im Laufe des Steuerjahres durch Einstellung des Betriebes oder Gewerbslegung nicht entstehen. Bei der im Laufe des Steuerjahres stattfindenden Übernahme eines besteuerten Betriebes oder einer besteuerten Betriebsstätte, in welcher geistige Getränke verabfolgt werden, hat aber der neue Erwerber für das laufende Steuerjahr eine nochmalige Steuer nicht zu entrichten. FME. v. 24. Dez. 1902. MittH. 46, S. 17 in Abänderung der A.f.B. Art. 7. Vgl. Anm. 1a zu § 69 des Gesetzes.

§ 65.

Über Beschwerden [1]) wegen Verpflichtung zur Entrichtung der Betriebssteuer oder wegen der Höhe derselben entscheidet die Bezirksregierung (§§ 29 und 30), und in weiterer Instanz [2]) der Finanzminister. [3]) [4]) Die Entscheidungen des letzteren sind endgültig.

Soweit durch die Entscheidungen, welche bezüglich der Gewerbesteuer im Wege der Rechtsmittel ergehen, Abänderungen der festgestellten Betriebssteuersätze bedingt werden, haben [die Vorsitzenden der Steuerausschüsse [5])] die anderweite Feststellung zu bewirken.

1. Die Rechtsmittel aus §§ 35 ff. sind wegen der Betriebssteuer nicht gegeben, sondern nur die Beschwerde. Die Beschwerde ist binnen einer mit dem Tage nach der Zustellung der Steuerzuschrift beginnenden Ausschlußfrist von drei Monaten bei der Veranlagungsbehörde schriftlich oder zu Protokoll anzubringen. Dieselbe weist verspätete Beschwerden ohne weiteres zurück und überreicht die rechtzeitig eingegangenen nach Vornahme der etwa er-

forderlichen Ermittelungen mit einem gutachtlichen Berichte der Regierung.

Die Regierung läßt ihre mit Gründen und einer Belehrung über das noch zulässige Rechtsmittel versehene Entscheidung der Veranlagungsbehörde zugehen, welche ihrerseits durch Vermittelung des Gemeindevorstandes die Zustellung der Entscheidung an den Beschwerdeführer bewirkt und erforderlichenfalls wegen der Abgangsstellung der Betriebssteuer das Weitere veranlaßt. A.f.B. Art. 6 Ziffer 2, 3.

2. Die weitere Beschwerde an den Finanzminister steht dem Steuerpflichtigen binnen einer vom Tage nach der Zustellung der Regierungsentscheidung ab laufenden sechswöchigen Ausschlußfrist offen. Sie ist bei der Veranlagungsbehörde schriftlich oder zu Protokoll einzulegen und von dieser mit einem gutachtlichen Berichte dem Finanzminister einzureichen. A.f.B. Art. 6 Ziffer 4.

3. Die Fristen zur Einlegung der Rechtsmittel sind Ausschlußfristen, deren Versäumung den Verlust der Rechtsmittel zur Folge hat. Sie beginnen mit dem Tage, welcher auf den Tag der Zustellung der Steuerzuschrift bzw. der Beschwerdeentscheidung folgt. Die dreimonatliche Frist endigt mit dem Ablauf desjenigen Tages des dritten Monats, welcher durch seine Zahl dem Tage entspricht, an welchem die Zustellung erfolgt ist; fehlt dieser Tag in dem dritten Monate, so endigt die Frist mit dem Ablauf des letzten Tages dieses Monats. Die sechswöchige Frist endigt mit dem Ablauf des zweiundvierzigsten Tages. Fällt das Ende der Frist auf einen Sonntag oder allgemeinen Feiertag, so endigt dieselbe mit dem Ablauf des nächstfolgenden Werktages. A.f.B. Art. 6 Ziffer 6.

4a. Wird ein Rechtsmittel bei einer nicht zuständigen Behörde angebracht, so hat diese die bezüglichen Schriftstücke unverzüglich an die zuständige Stelle zu befördern, ohne daß dem Steuerpflichtigen die Zwischenzeit auf die

Frist anzurechnen ist (§ 3 des Gesetzes über die Verjährungsfristen bei öffentlichen Abgaben v. 18. Juni 1840, GS. S. 140). Art. 6 Ziffer 6 d. A.f.B.

4 b. Die Bestimmung des § 74 des Gewerbesteuergesetzes über die Erstattung der Kosten, welche durch die gelegentlich der eingelegten Rechtsmittel erfolgten Ermittelungen veranlaßt werden, findet auch auf die Betriebssteuer Anwendung. Art. 6 Ziffer 7 d. A.f.B.

5 a. Vom 1. April 1895 ab die in Anm. 1 zu § 62 benannten Behörden. § 12 Ziffer 2 Abs. 2 des Gesetzes wegen Aufhebung direkter Staatssteuern v. 14. Juli 1893 (Anhang 2). Die anderweite Feststellung erfolgt in diesem Falle von Amts wegen. Art. 6 Ziffer 5 d. A.f.B.

5 b. Beschwerden gegen die Höhe der Betriebssteuer, deren Entscheidung lediglich von der Bestimmung der Gewerbesteuerklasse abhängig ist, können bis zur rechtskräftigen Entscheidung der Gewerbesteuerbeschwerde zurückgelegt werden, und sind je nach dem Ausfall der letzteren zu berücksichtigen, oder der Regierung behufs ablehnender Bescheidung einzureichen. Art. 6 Ziffer 5 d. A.f.B.

§ 66.

Die zur Erteilung der Erlaubnis für die im § 59 bezeichneten Betriebe oder für die Eröffnung einer neuen Betriebsstätte zuständigen Behörden[1]) haben von jeder Erlaubniserteilung der ihnen bezeichneten Veranlagungsstelle Mitteilung zu machen.

1. Vgl. § 33 der RGO. und § 114 des Gesetzes über die Zuständigkeit der Verwaltungs- und Verwaltungsgerichtsbehörden v. 1. Aug. 1883 (GS. S. 237). Vgl. Art. 7 V d. A.f.B.

§ 67.

Weinbauer, welche selbstgewonnenen Most oder Wein im Polizeibezirk ihres Weingutes oder Wohnortes nicht über drei Monate[1]) lang zum Genuß auf der Stelle verkaufen, haben hierfür weder Gewerbe- noch Betriebssteuer zu entrichten.[2])

1. Die Überschreitung der Frist hat die Steuerpflicht vom Beginne des Betriebes zur Folge. Art. 8 I Ziffer 4 Abs. 2 d. A.

2. Der Kleinhandel mit Wein fällt hierunter nicht; er ist gewerbesteuerpflichtig, nach § 59 des Gesetzes aber betriebssteuerfrei. Vgl. Anm. 5 zu § 59 des Gesetzes.

§ 68.

Behufs erstmaliger Erhebung der Betriebssteuer für das Steuerjahr 1893/94 haben für die Städte die Gemeindebehörden, für die Landgemeinden und Gutsbezirke des Kreises der Landrat eine Nachweisung aller daselbst vorhandenen, im § 59 bezeichneten Gewerbebetriebe unter Angabe der einzelnen Betriebsstätten und der Art des Betriebes aufzustellen und bis zum 1. Februar 1893 der Bezirksregierung vorzulegen.

Auf Anordnung der Bezirksregierung ist nach Bedürfnis auch in den folgenden Jahren die vorstehend vorgeschriebene Nachweisung von den genannten Behörden aufzustellen und vorzulegen.[1])

[1]) Vgl. Anm. 2 zu § 62 des Gesetzes.

§ 69.

Die Veranlagungsgrundsätze der §§ 18, 19 finden auf die Betriebssteuer Anwendung.

Wegen des jährlichen Zu- und Abganges wird das Erforderliche von dem Finanzminister geregelt.[1])

1a. Über Zu- und Abgänge bei der Betriebssteuer und über ihre Behandlung trifft Art. 7 d. A.f.B. nähere Bestimmungen. Dieselben lauten in der durch die Verf. d. FM. v. 24. Dez. 1902, MittH. 46, S. 17 ff. abgeänderten Fassung wie folgt:

I. Betriebssteuer-Zugänge können entstehen:

1. durch Anmeldung

a) der Eröffnung einer neuen Betriebsstätte, in welcher geistige Getränke verabfolgt werden (Art. 2 Nr. 2). [Als Eröffnung einer neuen Betriebsstätte ist auch die Verlegung des Betriebsorts aus einem Kreise in einen anderen anzusehen. Min. Anm. 5 zu Art. 7 d. A.f.B.;]

b) der Eröffnung eines neuen betriebssteuerpflichtigen Betriebes, in welchem geistige Getränke nicht verabfolgt werden, falls der Gewerbetreibende nicht schon wegen eines solchen Betriebes in dem betreffenden Kreise zur Betriebssteuer veranlagt ist, (in welchem Falle die neue Betriebsstätte lediglich in der Betriebssteuer-Nachweisung zu vermerken ist) (Art. 2 Nr. 3).

Ist derselbe in dem betreffenden Kreise wegen einer Betriebsstätte, in welcher geistige Getränke verabfolgt werden, bereits zur Betriebssteuer herangezogen, so ist gleichwohl die Steuer wegen des neuen Betriebes besonders in Zugang zu stellen (Art. 2 Nr. 4).

[Bei der im Laufe des Steuerjahres stattfindenden Übernahme eines besteuerten Betriebes oder einer besteuerten Betriebsstätte, in welcher geistige Getränke verabfolgt werden, hat der neue Erwerber für das laufende Steuerjahr eine nochmalige Steuer nicht zu entrichten. Min. Anm. 6 zu Art. 7 d. A.f.B.;]

c) des Überganges eines vorübergehenden betriebssteuerpflichtigen Betriebes (vgl. d) in einen ständigen (Art. 4 Nr. 8);

d) der Eröffnung eines vorübergehenden betriebssteuerpflichtigen Betriebes bei außergewöhnlichen Gelegenheiten (§ 61 des Gewerbesteuergesetzes, Art. 4 vorstehend);

2. infolge der Ermittelungen über unterlassene Anmeldungen der zu I a—d bezeichneten Art (Art. 9 Nr. 1) (vgl. FME. v. 6. Aug. 1907, MittH. 52, S. 73);

3. durch nachträgliche Heranziehung bei der Veranlagung übergangener betriebssteuerpflichtiger Betriebe (vgl. Art. 46 I 3 der Anweisung v. 10. April 1892);

4. durch Veränderung der veranlagten Gewerbesteuerklasse eines Betriebssteuerpflichtigen, sei es im Rechtsmittelverfahren (Art. 42 ff. a. a. O.) oder infolge einer Neuveranlagung (Art. 41 Abs. 4 a. a. O.);

5. im Betriebssteuer-Beschwerdeverfahren (Art. 6 d. A.f.B.), wenn der Feststellung der Betriebssteuer irrtümlich eine andere als die veranlagte Gewerbesteuerklasse zugrunde gelegt war.

In Fällen dieser Art ist auch außerhalb des Beschwerdeverfahrens nach erfolgter Wahrnehmung des Irrtums von Amts wegen die gesetzliche Besteuerung herbeizuführen.

II. Betriebssteuer-Abgänge können entstehen:

1. durch Veränderung der veranlagten Gewerbesteuerklasse (vgl. zu I 4) oder durch gänzliche Befreiung von der Gewerbesteuer;

2. im Betriebssteuer-Beschwerdeverfahren in den zu I 5 erwähnten Fällen oder, wenn Freistellung von der Betriebssteuer erfolgt;

3. infolge mehrfacher Veranlagung desselben betriebssteuerpflichtigen Betriebes oder infolge irriger Ver-

anlagung eines von der Betriebssteuer befreiten Betriebes (§§ 3—5 und § 67 des Gewerbesteuergesetzes);

4. infolge nachträglicher Herabsetzung des für einen vorübergehenden betriebssteuerpflichtigen Betrieb (§ 61 des Gewerbesteuergesetzes) festgesetzten Steuersatzes (Art. 4);

5. durch Ausdehnung eines betriebssteuerpflichtigen Gewerbes, in welchem geistige Getränke nicht verabfolgt werden, auf das Gebiet eines zweiten Kreises (Art. 2 Nr. 3).

Da nach § 64 des Gesetzes eine Erstattung der Betriebssteuer wegen Einstellung des Betriebes im Laufe des Steuerjahres nicht stattfindet, so können Abgänge im Laufe des Steuerjahres durch Einstellung des Betriebes oder Gewerbslegung nicht entstehen. Eingestellte oder gelegte Gewerbe sind jedoch nicht in die Betriebssteuer-Nachweisung des nächsten Jahres zu übernehmen. Hat gleichwohl eine Veranlagung derartiger Gewerbe zur Betriebssteuer stattgefunden, so ist auch außerhalb des Beschwerdeverfahrens von Amts wegen deren Abgangstellung zu bewirken (vgl. FME. v. 18. Aug. 1893, MittH. 29, S. 40; Min. Anm. 9 zu Art. 7 d. A.f.B.).

III. 1. Die Zugangstellung erfolgt in den Fällen

zu I. 1. a, b, c, 2, 3 mit dem vollen nach Art. 3 sich bestimmenden Jahressteuersatze. Ein Betriebssteuerpflichtiger, welcher sein Gewerbe im 4. Quartal des Steuerjahres neu beginnt und erst mit dem Anfang des nächsten Steuerjahres gewerbesteuerpflichtig wird, hat für den Rest des Jahres die Betriebssteuer der Gewerbesteuerfreien (10 Mark), und erst mit dem neuen Steuerjahre den seiner Gewerbesteuerklasse entsprechenden Satz zu entrichten. Min. Anm. 11 zu Art. 7 d. A.f.B.

zu I. 1. b jedoch nur mit der Hälfte dieses Steuersatzes,

wenn ein gleichartiger Betrieb bereits in einem anderen Kreise stattfindet;

zu I. 1. c eventuell unter Anrechnung des für den vorübergehenden Betrieb bereits festgesetzten ermäßigten Steuersatzes (Art. 4 Nr. 8). Letzterenfalls ist lediglich der Differenzbetrag zwischen dem ermäßigten und dem vollen Steuersatze in Zugang zu stellen;

zu I. 1. d mit dem für den vorübergehenden Betrieb festgesetzten Steuersatze (Art. 4);

zu I. 4 und 5 mit dem Differenzbetrage zwischen dem veranlagten und dem anderweit festgesetzten höheren Steuersatze;

2. Die Abgangstellung erfolgt in den Fällen

zu II. 1, 2, 3 mit dem vollen Steuersatze, bzw. mit dem Differenzbetrage zwischen dem veranlagten und dem anderweit festgesetzten niedrigeren Steuersatze;

zu II. 4 mit dem Betrage, um welchen der Steuersatz nachträglich ermäßigt ist;

zu II. 5 mit dem halben Steuersatze.

IV. Wegen der Behandlung der Zu- und Abgänge ist folgendes zu bemerken:

1. Die Vorsitzenden der Steuerausschüsse haben von allen zu ihrer Kenntnis gelangenden Vorgängen, welche bezüglich eines Angehörigen ihrer Gewerbesteuerklasse einen Betriebssteuer-Zu- oder Abgang begründen, den zuständigen Betriebssteuer-Veranlagungsbehörden (Art. 4 Nr. 1) durch Mitteilung eines beglaubigten Auszuges aus dem Gewerbesteuernotizregister oder der namentlichen Nachweisung Kenntnis zu geben.

Die Vorsitzenden der Steuerausschüsse der Klasse IV haben überdies die An- und Abmeldungen solcher betriebssteuerpflichtigen Gewerbe, welche wegen eines hinter der Grenze der Steuerpflicht zurückbleibenden Ertrages und Anlage- und Betriebskapitals von der

Gewerbesteuer befreit sind, mit einem entsprechenden Vermerk an die zuständigen Betriebssteuer-Veranlagungsbehörden in Urschrift weiter zu geben.

2. Auf Grund dieser Mitteilungen (Nr. 1 Abs. 1 und 2), der ihnen etwa direkt zugegangenen An- und Abmeldungen und des ihnen sonst zur Verfügung stehenden Materials (vgl. unten V) haben die Betriebssteuer-Veranlagungsbehörden die Zu- und Abgänge an Betriebssteuer durch Führung eines Betriebssteuer-Notizregisters, in welches alle Zu- und Abgangsfälle einzutragen sind, (vgl. Muster C) zu wahren.

Die im § 61 des Gewerbesteuergesetzes bezeichneten vorübergehenden Betriebe sind als solche in der Spalte „Bemerkungen" des Betriebssteuer-Notizregisters zu bezeichnen.

Bei Verlegung einer Betriebsstätte innerhalb derselben Gemeinde oder in eine andere Gemeinde desselben Kreises ist die Änderung lediglich in der Betriebssteuer-Nachweisung (Spalte 5 bzw. 2) zu vermerken (vgl. Art. 2 Nr. 2 Abs. 3). Ebenso ist in denjenigen Fällen zu verfahren, wo ein betriebssteuerpflichtiges Gewerbe nach dem Tode des Inhabers von den Erben unverändert fortgesetzt wird (vgl. oben II Abs. 3 dieses Art.).

3. Bei der Anmeldung der im § 61 des Gewerbesteuergesetzes bezeichneten vorübergehenden Betriebe haben sich die Gewerbetreibenden nach Bedürfnis darüber, ob bzw. in welcher Klasse sie zur Gewerbesteuer veranlagt sind, durch Vorlegung der Gewerbesteuerzuschrift oder, wenn die Verhältnisse nicht ohnedies genügend bekannt sind, durch eine Bescheinigung des Vorsitzenden des Steuerausschusses der Klasse IV, in dessen Veranlagungsbezirk ihr Wohnort belegen ist, auszuweisen.

In den zu einem Landkreise gehörigen Gemeinden ist von den Anmeldungen vorübergehender betriebssteuerpflichtiger Betriebe (abweichend von der Vorschrift im Art. 26 Nr. 5 Abs. 1 der Anweisung vom 10. April 1892) nicht dem Vorsitzenden des Steuerausschusses der Klasse IV, sondern dem Landrate Anzeige zu erstatten. Von größeren Betrieben dieser Art, bei denen ein Ertrag von annähernd 1500 Mark oder ein Anlage- und Betriebskapital von 3000 Mark in Frage kommen kann, hat der Landrat dem zuständigen Vorsitzenden des Steuerausschusses Kenntnis zu geben.

4. Von jedem Betriebssteuer-Zu- und Abgange und jedem Wechsel in der Person des Betriebssteuerpflichtigen ist der Hebestelle behufs Regelung der Erhebung alsbald Mitteilung zu machen. Zu dem Zwecke haben die Betriebssteuer-Veranlagungsbehörden in den Landkreisen und in Berlin die Gemeindevorstände oder auf deren Ersuchen direkt die mit der Erhebung beauftragte Stelle von jeder eingetretenen Veränderung sogleich zu benachrichtigen.

Hinsichtlich der Ausfertigung und Behändigung der Steuerzuschriften für die hinzutretenden Betriebssteuerpflichtigen ist nach den Anordnungen im Art. 5 unter Nr. 4 Abs. 1 und 2 zu verfahren.

In den Landkreisen hat der Landrat vor dem Schlusse eines jeden Vierteljahres die in dem Vierteljahre eingetretenen Betriebssteuer-Zu- und Abgänge gemeindeweise summarisch der Kreiskommunalkasse mitzuteilen (§ 13 Abs. 2 des Gesetzes wegen Aufhebung direkter Staatssteuern v. 14. Juli 1893).

5. Am Ende des Rechnungsjahres haben die Veranlagungsbehörden auf Grund der Betriebssteuer-Nachweisung und des Betriebssteuer-Notizregisters das berichtigte Betriebssteuersoll des Kreises — in den Landkreisen auch das der Gemeinden — zu ermitteln und der Kreishebestelle (Kreiskommunalkasse, Stadtkasse),

in Berlin dem Magistrat oder der von demselben bezeichneten Verwaltungsstelle mitzuteilen.

V. Ein wesentliches Hilfsmittel bei der Kontrolle der Zugänge gewährt der § 66 des Gewerbesteuergesetzes. In Gemäßheit desselben haben die zur Erteilung der Erlaubnis für die im Art. 1 Nr. 1 bezeichneten Betriebe oder für die Eröffnung neuer Betriebsstätten zuständigen Behörden von jeder Erlaubniserteilung der zuständigen Betriebssteuer-Veranlagungsbehörde Mitteilung zu machen, wobei die nötigen Angaben über Art und Lokalität des Betriebes, sowie ob derselbe ein ständiger oder vorübergehender ist, zu machen sind.

Auch in dieser Beziehung sind möglichst einfache Geschäftsformen zu vereinbaren und die zwischen den beiderseits beteiligten Behörden ohnehin bestehenden amtlichen Beziehungen (z. B. Kreisausschuß und Landrat) zu berücksichtigen.

1b. Die Bestimmungen des § 33 des Gewerbesteuergesetzes finden auf die Betriebssteuer keine Anwendung, und folgeweise ist der Zeitpunkt der Abmeldung eines betriebssteuerpflichtigen Gewerbes für die Verpflichtung zur Entrichtung der Betriebssteuer nicht maßgebend. Die Betriebssteuerpflicht ist durch die Tatsache der Ausübung eines betriebssteuerpflichtigen Gewerbes in dem betreffenden Steuerjahre bedingt. Zur Betriebssteuer Veranlagte, welche nachweislich schon vor Beginn des Steuerjahres das betriebssteuerpflichtige Gewerbe eingestellt haben, sind daher nach Feststellung des Sachverhalts auch außerhalb des Beschwerdeverfahrens von Amts wegen in Abgang zu stellen. FME. v. 18. Aug. 1893, MittH. 29, S. 40.

Strafbestimmungen.

§ 70.

Wer die gesetzliche Verpflichtung zur Anmeldung eines steuerpflichtigen [1]) Gewerbes innerhalb der vorgeschriebenen Frist [2]) nicht erfüllt, verfällt in eine dem doppelten Betrage der einjährigen Steuer gleiche Geldstrafe.[3]) Daneben ist die vorenthaltene Steuer zu entrichten.

Die Festsetzung der Nachsteuer steht der Regierung [4]) zu, gegen deren Entscheidung nur Beschwerde an den Finanzminister zulässig ist.[5])

1a. Strafbar nach diesem Paragraphen ist die Unterlassung oder Verspätung der Anmeldung nur dann, wenn die Anmeldung eine Besteuerung zur Folge gehabt hätte. Art. 51 Ziffer 1 d. A. in der Fassung nach Maßgabe des FME. v. 24. Dez. 1902, MittH. 46, S. 17. Nach der durch FME. v. 24. Dez. 1902 (MittH. 46, S. 17) mitgeteilten Entscheidung des Reichsgerichts v. 10. Okt. 1902 liegt Strafbarkeit auf Grund des § 70 nicht vor, wenn im Fall des Übergangs des besteuerten Betriebes im Laufe des Jahres die Anmeldung zwar verspätet, aber noch innerhalb desjenigen Zeitraums erfolgt ist, für welchen die auf den Vorbesitzer veranlagte Steuer bereits entrichtet war.

1b. Enthält die strafbare Handlung zugleich eine Zuwiderhandlung gegen § 147 der RGO., so soll zwar wegen der Übertretung der Steuergesetze nicht außerdem auf eine Steuerstrafe erkannt werden, es ist aber bei Zumessung der Strafe darauf Rücksicht zu nehmen. Eine vorläufige Straffestsetzung durch die Regierung (siehe § 73) findet in diesem Falle nicht statt. Sofern die Nichtanmeldung des Gewerbes auf Grund des § 70 des Gewerbesteuergesetzes nach Anm. 1a nicht strafbar ist, finden lediglich die §§ 147 und 148 der RGO. Anwendung. Art. 51 Ziffer 1 d. A.

2. Das Gesetz schreibt diese Frist nicht vor, § 52 verlangt aber, daß die Anmeldung vor Beginn des Betriebes oder gleichzeitig erfolgen soll.

3. Strafverfahren vgl. in § 73. Die eingehenden Strafen und Kostenbeträge fließen auch nach dem 1. April 1895 der Staatskasse zu. § 14 Abs. 2 des Gesetzes wegen Aufhebung direkter Staatssteuern v. 14. Juli 1893 (Anhang 2). FME. v. 23. März 1907, MittH. 49, S. 38.

4a. Die Festsetzung der Nachsteuer erfolgt auch nach dem 1. April 1895 durch die Regierung nach Maßgabe der Vorschriften in Art. 51 Ziffer 5 d. A. Vgl. Anm. 9a, b zu § 73 des Gesetzes. Der Gemeinde bleibt es überlassen, den Steuerpflichtigen gemäß § 83 des Kommunalabgabengesetzes zur Nachsteuer auf der Grundlage des von der Regierung festgesetzten Steuersatzes heranzuziehen.

4b. Die Anfechtung der Nachsteuerfestsetzung im Wege des durch die §§ 35 bis 37 des Gewerbesteuergesetzes geordneten Rechtsmittelverfahrens ist ausgeschlossen. OVG. XI, 433.

4c. Für die Nachsteuerfestsetzungen gilt nicht die fünfjährige, sondern die zehnjährige Verjährungsfrist des § 83 Abs. 2 des Kommunalabgabengesetzes, da das Gesetz v. 14. Juli 1893 wegen Aufhebung direkter Staatssteuern ausdrücklich in den §§ 3 und 4 bestimmt, daß die Vorschriften des Gewerbesteuergesetzes und die allgemeinen gesetzlichen Vorschriften nur insoweit gelten, als nicht in dem Aufhebungsgesetze und in dem Kommunalabgabengesetze Abweichendes bestimmt ist. Daß § 83 des Kommunalabgabengesetzes sich nicht nur auf besondere Steuern, sondern auch trotz des Hinweises auf § 79 ibidem auf Zuschläge zu den staatlich veranlagten Steuern bezieht, und daß die Heranziehung zu Nachsteuern wegen Hinterziehung von staatlich veranlagten Realsteuern seitens der Gemeinde nach Maßgabe der Vorschriften des § 83 des Kommunalabgabengesetzes zu erfolgen hat, ergibt sich aus OVG. v. 22. Jan. 1907, MittH. 49, S. 39. — FME. v. 3. Sept. 1909, II 10917. — Zu vgl. auch Anm. 2b zu § 73 des Gesetzes.

5. Die Beschwerde ist an keine Frist gebunden. Art. 51 d. A. Ziffer 5 letzter Absatz.

§ 71.

Mit Geldstrafe bis zu dreihundert Mark wird bestraft:[1])

1.[2]) wer die nach den Bestimmungen der §§ 28, 54, 55 und 56 dieses Gesetzes ihm obliegende Verpflichtung nicht erfüllt; insbesondere auch wer die erforderte Erklärung, zu welcher er nach Vorschrift der §§ 54 bis 56 verpflichtet ist, wissentlich unvollständig oder unrichtig[3]) abgibt;

2. wer dem nach § 25 Absatz 4 Zuständigen die Einsicht der gewerblichen Anlagen, Betriebsstätten oder Vorräte verweigert.

1. Strafverfahren vgl. in § 73 des Gesetzes.

2. Die im § 71 unter Ziffer 1 bezeichneten Zuwiderhandlungen unterliegen auch dann der Bestrafung, wenn das betreffende Gewerbe nach § 7 des Gesetzes nicht steuerpflichtig sein sollte. Art. 51 d. A. Ziffer 1 letzter Absatz.

3. Ob auch eine unrichtige zu hohe Angabe des Ertrages oder des Betriebs- und Anlagekapitals hiernach strafbar ist, ist streitig. Für Strafbarkeit Falkmann-Strutz, die preußische Gewerbesteuergesetzgebung S. 152, dagegen Fuisting, Kommentar zu den Gewerbesteuergesetzen S. 246.

§ 72.

Die bei der Steuerveranlagung beteiligten Beamten, sowie die Mitglieder der Steuerausschüsse und deren Stellvertreter werden, wenn sie die zu ihrer Kenntnis gelangten Erwerbs-, Vermögens- oder Einkommensverhältnisse oder die Geschäftsgeheimnisse eines Steuerpflichtigen, insbesondere auch den Inhalt der im § 55 bezeichneten Erklärungen oder der darüber gepflogenen Verhandlungen unbefugt offenbaren, mit Geldstrafe bis zu eintausendfünfhundert Mark oder mit Gefängnis bis zu drei Monaten bestraft.[1])

Die Strafverfolgung tritt nur auf Antrag[2]) ein und muß stattfinden, insofern der durch die Verletzung des Geheimnisses betroffene Steuerpflichtige dieselbe unter Darlegung des Sachverhalts beansprucht und nicht Rücksichten des öffentlichen Wohles entgegenstehen. Für die Stellung des Antrages gegen Vorsitzende und Mitglieder der Steuerausschüsse der Klasse I und gegen deren Stellvertreter ist der Finanzminister, im übrigen die Bezirksregierung zuständig.

1. Vgl. § 73 des Gesetzes Schlußsatz.

2. § 61 RStGB.: Eine Handlung, deren Verfolgung nur auf Antrag eintritt, ist nicht zu verfolgen, wenn der zum Antrage Berechtigte es unterläßt, den Antrag binnen drei Monaten zu stellen. Diese Frist beginnt mit dem Tage, seit welchem der zum Antrage Berechtigte von der Handlung und von der Person des Täters Kenntnis gehabt hat.

§ 73.

Die auf Grund der §§ 70 und 71 festzusetzenden, aber unbeitreiblichen Geldstrafen sind nach Maßgabe der für Übertretungen geltenden Bestimmungen des Strafgesetzbuches für das Deutsche Reich (§§ 28 und 29) in Haft umzuwandeln.[1])

Die Untersuchung und Entscheidung in betreff der in den §§ 70 und 71 bezeichneten strafbaren

Handlungen steht dem Gericht zu, wenn nicht der Beschuldigte die von der Regierung vorläufig festgesetzte Geldstrafe nebst den durch das Verfahren gegen ihn entstandenen Kosten binnen einer ihm bekannt gemachten Frist freiwillig zahlt.[2] [3]

Die Regierungen sind ermächtigt, hierbei eine mildere, als die im § 70 vorgeschriebene Strafe in Anwendung zu bringen.[4]

Hat der Beschuldigte in Preußen keinen Wohnsitz,[5] so erfolgt das Einschreiten des Gerichts ohne vorläufige Festsetzung der Strafe durch die Regierung. Dasselbe findet statt, wenn die Regierung aus sonstigen Gründen von der vorläufigen Festsetzung der Strafe Abstand zu nehmen erklärt[6] oder der Angeschuldigte hierauf verzichtet.

Bei den gerichtlichen Entscheidungen[7] ist hinsichtlich der Höhe der im § 70 vorgeschriebenen Geldstrafe die von der Regierung festzusetzende Jahressteuer[8] zugrunde zu legen.

Die Entscheidung wegen der hinterzogenen Steuer verbleibt in allen Fällen den Verwaltungsbehörden.[9] [10] [11]

In betreff der Zuwiderhandlungen wegen der Verpflichtung zur Geheimhaltung (§ 72) findet nur das gerichtliche Strafverfahren statt.

1. Die §§ 28 u. 29 RStGB. lauten: § 28. Eine nicht beizutreibende Geldstrafe ist in Gefängnis und, wenn sie wegen einer Übertretung erkannt worden ist, in Haft umzuwandeln.

Ist bei einem Vergehen Geldstrafe allein oder an erster Stelle, oder wahlweise neben Haft angedroht, so kann die Geldstrafe in Haft umgewandelt werden, wenn die erkannte Strafe nicht den Betrag von sechshundert Mark und die an ihre Stelle tretende Freiheitsstrafe nicht die Dauer von sechs Wochen übersteigt.

War neben der Geldstrafe auf Zuchthaus erkannt, so ist die an deren Stelle tretende Gefängnisstrafe nach Maßgabe des § 21 in Zuchthausstrafe umzuwandeln.

Der Verurteilte kann sich durch Erlegung des Strafbetrages, soweit dieser durch die entstandene Freiheitsstrafe noch nicht getilgt ist, von der letzteren freimachen.

§ 29. Bei Umwandlung einer wegen eines Verbrechens oder Vergehens erkannten Geldstrafe ist der Betrag von drei bis zu fünfzehn Mark, bei Umwandlung einer wegen einer Übertretung erkannten Geldstrafe der Betrag von einer bis zu fünfzehn Mark einer eintägigen Freiheitsstrafe gleich zu achten.

Der Mindestbetrag der an Stelle einer Geldstrafe tretenden Freiheitsstrafe ist ein Tag, ihr Höchstbetrag bei Haft sechs Wochen, bei Gefängnis ein Jahr. Wenn jedoch eine neben der Geldstrafe wahlweise angedrohte Freiheitsstrafe ihrer Dauer nach den vorgedachten Höchstbetrag nicht erreicht, so darf die an Stelle der Geldstrafe tretende Freiheitsstrafe den angedrohten Höchstbetrag jener Freiheitsstrafe nicht übersteigen.

2a. Vergehen und Übertretungen, welche durch Zuwiderhandlungen gegen die Vorschriften über die Entrichtung der Steuern begangen werden, verjähren in 5 Jahren. Vgl. Art. 5 des Gesetzes betreffend einige Ergänzungen des Einführungsgesetzes zum StGB. v. 22. Mai 1852 und § 2 Abs. 2 des Einführungsgesetzes zum StGB. für den Norddeutschen Bund v. 31. Mai 1870.

2b. Die früher maßgebend gewesene Auffassung, daß die Frist zur Verjährung der Kontraventionsstrafe erst von der **Beendigung** des nicht abgemeldeten Gewerbebetriebes ab zu laufen beginne, und demgemäß die von dem Kontravenienten hinterzogene Steuer vom Beginn des unangemeldeten Gewerbes nachgefordert werden könne, wenngleich seitdem mehr als 5 Jahre (vgl. auch Anm. 4c zu § 70 des Gesetzes) verflossen sind, hat in neuerer Zeit die Anerkennung der Gerichte nicht mehr gefunden. Unter diesen Umständen kann an der früheren Praxis nicht mehr festgehalten werden. FME. v. 6. Mai 1903, MittH. 46, S. 19.

3a. Sobald der begründete Verdacht einer in den §§ 70 und 71 mit Strafe bedrohten Zuwiderhandlung vorliegt, hat der zuständige Vorsitzende des Steuerausschusses (nicht der Steuerausschuß durch Beschluß, FME. v. 13. Febr. 1909, MittH. 52, S. 72) die zur Feststellung des Tatbestandes notwendigen Ermittelungen zu veranlassen, nach Abschluß derselben die etwa erforderliche Zugangstellung — soweit nötig unter Mitwirkung des Steuerausschusses — zu bewirken und sämtliche Verhandlungen mit seiner gutachtlichen Äußerung der Regierung, und zwar in Klasse I, falls deren Bezirk mehrere Regierungsbezirke umfaßt, derjenigen Regierung, in deren Bezirke sich der Ort der Veranlagung befindet, zur Beschlußfassung über die Einleitung des Strafverfahrens vorzulegen. Im Falle der Zuwiderhandlung gegen § 28 des Gesetzes bedarf es dieser Vorermittelungen durch die Vorsitzenden der Steuerausschüsse nicht.

Bei anderen Behörden zur Kenntnis gelangende Kontraventionsfälle sind zunächst dem Vorsitzenden des Steuerausschusses der Klasse IV mitzuteilen, welcher nach dem Ergebnis der anzustellenden Ermittelungen die entstandenen Verhandlungen an die zuständigen Vorsitzenden der Steuerausschüsse der Klassen I, II und III abgibt, oder selbst das Weitere gemäß Abs. 1 veranlaßt.

Bezüglich des weiteren Verfahrens bewendet es bei den Vorschriften der Anweisung v. 30. August 1876, betreffend das Strafverfahren bei Gewerbesteueruntersuchungen, mit der Maßgabe, daß

a) die vorläufige Straffestsetzung durch die Regierung auch dann zulässig ist, wenn der Beschuldigte in Haft ist;
b) bei Fortdauer der Steuerpflicht die laufende Zugangstellung vom Beginne des auf die Einleitung der Vorermittelungen folgenden Kalendervierteljahres zu erfolgen hat;
c) in den Fällen des § 71 des Gesetzes bei Bemessung der vorläufig festzusetzenden Geldstrafe in erster Linie der Beweggrund des strafbaren Verhaltens, insbesondere der Grad einer etwaigen betrügerischen Absicht, daneben aber auch die Vermögensverhältnisse des Zuwiderhandelnden zu berücksichtigen sind.

Art. 51 Ziffer 2 d. A.

3b. Auch im Gewerbesteuer-Strafverfahren darf die vorläufige Straffestsetzung in keinem Falle ohne zuvorige Anhörung des Beschuldigten erfolgen. FME. v. 19. April 1901, MittH. 42, S. 23.

3c. Die Regierung ist zur selbständigen Abstandnahme von der Einleitung eines Strafverfahrens befugt:
a) in denjenigen Fällen, in denen ein Gewerbetreibender den Beginn eines steuerpflichtigen Gewerbes oder die die Steuerpflicht bedingende Ausdehnung eines bisher in steuerfreiem Umfange betriebenen Gewerbes nicht rechtzeitig angemeldet, jedoch das in dieser Beziehung Versäumte später aus eigener Bewegung selbst nachgeholt hat, und wenn anzunehmen ist, daß er damit seinen Verpflichtungen in gewerbesteuerlicher Hinsicht genügt zu haben vermeint und nicht die Absicht gehabt hat, die Steuer zu umgehen;
b) dann, wenn ein Gewerbetreibender die auf Grund der §§ 54 und 55 des Gesetzes erforderten Erklärungen wissentlich unvollständig oder unrichtig abgegeben hat, aber noch bevor eine Anzeige erfolgt oder eine Untersuchung eingeleitet ist, aus eigener Bewegung seine

Angaben bei dem zuständigen Vorsitzenden des Steuerausschusses ergänzt oder berichtigt;

c) dann, wenn im Falle der Fortsetzung eines Gewerbebetriebes durch einen anderen, letzterer die Steuer fortentrichtet hat.

In anderen Fällen, in denen zwar nach den bestehenden Vorschriften eine Gewerbesteuerstrafe ebenfalls unzweifelhaft verwirkt, nach dem Ermessen der Regierung die letztere jedoch ausnahmsweise ganz zu erlassen sein dürfte, bleibt die Genehmigung des Finanzministers einzuholen. Übrigens ist es selbstverständlich, daß die Genehmigung zur Einstellung der Untersuchung nicht eingeholt zu werden braucht, wenn ein Skrutinialverfahren eingeleitet ist, welches nicht zur Feststellung eines Gewerbesteuervergehens geführt hat. Auch bedarf es der Einholung der ministeriellen Genehmigung nicht, wenn von der Amts- oder Staatsanwaltschaft, bei welcher die gerichtliche Verfolgung beantragt ist, Bedenken gegen die Erhebung der Anklage geltend gemacht, und letztere seitens der Regierung für begründet erachtet werden, ohne Unterschied, ob jene Bedenken auf die materielle Rechtfertigung der gerichtlichen Verfolgung oder auf das formelle Verfahren, wie z. B. die unverhältnismäßigen Weitläufigkeiten der Verfolgung geringfügiger Übertretungen gegen Abwesende und dergleichen, gerichtet sind.

Art. 51 Ziffer 4 d. A.

4a. Mindestes Strafmaß (vgl. § 27 RStGB. v. 26. Febr. 1876) ist für Geldstrafe bei Verbrechen und Vergehen 3 Mk., bei Übertretungen 1 Mk.

4b. Die Regierung ist nicht befugt, diejenigen Strafen selbst zu erlassen oder zu ermäßigen, welche durch ein von ihr abgefaßtes und bereits publiziertes Strafresolut festgesetzt sind. Art. 51 d. A. Ziffer 4 letzter Absatz.

4c. Die Ermächtigung, mildere Strafen in Anwendung zu bringen, steht nur der Regierung, nicht auch dem Gerichte zu. Letzteres muß auf den doppelten Betrag der von der Regierung festgesetzten und ihm mitgeteilten Jahressteuer erkennen.

5. Der Umstand, daß der Beschuldigte sich in Haft befindet, schließt nicht mehr, wie früher, die vorläufige Straffestsetzung durch die Regierung aus. Vgl. Anm. 3a zu diesem Paragraphen.

6. Z. B. wenn der Beschuldigte leugnet und umständliche Zeugenvernehmungen notwendig werden, oder bei rückfälligen Kontravenienten, bzw. wenn zu erwarten steht, daß eine Geldstrafe wegen Unvermögens des Beschuldigten unbeitreiblich sein wird.

7a. Hinsichtlich des gerichtlichen Verfahrens vgl. Abschnitt 3 des VI. Buches der Strafprozeßordnung v. 1. Febr. 1877 über das Verfahren bei Zuwiderhandlungen gegen die Vorschriften über die Erhebung öffentlicher Abgaben und Gefälle.

7b. Wegen der Befugnis der Regierungen, bei gerichtlich erkannten Steuerstrafen die Strafaussetzung zu beantragen siehe FME. v. 24. September 1889, MittH. 23, S. 32; FME. v. 23. März 1907, MittH. 49, S. 38.

7c. Über die Behandlung der Gnadengesuche solcher Personen, welche wegen Zuwiderhandlungen gegen die Gewerbesteuergesetze bestraft worden sind, vgl. FME. v. 5. Dezember 1893, MittH. 29, S. 43, über die Berichterstattung der Regierungen in Gewerbesteuerkontraventionssachen FME. v. 26 November 1898, MittH. 38, S. 46ff. und das dort mitgeteilte Schema.

8. Die bei den gerichtlichen Entscheidungen der im § 70 des Gesetzes vorgeschriebenen Geldstrafe zugrunde zu legende Jahressteuer ist von der Regierung in der Weise festzusetzen, daß

a) in der Klasse I von den für die in Betracht kommenden Jahre nachträglich zu veranlagenden Steuersätzen der höchste Satz;

b) in den Klassen II, III und IV regelmäßig der Mittelsatz, und wenn für mehrere Jahre verschiedene Klassen in Frage kommen, der Mittelsatz der höchsten Klasse, nur im Falle der Übernahme eines bereits besteuerten Gewerbes der veranlagte Steuersatz,

dem Gerichte als maßgebend zu bezeichnen ist.

Art. 51 Ziffer 3 d. A.

9a. Bei Festsetzung der Nachsteuer und Zugangstellung der laufenden Steuer ist zu unterscheiden, ob das Gewerbe erst nach Beginn der letzten jährlichen Veranlagung (Feststellung der namentlichen Nachweisung in den Klassen II, III und IV, Aufstellung der Steuerliste der Klasse I) neu angefangen ist oder nicht.

Ist das Gewerbe nach dem angegebenen Zeitpunkte neu begonnen, so ist in den Klassen II, III und IV der Mittelsatz der betreffenden Klasse sowohl der Festsetzung der Nachsteuer als auch der Zugangstellung der laufenden Steuer zugrunde zu legen. In der Klasse I ist die laufende Steuer gemäß § 34 des Gesetzes von dem Vorsitzenden der Klasse I vorläufig zu veranlagen und der veranlagte Steuersatz auch von der Regierung bei Festsetzung der Nachsteuer in Anwendung zu bringen.

Ist dagegen das Gewerbe schon früher betrieben worden, so hat in sämtlichen Klassen die Zugangstellung mit einem vom Steuerausschusse zu veranlagenden Steuersatze nach Maßgabe des Ertrages bzw. Anlage- und Betriebskapitals während des abgelaufenen Jahres zu erfolgen (vgl. Art. 18). Die Festsetzung der Nachsteuer findet für die einzelnen Steuerjahre, in denen das Gewerbe betrieben ist, gesondert nach Verhältnis des Ertrages bzw. Anlage- und Betriebskapitals in dem jedesmaligen Vorjahre statt. In den Klassen II, III und IV ist bezüglich der Zeit des Betriebsanfanges die Vorschrift im § 34 Abs. 1 des Gesetzes zu beachten.

Im Falle der Übernahme eines zur Gewerbesteuer veranlagten Betriebes ist der veranlagte Steuersatz bei der

Zugangstellung und Festsetzung der Nachsteuer zugrunde zu legen.

Die zuständigen Vorsitzenden der Steuerausschüsse haben bei Abgabe der Untersuchungsverhandlungen begründete Vorschläge über die bei Festsetzung der Nachsteuer anzuwendenden Jahressteuersätze zu machen.

Gegen die Festsetzung der Nachsteuer findet nur die bei der Regierung anzubringende, an keine Frist gebundene Beschwerde an den Finanzminister statt.

Art. 51 Ziffer 5 d. A.

9b. Von der nach Art. 51 Ziffer 5 d. A. (vgl. Anm. 9a) erfolgten Festsetzung der Nachsteuer hat die Regierung dem Steuerpflichtigen, sowie der beteiligten Gemeinde Nachricht zu geben, dem Steuerpflichtigen mit der Belehrung, daß ihm gegen die Festsetzung die bei der Regierung anzubringende Beschwerde an den Finanzminister offen steht.

Der Gemeinde bleibt es überlassen, den Steuerpflichtigen gemäß § 83 des Kommunalabgabengesetzes zur Nachsteuer auf der Grundlage des von der Regierung festgesetzten Steuersatzes heranzuziehen.

Die von der Regierung festgesetzten Strafen und Kosten fließen auch fernerhin in die Staatskasse.

FME. v. 23. März 1907, MittH. 49, S. 38, in Abänderung des Art. 51 Ziffer 7 d. A. und des FME. v. 29. Januar 1900, MittH. 40, S. 49.

9c. Wegen Festsetzung von Betriebsnachsteuer gegen die Vorstandsmitglieder eines Konsumvereins *nicht* gegen den zur Anmeldung des Gewerbes nicht verpflichteten Lagerhalter; vgl. FME. v. 6. August 1907, MittH. 52, S. 73.

10. Eine Festsetzung *ermäßigter* Nachsteuern im Sinne der Verfügung v. 6. November 1880 (MittH. 14, S. 60/61) *findet hinsichtlich der nicht zur Staatskasse fließenden Gewerbesteuer nicht statt.* FME. v. 23. März 1907, MittH. 49, S. 38 in Abänderung von Art. 51 Ziffer 6 d. A.

11. Die Kontrolle, Überweisung und Verrechnung der von der Regierung festgesetzten Strafen und Kosten erfolgt nach Maßgabe der Anweisung v. 16. März 1895. Art. 51 Ziffer 8 d. A. Vgl. auch FME. v. 2. April 1904, MittH. 47, S. 16.

Kosten.

§ 74.

Die Kosten der Steuerveranlagung [und Erhebung] fallen der Staatskasse zur Last.[1]) Jedoch sind diejenigen Kosten,[2]) welche durch die gelegentlich der eingelegten Rechtsmittel erfolgenden Ermittelungen veranlaßt werden, von dem Steuerpflichtigen zu erstatten, wenn sich seine Angaben in wesentlichen Punkten als unrichtig erweisen. Die Festsetzung[3]) der zu erstattenden Kosten erfolgt durch die Regierung, gegen deren Entscheidung die Beschwerde[4]) an den Finanzminister gestattet ist.

1a. Die Kosten der Erhebung und Beitreibung der für die Zeit nach dem 1. April 1895 veranlagten Gewerbesteuer sind von den Gemeinden zu tragen. Ein Anspruch auf Vergütung für die bei der Veranlagung dieser Steuer ihnen übertragenen Geschäfte (§ 75 Abs. 1 des Gewerbesteuergesetzes) steht den Gemeinden nicht ferner zu.

Die Kosten der Veranlagung und Verwaltung der Gewerbesteuer werden, soweit sie nicht durch die den Gemeinden übertragenen Geschäfte entstehen, aus der Staatskasse bestritten, insbesondere sind aus derselben die den Vorsitzenden und Mitgliedern der Steuerausschüsse für Wahrnehmung der Geschäfte außerhalb ihres Wohnorts zu gewährenden Tagegelder und Reisekosten sowie die Gebühren für Zeugen und Sachverständige zu zahlen. § 51 des

Gesetzes; Art. 54 d. A. Ziffer I 1, § 14 Abs. 1, § 15 Abs. 1, § 16 Abs. 1 des Gesetzes wegen Aufhebung direkter Staatssteuern v. 14. Juli 1893 (Anhang 2).

1b. Diejenigen Landräte, welche den Vorsitz in den Steuerausschüssen der Klasse III oder IV führen, haben die hierdurch veranlaßten Kosten aus den ihnen für das Hauptamt gewährten Dienstaufwandsentschädigungen zu bestreiten mit Ausnahme

a) der Remunerationen, Diäten, Besoldungen der ihnen überwiesenen staatlichen Hilfs- und Subalternbeamten und
b) der Kosten für die sämtlichen, ihnen auf Rechnung der Staatskasse zu liefernden Formulare,
c) der Kosten für Reisen außerhalb ihres Kreises. Für derartige Reisen stehen den Landräten die gesetzlichen Reisekosten und Tagegelder zu.

Sonstige zu Vorsitzenden der Steuerausschüsse oder zu Stellvertretern derselben ernannte Staatsbeamte sind stets zum Bezuge der ihrer Rangklasse entsprechenden Reisekosten und Tagegelder berechtigt.

Die zu Mitgliedern der Steuerausschüsse gewählten oder ernannten Staatsbeamten haben nur auf die den Ausschußmitgliedern zustehenden Reisekosten und Tagegelder Anspruch.

Art. 54 Ziffer 2 d. A.

2. An Porto, Zeugengebühren oder anderen baren Auslagen. Art. 54 II d. A.

3. Die Entscheidung darüber, ob der Steuerpflichtige Kosten zu erstatten hat, trifft die für Entscheidung des Rechtsmittels zuständige Behörde (Steuerausschuß, Bezirksregierung, Oberverwaltungsgericht). Die Festsetzung der Kosten durch die Regierung erstreckt sich nur auf die Höhe derselben.

4. Die Beschwerde ist bei der Regierung einzulegen, an Form und Frist aber nicht gebunden. A. Art. 54 II, Abs. 4.

§ 75.

[Den Gemeinden werden als Vergütung für die bei Veranlagung der Steuer (einschließlich der Betriebssteuer) ihnen übertragenen Geschäfte zwei Prozent der eingegangenen Steuer gewährt.[1])

Hinsichtlich der örtlichen Erhebung der Steuer verbleibt es bis auf weiteres bei den bestehenden Bestimmungen mit der Maßgabe, daß die bisher zur örtlichen Erhebung der Gewerbesteuer verpflichteten Gemeinden die Gewerbe- und die Betriebssteuer zu erheben haben.[2])

Die Gemeinden erhalten für die Steuererhebung eine Vergütung von zwei Prozent der Isteinnahme der zu erhebenden Steuer.[3])]

1. Aufgehoben durch § 16 Abs. 1 des Gesetzes wegen Aufhebung direkter Staatssteuern (Anhang 2) v. 1. April 1895 ab.

2. Die Hebung der Gewerbesteuer liegt v. 1. April 1895 ab derjenigen Gemeinde ob, welche nach den Bestimmungen des Kommunalabgabengesetzes zum Bezuge des entsprechenden Steueraufkommens berechtigt ist. Vgl. § 11 Abs. 1 des Gesetzes wegen Aufhebung direkter Staatssteuern (Anhang 2).

Die Betriebssteuer haben die Gemeinden (Gutsbezirke) von den Pflichtigen ihres Bezirks zu erheben. § 13 Abs. 1 a. a. O. Die Gemeinden (Gutsbezirke) der Landkreise haben die erhobenen Beträge am Schlusse eines jeden Vierteljahres an die Kreiskommunalkasse abzuführen.

3 a. Vom 1. April 1895 ab tragen die Gemeinden die Kosten der Hebung und Beitreibung allein. Vgl. § 15 Abs. 1 des Gesetzes wegen Aufhebung direkter Staatssteuern (Anhang 2).

3 b. Von den Gemeinden (Gutsbezirken) sind insbesondere auch zu bestreiten:

a) von **allen** Gemeinden (Gutsbezirken):

diejenigen Kosten, welche entstehen durch die Vorbereitung der Veranlagung, die Anmeldung der Gewerbe und die Erledigung der seitens der Vorsitzenden der Steuerausschüsse innerhalb deren Zuständigkeit erteilten Aufträge — einschließlich aller sächlichen Kosten für Schreibmaterialien, Drucksachen, Formulare usw., namentlich auch für die Muster 1, 2 und 6 d. A.;

b) von denjenigen Stadtgemeinden, in welchen ein städtischer Beamter den Vorsitz in den Steuerausschüssen der Klasse III oder IV führt:

die durch die Führung dieses Vorsitzes und die damit verbundenen Geschäfte veranlaßten Kosten, insbesondere auch die persönlichen und sächlichen Kosten für das Bureau des Vorsitzenden und für alle zum Gebrauche desselben bestimmten Formulare. Art. 54 III d. A.

Oberaufsicht.

§ 76.

Die oberste Leitung des Veranlagungsgeschäfts im Staat gebührt dem Finanzminister.[1]) Über Beschwerden gegen das Verfahren der Steuerausschüsse und der Vorsitzenden derselben entscheidet die Bezirksregierung (§§ 29 und 30) und in weiterer Instanz der Finanzminister. Die Entscheidungen des letzteren sind endgültig.

1. Im Laufe des Jahres hat die **Regierung** die Veranlagungsergebnisse jeder Klasse jedes Veranlagungsbezirks einer eingehenden Prüfung in sachlicher Hinsicht zu unterziehen und zu dem Behufe in der von ihr bestimmten Reihenfolge die namentlichen Nachweisungen und bezüglichen Veranlagungsverhandlungen des laufenden Steuerjahres sowie die namentlichen Nachweisungen und Notizregister des Vorjahres einzufordern.

Hierbei ist namentlich darauf zu achten, ob

a) die Steuerpflichtigen den richtigen Steuerklassen zugewiesen sind,

b) ein Steuerpflichtiger nicht gleichzeitig in mehreren Klassen oder Bezirken veranlagt,

c) ein im abgelaufenen Steuerjahre veranlagter Gewerbetreibender nicht übergangen ist.

Ist ein Gewerbetreibender einer unrichtigen Klasse zugewiesen, so behält es zwar für das laufende Jahr dabei sein Bewenden. (FME. v. 14. Sept. 1894, MittH. 30, S. 50.) Der Vorsitzende des Steuerausschusses ist jedoch behufs Beachtung für die Zukunft auf die unrichtige Veranlagung hinzuweisen.

Im Falle gleichzeitiger Veranlagung eines Gewerbetreibenden in mehreren Klassen oder Bezirken bei der jährlichen allgemeinen Veranlagung ist die Abgangstellung der verschiedenen Steuersätze und die Neuveranlagung in dem nach § 17 des Gesetzes zuständigen Veranlagungsbezirke herbeizuführen. Von letzterer ist abzusehen, wenn der Steuerpflichtige daselbst bereits nach Maßgabe seines Gesamtbetriebes veranlagt ist. Tritt die mehrfache Veranlagung eines Steuerpflichtigen erst im Laufe des Steuerjahres nach Zustellung der Steuerzuschriften zutage, so ist nur die Veranlagung in dem nach § 17 des Gesetzes zuständigen Bezirke aufrecht zu erhalten. Eine Neuveranlagung ist in diesem Falle nur statthaft, wenn in dem zuständigen Veranlagungsbezirke eine Veranlagung überhaupt nicht stattgefunden hat. Bei Konkurrenz einer bei dem allgemeinen Veranlagungsgeschäft erfolgten mit einer nachträglichen Veranlagung desselben Steuerpflichtigen ist s t e t s die e r s t e r e aufrecht zu erhalten. (FME. v. 14. Sept. 1894, MittH. 30, S. 50) Art. 41 d. A. in der durch FME. v. 25. April 1901, MittH. 42, S. 18 bedingten Abänderung. Bei gänzlicher Übergehung eines Steuerpflichtigen ist die nachträgliche Veranlagung desselben zu veranlassen.

§ 77.

Die in diesem Gesetze den Bezirksregierungen zugewiesenen Befugnisse und Obliegenheiten werden für die Haupt- und Residenzstadt Berlin von der Direktion für die Verwaltung der direkten Steuern in Berlin wahrgenommen.

§ 78.

Nachsteuer.

Steuerpflichtige, welche, entgegen den Vorschriften dieses Gesetzes, bei der Veranlagung übergangen oder steuerfrei geblieben sind, ohne daß eine strafbare Hinterziehung der Steuer stattgefunden hat (§§ 70 ff.), sind zur Entrichtung des [der Staatskasse] entzogenen Betrages verpflichtet.[1]) Die Verpflichtung erstreckt sich auf die drei Steuerjahre zurück, welche dem Steuerjahre, in welchem die Verkürzung festgestellt worden,[2]) vorausgegangen sind.[3])

Die Verpflichtung zur Zahlung der Nachsteuer geht auf die Erben, jedoch nur bis zur Höhe ihres Erbteils, über.

Die Veranlagung der Nachsteuer erfolgt einheitlich für den ganzen Zeitraum, auf welchen sich die Verpflichtung erstreckt, nach den Vorschriften dieses Gesetzes durch die Bezirksregierung.[4])

1a. Vom 1. April 1895 ab ist maßgebend § 9 des Gesetzes wegen Aufhebung direkter Staatssteuern, welcher bestimmt:

Zum Bezuge von Nachsteuern (.... Gewerbesteuergesetz v. 24. Juni 1891 §§ 70, 78) ist diejenige Gemeinde berechtigt, welcher nach den Bestimmungen des Kommunalabgabengesetzes das entsprechende Steueraufkommen zusteht.

1b. Die Nachbesteuerung außerhalb der Fälle strafbarer Hinterziehung kann nur auf Grund des § 78 erfolgen. OVG. X, 430.

1c. Die Nachbesteuerung ist ebenso wie die Nachveranlagung zur Einkommensteuer nur im Falle der Ermittelung neuer, bisher nicht bekannter Tatsachen, deren Geltendmachung im Wege der ordentlichen Rechtsmittel nicht mehr möglich war, nicht aber z. B. wegen anderweiter rechtlicher Beurteilung der Steuerpflichtigkeit zulässig. OVG. X, 435.

1d. Die nachträgliche Zerlegung des Steuersatzes auf Verlangen einer beteiligten Gemeinde und die Abänderung der bereits erfolgten Zerlegung zugunsten einer hierbei nicht berücksichtigten Gemeinde im Wege der Berufung sind nur für das Steuerjahr, in dem der Anspruch von der Gemeinde geltend gemacht wird, zulässig, für die Vorjahre dagegen ausgeschlossen. OVG. X, 445.

1e. Die in § 41 des Gewerbesteuergesetzes vorgesehene Umschreibung der Gewerbesteuer stellt keine Veranlagung im Sinne des § 78 dar. Die Nachbesteuerung eines Gewerbetreibenden, der einen Gewerbebetrieb eines anderen übernommen hat, darf daher nicht darauf gestützt werden, daß der Vorbesitzer für das betreffende Steuerjahr zur Gewerbesteuer zu Unrecht nicht herangezogen sei. OVG. X, 438.

1f. Wegen zu niedriger Veranlagung findet nach dem Gewerbesteuergesetz eine Nachbesteuerung nicht statt, sondern nur wegen Übergehung oder gänzlicher Freilassung. OVG. IV, 392; X, 437.

1g. Nachbesteuerung eines Gewerbetreibenden wegen zu Unrecht erfolgter Umschreibung der auf ihn veranlagten Gewerbesteuer auf eine dritte Person ist unzulässig. OVG. VII, 412.

2. Bei der Nachbesteuerung nach § 78 des Gewerbesteuergesetzes gilt das Steuerjahr, in dem die Benachrichtigung zugestellt ist, als dasjenige, in welchem die Verkürzung festgestellt worden ist. OVG. XIII, 424.

3. Modifizierung des § 6 des Gesetzes v. 18. Juni 1840 über die Verjährungsfristen bei öffentlichen Abgaben (GS. S. 140).

4a. Also ohne Beteiligung der Steuerausschüsse.

4b. Gegen die Festsetzung ist Berufung zugelassen, über welche die Regierung entscheidet, gegen deren Entscheidung Beschwerde an das OVG. OVG. IV, 286. Art. 52 Ziffer 3 d. A.

4c. Erstreckt sich die Nachbesteuerung eines Gewerbebetriebs auf mehrere Steuerjahre zurück, so ist die für die Vornahme der Nachbesteuerung für das letzte Steuerjahr zuständige Behörde für die Nachbesteuerung in betreff der früheren Jahre auch dann zuständig, wenn im Laufe dieser Jahre eine Verlegung des Betriebs stattgefunden hat. OVG. XIII, 426, vgl. auch OVG. IX, 339ff.

Schlußbestimmungen.

§ 79.

Soweit das gegenwärtige Gesetz abweichende Bestimmungen[1]) nicht enthält, finden die Vorschriften des Gesetzes über die Verjährungsfristen bei öffentlichen Abgaben vom 18. Juni 1840 (Gesetz-Samml. S. 140) auf die Steuern vom stehenden Gewerbe und die Betriebssteuer Anwendung.

1. Vgl. § 34 Anm. 7 und § 78 Anm. 2 und wegen der Rechtsmittelfristen §§ 35ff. des Gesetzes.

§ 80.

Wo in den Gesetzen[1]) auf die bisherigen Steuerklassen Bezug genommen ist, treten an die Stelle der bisherigen Klasse AI die Klassen I und II; an Stelle der bisherigen Klasse AII die Klasse III, und an Stelle der bisherigen Klasse B die Klasse IV dieses Gesetzes; imgleichen an Stelle des Mittelsatzes der bisherigen Klasse AI ein Steuerbetrag von 300 Mark.[2])

1. Vgl. z. B. § 10 Abs. 2, § 12 Abs. 1, § 14 Abs. 4, § 86 Abs. 4, § 87 Nr. 3, § 98 Nr. 3 der Kreisordnung für die östlichen Provinzen v. 13. Dez. 1872 (GS. 1891, S. 179) und die entsprechenden Bestimmungen der für die anderen Provinzen erlassenen Kreisordnungen. Ferner § 3 Abs. 2, §§ 23, 24 Gesetz über die Handelskammern v. 24. Febr. 1870 (GS. S. 134), Zuständigkeitsgesetz v. 1. Aug. 1883 § 134 (GS. S. 237).

2. Über die Begründung des Satzes von 300 Mark als Grenzlinie für die Zuweisungen zu den Wahlverbänden der größeren ländlichen Grundbesitzer und der Landgemeinden siehe KomBer. des AbgH. S. 31.

§ 81.[1])

[Übersteigt das Veranlagungssoll des Jahres 1893/94 einschließlich der Betriebssteuer den Betrag von 19811359 Mark um mehr als fünf Prozent, so findet in dem Verhältnis des ganzen Mehrbetrages zu der genannten Summe eine Herabsetzung sowohl des Prozentsatzes für Klasse I (§ 9) als auch der Mittelsätze für die Klassen II, III und IV (§ 14) sowie der höchsten und — mit Ausschluß der Klasse IV — der niedrigsten Steuersätze statt. Diese Herabsetzung wird in angemessener Abrundung durch Königliche Verordnung festgestellt. Die in letzterer bestimmten Sätze sind für die Veranlagung für das Steuerjahr 1894/95 und die folgenden Jahre maßgebend.

Bleibt das Veranlagungssoll des Jahres 1893/94 hinter dem oben bezeichneten Betrage um mehr als fünf Prozent zurück, so findet in gleicher Weise nach Maßgabe des Vorstehenden eine entsprechende Erhöhung des Prozentsatzes für die Klasse I und der Mittelsätze sowie der höchsten und der niedrigsten Steuersätze statt. Diese Erhöhung wird durch Königliche Verordnung für die Folgezeit wieder außer Kraft gesetzt, wenn das unter Anwendung der Prozent- und Mittelsätze der §§ 9 und 14 berechnete Veranlagungssoll der Gewerbesteuer einschließlich der Betriebssteuer den Betrag von 19811359 Mark — zuzüglich einer Steigerung von zwei Prozent dieses Betrages für jedes auf 1893/94 folgende Steuerjahr — erreicht.]

1. Vom 1. April 1895 ab gilt § 10 Abs. 1 des Gesetzes wegen Aufhebung direkter Staatssteuern, welcher lautet:

Die Bestimmungen im § 81 des Gewerbesteuergesetzes v. 24. Juni 1891 werden aufgehoben.

§ 82.

Dieses Gesetz kommt zunächst bei der Veranlagung für das Jahr 1893/94 zur Anwendung.

Mit dieser Maßgabe und vorbehaltlich der Anwendung auf frühere Fälle treten die auf die Veranlagung und Entrichtung der Gewerbesteuer bezüglichen Vorschriften,[1]) insbesondere die Gesetze vom

30. Mai 1820 (Gesetz-Samml. S. 147),
19. Juli 1861 (Gesetz-Samml. S. 697),
20. März 1872 (Gesetz-Samml. S. 285),
5. Juni 1874 (Gesetz-Samml. S. 219)

am 1. April 1893 außer Kraft.

1. Hierher gehören auch die auf das stehende Gewerbe bezüglichen Vorschriften des Gesetzes v. 3. Juli 1876 (GS. S. 247), z. B. § 17.

§ 83.

Der Finanzminister wird mit der Ausführung dieses Gesetzes beauftragt.

Urkundlich usw.

Zusammenstellung der zulässigen Gewerbesteuersätze.

Klasse	Jährlicher Ertrag oder Anlage- und Betriebskapital				Mittelsatz	Zulässige Jahressteuersätze
	von Mk.	bis ausschließlich Mk.	von Mk.	bis ausschließlich Mk.	Mk.	Mk.
1	2	3	4	5	6	7
IV.	1 500	4 000	3 000	30 000	16	4 8 12 16 20 24 28 32 36
III.	4 000	20 000	30 000	150 000	80	32 36 40 48 56 64 72 80 88 96 108 120 132 144 156 168 180 192

Noch: **Zusammenstellung der zulässigen Gewerbesteuersätze.**

Klasse	Jährlicher Ertrag oder Anlage- und Betriebskapital				Mittelsatz	Zulässige Jahres-steuersätze
	von Mk.	bis ausschließlich Mk.	von Mk.	bis ausschließlich Mk.	Mk.	Mk.
1	2	3	4	5	6	7
II.	20 000	50 000	150 000	1 000 000	300	156
						168
						180
						192
						228
						264
						300
						336
						372
						408
						444
						480
I.	50000 oder mehr		1000000 oder mehr		—	
	50 000	54 800	. . . .			524
	54 800	59 600	. . . .			572
	59 600	64 400	. . . .			620
	usw. in Stufen von je 4 800 Mk. mehr.					usw. um je 48 Mk. steigend.
	Für Erträge unter 50 000 Mk. kommen geringere Steuersätze als 524 Mk., jedoch nicht unter 300 Mk. zur Anwendung.					
	48 000	50 000	. . . .			480
	44 400	48 000	. . . .			444
	40 800	44 400	. . . .			408
	37 200	40 800	. . . .			372
	33 600	37 200	. . . .			336
	weniger als	33 600	. . . .			300

Auszug aus dem Gesetz wegen Aufhebung direkter Staatssteuern vom 14. Juli 1893

(Gesetz-Samml. S. 119).

§ 1.

Behufs Erleichterung und anderweitiger Regelung der öffentlichen Lasten der Gemeinden (Gutsbezirke) werden die folgenden direkten Staatssteuern gegenüber der Staatskasse außer Hebung gesetzt:

1. die nach den Gesetzen vom 21. Mai 1861 (Gesetz-Samml. S. 253 und 317) sowie nach den hierzu ergangenen ergänzenden und abändernden Gesetzen veranlagte Grund- und Gebäudesteuer,
2. die nach dem Gesetze vom 24. Juni 1891 (Gesetz-Samml. S. 205) veranlagte Gewerbe- und Betriebssteuer.

§ 3.

Die Vorschriften der in den §§ 1 und 2 bezeichneten Gesetze bleiben, soweit nicht in dem gegenwärtigen Gesetze und in dem Kommunalabgabengesetze Abweichendes bestimmt ist, in Kraft.

Die Veranlagung und Verwaltung der Grund-, Gebäude- und Gewerbesteuer wird, soweit nicht in dem gegenwärtigen Gesetze Abweichendes bestimmt ist, unter Aufrechterhaltung der dieserhalb bestehenden gesetzlichen Einrichtungen vom Staate für die Zwecke der kommunalen Besteuerung ausgeführt. Die landständische Mitwirkung bei der Verwaltung der Grundsteuer innerhalb des kommunalständischen Verbandes der Oberlausitz (Gesetz, betreffend die definitive Unterverteilung und Erhebung der Grundsteuer usw., vom 8. Februar 1867, § 49 — Gesetz-Samml. S. 185 —) wird hierdurch nicht berührt.

§ 4.

Die Veranlagung (§ 3) ist auf diejenigen Liegenschaften, Gebäude und Gewerbebetriebe auszudehnen, welche von der entsprechenden Staatssteuer freigeblieben, aber gemäß den Bestimmungen des Kommunalabgabengesetzes der Kommunalsteuerpflicht unterworfen sind.

Für die Veranlagung gelten, soweit nicht in dem gegenwärtigen Gesetze und in dem Kommunalabgabengesetze Abweichendes bestimmt ist, die allgemeinen gesetzlichen Vorschriften, welche bei der Heranziehung zu den entsprechenden Staatssteuern anzuwenden gewesen sein würden. Insbesondere sind gegen die Veranlagung dieselben Rechtsmittel zulässig, mit denen die Veranlagung der entsprechenden Staatssteuer hätte angefochten werden können.

§ 8 Absatz 1.

Soweit die Bestrafung von Zuwiderhandlungen gegen die Vorschriften über die Grund-, Gebäude-

und Gewerbesteuer von der Vorenthaltung oder von dem Verluste der Steuer gegenüber dem Staate abhängig gemacht ist (Gebäudesteuergesetz vom 21. Mai 1861, § 17 Absatz 3; Gesetz, betreffend die definitive Unterverteilung und Erhebung der Grundsteuer in den sechs östlichen Provinzen, vom 8. Februar 1867, § 34 Absatz 3; Gesetz, betreffend die Ausführung der anderweiten Regelung der Grundsteuer in den Provinzen Schleswig-Holstein, Hannover und Hessen-Nassau, sowie in dem Kreise Meisenheim, vom 11. Februar 1870, § 1 — Gesetz-Samml. S. 85 —, Gewerbesteuergesetz vom 24. Juni 1891, § 70), gilt als vorenthalten (verloren) derjenige Betrag, welcher im Falle fortdauernder Hebung der Steuer zur Staatskasse nach Maßgabe der Veranlagung (§ 3 Absatz 2, § 4) zu entrichten gewesen sein würde.

§ 9.

Zum Bezuge von Nachsteuern (Gebäudesteuergesetz vom 21. Mai 1861, § 17 Absatz 4; Gesetz vom 8. Februar 1867, § 34 Absatz 4; Gesetz vom 11. Februar 1870, § 1; Gewerbesteuergesetz vom 24. Juni 1891, §§ 70, 78) ist diejenige Gemeinde berechtigt, welcher nach den Bestimmungen des Kommunalabgabengesetzes das entsprechende Steueraufkommen zusteht.

§ 10.

Die Bestimmungen im § 81 des Gewerbesteuergesetzes vom 24. Juni 1891 werden aufgehoben.

Das Aufhören eines steuerpflichtigen Gewerbes ist nicht der Hebestelle (§ 58 Absatz 1 a. a. O.), sondern dem Vorsitzenden des für die Veranlagung zuständigen Steuerausschusses anzuzeigen.

§ 11 Absatz 1 und 2.

Die Hebung und Beitreibung der Grund-, Gebäude- und Gewerbesteuer liegt derjenigen Gemeinde ob, welche nach den Bestimmungen des Kommunalabgabengesetzes zum Bezuge des entsprechenden Steueraufkommens berechtigt ist.

Die Ausfälle treffen die Gemeindekasse. Die Ermächtigung zum Erlasse und zur Ermäßigung veranlagter Steuern (Gesetz, betreffend den Erlaß oder die Ermäßigung der Grundsteuer infolge von Überschwemmungen, vom 15. April 1889, § 1 Nr. 1 — Gesetz-Samml. S. 99 —, Gewerbesteuergesetz vom 24. Juni 1891, §§ 44, 45) geht auf die Gemeinden über.

§ 12.

Die auf die Betriebssteuer bezüglichen Vorschriften des Gewerbesteuergesetzes vom 24. Juni 1891 gelangen nach Maßgabe folgender Bestimmungen zur Anwendung:

1. Erstreckt sich ein betriebssteuerpflichtiges Gewerbe über mehrere Kreise, so ist für jeden dieser Kreise die Hälfte der im § 60 Nr. 1 und 2 a. a. O. bestimmten Steuersätze zu entrichten. Auf die im § 60 Absatz 2 a. a. O. bezeichneten

Betriebsstätten findet diese Bestimmung keine Anwendung.

2. Die Betriebssteuer wird in den Landkreisen vom Landrat, in den Stadtkreisen vom Gemeindevorstande, in Berlin von der Direktion für die Verwaltung der direkten Steuern festgestellt.

Diesen Behörden stehen auch die Befugnis zur Herabsetzung der Betriebssteuer gemäß § 61 und die anderweite Feststellung gemäß § 65 Absatz 2 a. a. O. zu.

3. Die Betriebssteuer ist binnen zwei Wochen nach erfolgter Behändigung der Steuerzuschrift in einer Summe zu entrichten.

Die im § 61 a. a. O. bezeichneten Steuerpflichtigen haben die Steuer vor Eröffnung des Betriebes zu entrichten, oder, falls bis dahin die Steuerzuschrift noch nicht behändigt ist, einen von dem Gemeinde- (Guts-) Vorstande zu bestimmenden Geldbetrag bei der gleichzeitig zu bezeichnenden Kasse zur Deckung der Steuer zu hinterlegen, widrigenfalls ihnen die Ausübung des Betriebes nach Maßgabe des § 63 a. a. O. untersagt werden kann.

§ 13.

Die Gemeinden (Gutsbezirke) haben die Betriebssteuer in den veranlagten Beträgen (§ 12) von den Pflichtigen ihres Bezirks zu erheben.

Die Gemeinden (Gutsbezirke) der Landkreise

haben die erhobenen Beträge am Schlusse eines jeden Vierteljahres an die Kreiskommunalkasse abzuführen.

Sofern die Gemeinden nach den Bestimmungen des Kommunalabgabengesetzes besondere Betriebssteuern eingeführt haben, müssen sie denjenigen Betrag, welcher sich bei Anwendung der Bestimmungen der §§ 60 bis 69 des Gewerbesteuergesetzes vom 24. Juni 1891 und des § 12 des gegenwärtigen Gesetzes ergeben würde, an die Kreiskommunalkasse abführen.

Die Kreise haben das ihnen zufließende Aufkommen der Betriebssteuer (Absatz 2 und 3) zur Bestreitung ihrer Ausgaben zu verwenden.

§ 14 Absatz 1 und 2.

Die Kosten der Veranlagung und Verwaltung der Steuern (§ 3 Absatz 2, § 4) werden, soweit sie nicht durch die den Gemeinden hierbei übertragenen Geschäfte entstehen, aus der Staatskasse bestritten.

Das Aufkommen an Gebühren, Kosten und Strafen im Bereiche der Grund-, Gebäude- und Gewerbe- (Betriebs-) Steuer fließt in die Staatskasse.

§ 15 Absatz 1.

Die Kosten der Hebung und Beitreibung der Steuern (§§ 11, 13) sind von den Gemeinden zu tragen.

§ 16 Absatz 1.

Die gesetzlichen Bestimmungen über die Ansprüche der Gemeinden (Gutsbezirke) auf den Bezug von Vergütungen für die bei Veranlagung der Gewerbesteuer und der Einkommensteuer ihnen übertragenen Geschäfte (Gewerbesteuergesetz vom 24. Juni 1891, § 75 Absatz 1; Einkommensteuergesetz vom 24. Juni 1891, § 73 Absatz 1) treten außer Kraft.

§ 30.

Das gegenwärtige Gesetz tritt mit dem 1. April 1895, jedoch nur gleichzeitig mit dem Kommunalabgabengesetze und dem Ergänzungssteuergesetze in Kraft; die Bestimmungen der §§ 7, 10 Absatz 1, § 11 Absatz 3, § 14 Absatz 3, §§ 17, 25 Absatz 1 gelangen mit dem Tage der Verkündigung zur Geltung.

Die Veranlagung für die Zwecke der kommunalen Besteuerung (§ 3 Absatz 2, § 4) erfolgt nach den Vorschriften dieses Gesetzes zunächst für das Rechnungsjahr 1895/96.

Die am 1. April 1895 verbliebenen Rückstände der in den §§ 1, 2 bezeichneten Steuern werden nach Maßgabe der bis dahin geltenden Bestimmungen zur Staatskasse eingezogen; das Gleiche gilt von Nachsteuern und Strafen im Bereiche der Grund-, Gebäude- und Gewerbe- (Betriebs-) Steuer.

Anhang 3.

Auszug aus dem Kommunalabgabengesetz vom 14. Juli 1893

(Gesetz-Samml. S. 152).

§ 28.

Den Gewerbesteuern unterliegen in den Gemeinden, in denen der Betrieb stattfindet,

1. die nach dem Gewerbesteuergesetz vom 24. Juni 1891 (Gesetz-Samml. S. 205) zu veranlagenden stehenden Gewerbe;
2. die landwirtschaftlichen Branntweinbrennereien;
3. der Bergbau;
4. die gewerbsmäßige Gewinnung von Bernstein, Ausbeutung von Torfstichen, von Sand-, Kies-, Lehm-, Mergel-, Ton- und dergleichen Gruben, von Stein-, Schiefer-, Kalk-, Kreide- und dergleichen Brüchen;
5. die Gewerbebetriebe kommunaler und anderer öffentlicher Verbände;
6. die Gewerbebetriebe des Staates und der Reichsbank.

Diejenigen zu Nr. 2 bis 6 bezeichneten Betriebe, bei denen weder der jährliche Ertrag 1500 Mark, noch das Anlage- und Betriebskapital 3000 Mark erreicht, ingleichen die nach § 3 Nr. 4 des Gewerbesteuergesetzes vom 24. Juni 1891 steuerfreien Gewerbebetriebe der Kommunalverbände bleiben von der Gewerbesteuer befreit. Auf die Betriebssteuer findet diese Bestimmung keine Anwendung.

Der Betrieb der Staatseisenbahnen und der der Eisenbahnabgabe unterliegenden Privateisenbahnen ist gewerbesteuerfrei.

Der Gewerbebetrieb im Umherziehen ist der Gewerbesteuer in den Gemeinden nicht unterworfen.

§ 29.

Den Gemeinden ist die Einführung besonderer Gewerbesteuern gestattet.

Die Gewerbesteuern können namentlich bemessen werden nach dem Ertrage des letzten Jahres oder einer Reihe von Jahren, nach dem Werte des Anlagekapitals oder des Anlage- und Betriebskapitals, nach sonstigen Merkmalen für den Umfang des Betriebes oder nach einer Verbindung mehrerer dieser Maßstäbe.

§ 30.

Sind besondere Gewerbesteuern nicht eingeführt, so erfolgt die Besteuerung in Prozenten der vom Staate veranlagten Gewerbesteuer.

Die auf Grund der Einlegung von Rechtsmitteln erfolgte Erhöhung oder Ermäßigung der veranlagten Gewerbesteuer zieht die entsprechende Abänderung der Veranlagung zur Gemeindesteuer nach sich.

Die Veranlagung hat sich auf sämtliche Gewerbebetriebe, einschließlich des Bergbaues, zu erstrecken, welche der Gemeindebesteuerung unterliegen (§§ 3, 4 des Gesetzes wegen Aufhebung direkter Staatssteuern).

§ 32 Absatz 1.

Erstreckt sich ein Gewerbebetrieb über mehrere Gemeindebezirke, so hat für den Fall der Erhebung von Prozenten der veranlagten Gewerbesteuer der zuständige Steuerausschuß auch für die im § 28 Nr. 2 bis 6 bezeichneten Betriebe die Zerlegung des Gesamtsteuersatzes in die auf die einzelnen Gemeinden entfallenden Teilbeträge zu bewirken (§ 38 des Gewerbesteuergesetzes vom 24. Juni 1891).

§ 76.

Gegen die Feststellung des Gesamtsteuersatzes für einen Gewerbebetrieb, der sich über mehrere Gemeinden erstreckt und nicht zur Staatsgewerbesteuer, aber gemäß § 28 Nr. 2 bis 6 zur Gemeindegewerbesteuer herangezogen wird (§ 32), finden dieselben Rechtsmittel statt, die im Falle der Veranlagung dieses Betriebes zur Staatsgewerbesteuer gegeben sein würden (§§ 35 bis 37 des Gewerbesteuergesetzes vom 24. Juni 1891).

Desgleichen finden auch in diesem Falle hinsichtlich der Zerlegung des Steuersatzes in die auf die einzelnen Betriebsorte entfallenden Teilbeträge die im § 38 a. a. O. wegen der Rechtsmittel getroffenen Vorschriften Anwendung.

Sachregister.

(Die Zahlen bedeuten die Seiten, die in Klammern stehenden Zahlen weisen auf die Anmerkung hin.)

B.

E.

G.

H.

J.

N.

R.

T.

24*

W.

Herrosé & Ziemsen, G. m. b. H., Wittenberg.

Guttentag'sche Sammlung

Deutscher Reichsgesetze.

Text-Ausgaben mit Anmerkungen. Taschenformat.

---

1. **Verfassung** des Deutschen Reichs. Von Dr. **L. von Rönne.** 9. Aufl. von Landrat **P. von Rönne.** 1904. Mit Abänderungen vom Mai 1906. 2 M. 40 Pf.

2. **Strafgesetzbuch** für das Deutsche Reich. Von Dr. **H. Rüdorff.** 22. Aufl. von Dr. **H. Appelius.** 1907 mit Novelle v. 17. II. 08. 1 M. 50 Pf.

3. **Militärstrafgerichtsordnung** nebst Einführungsgesetz Von Wirkl. Geheimen Kriegsrat Dr. jur. **A. Romen** u. Kriegsgerichtsrat Dr. jur. **Carl Rissom.** 1909. Im Druck.

4. **Handelsgesetzbuch vom 10. Mai 1897 unter Ausschluß des Seerechts.** 13. Aufl. **herausgegeben von** Geh. Justizrat Prof. Dr. **A. Mosse.** 1905. 3 M.

5. Allgemeine Deutsche **Wechselordnung.** 10. Aufl. von Justizrat Dr. **J. Stranz** und Rechtsanwalt Dr. **M. Stranz,** und das Reichsgesetz über die **Wechselstempelsteuer** von Geh. Regierungsrat **P. Loeck.** 10. Aufl. 1909. 3 M.

5a. **Wechselstempelsteuergesetz** apart. 10. Aufl. 1 M. 25 Pf.

6. **Reichsgewerbeordnung** nebst Ausführungsbestimmungen. Von **Berger** und **Wilhelmi.** 18. veränderte **Auflage bearbeitet von** Stadtrat Dr. **Karl Flesch** in Verbindung mit Dr. **Friedr. Hiller** u. Dr. **Herm. Luppe.** 1910. M.

Nachtragsband: enth. Novelle **„Kleiner Befähigungsnachweis"** von Geh. Ober-Regierungsrat **Spielhagen.** 1908. 30 Pf.

Ergänzungsband: **Preußische Ausführungsanweisung.** 1904. 2 M.

7. **Post- und Telegraphen-Gesetzgebung.** Nebst Weltpostvertrag und internationalem Telegraphenvertrag. 6. Aufl. von Geh. Ober-Postrat Dr. **M. König.** 1908. 4 M.

8. Die Reichsgesetze über den **Unterstützungswohnsitz die Freizügigkeit, den Erwerb und Verlust der Bundes- und Staatsangehörigkeit.** Von Geheimrat Dr. **J. Krech,** Mitglied d. Bundesamtes für das Heimatwesen. 7. Aufl. 1908. 3 M.

9. Sammlung **kleinerer strafrechtlicher Reichsgesetze.** Bearbeitet von **M. Werner,** Geh. Ober-Regierungsrat. 2. Aufl. 1903. 3 M.

10. Das **Reichsbeamtengesetz** von **J. Pieper.** 2. Aufl. 1901. 4 M. 50 Pf.

— In der Fassung von 1907 siehe Nr. 82.

11. **Zivilprozeßordnung mit Gerichtsverfassungsgesetz.** in den neuesten Fassungen. Von **R. Sydow.** Fortgeführt von **L. Busch.** 11. Aufl. 8°. 1909. 6 M.

12. **Strafprozeßordnung und Gerichtsverfassungsgesetz nebst den Gesetzen, betr. die Entschädigung der im Wiederaufnahmeverfahren freigesprochenen Personen und die Entschädigung für unschuldig erlittene Untersuchungshaft.** Von Dr. **A. Hellweg,** Reichsgerichtsrat. 15. Aufl. 1908. 2 M.

13. **Konkursordnung und Anfechtungsgesetz.** Von **R. Sydow.** Fortgeführt von **L. Busch.** 10. Aufl. 1906. 2 M. 25 Pf.

14. **Gerichtsverfassungsgesetz** mit Einführungsgesetz. Herausgegeben von **R. Sydow.** Fortgeführt von **L. Busch.** 9. Aufl. 1905. 1 M. 50 Pf.

15. **Das Deutsche Gerichtskostengesetz** nebst den Gebührenordnungen für Gerichtsvollzieher, Zeugen und Sachverständige. Von **R. Sydow.** Weiter bearbeitet von **L. Busch.** 8. Aufl. 1907. Mit Nachtrag v. 1. VI. 1909. 2 M.

16. **Rechtsanwaltsordnung.** Von **R. Sydow.** 6. Aufl. von Justizrat **M. Jacobsohn.** 1907. 1 M. 20 Pf.

17. **Die Deutsche Gebührenordnung für Rechtsanwälte und das Preußische Gebührengesetz** vom 27. September / 6. Oktober 1899. Von **R. Sydow.** Fortgeführt von **L. Busch.** 8. Aufl. 1909. 2 M.

18. **Reichsstempelgesetz (Börsensteuer, Frachturkunde, Kraftfahrzeuge, Personenfahrkarte, Tantieme für Aufsichtsratsmitglieder).** Vom 15. Juli 1909. Von **P. Loeck,** Geh. Regierungsrat. 10. Aufl. 8°. M. Pf.

19. Die **Seegesetzgebung.** Von Dr. **W. E. Knitschky.** 4. Aufl. bearbeitet von Oberlandesgerichtsrat **Otto Rudorff** in Hamburg. 1908. Mit Anhang vom Januar und Juli 1909. 6 M.

20. **Krankenversicherungsgesetz.** Von weil. Dr. **E. von Woedtke.** 11. Aufl. von Geh. Reg.-Rat Dr. **G. Eucken-Addenhausen.** 1905. 3 M.

21. Die **Konsulargesetzgebung.** Von Professor Dr. **Ph. Zorn.** 2. Aufl. 1901. 3 M.

22. **Patentgesetz.** Nebst Ausführungsbestimmungen, völkerrechtlichen Verträgen und der Patentanwalts-Ordnung. 7. Aufl. bearbeitet von **R. Lutter,** Geh. Reg.-Rat im Kaiserl. Patentamt. 1908. 2 M. 80 Pf.

23. **Gewerbe-Unfallversicherungsgesetz.** Von weil. Dr. **E. v. Woedtke.** 9. Aufl. von **Franz Caspar,** Direktor im Reichsamt des Innern. 1907. 2 M. 50 Pf.

24. **Aktiengesellschaft und Kommanditgesellschaften auf Aktien.** Von Justizrat Dr. **H. Veit Simon** und Amtsrichter **L. Keyssner.** 1909. 6. Aufl. Im Druck.

25. **Brausteuergesetz** vom 15. Juli 1909. Von **A. Düffe,** Oberzollrevisor. 2. Aufl. 1909. 3 M.

26. Die Reichsgesetzgebung über **Münz- und Notenbankwesen,** Papiergeld, Prämienpapiere und Reichsschulden. Von Dr. jur. **R. Koch,** Präsident des Reichsbankdirektoriums. 6. Aufl. 1909. Im Druck.

27. Die Gesetzgebung, betr. das **Gesundheitswesen** im Deutschen Reich. Von Dr. jur. **C. Goesch** und Dr. med. **J. Karsten.** 1888. 1 M. 60 Pf.

28. **Bau-Unfallversicherungsgesetz.** Vom 30. Juni 1900. Von **R. Chrzescinski,** Kaiserl. Regierungsrat. 3. Aufl. 1900. 2 M.

29. **Erwerbs- und Wirtschaftsgenossenschaften.** Von **L. Parisius** und Dr. **H. Crüger.** 13. Aufl. von Dr. **H. Crüger.** 1910. 1 M. 50 Pf.

30. **Invalidenversicherungsgesetz** vom 13. Juli 1899. Von weil. Dr. **E. v. Woedtke.** 10. Aufl. von Regierungsrat **H. Follmann.** 1906. 4 M.
Siehe auch Handausgabe von Freund Seite 24.

31. **Gewerbegerichtsgesetz.** Von Stadtrat **L. Mugdan.** 6. Aufl. bearbeitet von **W. Cuno,** Erstem Bürgermeister zu Hagen i. W. 1906. 2 M. 20 Pf.

32. Reichsgesetz, betr. die **Gesellschaften mit beschränkter Haftung.** Von **L. Parisius** und Dr. **H. Crüger.** 10. Aufl. von Dr. **H. Crüger.** 1910. 1 M. 40 Pf.

33\. **Vereins- und Versammlungsrecht.** Von Dr. **E. Ball.** 2. Aufl. von Dr. **F. Friedenthal.** 1907. 2 M. 50 Pf.

Reichs-Vereinsgesetz vom 19. April 1908 vide Nr. 88.

34\. Die **Abzahlungsgeschäfte.** Gesetz vom 16. Mai 1894. 2. vermehrte Aufl. besorgt von Dr. **E. Wilke,** Landgerichtsrat. 1901. 1 M. 20 Pf.

35\. Die **Reichs-Eisenbahngesetzgebung.** Von **W. Coermann,** Kaiserl. Amtsrichter. 1895. 2 M. 25 Pf.

36\. Gesetze, betr. die **privatrechtlichen Verhältnisse der Binnenschiffahrt und der Flößerei.** Von **E. Löwe,** Landgerichtsrat. 4. Aufl. 1909. 3 M.

37\. Gesetz gegen den **unlauteren Wettbewerb.** 5. Auflage. Von Justizrat **Pinner.** 1909. 1 M.

38/39. **Bürgerliches Gesetzbuch nebst Einführungsgesetz** von Dr. **A. Achilles.** In Verbindung mit Professor Dr. **André,** Kammergerichtsrat **Ritgen,** Ober-Landesgerichtsrat **Strecker,** Ministerialrat Dr. **Unzner** herausgegeben von Geh. Ober-Justizrat **Greiff.** 6. Aufl. 8°. 1909. 6 M. 50 Pf.

40\. Gesetz, betr. die **Pflichten der Kaufleute bei Aufbewahrung fremder Wertpapiere (Depotgesetz).** Mit Erläuterungen. Von **F. Lusensky,** Geh. Ober-Regierungsrat. 2 Aufl. 1905. 1 M.

41. **Börsengesetz.** In der Fassung der Novelle vom 8. Mai 1908. 2. Aufl. Von Wirkl. Geh. Ob.-Regierungsrat **Th. Hemptenmacher,** Staatskommissar an der Berliner Börse. 1908. 2 M.

42. **Grundbuchordnung** nebst den preußischen Ausführungsbestimmungen. Mit Einleitung. Von Prof. Dr. **O. Fischer.** 5. Aufl. 1909. 2 M.

43. **Zwangsvollstreckung in das unbewegliche Vermögen** im Reiche und in Preußen. Mit Einleitung, Kosten- und Gebührentabellen. Von Dr. **J. Krech,** Kaiserl. Geh. Regierungsrat und Professor Dr. **O. Fischer.** 5. Aufl. 1907. 2 M.

44. Das Reichsgesetz über das **Auswanderungswesen** vom 9. Juni 1897. Von Professor Dr. **Felix Stoerk.** 1899. 2 M. 25 Pf.

45. Das **Entmündigungsrecht** unter Berücksichtigung der für Preußen geltenden Vorschriften nebst der preußischen Justiz-Ministerial-Verfügung vom 28. November 1899. Von Landgerichtsrat Dr. **P. Koll** in Cöln. 1900. 1 M. 50 Pf.

46. Die Gesetze des Reiches und Preußens über die **freiwillige Gerichtsbarkeit.** Von **Herm. Jastrow,** Amtsgerichtsrat. 4. Aufl. 1906. 3 M.

47. **Das deutsche Vormundschaftsrecht** und das preuß. Gesetz über die Fürsorgeerziehung Minderjähriger nebst den dazu gehörigen preußischen Nebengesetzen. Von **Max Schultzenstein,** Oberverwaltungsgerichtsrat und Amtsgerichtsrat Dr. **Paul Köhne.** 2. Aufl. 1901. 3 M.

48. Gesetze und Verordnungen, betr. den **Drogen-, Gift- und Farbenhandel** außerhalb der Apotheken. Von Dr. **Broh,** Rechtsanwalt. 1899. 1 M. 25 Pf.

49. Deutsche **Kolonialgesetzgebung.** Von Professor Dr. **Philipp Zorn.** 1901. 4 M. 50 Pf.

50. Der **Viehkauf** (Viehgewährschaft) nach dem Bürgerlichen Gesetzbuche. Nebst Verordn. betr. die Hauptmängel und Gewährsfristen beim Viehhandel. Von Rechtsanwalt Dr. **H. Stölzle** und Königl. Kreistierarzt **H. Weiskopf.** 4. Aufl. 1908. 4 M.

51. **Hypothekenbankgesetz** vom 13. Juli 1899. Von Dr. **H. Göppert,** Gerichts-Assessor. 1900. 1 M. 80 Pf.

52. Gesetz, betreffend die gemeinsamen **Rechte der Besitzer von Schuldverschreibungen.** Von Dr. **Heinrich Göppert,** Gerichts-Assessor. 1900. 2 M.

53. **Reichspreßgesetz** vom 7. Mai 1874. Kommentar von **A. Born,** Polizeiassessor. 1900. 1 M. 50 Pf.

54. **Die Reichsgesetzgebung über den Verkehr mit Nahrungsmitteln, Genußmitteln und Gebrauchsgegenständen.** Von Dr. **Georg Lebbin,** Nahrungsmittelchemiker. 1900. 2 M. 25 Pf.

55. **Das Recht der Beschlagnahme von Lohn- und Gehaltsforderungen.** Von Justizrat **Georg Meyer.** 3. Aufl. 1908. 2 M. 50 Pf.

56. Gesetz, betr. die **Bekämpfung gemeingefährlicher Krankheiten.** Nebst Ausführungsbestimmungen. Von Dr. **Bruno Burkhardt,** Regierungsrat, Mitglied des Kais. Gesundheitsamts. 1900. 1 M. 40 Pf.

57. **See-Unfallversicherungsgesetz.** Von **Dr. Max Mittelstein,** Oberlandesgerichtsrat in Hamburg. 1901. 2 M.

58. **Das Recht der unehelichen Kinder** nach dem BGB. Von **Hermann Jastrow,** Amtsg.-Rat. 1901. 1 M. 80 Pf.

59. Reichsgesetz über die **Beurkundung des Personenstandes und die Eheschließung.** Von Dr. **F. Fidler,** Amtgerichtsrat. 1901. 1 M. 80 Pf.

60. Gesetz, betreffend das **Urheberrecht an Werken der Literatur und der Tonkunst.** Von Landrichter **Otto Lindemann.** 2. Aufl. 1907. 1 M. 60 Pf.

61. Gesetz über das **Verlagsrecht.** Von Justizrat **Ernst Heinitz.** 1901. 1 M. 50 Pf.

62. Über die **privaten Versicherungsunternehmungen.** Von **H. Könige,** Reichsgerichtsrat. 2. Aufl. in Bearbeitung.

63. **Gesetzestafel des Deutschen Reichsrechts.** Systematisch geordnete Nachweisung des z. Z. geltenden Reichsrechts. Ergänzungsband zu der Guttentag'schen Sammlung Deutscher Reichsgesetze. Von **Hugo Bruhns,** Syndikus. 1902. 8°. 2 M. 50 Pf.

64. Gesetzsammlung betr. den **Handel mit Drogen und Giften.** Reichsgesetzl. Bestimmungen und Anhang mit den landesgesetzl. Verordnungen sämtlicher Bundesstaaten. Von Rechtsanwalt **H. Sonnenfeld,** Syndik. d. Berl. Drogisten-Innung. 1902. 3 M.

65. Das **Weingesetz** in der Fassung v. 1909. Mit Ausführungsbestimmungen von Dr. **Georg Lebbin,** Handels- u. Gerichtschemiker. 2. Aufl. 1909. 2 M. 50 Pf.

66. Die **Eisenbahn-Gesetzgebung.** Von **W. Plotsch,** Geh. exp. Sekretär im Reichs-Eisenbahn-Amt. 1902. 5 M.

67. **Militär-Strafgesetzbuch.** In Vorbereitung.

68. Das **Fleischbeschaugesetz.** Vom 3. Juni 1900. Von Dr. **Georg Lebbin,** Gerichtschemiker und Rechtsanwalt Dr. **Georg Baum.** 1903. 4 M.

69. **Reichsgesetz über die Naturalleistungen der bewaffneten Macht im Frieden** nebst den in Preußen geltenden Bestimmungen. Von Regierungsassessor Dr. **Walter v. Hippel.** 1903. 1 M. 25 Pf.

70. Das **Reichs-Haftpflichtgesetz,** betr. die Verbindlichkeit zum Schadensersatz für die bei dem Betriebe von Eisenbahnen, Bergwerken, Steinbrüchen, Gräbereien und Fabriken herbeigeführten Tötungen und Körperverletzungen, vom 7. Juni 1871. Von Regierungsrat Dr. **G. Eger.** 1903. Preis 3 M.

71. **Kinderarbeit in gewerblichen Betrieben,** v. 30. März 1903. Von **H. Spangenberg,** Oberverwaltungsgerichtsrat. 2. Aufl. 1904. 1 M. 60 Pf.

72. **Unfallversicherungsgesetz für Land- und Forstwirtschaft** von weil. Dr. **E. von Woedtke,** fortgesetzt von **Alfred Radtke,** Geh. Regierungsrat und Senatspräs. im Reichsversicherungsamt. 2. Aufl. 1904. 4 M. 50 Pf.

73. **Entschädigung für unschuldig erlittene Verhaftung und Bestrafung.** Nebst Anhang, enth. die dazu gehörigen Nebengesetze über Schadensersatz. Von Dr. jur. **A. Romen,** Wirkl. Geh. Kriegsrat und vortr. Rat im Kriegsministerium. 1904. 2 M.

74. Die **Kaufmannsgerichte** nebst den preuß. Ausführungsbestimmungen. Von Prof. Dr. **Max Apt,** Syndikus der Korporation der Berliner Kaufmannschaft. 3. Aufl. 1905. 2 M.

75. **Reichsgesetz über die Konsulargerichtsbarkeit.** Von Dr. jur. **A. F. Vorwerk,** Rechtsanwalt in Schanghai. 2. Ausgabe, mit dem Schutzgebietsgesetz und der Ausführungsverordnung, betr. die Rechtsverhältnisse in den Schutzgebieten. 1908. 2 M.

76. **Die Rechtshilfe im Verkehr mit den ordentlichen Gerichten nach deutschem Reichsrecht.** Von Landrichter Dr. **A. Friedländer.** 1906. 1 M. 80 Pf.

77. **Das Reichserbschaftssteuergesetz.** Vom 3. Juni 1906. Von **Ulrich Hoffmann,** Geh. Registrator im Kgl. Preuß. Finanzministerium. 1906. 2 M. 60 Pf.

78. **Zigarettensteuergesetz.** Vom 15. Juli 1909. Von Dr. **Cuno,** Regierungsassessor. 2. Aufl. 1909. Im Druck, nach Erlaß der sämtl. Ausf.-Best.

79. **Die Militärpensionsgesetze** vom 31. Mai 1906 nebst Ausführungsbestimmungen. Zum Gebrauch für Heer, Marine und Schutztruppe von Dr. jur. **A. Romen,** Wirklicher Geheimer Kriegsrat.

a) I. Teil: Offizierpensionsgesetz. 1907. 3 M. 50 Pf.

b) II. Teil: Mannschaftsversorgungsgesetz. 1908. 3 M. 50 Pf.

80. **Reichsgesetzgebung über gerichtliche Registerführung.** Von **Otto Lindemann,** Landrichter. 1906. 3 M.

81. Gesetz, betr. **Urheberrecht an Werken der bildenden Künste und der Photographie.** Von Dr. **Ludw. Fuld,** Rechtsanwalt. 1907. 1 M.

82. **Reichsbeamtengesetz in der Fassung vom 18. Mai 1907 und seine Ergänzungen von Geheimrat** Professor Dr. **Ad. Arndt.** 1908. 3 M.

83. Reichsgesetz über **den Versicherungsvertrag** nebst Einführungsgesetz. Von Dr. **Paul Hager** und Dr. **R. Behrend,** Regierungsräte im Kaiserl. Aufsichtsamt f. Privatversicherung. 1908. 5 M.

84. **Sammlung kleinerer privatrechtlicher Reichsgesetze** von Landrichter **Georg Müller.** 1908. 6 M. 50 Pf.

Enthält eine Fülle von Gesetzen, die anderweit fast garnicht oder nur schwer zu beschaffen sind.

85. **Scheckgesetz** mit Einleitung usw. Von Prof. Dr. **Max Apt.** 5. Aufl. Mit Postscheckordnung v. 6. XI. 1908. 1909. 2 M.

Postscheckordnung vom 6. XI. 08. Apart mit Erläuterungen u. Ausführungsbestimmungen. (30 Pf.)

86. **Die Auslieferungsverträge des Deutschen Reiches** von Landrichter **A. Cohn.** 1908. 4 M.

87. Gesetz zum **Schutz der Warenbezeichnungen.** Von Geh. Reg.-Rat, Mitgl. des Patentamts Dr. **Freund** u. Rechtsanwalt **Magnus.** 5. Aufl. 1909. 3 M. 50 Pf.

88. **Vereinsgesetz** vom 19. April 1908. Von Dr. jur. **A. Romen,** Wirkl. Geh. Kriegsrat. 2. Aufl. 1908. 1 M. 50 Pf.

89. **Vogelschutzgesetz** vom 30. Mai 1908 nebst den das Flugwild betr Bestimmungen der Preußischen Jagdordnung von Dr. jur. **Leo von Boxberger.** 1908. 1 M.

90. Die Haager Abkommen über das **Internationale Privatrecht** von Dr. **G. A. E. Bogeng.** 1908. 2 M. 20 Pf.

91. **Eisenbahn-Verkehrsordnung** vom 23. Dez. 1908. Mit Ausführungsbestimmungen. Von Regierungsassessor bei der Eisenbahndirektion Breslau Dr. **Ernst Blume.** 1909. 2 M. 50 Pf.

92. Gesetz, betr. den **Verkehr mit Kraftfahrzeugen.** Von Amtsrichter **Kirchner.** 1909. 2 M. 80 Pf.

93. Gesetz über die **Sicherung der Bauforderungen** vom 1. Juni 1909 v. Justizrat Dr. **E. Harnier.** 2. Aufl. 1909. 1 M. 30 Pf.

94. **Haftpflicht der Reichs- und Staats-Beamten** v. Dr. **H. Delius.** 2. Aufl. 1909. 3 M. 50 Pf.

Guttentag'sche Sammlung

Preußischer Gesetze.

Text-Ausgaben mit Anmerkungen. Taschenformat.

---

1. **Die Verfassungs-Urkunde** für den Preußischen Staat. Mit Einleitung, vollständigem Kommentar. Von Prof. Dr. **Adolf Arndt.** 6. Aufl. 1907. 3 M.

2. **Preußische Beamten-Gesetzgebung.** Enthaltend die wichtigsten Beamtengesetze in Preußen. Von **C. Pfafferoth.** 4., neubearb. Aufl. 1905. Mit Anhang: Abänderung vom 27. Mai 1907. 2 M.

3. **Die Aufnahme des Nottestaments** durch die bestellten Urkundspersonen. Anweisung mit Musterbeispielen und Abriß des Erbrechts von Amtsgerichtsrat **C. Kurtz.** 1904. 1 M. 50 Pf.

4. **Gebührenordnung** für **Notare** vom 25. Juni 1895. Von **R. Sydow.** 3. Aufl. bearbeitet von Justizrat Dr. **Rausnitz.** 1908. 1 M. 60 Pf.

5. **Gesetz vom 24. April 1854 (betr. die außerehel. Schwängerung).** Von Dr. **Schulze.** 1873. 75 Pf. Gültiges Recht siehe: Reichsgesetze Nr. 58.

6. Die Preuß. **Ausführungsgesetze und Verordnungen zu den Reichs-Justizgesetzen.** Von **R. Sydow.** 3. vermehrte Aufl. 1895. 2 M. 40 Pf. S. Seite 25, Busch-Eylau, Ausführungsgesetze.

7. **Allg. Gerichtsordnung** und Preuß. **Konkursordnung.** Von **F. Vierhaus.** Vergriffen.

8. **Vormundschaftsordnung.** Von **F. Schultzenstein.** Gültiges Recht siehe: Reichsgesetze Nr. 47.

9. Die Preußische **Grundbuchgesetzgebung.** Von Prof. Dr. **Fischer.** Vergriffen. Siehe: Reichsgesetze Nr. 42.

10. **Einkommensteuergesetz.** Von **A. Fernow,** Geh. Ober-Finanzrat. 7. Aufl. 1908/9. Mit Nachtrag v. 22. III. u. 26. V. 09. 3 M. 25 Pf.

11. **Gewerbesteuergesetz.** Von **A. Fernow,** Geh. Ober-Finanzrat. 5., vermehrte Aufl. 1910. ca. 3 M.

12. **Allgemeines Berggesetz** für die Preußischen Staaten vom 24. Juni 1865. Von **W. Westhoff** und **W. Schlüter.** 2. Aufl. 1907. Mit Nachtrag v. 1909. 5 M.

13. **Ergänzungssteuergesetz** (Vermögenssteuergesetz). Von **A. Fernow,** Geh. Ober-Finanzrat. 4. vermehrte Aufl. 1907. 2 M. 40 Pf.

14. **Kommunalabgabengesetz.** Vom 14. Juli 1893 und Gesetz wegen Aufhebung direkter Staatssteuern. Von Dr. **F. Adickes,** Oberbürgermeister. 5. Aufl. 1910 ca. 1 M. 50 Pf.

15. Die **Kreisordnungen** für den Preußischen Staat. Von **O. Kolisch,** Landgerichtsrat. 1894. 4 M.

16. **Konzessionierung gewerblicher Anlagen.** Preuß. Ausführungs-Anweisung zu §§ 16 u. ff. der Gewerbe-Ordnung. Von Dr. **W. v. Rüdiger,** Geh. Regierungs- u. Gewerberat. 2. Aufl. 1901. 2 M.

17. **Preußisches Gerichtskostengesetz.** Mit Kostentabellen. Von Dr. **P. Siméon**, Landgerichtsrat. 5. Aufl. 1908. 2 M. 60 Pf.

18. **Preußisches Stempelsteuergesetz** vom 30. Juni 1909. Mit Ausführungsbestimmungen und Tabellen. Von **P. Loeck**, Geh. Regierungsrat. 6. Aufl. mit Anhang. 8°. 1907/09. 6 M.

19. Das **Jagdscheingesetz**. Mit ausführlichen Erläuterungen. Von **F. Kunze**, Wirklichem Geh. Ober-Regierungsrat. 2. Aufl. 1899. 2 M.

20. Die **preußischen Erbschaftssteuergesetze**. Unter Berücksichtigung der Novelle vom 31. Juli 1895. Von **U. Hoffmann**, Geh. Registrator im Königl. preuß. Finanzministerium. 1905. 4 M. (Reichs-Erbschaftssteuergesetz s. Reichsgesetze Nr. 77).

21. Gesetz über die **Handelskammern**. Von **F. Lusensky**, Geh. Regierungsrat. 2. Aufl. 1909. 3 M.

22. **Gesetz, betr. Anstellung und Versorgung der Kommunalbeamten.** Von Dr. **W. Ledermann**, Magistratsassessor zu Berlin. 1899. 1 M. 25 Pf.

23. **Ausführungsgesetz zum Bürgerlichen Gesetzbuche.** Von Landrichter Dr. **P. Siméon.** 2. Aufl. 1905. 1 M. 80 Pf.

24. Die **Hinterlegungsordnung** in der Fassung des Ausführungsgesetzes z. BGB. v. 20. Sept. 1899 nebst Ausführungsbestimmungen. Von Regierungsrat Dr. **Georg Bartels.** 2. Aufl. 1908. 2 M.

25. **Preußische Kommunalbeamtengesetzgebung.** Von Magistr.-Assess. Dr. **Fr. Kremski,** Berlin. 1901. 3 M.

26. **Gesetze über das Diensteinkommen der Lehrer und Lehrerinnen, Ruhegehalt und Fürsorge für Hinterbliebene.** Tabelle zur Berechnung der Ruhegehalts-, Witwen- u. Waisenbezüge. Von Dr. **Ed. Cremer,** Beigeordneter. 1900. 2 M. 40 Pf.

27. **Gesetz,** betreffend die **Warenhaussteuer.** Von Geh. Ober-Finanzrat Dr. **G. Strutz.** 1900. 1 M. 20 Pf.

28. **Gesetz** über die **Fürsorgeerziehung Minderjähriger.** Von Landgerichtsdirektor Dr. **P. F. Aschrott.** 2. umgearbeitete Aufl. 1907. 2 M. 80 Pf.

29. **Gesetz,** betr. **die ärztlichen Ehrengerichte, das Umlagerecht und die Kassen der Aerztekammern.** Von Amtsgerichtsrat Dr. **F. Fidler.** 1901. 1 M. 50 Pf.

30. Die das **Preußische Staatsschuldbuch** und **Reichsschuldbuch** betr. Gesetze nebst Ausführungsbestimmungen. Von Wirkl. Geh. Ober-Finanzrat **J. Mücke,** Mitglied der Staatsschuldenverwaltung. 1902. 2 M.

31a. **Die geltenden Preußischen Gesindeordnungen.** Herausgegeben in zwei Bänden von **Stephan Gerhard,** Rechtsanwalt in Berlin. 1902.

Band I: Gesindeordnung für die altpreußischen Provinzen vom 8. XI. 1810, mit Erläuterungen unter Berücksichtigung der Ergänzungsgesetze und der Rechtsverhältnisse der Gesindevermieter, sowie die Gesindeordnungen für Neuvorpommern und Rügen und für die Rheinprovinz. 2 M. 50 Pf.

31b. **Band II:** Gesindeordnungen für Hannover, Schleswig-Holstein, Hessen-Nassau und den Regierungsbezirk Hohenzollern. 2 M. 50 Pf.
Siehe auch Seite 24: Ratgeber von Grieben.

32. **Die Städteordnung für die sechs östlichen Provinzen Preußens** vom 30. Mai 1853. Von **Dr. jur. Walter Ledermann,** Magistrats-Assessor zu Berlin. 8°. 1902. 6 M.

33. **Rentenguts- und Anerbenrechts-Gesetzgebung in Preußen.** Von Landgerichtsrat **M. Peltasohn** und Rechtsanwalt **Bruno Peltasohn.** 1903. 3 M.

34. Sammlung der wichtigsten **preußischen Strafgesetze** nebst Anhang: **Gesetz** betr. polizeiliche Strafverfügungen vom 23. April 1883. Von **Otto Lindemann,** Amtsrichter. 1903. 2 M. 50 Pf.

35. **Geschäftsordnung für Gerichtsvollzieher.** Gerichtsvollzieherordnung und Gebührensätze von Amtsgerichtssekretär **Emil Exner.** 1904. 3 M. 50 Pf.

36. **Polizeiverordnungen in Preußen.** Von **Otto Lindemann,** Landrichter. 1904. 1 M. 50 Pf.

37. Gesetz über die **Enteignung von Grundeigentum** vom 11. Juni 1874. Von Landrichter **O. Meyer.** 1905. 2 M.

38. **Kreis- und Provinzial-Abgabengesetz.** Vom 23. April 1906. Von **Fr. Schmidt,** Gemeindevorsteher. 1906. 1 M. 25 Pf.

39. Gesetz betr. die **Unterhaltung der öff. Volksschulen.** Von **Dr. A. Marcks,** Reg.-Rat. 1906. 2 M.

40. **Verwaltungsstrafverfahren** bei Zuwiderhandlungen gegen die Zollgesetze und indirekte Reichs- und Landesabgaben, sowie die Bestimmungen über die Schlacht- und Wildpretsteuer vom 26. Juli 1897. Von **Dr. Richard Katzenstein,** Gerichtsassessor. 1907. 3 M. 60 Pf.

41. Die **preußischen Jagdpolizeigesetze.** Von **Fr. Kunze,** Wirkl. Geh. Oberregierungsrat und **R. Kühnemann,** Rechtsanwalt. 2. Aufl. 1907. 3 M. 60 Pf.

42. Die Gesetzgebung über die **Allgemeine Landesverwaltung** und über die **Zuständigkeit der Verwaltungs- und Verwaltungsgerichtsbehörden.** Von Rechtsanwalt **Dr. Karl Friedrichs.** 1908. 3 M.

43. Gesetz betr. die **Zulassung einer Verschuldungsgrenze** für land- und forstwirtschaftlich benutzte Grundstücke v. 20. August 1906 nebst Ausführungsvorschriften. Von Dr. jur. **R. Leweck,** Syndikus der Ostpreuß. Landschaft. 1908. 2 M. 40 Pf.

44. **Quellenschutzgesetz** vom 14. Mai 1908 nebst den Ausführungsbestimmungen von **Carl Voelkel,** Geheimer Bergrat. 1909. 1 M.

Guttentag'sche Sammlung von Text-Ausgaben mit Sachregister ohne Anmerkungen.

Taschenformat, elegant in Leinen gebunden.

Reichs-Justizgesetze: Gerichtsverfassungsgesetz. Zivilprozeßordnung. Konkursordnung. Strafprozeßordnung. 2. Aufl. In einem Bande 3 M. 80 Pf.

Zivilprozeßordnung mit **Gerichtsverfassungsgesetz** und **Einführungsgesetzen.** Neue Fassung von 1909. 2 M.

Konkursordnung mit **Einführungsgesetz.** 80 Pf.

Bürgerliches Gesetzbuch nebst **Einführungsgesetz.** 10. Abdruck. 2 M. 50 Pf.

Handelsgesetzbuch nebst **Einführungsgesetz** u. **Seerecht.** 7. Abdruck. 1 M. 80 Pf.

Ausführungsanweisung zur Gewerbeordnung vom 1. Mai 1904 nebst der preuß. technischen Anleitung. 2 M.

Militärstrafgerichtsordnung nebst **Einführungsgesetz** u. Ges., betr. Dienstvergehen der richterlichen Militärjustizbeamten u. unfreiwillige Versetzung derselben usw. **Militär-Strafgesetzbuch** *) mit Abdruck der entsprechenden Bestimmungen des Reichs-Strafgesetzbuchs. 2. Aufl. 1 M. 50 Pf. *) Ist auch einzeln zu haben. Preis 1 Mk.

Wechselordnung in der Fassung der Bekanntmachung v. 3. Juni 1908. Mit Anhang: **Wechselprozeß und Ausführungsanweisung.** 1908. 1 M.

Die Preußischen Ausführungsgesetze zum Bürgerlichen Gesetzbuche und Nebengesetze. Text-Ausgabe ohne Anmerkungen. 5. Aufl. Taschenformat. Geb. in ganz Leinen Preis 1 M. 80 Pf.

Reichsfinanzgesetze v. 15. Juli 1909 einschließlich der **Reichsstempelgesetze** u. des **Erbschaftssteuergesetzes.** 1909. Geb. in ganz Leinen. 2 M.

Guttentag'sche Sammlung von Text-Ausgaben mit Sachregister ohne Anmerkungen.

Die Preußischen Ausführungsgesetze, Verordnungen und ministeriellen Verfügungen zu dem Bürgerlichen Gesetzbuche und den Reichs-Justizgesetzen nebst anderen zugehörigen Gesetzen. Von **L. Busch.** 2. Aufl. von Gerichtsassessor **O. Eylau.** 8°. Preis geb. 4 M. 50 Pf.

Preußische Bürgerliche Gesetzsammlung. Sammlung der noch geltenden Landesgesetze privatrechtlichen Inhalts. Herausgegeben von den Gerichtsassessoren **D. Fischer** und **Dr. F. Schroeder.** 8°. 2 Bände Preis geb. in ganz Leinen 20 M.

Erster Band: **Das Allgemeine Landrecht mit den Einführungs-Patenten.** Preis 6 M.

Zweiter Band: **Gesetze von 1773—1902.** Preis 14 M.

Der Post-Überweisungs- und Scheckverkehr. Vortrag von Geh. Ober-Postrat **Max Aschenborn,** Vortragender Rat im Reichspostamt, nebst einem Abdruck der **Postscheckordnung** mit Ausführungsbestimmungen und Formularen. 30 Pf.

Preußisches Baupolizeirecht. Mit Kommentar der Baupolizeiverordnung für die Vororte von Berlin. Vom 28. Mai 1907. Von Gemeinde-Baurat **Carl Saß,** Königlichen Reg.-Baumeister a. D. Preis 6 M.

Fluchtliniengesetz. — Das Gesetz, betreffend die **Anlegung** und **Veränderung** von Straßen und Plätzen in Städten und ländlichen Ortschaften vom 2. Juli 1875. Des Kommentars von weil. Oberverwaltungsgerichtsrat R. Friedrichs. Sechste, völlig neubearbeitete Auflage. Von Senatspräsident Dr. jur. Hugo von Strauß und Torney. 1909. Im Druck.

Invalidenversicherungsgesetz vom 13. Juli 1899. Handausgabe mit Anmerkungen herausgegeben von Dr. Richard Freund, Vorsitzendem der Landes-Versicherungsanstalt Berlin. 3 Aufl. geb. 5 M.

Wie leitet man eine Versammlung? Geschäftlicher Handweiser für Vorsitzende. Von einem Mitgliede des deutschen Reichstages und des preußischen Abgeordnetenhauses. 2. Aufl. 1908. kart. 1 M.

Praktischer Ratgeber für Dienstherrschaften nach dem Preuß. Gesinderecht unter Berücksichtigung der neueren Entscheidungen bearbeitet von H. Grieben, Verwaltungsdir. a. D. u. Bürgermeister. 1908. 1 M.

Das Recht der Handlungsgehilfen und Handlungslehrlinge. Von Rechtsanwalt Hugo Horwitz. 2. Aufl. 1905. (203 S.) Geb. in Leinen 3 M.

Die Registratur. 2. Auflage. 1906. Von Hermann Kollrack, Kgl. Polizeisekretär am Berliner Polizeipräsidium. 8°. (84 S.) Kart. 1 M. 40 Pf.

Die Pflichten des Waisenrates. Ein praktischer Leitfaden für Waisenräte und Verwaltungsbeamte. Von F. Baum, Geh. Justizrat und Vormundschaftsrichter. Achte vermehrte und verbesserte Auflage. 1906. 8°. (46 S.) 60 Pf.

Der Vormund, Gegenvormund, Pfleger u. Familienrat. Nach dem Bürgerlichen Gesetzbuch, dem Reichsgesetz über die Angelegenheiten der freiwilligen Gerichtsbarkeit und dem Ausführungsgesetz zum BGB. Ein praktischer Leitfaden. Von F. Baum, Geh. Justizrat und Vormundschaftsrichter. 1899. 8°. (64 S.) 50 Pf.

Schlagwort-Register.

R. = Nummer der Sammlung Deutscher Reichsgesetze.
P. = Nummer der Sammlung Preußischer Gesetze.
S. = Seite.

---

14. 120 000. XII. 09.

Kolibri 360 GmbH
Ferdinand-Jühlke-Straße 7
99095 Erfurt, Deutschland
produktsicherheit@kolibri360.de